북한의 침투 및 도발
그 끝은 어디인가?

북한의 침투 및 도발 그 끝은 어디인가?

초판 1쇄 발행 2024년 10월 15일

지은이 송제완
펴낸이 류태연

펴낸곳 렛츠북
주소 서울시 영등포구 문래북로 116, 1005호
등록 2015년 05월 15일 제2018-000065호
전화 070-4786-4823 | 팩스 070-7610-2823
홈페이지 http://www.letsbook21.co.kr | 이메일 letsbook2@naver.com
블로그 https://blog.naver.com/letsbook2 | 인스타그램 @letsbook2

ISBN 979-11-6054-727-6 (03340)

* 이 책은 저작권법에 따라 보호를 받는 저작물이므로 무단전재 및 복제를 금지하며,
  이 책 내용의 전부 및 일부를 이용하려면 반드시 저작권자와 도서출판 렛츠북의
  서면동의를 받아야 합니다.

* 잘못된 책은 구입하신 서점에서 바꾸어 드립니다.

송제완 지음

북한의 침투 및 도발

북한의 대남 침투 및 도발사

그 끝은 어디인가

렛츠북

머리말

"깨닫지 못하는 자에게 역사는 되풀이된다."는 말이 있다. 과거 우리는 북한 공산주의자들의 속성인 화전양면전술에 속아 6·25전쟁이란 엄청난 비극을 겪었다. 1960년대에는 무장공비 침투를 통한 김일성의 무자비한 게릴라전에 많은 장병과 국민들이 희생되었고, 1970년대에는 남침용 땅굴을 파서 기습적인 남침전쟁을 준비하는 것을 확인했으며, 1980년대에는 아웅산 묘소 폭파와 대한항공 여객기 폭파 등 천인공노할 폭탄 테러를 자행하여 무고한 인명을 살상하는 것을 지켜보았다. 1990년대에도 강릉 잠수함 침투를 자행하고도 미사일 및 장사정포를 통한 '서울 불바다' 발언으로 우리를 위협했다. 그리고 2002년에는 서해에서 참수리 357호정을 기습하였고, 2010년에는 천안함 폭침과 연평도 포격 도발을 연달아 일으켜 우리 용사들과 주민들을 무자비하게 살상했다. 그것도 모자라 북한은 많은 주민이 아사하는 심각한 경제 상황에도 불구하고 탄도미사일과 핵무기를 개발하여 한반도와 동북아는 물론 세계 평화를 위협하고 있다. 여기에 추가하여 북한은 과학기술의 발전에 따라 사이버 공격, GPS 교란, 무인기 침투에 이르기까지 진화된 방법의 새로운 도발도 계속 시도하고 있다.

필자는 10년간 육군군사연구소에서 연구관으로 근무하며 6권으로 구성된 《대침투작전사》 전집을 집필하고 발간하였다. 이는 북한의 대남 침투 및 도발을 군의 작전 수행 과정에 주안을 두고 분석하고 정리한 것으로 군사보안을 고려하여 군 내부에서만 활용하고 있다. 필자가 이번에 집필한 《북한의 침투 및 도발, 그 끝은 어디인가》는 순전히 북한의 침투 및 도발사건 자체에만 초점을 맞춰 북한의 대남 침투·도발사건의 전체 역사를 한 권의 책으로 정리한 것이다. 이 책은 지금까지 북한의 대남 침투 및 도발이 어떻게 자행되어 왔고, 어떻게 진화해 왔는지를 가감 없이 사실 그대로 살펴봄으로써, 북한의 실체와 분단의 현실을 바로 보고 미래를 대비하는 데 조금이나마 도움이 되고자 하였다.

이제 남북은 과거 반목과 대결의 시대를 청산하고 새롭게 화해와 평화의 시대로 나아가야 한다. 그러나 남북의 진정한 화해와 평화를 원한다면 북한의 대남 침투·도발의 역사를 정확하게 되짚어 볼 필요가 있다. '역사는 거울이다.' 우리는 과거의 역사를 통해 잘못된 점은 반성하고 교훈을 얻어야만 한다. 북한이 그간의 잘못된 역사를 제대로 청산하지 않고서는 남북이 제아무리 멋진 '평화의 성'을 쌓아간다고 해도 그것은 한낱 바닷가 모래성에 불과할 것이기 때문이다.

끝으로, 이 책이 북한의 대남 침투 및 도발의 역사를 바로 알고 김일성 주체사상과 선군정치를 통해 북한을 통치하는 김정은 세습 왕조체제의 전략과 전술을 올바로 이해함으로써 우리가 바라는 평화와 통일의 길로 나아가는 데 조금이나마 도움이 되길 기대한다. 아울러 이 책이 나오기까지 아낌없는 격려와 성원을 보내준 아내와 가족들과 지인들 그리고 출판사 관계자들께 감사의 인사를 전한다.

2023년 세밑에

목차

머리말   004

제1장 북한의 대남 전략과 침투 및 도발

1. 북한의 대남 전략과 정책   014
2. 대남 침투 및 도발 이유   018
3. 대남 침투 및 도발 현황   021
4. 대남 침투 및 도발의 변화 과정   024

제2장 휴전 이전의 침투 및 도발

1. 38선에서의 대남 침투 및 도발   032
2. 인민유격대 침투와 유격전   042
3. 6·25전쟁 기간의 침투   050

제3장 지상 침투

1. 지상 침투와 침투 유형   064
2. 6·25전쟁 직후의 간첩 침투   067
3. 육상 침투   075
4. 수중 침투   095
5. 땅굴 침투   107

제4장 해상 및 해안 침투

1. 해상 및 해안 침투와 전술의 변화　　114
2. 6·25전쟁 직후 해상 및 해안 침투　　119
3. 1961~1970년 해상 및 해안 침투　　125
4. 1971~1980년 해상 및 해안 침투　　145
5. 1981년 이후 해상 및 해안 침투　　160

제5장 내륙 지역 침투 및 우회 침투

1. 내륙 지역 침투와 침투전술　　172
2. 1970년 이전 내륙 지역 침투　　175
3. 1971~1980년 내륙 지역 침투　　215
4. 1981년 이후 내륙 지역 침투　　223
5. 우회 침투　　236

제6장 국지도발

1. 접적 지역 국지도발　　240
2. 해상 국지도발　　266
3. 공중 국지도발　　299
4. 폭탄 테러 및 인명 살상　　316
5. 미사일 및 핵무기 개발과 도발　　341
6. 비군사적 도발　　367

맺음말　380

부록　390

집필 후기　418

표 목차

〈표 1〉 북한의 대남 침투 및 국지도발 현황　022
〈표 2〉 북한의 대남 침투 및 도발 변화 과정　024
〈표 3〉 경기도 및 황해도 지역 소규모 침투 및 도발　037
〈표 4〉 강원도 지역 소규모 침투 및 도발　038
〈표 5〉 대규모 도발사건　040
〈표 6〉 북한 인민유격대 침투 현황　044
〈표 7〉 소조유격대 침투 사례　058
〈표 8〉 1960~1970년대 유형별 지상 침투 현황　066
〈표 9〉 1954년 김화·화천 지역 침투 사례　068
〈표 10〉 기타 육상 침투사건(1965~1970년)　087
〈표 11〉 북한의 땅굴 구축 현황　108
〈표 12〉 1960년대 해상별 북한 침투 현황　114
〈표 13〉 1일 야간 이동거리　172
〈표 14〉 제1단계 작전 결과　180
〈표 15〉 제2단계 작전 결과　184
〈표 16〉 지구별 침투공비 출현 및 전과 현황　185
〈표 17〉 1·21 청와대 습격사건 주요 교전 결과　188
〈표 18〉 1·21 청와대 습격사건 전과 현황　194
〈표 19〉 울진·삼척사건 주요 교전 지역 및 교전 결과　201
〈표 20〉 울진·삼척 공비 침투사건 전과 현황　211
〈표 21〉 광주-임실 공비 소탕작전 참가 병력　218
〈표 22〉 내륙 지역 침투 사례(1981년 이후)　223
〈표 23〉 내륙 지역 침투 횟수와 작전 현황　224
〈표 24〉 강릉 잠수함 침투 인원 계급별 분포　228
〈표 25〉 2000년대 이후 탈북자 가장 침투 사례　236
〈표 26〉 1960년대 유사 도발 사례　262
〈표 27〉 1960년대 어선 납북 현황　270
〈표 28〉 1980년 피랍 어선　279
〈표 29〉 민간어선 납북사건(1981년 이후)　280

〈표 30〉 시간대별 인명 구조 현황(03.26.)　292
〈표 31〉 아웅산 묘지 폭파사건 순직자 명단　326
〈표 32〉 북한의 미사일 개발 일지　342
〈표 33〉 북한의 핵 개발 일지　344
〈표 34〉 북한 미사일 종류 및 제원　347
〈표 35〉 북한 주요 미사일 도발 일지　350
〈표 36〉 2018년 이후 미사일 도발 일지　351
〈표 37〉 2021~2022년 미사일 도발 일지　357
〈표 38〉 2023년 미사일 도발 일지　360
〈표 39〉 북한 핵실험 현황　362
〈표 40〉 유엔 안보리 대북 제재 결의 현황　364
〈표 41〉 2015년 이전 북한의 주요 사이버 공격　369
〈표 42〉 2016년 이후 북한의 주요 사이버 공격　371
〈표 43〉 과거 주요 '서울 불바다' 위협　378

그림 목차

〈그림 1〉 대규모 도발 및 공방전 발생 지역　039
〈그림 2〉 인민유격대 침투 경로 및 지역　043
〈그림 3〉 한강하구 공비 침투로　103
〈그림 4〉 해상 침투 경로　116
〈그림 5〉 삼천포 간첩선 출현 및 도주 경로　157
〈그림 6〉 횡간도 일대 지형과 공비 상륙 지역　158
〈그림 7〉 다대포 간첩선 침투 경로　167
〈그림 8〉 2군 지역 해안 침투 및 공비 출현　177
〈그림 9〉 1·21사태 공비 침투 경로　186
〈그림 10〉 울진·삼척사건 공비 침투 해안　197
〈그림 11〉 광천 공비 침투 및 활동 경로　220
〈그림 12〉 부여 간첩 침투 경로 및 활동　225
〈그림 13〉 강릉 침투공비 이동로 및 작전 지역　230

〈그림 14〉 파주 지역 지뢰 도발   261

〈그림 15〉 십이동파도 주민 납북사건   273

〈그림 16〉 서해 북방한계선(NLL)   276

〈그림 17〉 제1연평해전   284

〈그림 18〉 제2연평해전   286

〈그림 19〉 대청해전   289

〈그림 20〉 천안함 피격 및 침몰 위치   291

〈그림 21〉 연평도 포격 도발   295

〈그림 22〉 무인기 침투 도발   306

〈그림 23〉 파주 무인기 침투 경로   308

〈그림 24〉 삼척 무인기 침투 경로   309

〈그림 25〉 백령도 무인기 침투 경로   310

〈그림 26〉 인제 무인기 침투 경로   311

〈그림 27〉 대한항공 858기 폭탄 테러 과정   330

〈그림 28〉 2016년 북한의 GPS 교란 위치   373

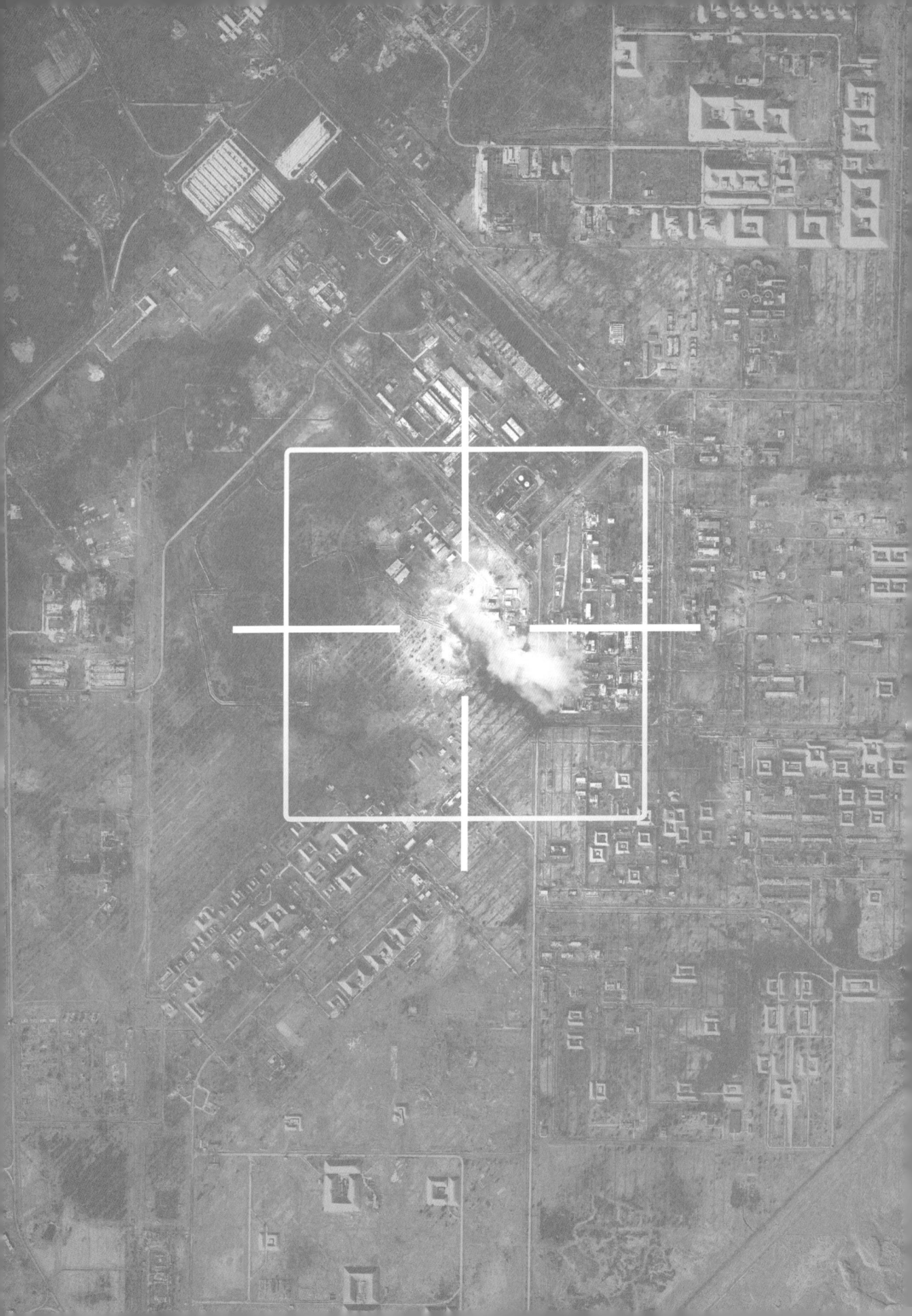

제1장

북한의 대남 전략과 침투 및 도발

---

1. 북한의 대남 전략과 정책

2. 대남 침투 및 도발 이유

3. 대남 침투 및 도발 현황

4. 대남 침투 및 도발의 변화 과정

1. 북한의 대남 전략과 정책

북한에 공산정권이 수립된 이후 북한이 대남 침투 및 도발을 지속해 온 것은 그들의 목표인 '적화통일'(한반도 공산화 통일)을 달성하기 위한 것이다. 북한의 대남 정책에 있어서 변하지 않는 궁극적인 목표는 '적화통일'이다. 노동당 일당 독재체제인 북한에서 '노동당 규약'은 북한의 헌법보다 실질적으로 상위에 있다고 평가되고 있는바 여기에 명확하게 기록되어 있다.

> ※ **조선로동당 규약(일부)**
>
> **기존(2021년 이전)**
> 조선로동당은 위대한 김일성-김정일주의를 유일한 지도사상으로 하는 김일성-김정일주의당, 주체형의 혁명적 당이다.
> 조선로동당의 당면목적은 공화국 북반부에서 사회주의 강성국가를 건설하며, 전국적 범위에서 민족해방 민주주의 혁명의 과업을 수행하는 데 있으며, 최종목적은 온 사회를 김일성-김정일주의화하여 인민대중의 자주성을 완전히 실현하는 데 있다.
>
> **개정(2021년 이후)**
> 조선로동당은 위대한 김일성-김정일주의 당이다.
> 조선로동당의 당면목적은 공화국 북반부에서 부강하고 문명한 사회주의 국가를 건설하며, 전국적 범위에서 사회의 자주적이며 민주주의적인 발전을 실현하는 데 있으며 최종목적은 인민의 리상이 완전히 실현된 공산주의사회를 건설하는 데 있다.

북한을 사실상 지배하는 노동당은 김일성-김정일주의를 유일한 지도사상으로 한다. 북한은 정부의 가장 큰 존재 목적인 국민의 생존 및 인권이나 그 어떤 것도 여기에 우선할 사고나 신념은 존재할 수 없다. 또한 당면목적은 전국적 범위(남북을 합한 한반도 전체)에서 '민족해방 민주주의 혁명' 과업을 수행하는 것이라고 규정한다. 이는 남한은 미국의 식민지이기에 미국의 압제로 고통을 받는 남한 동포를 해방시켜야 한다는 것이며, '온 사회를 김일성-김정일주의화' 한다는 것은 온 사회를 북한식 사회주의 국가로 통일해야 한다는 것을 의미한다. 실제로 2016년 이전의 노동당 규약에는 최종목적을 '온 사회의 주체사상화와 공산주의사회를 건설하는 데 있다'고 명시하였다가 그 후 '온 사회를 김일성-김정일주의화 한다'고 바꿨다. 그러다가 2021년 개정 규약에서는 당면목적에 '민족해방 민주주의 혁명'이란 용어를 '자주적이며 민주주의적인 발전'으로 그럴듯하게 순화해서 표현했고, 최종목적의 '온 사회를 김일성-김정일주의화 한다'는 표현은 다시금 '공산주의사회 건설'로 명확히 표현하였다. 이렇게 사용하는 용어만 조금씩 바꾸어 왔을 뿐 적화통일이란 노동당의 최종목적은 한 번도 변한 적이 없었다.

북한은 한반도 공산화를 기본목표로 설정하고 모든 국가 전략과 정책은 이를 달성하기 위한 하나의 보조 수단으로 바라보고 있다. 북한은 정권 수립 초창기에는 대남 혁명 전략을 '무력해방노선'으로 규정했지만, 6·25 전쟁 실패 이후 소위 남조선 혁명을 '반제 반봉건 인민민주주의 혁명'(이후 '민족해방 민주주의 혁명' 등 시대에 따라 용어가 조금씩 변화해 왔음)으로 규정하고 대내외 환경의 변화에 따라 지하당구축전술, 통일전선전술, 화전양면전술 등 다양한 전술을 사용해 왔다. 그러나 대남 혁명 전략의 수행을 통해서 이른바 '결정적 시기'가 조성되면 무력으로 한반도를 통일한다는 기본적인 대남 전략의 추진 방향에는 변함이 없다.

북한은 김일성이 1960년대부터 대남 혁명 전략의 기본 추진 방향으로 '3대 혁명 역량 강화론'[1]과 '4대 군사노선'[2]을 채택해 왔다. 그리고 1980년대 이후에는 '2 대 1 대남우위의 역량조성'[3]을 위해 '5대 집중포위공세'[4]를 추진할 것을 강조하였다. 군사 전략으로는 미군이 증원되기 전에 전쟁을 종결하기 위해 기습전·속전속결·배합전을 추구했다. 이를 위해 대규모 기계화 및 기갑부대, 각종 화포와 무기 등 재래식 전력을 집중적으로 육성하고 여기에 후방 침투와 교란을 위한 특수전 부대를 집중 육성하여 배합전 능력을 강화해 왔다. 그러나 1980년대 이후부터 남북 간 국력의 차이가 크게 벌어지게 되자 재래식 전력의 육성만으로는 한미연합전력에 대해 절대 우위를 점하는 데 한계가 있다고 판단하고 비대칭전력[5]의 개발에 주력하기 시작했다. 북한이 집중하고 있는 비대칭전력은 특수부대, 장사정포, 대량살상무기(핵, 미사일), 사이버전 수행부대 등이다. 이 중 특히 미래 전력의 핵심으로 대량살상무기와 사이버전 수행 능력을 집중 육성해 왔으며, 최근 북한의 도발도 이 두 가지 수단에 집중되어 있다.

---

1 북한 내 자체 혁명 역량 강화, 남한 내 혁명 역량(동조세력) 강화, 국제적 지원 역량 강화이다.
2 전군 간부화, 전군 현대화, 전민 무장화, 전국 요새화로 북한 헌법 60조에도 명시하였다.
3 북한세력과 남한 동조세력을 합한 2의 세력으로 1의 남한세력을 무력화한다는 개념이다.
4 5대 공세는 정치평화적, 사상적, 조직적, 외부적, 군사적 대남공세를 감행해야 한다는 것이었다.
5 적의 강점을 회피하면서 취약점을 최대한 공격하여 효과를 극대화하기 위한 전력 또는 상대방이 보유하고 있지 않거나, 또는 상대방보다 월등하게 많이 보유한 능력을 뜻한다.

1990년대 김일성 사후의 김정일은 북한 권력의 양대 축인 당과 군을 모두 장악하고 '고난의 행군' 시기 등 각종 당면 어려움을 극복하면서 세습체제를 유지하고자 '강성대국론'[6]과 '선군정치'[7]를 내세워 통치하였다. '선군정치' 하에서 군은 당의 전면에 나서서 지도자와 사회주의체제 옹호를 위한 중심기구 역할을 수행함으로써 국방위원회가 최고의 국가 권력기관으로 부상하였다. 이후 2011년 12월 김정일이 사망하자 김정은 세습왕조도 김정일의 '선군정치'에 의한 통치 방식을 계승하였다. 더구나 김정은 시대에는 군부의 정치 참여를 헌법에[8] 명시하여 공식적으로 보장하였고, 이후 선군정치 개념은 '주체사상'과 함께 북한체제를 지탱하는 두 개의 큰 축으로 작동하게 되었다.

> ※ 북한 헌법 제3조
> **기존(2019년 이전)**
> 조선민주주의인민공화국은 사람 중심의 세계관이며 인민대중의 자주성을 실현하기 위한 혁명사상인 주체사상, 선군사상을 자기활동의 지도적 지침으로 삼는다.
>
> **개정(2019년 이후)**
> 조선민주주의인민공화국은 위대한 김일성-김정일주의를 국가건설과 활동의 유일한 지도적 지침으로 삼는다.

북한 김정은 정권은 2013년 '핵·경제 병진노선'을 채택하고 핵무기 개발과 경제건설을 병진해서 추구하다가 2017년 12월에는 '국가 핵무력 완성'을 천명하고 2018년 핵·경제 병진노선을 '경제 집중노선'으로 전환하였다. 그리고 2019년에는 '선군사상' 용어를 헌법에서 삭제했지만 북한의 모든 활동에서 군을 앞세우는 선군정치와 핵을 포함한 대량살상무기 고도화는 여전히 김정은 정권에서 최고의 통치 수단이 되고 있다.

김정은은 2018년 대외적으로는 경제집중노선을 표방했지만 대내적으로는 계속 핵·

---

[6] 본래는 김정일이 고난의 행군시기에 주민들에게 희망을 주기 위해 김일성 탄생 100주년인 2012년까지 북한을 사회주의 강성대국으로 만들겠다고 천명한 것으로, 김정은 시대에는 '강성대국'을 '강성국가'로 슬며시 수정하여 사용하고 있다.

[7] '선군정치'는 군사 선행의 원칙에서 혁명과 건설에 나서는 모든 문제를 풀어나가며 군대를 혁명의 기둥으로 내세워 사회주의 위업 전반을 밀고 나가는 정치방식을 군사 선행, 군 중시의 정치다. 김정은이 '선군사상'으로 정립하여 '주체사상'과 함께 북한 통치사상의 양대산맥을 형성하고 있다.

[8] 북한 헌법은 '조선민주주의인민공화국 헌법' 제1호가 1948년 9월 8일 시행되었으며, 1972년 12월 시행된 제7호 헌법부터 명칭이 '조선민주주의인민공화국 사회주의 헌법'으로 변경되었다. 2009년 4월 9일 주체사상과 함께 선군사상을 통치이념에 명문화했다.

경제 병진노선을 추진하면서 경제에 조금 더 비중을 두어 추진하는 행보를 보이고 있다. 그러면서도 2022년 9월에는 아예 '핵무력 정책법'을 만들어 핵을 법제화했고, 2023년 9월에는 북한 헌법에 '국가 방위에서 차지하는 핵무력의 지위와 핵무력 건설에 관한 국가 활동원칙'[9]을 반영함으로써 핵무기 보유를 사실상 영구화하였고 앞으로도 핵무기 배치와 고도화를 계속해야 한다고 강조하고 있다. 따라서 어떠한 회유와 타협에도 불구하고 북한이 핵을 스스로 포기하는 것은 이제 거의 기대할 수 없는 실정이다.

> **※ 북한 헌법 제58조**
> 조선민주주의인민공화국은 책임적인 핵보유국으로서 핵무기 발전을 고도화해 나라의 생존권과 발전권을 담보하고 전쟁을 억제하며 지역과 세계의 평화와 안정을 수호한다.

---

[9] 2023년 9월 26~27일 최고인민회의 14기 9차 회의에서 최룡해 최고인민회위 상임위원장이 핵무력 헌법 반영에 관한 의제를 발제할 때 표현을 그대로 인용하였다.

2. 대남 침투 및 도발 이유

　북한의 대남 침투 및 도발은 북한에 공산정권이 들어선 때부터 시작되어 지금까지도 끊임없이 계속되고 있다. 다만 대내외적인 여건과 상황에 따라 도발의 수단과 방법, 빈도와 강도 면에서 조금씩 변화가 있었을 뿐이다. 과거 단순한 간첩 침투에서 시작하여 1960년대 중·후반의 무장공비 침투와 게릴라전, 1996년 강릉 잠수함 침투사건이나 2010년의 천안함 폭침사건 및 연평도 포격 도발, 2014년 무인기 침투, 2017년 대륙간탄도미사일 발사와 6차 핵실험 등에서 보듯이 북한의 군사적 위협과 도발은 그 수위와 강도가 점점 높아지고 방법 또한 다양해져 왔다. 북한이 1953년 휴전 이후에 자행한 침투 및 도발사건만 해도 2022년 국방백서 통계에 따르면 3,121회에 이른다. 물론 알려지지 않은 침투 및 도발사건이나 도발현황에서 제외되어 논란이 되고 있는 미사일 발사를 포함한다면 이 숫자는 크게 증가할 것이다.

　북한이 최근 여러 사정으로 미사일 발사 이외의 직접적인 도발은 다소 자제하고 있으나 상황 및 여건이 변하면 언제 또다시 직접적인 침투 및 도발을 재개할지 알 수 없다. 앞으로 북한이 또다시 직접적인 침투 및 도발을 감행한다면 지금까지와 같이 접적 지역이나 해상에서의 군사적 도발과 함께 핵과 미사일에 의한 도발이 될 가능성이 한층 높아졌다. 그러나 한편으로는 우리가 예측하기 어렵게 진화된 방식이나 이제까지와는 전혀 다른 새로운 방식의 도발을 시도할 가능성이 있으며, 도발의 강도 또한 우리의 예상을 훨씬 뛰어넘을 공산이 크다. 그러면 북한은 왜? 대남 침투 및 도발을 계속하고 있는 것일까? 일반적으로 북한은 다음과 같은 목적 달성을 위해서 침투 및 도발을 계속하고 있다.

※ **북한의 대남 침투 및 도발 이유**
대남 혁명 전략 수행 차원
　- 남한 내의 혁명 역량 구축
　- 혁명의 '만조기' 조성
　- 전쟁계획 수립을 위한 군사정찰
침투 및 도발을 통한 특정 목적 달성
　- 한국군의 경계태세 파악
　- 군 지휘부 정책 및 의사결정 과정 시험
　- 한미연합군의 대응 방책 및 위기관리 능력 평가

> 체제 유지를 위한 적절한 긴장 조성과 주민 결속
> 도발을 통한 사회혼란 조성과 심리전 우위 달성
> 협상에서의 주도권 장악

첫째, 근본적으로 대남 혁명 전략 수행 차원에서 침투 및 도발을 하고 있다. 앞에서 살펴본 바와 같이 북한은 한반도 공산화 통일이라는 목표를 달성하기 위해서 '3대 혁명 역량 강화론'에 의해 끊임없이 남한 내에 동조세력을 부식함으로써 혁명 역량을 강화하고, 남한의 사회혼란을 부추겨 혁명 여건이 성숙되는 혁명의 '만조기'[10]에 도달시키려 하고 있다. 따라서 간첩을 침투시켜 동조세력을 규합하거나 남한사회의 혼란을 부추기기 위한 테러나 게릴라전을 지속적으로 시도해야 하고, 전쟁계획 수립을 위한 군사정찰 등도 수행해야 하기에 대남 침투 및 도발이 계속될 수밖에 없는 구조이다.

둘째, 침투 및 도발을 통한 특정 목적을 달성하기 위해서다. 북한은 특정 지역에서 한국군의 경계태세를 파악하거나 정찰 활동의 일환으로, 때로는 군 지휘부의 정책 및 의사 결정 과정을 시험하기 위해서도 침투 및 도발을 하고 있다. 또한, 침투 및 도발을 하였을 때 한미연합군의 대응 방책이나 위기관리 능력을 평가하기 위한 목적도 있다.

셋째, 북한은 정치·경제적으로 체제 유지의 어려움이 닥치면 대남 도발을 통해 한반도에 긴장을 조성함으로써 북한 주민의 동요를 막고 체제 결속을 다지기 위한 목적의 도발도 계속하고 있다. 대표적인 사건이 1976년 8월 18일 '판문점 도끼만행사건'[11]이다. 북한은 1974년부터 김정일을 당중앙위원회 정치위원으로 임명하여 김일성의 후계자로 김정일을 사실상 지명하였다. 김일성으로서는 이로 인한 당내 불만 세력을 잠재우고 만성적인 식량 부족과 경제사정 악화에 따른 주민 불만을 다른 곳으로 전환하기 위한 수단으로 군사분계선에서의 긴장 조성을 선택했다. 따라서 이 시기에 북한이 의도적으로 한반

---

10 공산화혁명전술은 정세의 유·불리에 따라 간조기, 침체기, 앙양기, 만조기의 4단계로 나누어 구사한다. 가장 불리할 때 퇴각 및 협상을 통해 시간을 버는 간조기, 대열 정비와 자체 역량을 비축하는 침체기, 유리한 상황이 조성되었다고 판단하여 적극적 활동하는 앙양기, 혁명여건이 성숙되어 인민 봉기와 무력 침공을 병행하는 이른바 '결정적 시기'가 무르익어가는 만조기가 있다.

11 북한이 1976년 8월 18일 판문점 공동경비구역에서 미루나무 가지치기 작업을 하고 있던 비무장 유엔군을 의도적으로 기습하여 미군 장교 2명을 살해하고 카투사 5명과 미군 4명 등 경비병 9명에게 중상을 입힌 사건이다. 도끼와 곡괭이 등을 이용한 북한의 야만적인 테러로 국제사회에 큰 충격을 안겨주었다.

도에 긴장을 조성하기 위해 시도한 사건이 '판문점 도끼만행사건'이었다. *(이후 1980년 10월 20일 후계자 지명을 공식 선언하였고, 1981년부터 '친애하는 김정일 지도자 동지'로 호칭하게 하였다.)*

넷째, '김포공항 폭파사건'[12]이나 '대한항공 여객기 폭파사건'[13]과 같이 공포감을 조성하고 남한사회를 혼란하게 하거나 이를 통한 심리전에서의 우위를 점하기 위해서도 도발하고 있다. 북한은 1986년 서울 아시안게임과 1988년 서울 올림픽이 한국에서 개최됨으로써 한국의 국제적 위상이 현저히 높아지는 데 대한 방해공작으로 남한사회를 혼란시키고 아시안게임과 올림픽을 방해하고자 '김포공항 폭파사건'과 '대한항공 여객기 폭파사건'을 일으켰다. 최근에는 '서울 불바다 위협'과 같이 고도의 심리전 도발도 자행하고 있다.

다섯째, 국제사회나 남한 및 미국과의 중요한 협상을 앞두고도 협상에서의 주도권을 장악할 목적으로 장거리미사일을 발사하는 등 고도의 계산된 도발을 시도하고 있다.

이와 같이 북한의 침투 및 도발에는 다양한 이유가 있으나 근본적인 것은 북한의 침투 및 도발뿐만 아니라 모든 북한의 정책과 활동은 대남 혁명 전략을 수행하고 있다는 사실을 간과해서는 아니 된다.

---

12   북한은 이슬람계 국제 테러조직을 사주하여 1986년 9월 14일 서울 아시안게임 6일 전 김포공항 국제선청사에 폭탄 테러를 자행하였다. 이 테러로 5명이 사망하고 33명이 중경상을 입었다.
13   북한은 1987년 11월 29일 바그다드에서 국내로 들어오던 대한항공 858기에 폭발물을 설치하여 항공기를 공중에서 폭파시켰다. 이 사건은 김정일의 직접 지령을 받은 북한 특수공작원 김승일과 김현희의 소행으로 이 사고로 탑승자 115명 전원이 사망하였다.

3. 대남 침투 및 도발 현황

이 책은 북한의 대남 침투 및 도발사를 다루고 있다. 일반적으로 '침투(浸透)'는 "몰래 숨어 들어감"을 뜻하고 '도발(挑發)'은 "남을 집적거려 일이 일어나게 하는 것"이다. 그러나 군사적으로 '침투'는 "적이 특정임무 수행을 위해 우리 영역을 침범한 상대"를 뜻하며, '도발'은 "적이 특정임무를 수행하기 위하여 대한민국의 국민과 재산 또는 영역에 가하는 일체의 위해 행위"를 뜻한다. 여기서 '침투'는 지상·해상·공중 침투로 구분하며, '도발'은 군사적 도발과 비군사적 도발로 구분한다.

우리 군은 1990년대 후반부터 침투를 도발의 범주에 포함하였다. 즉 '군사적 도발'의 유형을 첩보 수집과 사회혼란 조성 등을 목적으로 하는 '침투'와 정치·사회·경제·군사 등 제반 분야에서 특정 목적을 달성하기 위한 '도발'로 분류하였다. 따라서 '침투'를 '도발'을 시도하기 위한 선행 단계에서 이루어지는 활동으로 정리하였다. '침투'는 북한이 간첩이나 무장공비를 지상이나 해상 및 공중으로 직접 침투시키거나, 해외나 탈북자 등을 통해서 우회적으로 침투시키는 것을 모두 포함한 것이다. 이 책에서는 대남 침투 및 도발의 역사에서 침투가 차지하는 비중이 훨씬 더 많았고 다양하였기에 침투와 도발을 구분해서 기술하였다. 이런 맥락에서 정부가 발표하는 국방백서에서도 북한의 대남 도발을 크게 '침투'와 '도발'로 구분하여 현황을 정리하거나 유지하고 있다.

북한은 적화통일이라는 대남 전략 목표를 달성하기 위해 전술적 차원에서 대남 침투 및 도발 행위를 지속적으로 자행하고 있다. 가장 큰 도발은 물론 6·25전쟁이지만 전쟁 전반에 관해서는 이 책에서는 다루지 않았다. 북한은 6·25전쟁 이전에는 38선에서 각종 도발과 무력 충돌을 일으켰다. 그리고 이른바 자칭 '인민유격대'를 양성하여 이 중 2,300여 명을 10회에 걸쳐 침투시켜 남한사회의 혼란을 조성하고 정부를 전복하고자 하였다. 이때 남로당 활동을 하다가 월북한 남로당 간부들을 강동정치학원에서 교육시켜 빨치산 지도자로 남한에 다시 파견하기도 하였다. 6·25전쟁 초기에는 766유격대와 945육전대 등 비정규전부대를 양성하여 동해안으로 침투시켰고, 전쟁 중에도 계속하여 남부군이나 526군부대 등의 유격대를 침투시켜 빨치산 활동을 통한 후방 교란과 제2전선 형성을 기도하였다.

현재 국방백서의 침투 및 도발 현황에서는 이러한 6·25전쟁 이전이나 전쟁 기간을 제외하고 휴전 이후의 침투 및 도발 현황만을 제시하고 있다. 〈표 1〉에서와 같이 휴전 이후부터 최근까지 북한의 대남 침투 및 도발은 총 3,121회가 발생하였다. 이 중 침투가 2,002회, 도발이 1,119회였다.[14] 이를 시기별로 보아도 북한의 침투 및 도발은 1950년대부터 최근까지 끊임없이 계속되고 있음을 알 수 있다. 따라서 북한의 침투 및 도발은 역사가 증명하듯 과거에도 끊임없이 이어져 왔고, 현재도 계속되고 있고, 앞으로도 계속될 것이란 점은 의심의 여지가 없다.

〈표 1〉 북한의 대남 침투 및 국지도발 현황

(단위 : 횟수)

구분	계	1950년대	1960년대	1970년대	1980년대	1990년대	2000년대	2010년대	2020~22
계	3,121	398	1,336	403	227	250	241	264	2
침투	2,002	379	1,009	310	167	94	16	27	0
도발	1,119	19	327	93	60	156	225	237	2

* 국방부, 《2022 국방백서》(2022). p.352 참고 재작성

이 횟수는 물론 북한이 침투 및 도발을 했다고 우리가 확인하였거나 인지한 사건만을 집계한 것이다. 우리가 모르게 은밀하게 다녀간 간첩이나 우리 해역에 침투했으나 이를 알지 못한 침투 사례는 당연히 포함되지 않은 것이다. 1980년 6월 '격렬비열도 간첩선 격침사건'에서 생포된 간첩선 선장 김광현은 자신이 대한민국 영해에 총 23회나 침투했었다고 자백한 바 있다. 따라서 우리가 유지하고 있는 통계치보다 얼마나 더 많은 침투 및 도발이 있었는지는 가늠하기조차 어렵다.

> **TIP ▶▶ 격렬비열도 간첩선 격침사건**
>
> 1980년 6월 20일 17:25경 어선으로 위장한 북한 간첩선이 충남 보령군 오천항 쪽으로 침투하다 발각되었다. 이를 통보받은 해·공군은 도주하는 간첩선을 추격하여 격렬비열도 부근에서 차단 및 격파사격과 충돌공격을 병행한 끝에 6월 21일 05:55경 간첩선을 격침시켰다. 이때 간첩선 승선인원 10명(선박조 4명, 안내조 3명, 공작조 3명) 중 9명은 사살되거나 자폭하였으나 선장 김광현은 구조되었다.

---

14 국방부, 《2022 국방백서》(2020). p.352.

또한, 무슨 이유인지 모르나 국방백서에서 2014년까지만 해도 북한의 미사일 발사를 도발 현황에 포함시켜 왔으나 이후에는 도발 현황에서 제외하고 있다. 북한의 미사일 발사는 유엔 안보리 결의를 위반하고 국제사회와 대한민국 국민의 생명과 자유를 침해하는 명백한 도발 행위다. 통계의 일관성을 유지하기 위해서도 현황에 포함시켜야 하며 미사일 발사를 도발 현황에 포함하면 도발 횟수도 크게 증가할 것으로 보인다.

4. 대남 침투 및 도발의 변화 과정

  필자는 그간의 연구를 바탕으로 대남 침투 및 도발의 변화 과정을 〈표 2〉와 같이 총 9개 단계로 구분하였다. 이는 북한이 대내외 환경 및 여건의 변화에 따라 침투 및 도발의 수단이나 방법, 성격과 전술의 변화 등을 고려하였다.

〈표 2〉 북한의 대남 침투 및 도발 변화 과정

단계	기간	주요 관련 내용
1단계: 공산정권 수립기	1945.08. ~1950.05.	○ 1948.09.09. 북한 공산정권 수립 ○ 1948.11.07. 인민유격대 1차 침투
2단계: 남침 전쟁과 전후 복구기	1950.06. ~1965.09.	○ 1950.06.25. 북한 전면 기습 남침 ○ 1953.07.27. 휴전 ○ 1965.07.18. 송추 침투간첩 교전
3단계: 폭력혁명 추구기	1965.10. ~1970.12.	○ 1965.10.24. 양구 일가족 학살사건 ○ 1968.01.21. 무장공비 청와대 기습 ○ 1968.11.03. 울진·삼척 무장공비 침투
4단계: 화전양면전술과 남침 땅굴 구축기	1971.01. ~1976.07.	○ 1971.09.20. 남북적십자회담 시작 ○ 1972.07.04. 남북 공동성명 발표 ○ 1974.11.05. 제1땅굴 발견
5단계: 긴장 조성과 군사정찰 강화기	1976.08. ~1983.08.	○ 1976.08.18. 판문점 도끼만행 ○ 1978.11.07. 광천 무장공비 침투 ○ 1983.06.19. 문산 임월교 공비 침투
6단계: 폭탄 테러와 미사일 개발기	1983.09. ~1994.08.	○ 1983.10.09. 아웅산 묘소 폭파 ○ 1986.09.14. 김포공항 청사 폭파 ○ 1987.11.29. KAL 858기 폭파
7단계: 핵 개발과 해상 도발 강화기	1994.09. ~2006.10.	○ 1996.09.18. 강릉 잠수함 침투 ○ 1999.06.15. 제1연평해전 ○ 2002.06.29. 제2연평해전 ○ 2006.10.09. 1차 핵실험
8단계: 도발의 진화와 핵무기 보유기	2006.11. ~2017.12.	○ 2010.03.26. 천안함 피격 ○ 2010.11.23. 연평도 포격 도발 ○ 2017.11.29. '핵무력 완성' 선언 ○ 2017.12.22. 유엔 대북 결의 2379호
9단계: 핵·미사일 고도화기	2018.01. ~	○ 2018.09.18. 남북정상회담(평양) ○ 2019.05. 이후 미사일 발사 재개 ○ 2023.11. 군사정찰위성 발사

  제1단계는 공산정권 수립기(1945년 8월~1950년 5월)이다. 북한은 1945년 8·15광복 이후 소련의 지도하에 김일성 중심의 조선노동당을 창당하고 1948년 9월 김일성과 노동

당 일당독재의 괴뢰정권을 탄생시켰다. 김일성 정권은 적화통일을 위해 남로당을 사주하여 빨치산 활동을 독려하고 유격대를 양성하여 10차에 걸쳐 남한에 대거 침투시켰다. 그리고 38선에서는 무력 충돌을 유발하고 급기야 개성 및 옹진지구에서는 대규모 기습공격을 통해 국군의 방어태세와 전투력을 시험하는 등 남침 전쟁을 준비하였다.

제2단계는 남침 전쟁과 전후 복구기(1950년 6월~1965년 9월)이다. 김일성 정권은 소련의 지원을 받아 민족상잔의 6·25전쟁을 일으켰고 전쟁 기간 중에도 지방 공산주의자나 동조세력을 입산시켜 빨치산 활동을 전개하거나 유격대를 대거 침투시켜 유엔군 후방에서 제2전선 형성을 시도하였다. 전쟁에서 패전 후에는 전후 복구에 주력하면서도 해상에서 우리 어선을 공격하거나 납북하였고, 지속적으로 간첩을 남파시킴으로써 지하당 구축과 동조세력 확장을 꾀하고 정보 수집과 남한사회의 혼란을 획책하였다. 특히, 이 시기 간첩은 남한 출신으로 자진 월북자나 전쟁 중 북한군에 입대한 자 등으로 남한에 연고가 있는 자를 많이 남파시켰다.

제3단계는 폭력혁명 추구기(1965년 10월~1970년 12월)이다. 이 시기는 북한이 베트남전으로 인해 주한 미군 일부가 한반도에서 철수하고 한국군의 베트남전 참전이 본격화함으로써 남한의 안보가 취약해진 틈을 노려 게릴라전을 통한 폭력혁명을 추구한 시기이다. 북한은 1965년 10월 무장공비를 침투시켜 양구에서 부연대장 숙소를 기습하고 아군의 대응을 시험한 뒤부터 본격적으로 무장공비를 남파시켜 전후방 각지에서 적화통일을 위한 결정적 시기를 조성하려 하였다. 그 대표적 사건이 1967년 동해안 임원진과 서해안 영광 등 후방 지역에 동시다발적인 무장공비 침투와 1968년 청와대 기습사건과 울진·삼척 무장공비 침투사건이다. 북한은 이때 무장공비 전문 양성소인 124군부대를 창설하여 1968년 1월 31명의 공비로 청와대를 기습하려다 미수에 그쳤고, 11월에는 120명의 무장공비를 울진·삼척 지역에 침투시켜 태백산맥을 따라 게릴라전을 시도했다. 이 시기 전방 비무장지대에서는 북한군이 군사분계선을 넘어와 미군과 한국군을 가리지 않고 습격하여 많은 인명 피해가 발생하였으며, 북한군의 침투 습격이 하루 저녁에 서너 곳에서 자행될 때도 있었다.

제4단계는 화전양면전술과 남침 땅굴 구축기(1971년 1월~1976년 7월)이다. 1960년대 북한의 폭력혁명 전략에 의한 시도 때도 없는 게릴라전은 역설적으로 남한의 국방력 증강과 대비태세를 강화시키고 우리 국민의 반공의식만 고조시키는 결과를 가져왔다.

따라서 북한은 1970년 12월 폭력혁명 노선에서 '인민민주주의혁명'[15] 노선으로의 전환을 선언하고 1971년부터 침투와 도발도 현저히 줄여나갔다. 그리고 1971년부터 1976년 전반기까지 남북적십자회담을 비롯하여 남북공동성명을 발표하는 등 대외적으로는 남북 화해와 협력을 내세우면서 안으로는 남침용 땅굴을 구축하며 전쟁 준비에 박차를 가했다. 이때 북한은 전 전선에 걸쳐 20여 개의 남침용 땅굴 구축을 시도하였다고 알려졌으며, 아군은 1974년 11월 고랑포 북방 비무장지대에서 제1땅굴을 발견하는 등 총 4개의 대형 땅굴을 발굴하였다.

제5단계는 긴장 조성과 군사정찰 강화기(1976년 8월~1983년 8월)이다. 김일성은 자신의 후계자로 김정일을 지명하고 1973년 9월 당 조직지도부장 겸 선전선동부장에 임명하였으며, 1974년 2월 노동당 정치국 위원에 임명함으로써 유일지도체계를 확립하고자 하였다. 그러나 북한이 구축한 남침용 땅굴이 만천하에 드러나고 김정일 후계체제에 대한 내부 불만도 고조되자 전선 지역에서 의도적인 긴장을 조성함으로써 내부 불만을 잠재우고 북한 주민의 결속을 다지려고 획책하였다. 그 대표적 사건이 1976년 8월 18일 북한이 판문점 공동경비구역에서 일으킨 도끼만행사건[16]이다. 이후 북한은 남침을 위한 전쟁을 준비하면서 보다 철저한 전쟁계획 수립을 위해 전·후방 각지에 양성된 특수공작원을 침투시켜 군사정찰을 강화하였다. 군사정찰 간에도 이들은 무고한 양민을 무자비하게 살상하였으며 그 대표적인 사례가 1978년 '광천 무장공비 침투사건'[17]이다.

제6단계는 폭탄 테러와 미사일 개발기(1983년 9월~1994년 8월)이다. 북한은 1980년대 들어와 남한의 급속한 경제성장으로 남북 간에 국력의 차이가 점점 벌어지자 전쟁준비 면에서도 재래식 전력만 증강해서는 한미연합 전력에 비해 절대적인 군사 우위를 점할 수 없다고 판단하게 되었다. 따라서 이때부터 북한은 비대칭전력을 증강하는 데 주력하여 특수전부대와 사이버전 전문요원[18]을 양성하고, 장사정포, 핵과 미사일로 대표되는

---

15 공산주의자들은 식민지 또는 반식민지에서 노동자 계급이 인민정권을 세우며, 제국주의적·봉건적 착취관계를 청산하고 인민이 주인이 되는 평등한 사회를 건설하는 것이 인민민주주의혁명이라고 선전한다. 그러나 현실적으로 인민민주주의는 인민이 주인이 아니고 공산당 일당독재에 의한 정치체제로 변질되었으며 인민은 공산당의 핍박과 억압 속에서 자유를 잃고 살아가고 있다.
16 북한군 50~60명이 판문점 공동경비구역에서 미루나무 가지치기 작업을 하던 유엔군과 노무자를 기습공격하여 미군 장교 2명을 도끼와 곡괭이 등으로 살해하고 9명에게 중경상을 입힌 사건이다.
17 1978년 11월 광천 해안으로 침투한 공비 3명이 말봉산에서 화목을 채취하던 부녀자 2명, 공주에서 민방위대원, 오산에서 나무꾼 청년을 살해하는 등 무고한 주민들을 연속 살해하고 도주하였다.
18 북한은 1986년 김일성군사대학에서 5년 과정 전산요원을 양성하여 군에 보직하면서 이들 가운데 별도로 선발 과

대량살상무기 개발에 박차를 가해왔다. 북한 미사일은 1970년대부터 개발에 착수해서 1983년에는 미사일공장을 준공하고 1984년 4월에는 최초로 사거리 300km의 스커드 B형 미사일을 시험발사했다. 이어서 1986년 5월 사거리 500km의 스커드 C형 미사일을 시험발사하고 1988년에 작전 배치에 성공하였다. 그리고 1990년대 초반에 들어와서는 사거리 1,300km의 노동 미사일을 개발하고 시험발사하는 등 미사일 개발에 주력했다. 그러면서도 한편으로는 남한사회의 혼란을 획책하고 1986년 '서울 아시안게임'과 1988년 '서울 올림픽'을 방해할 목적으로 무자비한 폭탄 테러를 자행했다. 폭탄 테러는 국내·외를 가리지 않았으며 대표적인 사건이 '아웅산 묘지 폭파사건'[19], '김포공항 국제선 청사 폭파사건'[20], '대한항공 858기 폭파사건'[21] 등이다.

제7단계는 핵 개발과 해상 도발 강화기(1994년 9월~2006년 10월)이다. 북한은 1994년 9월부터 잠수함과 잠수정을 이용하여 동해에서 해상 침투를 통한 군사정찰과 잠수함의 운용 능력을 시험하였다. 대표적인 사건이 1996년 9월 '강릉 잠수함 침투사건'이다. 그리고 1990년대 말부터 서해5도 지역에서 NLL[22]을 무력화시키기 위해 경비정을 동원한 무력 침범을 계속했다. 그 결과 '제1연평해전'[23]과 '제2연평해전'[24]을 촉발하는 등 동해에선 잠수함 침투, 서해에선 NLL을 무력화하기 위한 해상 도발을 강화하였다. 한편, 북한은 1980년대부터 내부적으로 본격적인 핵무기 개발계획을 수립하여 추진하기 시작했으며 1993년에는 명맥만 유지하던 핵확산금지조약(NPT) 탈퇴를 선언하였다. 이후 북

정을 거쳐 전문 해킹부대를 운영하기 시작했다. 이후 정찰총국 아래 전자정찰국과 사이버전지도국(기술정찰국, 121국)을 두고 전략부대로 키우고 있다.

19　북한 특수공작원 3명이 1983년 10월 9일 미얀마를 방문 중이던 전두환 대통령 일행의 아웅산 묘지 참배시간에 맞춰 묘지 천정에 설치한 원격폭탄을 터뜨려 서석준 부총리 등 17명과 미얀마 인사 4명을 살해하고 46명에게 부상을 입힌 사건이다.

20　북한의 사주를 받은 이슬람계 국제테러조직이 '서울 아시안게임'을 방해할 목적으로 1986년 9월 14일 김포공항 국제선청사를 폭파시켜 5명이 사망하고 33명이 부상한 사건이다.

21　북한 특수공작원 김승일과 김현희가 '서울 올림픽'을 방해할 목적으로 올림픽 참가 신청을 약 50일 앞둔 1987년 11월 29일 바그다드에서 국내로 들어오던 대한항공 여객기를 폭파시킨 사건이다.

22　NLL(Northern Limit Line: 북방한계선)은 1953년 8월 30일 유엔군 사령관이 유엔군 해·공군의 해상초계 활동 범위를 한정하기 위해 설정한 선으로 현재까지 남북의 실질적인 해상경계선으로 지켜져 왔으며, NLL 이남 해역은 대한민국이 실효적으로 통제하는 관할 수역이다.

23　1995년 6월 15일 연평도 서남방 해상에서 북한 경비정 7척과 어뢰정 3척이 NLL을 침범하여 우리 해군이 퇴거조치를 하는 과정에서 북한 경비정의 선제사격으로 교전이 벌어진 사건이다. 아군 9명이 부상하였고 북한은 어뢰정 1척이 침몰하고 경비정 1척이 반파되었다.

24　2002년 6월 29일 연평도 서남방 해상에서 초계 중인 우리 해군 고속정에 북한 경비정이 기습사격을 가해 교전이 발생한 사건이다. 교전 결과 아군 참수리 357호정이 침몰되고 6명이 전사하고 19명이 부상하였으며, 북한은 경비정 1척이 대파되고 30여 명이 부상한 것으로 추정된다.

한은 2006년 10월 9일 국제사회의 만류에도 불구하고 함경북도 길주군 풍계리에서 1차 핵실험을 감행하였다.

제8단계는 도발의 진화와 핵무기 보유기(2006년 11월~2017년 12월)이다. 북한은 2006년 10월 1차 핵실험을 시도한 이후 2013년 3월에는 핵·경제 병진노선을 발표하고 국제사회의 제재에도 불구하고 2017년 9월 6차 핵실험까지 강행했다. 특히, 2016년 9월 5차 핵실험에서는 탄도미사일에 장착할 수 있게 표준화·규격화된 핵탄두의 성능과 위력을 검증했다고 발표했으며, 2017년 9월 6차 핵실험에서는 폭발위력이 50kt에 달했다. 북한은 2017년 11월에는 미국을 사정권에 둘 수 있는 사거리 13,000km의 화성-15형 장거리탄도미사일(ICBM) 발사까지 성공하면서 "이제 핵탄두를 장착하여 미 대륙을 언제든 공격할 준비가 끝났다."며 '국가 핵무력 완성'을 선포하기에 이르렀다.

그리고 이 시기에 북한은 과학기술의 발전 추세에 따라 새롭게 진화된 형태의 다양한 도발도 시도하였다. 대표적인 것이 2000년대에 들어와 본격화된 사이버전이다. 사이버 공격 중 2009년 7월 한국과 미국의 주요 사이트를 대상으로 했던 디도스(DDoS) 공격과 이후 주요 금융기관과 언론사 전산망 마비 및 파괴 공격이 있었다. 최근에는 공공기관 서버와 주요 인사 컴퓨터 해킹, 가상화폐 탈취 등 북한의 사이버 공격이 일상화되었다. 북한은 2010년부터 교란전파를 발사하여 우리 통신체계와 선박 및 항공기 등의 항로에 착오를 일으키는 등 GPS(위성항법시스템) 교란도 시도하고 있다. 또한, 2014년부터는 소형 무인기에 의한 영공 침투와 군사정찰을 시도하고 있으며 청와대 상공과 성주에 위치한 사드기지도 정찰한 것으로 밝혀져 충격을 주었다.

제9단계는 핵·미사일 고도화기(2018년 1월~)이다. 2017년 11월 29일 북한의 화성 15형 장거리탄도미사일 발사와 '국가 핵무력 완성' 선언에 대해 유엔은 안보리 결의안 제2379호를 채택하여 북한에 대한 경제 제재를 더욱 강화하였다. 그러자 북한 김정은 정권은 핵무력은 완성했으니 이제 경제 건설에 치중하자며 2018년부터 '핵·경제 병진노선'에서 '경제 집중노선'으로 전환을 천명했다. 그리고 겉으로는 남북정상회담에도 참여하고 북미정상회담도 응하는 등 화해와 협력의 제스처를 취하면서 안으로는 계속해서 핵과 미사일을 고도화하는 데 주력하였다. 북한은 2018년에는 미사일 발사 등의 도발을 자제하다가 북미회담이 결렬된 이후인 2019년 5월부터 미사일 발사를 재개하였다. 그리고 이후 과거보다 더 많은 미사일 도발을 이어가고 있다. 최근에는 미사일 기술을 이용한 'SLBM'과 '수중드론' 개발에도 주력하면서 2023년 11월에는 그동안 북한군의 최대 약점으로 지적되어 온 군사정찰위성 발사까지 성공하였다. 북한 김정일 정권은 유엔 안보리 결의를 무시하고 수시로 미사일을 발사함으로써 핵탄두와 ICBM 능력을 계속 고도화하고 있으며, 계속되는 미사일 발사로 우리 국민의 안보불감증과 남남갈등을 유발하고 있다.

> 본 책에서는 그동안 많은 연구가 이루어진 6·25전쟁 기간과 그 이전 북한의 침투 및 도발사는 간략하게 기술하고 휴전 이후의 침투 및 도발사건을 유형별, 시대별로 구분 정리하여 수록하였다.
> 북한의 대남 침투 및 도발사건을 기술하는 방법으로는 국방백서의 현황 분류처럼 크게 대남 침투와 도발로 구분하여 기술하였다. 대남 침투는 침투 지역과 방법에 따라 지상 침투·해상 및 해안 침투·내륙 지역 침투·우회 침투 등으로 분류하였으며, 지상 침투는 다시 육상·수중·땅굴 침투로 세분하였다. 국지도발은 접적지역 도발, 폭탄 테러 및 인명 살상, 해상 도발, 공중 도발, 핵실험과 미사일 도발, 비군사적 도발 등으로 분류하여 발생한 순서대로 기술함으로써 북한의 대남 침투 및 도발의 역사를 빠짐없이 전부 망라하고자 하였다.

제2장

휴전 이전의 침투 및 도발

1. 38선에서의 대남 침투 및 도발

2. 인민유격대 침투와 유격전

3. 6·25전쟁 기간의 침투

1. 38선에서의 대남 침투 및 도발

가. 상황 및 배경

광복 이후 한반도는 우리 민족의 의사와 무관하게 미국과 소련에 의해 북위 38도선을 기준으로 강제로 남북이 갈라져 버리고 이후 각각 국가를 건설하기 위한 움직임이 진행되고 있었다. 남한에서는 국가 건설을 주도하는 세력들이 이념적으로 공산진영과 민주진영으로 양분되어 심각한 갈등을 겪게 된다. 양 진영은 주도권을 확보하기 위해 미국의 대 한반도 정책이나 유엔의 결정사항에 대해서도 서로 찬성과 반대로 나뉘어 사사건건 대립하고 충돌했다. 새로운 이념과 정치적 대립 속에서 정치 활동 경험이 전혀 없는 대다수 국민은 양 진영의 눈치를 보며 우왕좌왕했다. 이때 남한에 진주한 미군정은 한국사회의 특수성을 인식하지 못하고 치안 유지의 편의성을 고려해 일제 치하에서 군과 경찰에 종사했던 인물을 중용하거나 이념과 사상을 구분하지 않고 군인들을 모집하면서 이후 '제주 4·3사건'과 '여순 10·19사건'과 같은 비극적인 사건이 발생하는 하나의 요인으로 작용하였다.

포천 43번 도로의 38선 표지석

이때 북한 내의 공산세력(북조선노동당)과 남한 내의 공산세력(남조선노동당)은 연합하여 북한에 공산정권이 정식으로 들어서기 이전부터 '연백평야 통수거부사건(1946.05.08.)'[25], '서울중앙방송국 적화공작사건(1947.08.04.)'[26], '조선은행권 대남밀송 및 화폐교란사건(1947.12.01.)'[27] 등을 일으키고 이를 지원하거나 조종함으로써 남한 내

---

25 북한이 연백평야 농경지로 흐르는 물을 내려보내지 않고 차단한 사건이다.
26 서울중앙방송국 직원들을 포섭하고 청취자에게 공산주의 사상을 주입하려고 시도한 사건이다.
27 북한에서 화폐개혁을 단행하고 구권화폐 30억 원을 남로당 정치자금으로 불법 밀송하여 남한의 화폐유통체계를 교란시킨 사건이다.

의 분열과 혼란을 획책하였다. 따라서 이 시기에 공산주의자들은 북한에서는 소련의 지원을 받은 김일성의 권력기반을 조기에 구축하고 남한에서는 공산당 세력을 확대하기 위한 노력을 병행하였다.

이어서 1948년 9월 북한 정권 수립 이후에는 38선 지역에서 대규모 군사적 충돌을 유발하여 38선 경비태세를 시험하거나 남한사회의 혼란을 획책하는 등 대남 도발을 본격화하였다. 그리고 직접 양성한 유격대를 대거 남파시켜 남한 정부를 전복시키거나 북한의 무력 남침 때 후방에서 남한 정부와 행정체제를 붕괴시키기 위한 유격전을 전개하기 시작했다. 특히, 남한에서 '제주 4·3사건'과 '여순 10·19사건'이 발생하여 극도의 혼란이 지속되자 이를 지원하고 정략적으로 이용하기 위해 주력하였다. 이를 위해 인민유격대 2,300여 명을 10차에 걸쳐 침투시키고 이른바 '빨치산'[28]을 지휘할 이현상과 같은 유격대 지도자를 양성하여 파견하였다.

> **TIP ▶▶ 이현상은 누구인가?**
>
> 이현상은 금산에서 부농의 아들로 태어나 당시 서울의 명문 학교에서 공부하며 '경성콤그룹'이란 사회주의 지하조직을 결성하여 일제에 저항하였다고 하며 이후 남로당 간부로 활동하였다고 알려져 있다. 8·15광복 이후 월북하여 북한이 남한 출신 공산당 간부와 유격대를 양성하기 위해 설립한 강동정치학원을 수료하였다.
>
> 남한에서 합법적인 공산당 활동이 금지된 뒤 입산한 빨치산과 여순 10·19사건에 가담하였다가 입산한 공산주의자를 지휘하기 위해 유격대 지도자로 남파되어 지리산 일대(제2병단)의 빨치산 사령관으로 활동하였다.
>
> 6·25전쟁 기간에는 후퇴하는 북한군을 따라 북으로 도주하다가 세포 일대에서 북한군 유격대 총사령관 이승엽으로부터 병력을 증원받고 재침투하여 속리산, 덕유산을 거쳐 지리산 일대에서 근거지를 편성하고 남반부 인민유격대(속칭 '남부군') 사령관으로 활동하였다.
>
> 남부군은 한때 대대급 규모 이상의 병력으로 무자비한 게릴라전을 벌여 제2전선을 형성함으로써 유엔군은 군단급 부대인 백야전전투사령부를 창설하여 이현상의 남부군을 토벌하였다. 이후 이현상은 극소수 병력과 함께 겨우 연명하다가 1953년 9월 지리산 빗점골에서 군경 토벌대에 의해 사살되었다.

---

28 적 후방에서 비정규전을 벌이는 유격대를 가리키는 말로 러시아어 파르티잔(Partizan)에서 온 말이다. 우리나라에선 주로 광복 이후부터 6·25전쟁 전후로 공산주의 이념을 추종하여 산악지대에 입산하여 세력 확산과 게릴라전을 벌이던 유격대를 가리킨다.

이 시기 북한이 침투시킨 이른바 '인민유격대'는 당시에 대부분 남한 출신으로 편성되어 있었으며 남로당 당수인 박헌영이 양성과 운용의 책임을 맡고 있었고 북한이 남침할 때 후방에서 이른바 '인민봉기'라는 것을 일으키는 데 주도적인 역할을 담당하도록 임무를 부여받고 있었다. 실제로 박헌영은 6·25전쟁 모의 과정에서 북한군이 남침하면 후방에서 20만 남로당원이 일제히 봉기하여 남한 정부를 전복시킬 수 있다고 호언장담하였다. 따라서 김일성은 6·25전쟁에서 서울만 조기에 점령하면 후방에서 인민봉기가 일어나 미군이 본격 개입하기 전, 1개월 내로 전쟁을 종결할 수 있을 것으로 오판하고 있었다.

나. 남북의 38선 경비

일본의 항복과 함께 38선 이북에 진주한 소련군은 8월 25일부터 9월 초 사이에 남북을 잇는 교통로와 통신망을 차단하였다. 이에 따라 38선을 사이에 두고 남북이 분단되었으며, 이로 인해 양양군 현북면 기사문리와 춘성군 북산면 추전리 등 하나의 마을까지도 강제로 분리되었다. 이때 남한은 카이로선언[29]에 의해 미군이 진주할 때까지 주권을 행사할 수 없었고, 38선 경비와 치안은 공백상태에 빠져 있었다. 따라서 소련군이 38선을 넘나들며 약탈을 자행하기도 하였다.[30]

미군의 38선 경비초소

미군은 1945년 9월 9일 뒤늦게 서울에 입성하였으며, 38선 진주는 9월 20일부터 9월 30일 사이에 대부분 이루어졌으나 차량 이동이 불가능한 곳은 10월 초순에서야 완료되었다. 남한에 진주한 미군은 미 제7사단 예하 병력을 옹진, 개성, 의정부, 춘천, 강릉에 주둔시키고 38선 상의 주요 통로에 경비초

---

[29] 카이로선언(Cairo Declaration)은 1943년 11월 23일 미·영·중 3개 연합국 대표가 이집트의 수도 카이로에 모여 발표한 선언으로 한국의 독립과 일본이 침략전쟁으로 약탈한 영토를 반환할 것을 요구하는 내용 등이 포함되어 있다.

[30] 1945년 9월 2일 소련군 1개 소대 병력이 춘천에 진입하여 행정권과 경찰권의 이양을 요구하며 도지사의 승용차를 약탈해 가는 일도 있었다.

소를 설치하여 북한에 진주한 소련군과 대치하였다.

　북한은 초기에는 내무성 소속의 보안대가 38선 경비임무를 수행하다가 1947년 7월부터는 38선경비대를 창설하여 경비임무를 담당시키기 시작하였다. 이후 1948년 10월 소련군이 철수하면서 38선경비대는 38선 경비임무를 전담하였다. 북한은 1949년 2월에는 38경비 제1여단을 강원도 간성, 제7여단을 황해도 시변리, 제3여단을 황해도 죽전에 차례로 설치하여 38선 경비를 더욱 강화하였다. 이에 비해 남한은 미군에 의해 38선상의 주요 통로 위주로 주민의 왕래를 통제하였으며, 점차 경찰에 의한 38선 경비지서를 구역별로 설치하고 경비지서를 하나의 행정관할구역으로 보고 후방 지역과 다름없이 치안행정을 폈다. 이후 경기도와 강원도 경찰국에서는 38선 접경 지역의 경찰서와 지서를 보강하여 북한과 소련군의 국지적인 도발에 대비했다. 특히, 강원도 경찰은 1946년 11월 25일에 제11구 경찰서(인제경찰서)를 홍천군 두촌면 자은리에 신설하였고, 1948년 6월 1일에는 제12구 경찰서(주문진경찰서)를 주문진읍에 신설하여 38선 경비에 임하게 하였다.

　그러나 광복 이후 국군 창설이 지연되면서 미군정 하에서 창설된 조선경비대[31]는 경찰의 예비대에 불과하다는 인식이 만연하였고, 38선 경비를 전담할 수 있는 역량도 부족하였다. 따라서 군이 어떻게 38선 경비를 해야 할 것인지에 대한 제대로 된 개념이나 계획이 정립되지 않고 있었다. 다만 경찰이 지원을 요청할 경우 군(조선경비대)이 출동하여 경찰을 지원한다는 것으로만 인식되어 있었다. 그리고 당시 남한은 군과 경찰의 미묘한 갈등과 주도권 다툼으로 인해 긴밀한 협조도 기대하기 곤란한 실정이었다. 따라서 이때 통위부[32]에서는 군이 독자적으로 38선 경비를 담당할 계획을 세워 추진하고자 하였으나 이를 시험 적용하려던 강원 지역의 제8연대마저도 여러 문제에 부딪혀 2개월 만에 종료하고 말았다.

　1948년 12월까지 38선 지역에서 미군이 점차 철수하게 되자 경찰은 1948년 12월에 38선 전 지역의 경비초소를 증가 설치하였고, 경찰 1,200명을 충원하여 38선 전역에 추

31　미군정 하에서 1946년 1월 남조선국방경비대가 창설되었다가 6월에 조선경비대로 개칭되었다.
32　국방부의 전신으로 미군정 하에서 국방과 경비를 전담하던 기구이다. 1945년 11월 미군정청 산하에 국방사령부를 설치하였으나 1946년 3월 미소공동위원회에서 소련의 반대로 국내경비부로 개칭하였다. 이에 남한에서는 국내경비부를 대한제국 때의 국방조직인 통위영 명칭을 따라 통위부로 칭하였다.

가 배치하였다. 그리고 접경 지역 지서 주임을 경위로 계급을 상향 배치하여 치안 확보에 힘썼다. 그럼에도 국군은 본격적인 군대의 창설이 늦어지고 창설 과정에서도 군내에 침투한 좌익세력의 반란과 이에 대한 소탕작전 등으로 인해 38선 경비에 전력을 다하기 어려운 형편이었다. 미군은 1948년 말 38선 경비를 한국 측에 인계하고 38선에서 모두 철수하였다. 이때 미군들이 남긴 경비시설은 간선국도의 경비초소와 콘센트 병영뿐이었고 전술적인 방어진지는 전무하였다. 이러한 상태에서 미군은 1949년 6월 군사고문단 495명만을 남겨두고 한국에 주둔했던 전투부대를 모두 철수시켰다.

국군이 38선 경비를 본격적으로 담당하게 된 것은 1949년 1월 이후가 되어서였으며, 그나마도 부대별로 책임 지역이 너무 넓었고[33] 진지가 구축되어 있지 않아서 효과적인 경비가 어려운 상태였다. 그리고 이때도 1차적인 38선 경비는 접경 지역의 행정구역을 책임진 경찰이 담당하고 있었으며 군은 경찰 경비초소에서 상황이 발생하여 증원을 요청하면 출동하는 형태였다. 그러나 38선에서의 소규모 충돌이 격화되고 1949년 5월 이후에는 대규모 공방전의 형태로 진화하자 이를 격퇴하는 과정에서 군이 자동적으로 38선 경비임무의 전면에 나서게 되었다. 그리고 경비의 개념보다는 북한의 공격을 방어하고 격퇴하기 위한 진지 구축의 필요성이 대두되었다. 따라서 군은 이때가 되어서야 겨우 38선 방어를 위한 진지 공사를 시작하였으나 북한의 방해 공작과 국지적인 도발로 인하여 많은 희생과 곤란을 겪어야 했다.

포천 만세교 38선 방어진지

---

33   국군 제1연대가 1949년 1월 22일 서울 서빙고에서 의정부로 이동하면서 최초로 38선 경비임무를 맡게 되었을 때 책임 지역은 적성에서 현리까지 약 90km에 달하였고, 제8연대의 경우에는 중동부전선 130km를 담당하기도 하였다.

다. 소규모 침투 및 도발

1) 경기도 및 황해도 지역

경기도 및 황해도 지역에서 대표적인 북한의 소규모 침투 및 도발사건을 정리하면 〈표 3〉에서와 같다.

〈표 3〉 경기도 및 황해도 지역 소규모 침투 및 도발

도발 일시	장소	적 규모	결과
1947.11.26.~27.	포천 창수지서 피습	보안대 20여 명	2차에 걸친 습격 격퇴
1949.01.27.~02.12.	연백 황토동 피습	1차 2개 소대 2차 1개 중대	2차에 걸친 습격 격퇴
1949.02.01.~03.	개풍 여현지서 피습	수 미상	군경의 반격, 격퇴
1949.02.02.~14.	연백 배천경찰서 피습	수 미상	2차에 걸친 습격 격퇴
1949.06.05.~06.	가평 화악리 침입	38경비대 16명	가평 경찰 출동 격퇴

경기도 및 황해도 지역의 소규모 38선 충돌은 황해도의 청단(황토동), 배천(양청동) 지역과 경기도의 개성(여현리), 포천(임봉동) 지역 등에서 주로 발생하였다. 이러한 소규모 침투 및 도발이 발생한 지역은 대부분 남북을 이어주는 도로망이 발달한 곳이거나 주거지와 농경지가 발달한 지역이었다. 적의 피습이 발생한 지역에서는 해당 지역 지서에 배치된 경찰의 대응과 상부 경찰서의 증원 병력이 출동하여 교전을 벌여 적을 격퇴하였다. 그리고 적의 규모가 커서 경찰의 능력을 초과할 때에는 경찰 요청으로 군 병력이 출동하여 적을 격퇴하였다. 이러한 교전 과정에서 양측에 많은 피해가 발생하였다.

2) 강원도 지역

강원도 지역 소규모 침투 및 도발은 주로 춘천 북방(발산리, 추전리), 인제 남방(상수내리, 원대리), 양양(장리, 대치리, 잔교리) 지역 등에서 많이 발생하였다. 특히, 춘천 동북방의 추전리에서는 장기간에 걸쳐서 쌍방의 총격과 적대 행위가 계속되었고 쌍방이 진지까지 구축하고 첨예하게 대치하였다.

특히, 이 무렵 북한에 들어선 공산정권의 폭정을 피해 자유를 찾아 월남하는 북한 동포의 수가 날로 늘어나고 있었으며, 일부 월남 동포들이 북한 정권의 실정을 폭로하는 데에 북한은 극도로 민감한 반응을 보이고 있었다. 이에 대한 보복 습격의 대표적인 사건이 '인제 원대리 장어덕 피습사건'이다. 북한 38경비대가 북한에 거주하던 정용석·정상석 형제가 남한에 넘어와 거주하면서 북한을 비방한다고 하여 반동분자를 숙청한다며 마을을 습격하여 정씨 형제를 살해하고 도주한 사건이다.

강원도 지역의 대표적인 소규모 침투 및 도발사건은 〈표 4〉에서와 같다.

〈표 4〉 강원도 지역 소규모 침투 및 도발

도발 일시	장소	적 규모	결과
1948.12.20.~ 1950.06.25.	춘성 추전리 교전	수 미상	경찰 1개 중대 방어
1950.01.07.	춘성 발산지서 피습	38경비대 1개 소대	춘성경찰 출동 격퇴
1947.11.08. ~11.	인제 장어덕 피습	1차 1개분대 2차 300여 명	인제경찰 출동 격퇴
1949.07.15.	인제 상수내리 피습	38경비대 1개 중대	인제경찰 출동 격퇴
1946.10.17.	양양 대치리 피습	보안대원 30여 명	양양경찰 출동 격퇴
1946.12.03.	양양 장리지서 피습	보안대원 10여 명	지서원 3명 피랍
1947.10.29.	양양 장리 약탈	38경비대 2개 소대	주문진경찰 출동 격퇴
1948.05.28.	양양 장리지서 피습	38경비대 1개 소대	장리지서 자체 격퇴
1948.11.25.	양양 어성전지서 피습	38경비대 20여 명	어성전지서 자체 격퇴

라. 대규모 침투 및 도발

38선 형성 초기에는 소련군이나 북한 보안대원[34]에 의한 38선에서의 약탈이나 농민

---

34 당시 북한 내무성 소속으로 남한의 경찰력에 해당한다.

들 간의 국지적 충돌사건이 주로 발생했었다. 그럼에도 이 무렵의 충돌은 대부분 북한의 보안대나 38경비대와 남한 경찰과의 소규모 충돌이었으며, 상호 대치한 피아의 무기 상태도 빈약하여 전투는 크게 확대되지 않았다. 당시 북한의 경우 38선상에 2개 경비여단을 배치하고 있었는데 이들은 주로 구식 소총으로 경무장하였고, 실탄도 개인당 3~10발을 지급하고 있었다.[35] 남한의 경우도 이와 비슷한 실정이었다.

그러나 미군이 1948년 말에 38선 경비를 한국 측에 이양하자 이후 힘의 균형이 깨지면서 군사력을 강화한 북한의 도발은 서서히 규모가 커지기 시작했다. 그리고 미군이 38선에서 완전히 철수한 이후인 1949년 1월에 접어들면서 38선에서 북한의 도발은 매우 격화하는 양상을 보였다. 이는 북한 38경비대와 남한 경찰과의 소규모 충돌에 북한이 보병대대 규모 수준의 병력을 동원하여 적극적인 공세를 취하였기 때문이었다. 그러다가 마침내 1949년 5월 초부터는 북한이 남침전쟁 준비를 위한 전초전으로 여러 곳에서 대규모 도발을 시작하였다.

<그림 1> 대규모 도발 및 공방전 발생 지역

대규모 도발과 공방전이 발생한 지역은 <그림 1>에서와 같이 옹진지구(국사봉, 은파산), 개성지구(개성 송악산, 배천 치악산), 의정부지구(포천 사직리), 춘천지구(인제 신남

---

35   외무부(역), 〈스티코프가 몰로토프에게(1949. 2. 3)〉, 《소련 외교문서(제4권)》(1949). pp.4~5.

리, 원대리), 양양지구(기사문리, 잔교리)에서 발생하였다.

대규모 도발사건을 정리해 보면 〈표 5〉에서와 같다.

〈표 5〉 대규모 도발사건

도발 지역 (공방 기간)	주요 전투	적 투입부대	아군 투입부대
개성지구 (1949.05.03.~08.03.)	○ 1~2차 개성전투 ○ 배천전투	○ 제1사단 3연대 (소제 122미리 곡사포 실전 시험)	○ 국군 제11연대
옹진지구 (1950.05.21.~12월 중순)	○ 1~4차 옹진전투	○ 38경비 제3여단 (여단장 최현 직접 지휘)	○ 국군 제12연대 (18·2·17연대 교대 투입) ○ 경기도 경찰 3개 중대
의정부지구 (1949.05.07.~08.)	○ 사직리전투	○ 38경비여단 1개 중대	○ 국군 제1연대 1개 대대
춘천지구 (1949.03.11.~08.24.)	○ 원대리전투 ○ 신남전투	○ 38경비여단 1개 대대	○ 국군 제8연대 ○ 인제 경찰 1개 중대
양양지구 (1949.02.02.~07.06.)	○ 1~2차 잔교리전투 ○ 38선 북방 양양 공격 (기사문 포격)	○ 38경비여단 1개 대대	○ 국군 제10연대 ○ 주문진 경찰 1개 중대

북한은 1949년 5월 옹진지구와 개성지구에서 대규모 공격을 가해왔으며 이에 맞서 우리 군경은 많은 희생을 감수하면서 치열한 공방전을 계속하였다. 당시 황해도에 속한 옹진지구는 남한의 육지와는 고립되어 선박을 이용하지 않고는 왕래가 불가능했다. 이러한 취약점을 이용하여 북한은 가장 조직적이고 대규모(1개 연대) 공격을 실시하여 아군의 방어태세와 군사력을 시험하였다.

개성지구는 수도 서울과 인접하여 개성을 점령할 경우 남한사회에 큰 충격과 혼란을 조장하고 공포분위기를 조성할 수 있는 곳이었다. 북한군은 기습을 통해 개성 시가지를 감제할 수 있는 송악산과 인접한 고지들을 선점하여 전술적으로 유리한 위치를 차지하고 총 공세를 펼쳤다. 이곳에서는 북한군의 감제고지 선점 전략과 "적이 침범하면 그것을 상회하는 보복공격을 해야 한다."는 국군 제1사단장(준장 김석원)의 대응 전략이 맞서 치열한 고지쟁탈전이 전개되었다.[36] 개성과 옹진지구에서 계속된 공방전은 1949년

---

36   지금도 논란이 지속되고 있는 '육탄십용사'와 관련한 공적과 무용담은 6·25전쟁 때가 아니고 바로 이 개성지구 공방전 때의 일이다.

12월부터 북한이 남침을 준비하기 위해 공격을 중지하면서 6·25전쟁 개전 때까지 소강 상태로 유지되었다.

북한은 38선에서의 대규모 도발을 통하여 남한 군경의 경비상황과 전력을 탐색하였고, 사회 불안을 조장하였다. 북한의 38선 침범 및 도발은 6·25전쟁 이전까지 총 873회에 걸쳐 시도되었고 동원된 병력도 연인원 81,937명에 달하였다.[37]

---

[37] 육군정보국, 《괴뢰군 연혁》(1958). p.47.

2. 인민유격대 침투와 유격전

가. 상황 및 배경

　광복 이후 남한에서 공산당은 1946년 초까지는 사회적 혼란과 미군정청의 시책에 의해 합법적인 활동과 정치 투쟁을 할 수 있었다. 그러나 1946년 9월부터 좌익계 신문의 정간과 공산당 지도급 인물 체포령으로 남로당 간부들은 지하로 잠입하거나 월북을 하게 된다. 북한은 이렇게 남한 각지에서 산악지대로 도피하였거나 지하로 잠입한 공산당을 재건하고 지원하며, 후방 교란을 위한 무장유격대(일명 빨치산)의 남파를 기획하였다. 그리고 이들을 양성하기 위해 1948년 1월 평양근교에 '강동정치학원'[38]을 설립하고 월북한 남로당원 전원을 수용하여 남한에 대한 적화 공작의 일환으로 유격전에 관한 군사훈련을 실시하였다. 북한은 1948년 '여순 10·19사건'으로 우리 군의 진압부대가 호남과 지리산 지역에 집중되어 38선 경비가 허술해지고 남한사회가 혼란한 틈을 타 양성된 인민유격대를 본격적으로 침투시키기 시작하였다.

　이들의 침투 경로는 대부분 양양에서 오대산으로 침투하거나 인제에서 오대산 방향으로 침투하였다. 특히, 오대산을 '해방산'으로 부를 정도로 근거지로 많이 이용하였다. 이들은 오대산 지역에 제1병단(사령관 이호제), 지리산 지역에 제2병단(사령관 이현상), 일월산 및 보현산 지역에 제3병단(사령관 김달삼)을 설치하여 체계적인 유격전 태세를 구축하고자 하였다. 이들의 일부는 유격근거지까지 침투하지 못하고 중도에 섬멸되었으며, 일부는 목표 지역에 침투하여 반군 잔존세력이나 입산한 지방 공산당원들과 합세하여 빨치산 활동을 전개하였다.

　인민유격대의 1~4차 침투까지의 경로는 양양 지역에서 오대산을 경유하여 침투하였다. 5~6차 침투는 철원 지역에서 명지산과 호명산을 경유하여 용문산 지역으로 침투하였다. 7~8차 침투도 양양에서 오대산을 경유하여 침투하였으며, 9차 침투는 동해상을 이용하여 송라면 지경리 일대로 침투하였으며, 일부는 일월산에서 해상을 경유하여 보현

---

[38] 북한이 1947년 9월 평안남도 강동군에 설치한 남로당 군사정치학교로 대남공작원 및 유격전 전문요원 양성소이다. 초대 원장은 소련파인 박병율이 맡았다. 1949년 기지를 신안주로 이전하였다가 6·25전쟁 발발과 동시에 폐쇄되었다.

산으로 재침투하였다. 10차 침투는 인제 지역에서 방태산을 경유하여 태기산으로 침투하였으며, 일부는 오대산을 경유하여 태기산으로 침투하기도 하였다.

<그림 2> 인민유격대 침투 경로 및 지역

인민유격대의 침투 규모는 1948년 11월 1차 침투를 시작한 이래 1950년 3월까지 총 10차에 걸쳐 약 2,345명[39]을 침투시켰다.[40]

---

39 육군본부의 《공비연혁》에 의한 침투 현황은 10차 침투까지의 침투 인원이 확인된 숫자도 있으나 추산된 숫자도 있는 것으로 보인다. 예를 들면 10차 침투에서도 총계는 700명이나 세부 설명에서는 '김상호부대' 300여 명, '김무현부대' 350여 명이 침투하였다고 하여 50명의 차이가 나기도 한다.

40 침투 횟수도 일관성이 없어 보인다. 5차와 6차 침투는 동일부대의 선발대와 본대의 침투를 각각 침투 횟수로 별도 산정한 반면, 3차나 4차 침투의 경우에는 선발대와 본대의 침투를 하나의 침투로 산정하였다.

<표 6> 북한 인민유격대 침투 현황

구분	침투 지역	침투 일시	인원(명)	침투 방법(지휘관)
계			2,345	
1차	오대산, 태기산	1948.11.07.	180	지상
2차	오대산	1949.07.01.	400	지상
3차	오대산-중봉산	1949.07.06.	200	지상
4차	일월산, 보현산	1949.08.03.	300	지상/해상(김달삼)
5차	철원-용문산	1949.08.12.	15	지상
6차	명지산-용문산	1949.08.15.	40	지상
7차	태백산-경북	1949.09.20.	360	지상(이호제)
8차	양양 면옥치리	1949.09.28.	50	지상
9차	지경리-보현산	1949.11.06.	100	해상
10차	태기산, 가리산	1950.03.24.~26.	700	지상(김상호, 김무현)

　1차 침투는 1948년 11월에 시작되었으나 북한이 남한 내에서 인민유격대라는 이름 아래 빨치산체제를 정비하고 본격적인 유격 투쟁 단계로 들어간 것은 1949년 6월부터이다. 즉, 1949년 6월 남북의 노동당이 합당하여 조선노동당이 탄생했는데 이때 박헌영, 이승엽 등의 남로당계가 대남 정치 공작과 유격 투쟁을 전담하게 되면서 본격화하였다. 이승엽은 남한에서 국가보안법[41]으로 인해 지하당 구축과 활동이 많은 곤란을 겪게 되자 대한민국 정부를 전복시키기 위한 수단으로 유격 투쟁을 강력하게 추진하였다. 이를 위해 남한 내에 지하세력으로 잔존하고 있는 남로당 조직과 반란군에 가담하였던 세력들을 입산시켜 빨치산 활동을 하도록 사주하고 지휘하였다.

　북한 인민유격대 침투에 따라 아군은 군경 합동으로 소탕작전을 실시하여 약 2,000명을 사살 또는 생포하였고, 나머지는 북한으로 다시 도주하였거나 행방이 불명하였다. 이들 중에서 6·25전쟁 직전까지 남한 내에 계속 은거하면서 활동하는 병력은 거의 없었다는 것이 군경의 대체적인 판단이다.[42] 실제로 1950년 6월 25일 북한군이 전면 남침할 때 공비들이 준동하거나 비정규전을 전개한 일은 거의 일어나지 않았다.

41　1948년 '제주 4·3사건'과 '여순 10·19사건' 이후에 "국헌을 위배하여 정부를 참칭하거나 그것에 부수하여 국가를 변란할 목적으로 결사 또는 집단을 구성한 자"에 대해 최고 무기징역의 형벌을 과하는 법률로 1948년 12월 1일 제정되었다.
42　국방부전사편찬위원회, 《대비정규전사(1945~1960)》(1988). p. 146.

나. 침투 경과

제1차 침투는 1948년 11월 7일경 유격대 180명이 양양에서 태백산맥을 따라 오대산 지구로 침투하였다. 이들은 오대산에서 계방산을 경유하여 태기산까지 침투하였으나 강원경찰과 제8사단 예하부대의 소탕작전으로 1949년 1월까지 대부분 섬멸되었다.

제2차 침투는 1949년 7월 1일 유격대 400명이 오대산을 경유하여 현 진부읍 호명리까지 침투하였으나 7월 중순까지 군경토벌대에 의해 늦목재, 문래산 등지에서 대부분 섬멸되었다.

제3차 침투는 1949년 7월 6일 유격대 200명이 오대산을 경유하여 발왕산, 노추산 등지로 또다시 침투하였다. 이들의 본진은 1진부터 3진까지 제대를 나누어서 축차적으로 침투하였으며 후진은 7월 하순에 침투하였다. 그러나 이들 역시 군경의 소탕작전에 의해 9월 초순까지 태기산 일대에서 소멸되었다.

제4차 침투는 1949년 8월 3일 김달삼이 지휘하는 유격대 300명이 진을 나누어 축차적으로 침투하였으며 본대는 태백산과 일월산을 경유하여 보현산까지 침투하였다. 이들도 침투 과정에서 100명 규모의 1진은 대부분 섬멸되고 김달삼이 지휘하는 본진이 일월산과 보현산까지 내륙 깊숙이 침투하여 활약하였다.

> **TIP ▸▸ 김달삼은 누구인가?**
>
> 김달삼의 본명은 이승진으로 제주에서 출생하여 일본 유학 중 학병으로 징집되어 후꾸이야마 예비사관학교를 졸업하고 일본군 소위로 임관하였다고 한다. 광복 이후 제주 대정중학교 교사로 재직 중 남로당 대정면 조직부장을 거쳐 1948년 '제주 4·3사건' 시에는 남로당 제주도 당책이자 군사부 책임자로 활동하였다고 알려졌다. 1948년 8월에 은밀하게 해상으로 제주를 탈출, 월북하여 8월 21일 김일성이 주관하여 해주에서 열린 조선노동당의 인민대표자대회에 제주도 대표로 참석했다.
>
> 거기서 '제주 4·3 투쟁에 관한 보고' 연설을 하였고, 조선인민공화국 헌법위원으로도 활동하였다. 이후 강동정치학원을 수료하고 침투하여 일월산과 보현산지구에 위치한 인민유격대 제3병단의 사령관으로 활동하였다. 특히, 김달삼 유격대는 1950년 2월 4일 송라면 지경리에 출현하여 자신들을 경찰에 신고한 것에 대한 보복으로 마을 전체에 불을 지르고 90여 명의 주민을 모두

> 살상하는 만행을 저지른 사건으로 악명을 떨쳤다.
>
> 1950년 3월 22일 유격대 잔당과 함께 북한으로 도주하던 중 강원도 정선군 반론산에서 국군 제8사단 토벌대에 의해 사살되었다고 알려져 있다. (그러나 여기서 죽지 않고 월북했다가 6·25전쟁 직전 다시 침투하여 신불산 일대에서 빨치산 활동을 하다가 사망했다는 설이 있으며, 북한 애국열사능 김달삼 묘비에는 사망일자가 1950년 9월 30일로 표기되어 있다고 하여 이를 뒷받침한다.)

제5차 침투는 1949년 8월 12일 철원에 본거지를 둔 유격대 15명이 용문산을 목표로 침투하였으며, 제6차 침투는 1949년 8월 15일 유격대 40명이 명지산을 거쳐 용문산까지 침투하였으나 대부분 섬멸되었다.

제7차 침투는 1949년 9월 20일 인민유격대 제1병단장 이호제가 직접 지휘하는 유격대 360명이 태백산맥을 따라 침투하였다. 그러나 역시 침투 과정에서 대부분 섬멸되고 이 중 약 100명만이 일월산까지 침투한 후 김달삼부대와 합류해서 인민유격대 제1군단으로 재편성하여 활동하였다.

제8차 침투는 1949년 9월 28일 약 50명의 유격대가 오대산지구로 침투를 기도하였으나 오대산에 도달하지도 못하고 조기에 격퇴되었다.

제9차 침투는 1949년 11월 6일 북한이 일월산과 보현산에 근거지를 둔 김달삼유격대의 세력을 강화하고자 약 100명의 유격대를 해상으로 침투시켰다. 이들은 영일군 송라면 지경리 일대에 상륙하여 내연산을 경유, 보현산으로 들어갔다. 이 과정에서 마을 주민의 신고로 30여 명이 사살되고 6명이 생포되었으며, 이에 대한 보복으로 1950년 2월 4일 김달삼 유격대 50여 명이 지경리 마을을 습격하여 마을을 모두 불태우고 주민 90여 명을 학살하는 만행을 저질렀다.

제10차 침투는 1950년 3월 24~26일 강력한 화력을 지닌 약 700명 규모의 김상호 부대와 김무현 부대를 동부 산악지대 여러 곳에 동시에 침투시켰다. 이는 보현산에서 유격전을 벌이다 패퇴하여 북상하고 있는 김달삼유격대를 구출하고 이들과 합류하여 재편성한 후에 계속 유격전을 전개하려 한 것으로 보인다. 그러나 이 중 김상호 부대 약 350명은 아군 제8사단의 차단작전으로 오대산과 황병산 일대에서 대부분 섬멸되었다. 그리고 김무현 부대는 오대산 서편 방태산 방향으로 침투를 기도하였으나 강원경찰과 제8사단 및 제6사단 토벌대에 의해 대부분 섬멸되었다.

다. 침투 결과 및 평가

이렇게 북한이 양성한 인민유격대는 내륙 깊숙이 침투하여 '여순 10·19사건' 등에서 산악으로 은신한 반란군과 지방 공산주의자들과 합류하여 후방 지역에서 유격전을 전개하기 시작했다. 이때 호남 지역은 지리산을 중심으로 이현상이 지휘하는 인민유격대 제2병단이 편성되어 있었다.

남한 정부는 1949년 3월 1일 지리산지구전투사령부를 창설하고 호남 지역 공비 토벌 작전을 전개하였다. 그 결과 1950년 3월까지 지리산지구 작전을 통해 공비 365명을 사살하고 187명을 생포하였다. 지리산지구의 이현상유격대는 6·25전쟁 개전 때까지 약 30~60명 이내의 잔당들이 생존해 있었다고 알려져 있으나 거의 활동하지 못하고 연명하는 상태였다.

중부 및 영남 지역에서는 1949년 8월 현재 청주의 제2사단 제16연대, 대구의 제3사단 제22연대, 삼척의 제8사단 제21연대, 영월의 독립 제1대대 등이 토벌작전을 수행하고 있었다. 이후 1949년 9월 28일 태백산지구전투사령부를 단양에 창설하여 토벌하였으며, 1950년 3월 15일 태백산지구전투사령부가 해체되자 안동지구 공비 소탕작전은 제3사단 제25연대와 제2사단 제5연대의 일부가 담당했다.

한편, 1949년 후반기부터 1950년 전반기까지 제3사단 예하 제22연대와 제23연대는 보현산, 가지산을 비롯한 영남 지역에서 공비 소탕작전을 계속하여 많은 성과를 거두었다. 이때 김달삼 및 이호제가 지휘하는 인민유격대 제1군단(오대산의 1병단과 보현산의 3병단을 통합하여 개편한 부대)은 1950년 3월 11일 영덕 독경산 일대에서 크게 패한 이후에는 재보급과 유격대 증강을 위해 오대산지구로 북상하지 않을 수 없었다. 유격대의 북상 정보를 입수한 제8사단은 3월 17일부터 23일까지 주요 지역 차단작전을 전개하여 결국 정선군 반론산 일대에서 김달삼부대를 섬멸하였고 여기서 김달삼은 3월 22일 사살

된 것으로 추정되었다.[43]

공산정권 수립기에 북한은 한반도에 공산국가 건설을 위해 주력하였다. 따라서 남한에 미국 주도의 단독정부가 수립되는 것을 방해하기 위한 각종 공작 활동을 전개하면서 남한 내에 공산주의 세력을 확산하기 위해 노력하였다. 북한은 대한민국 정부가 수립되자 38선에서의 각종 소규모 침투 및 도발과 대규모 도발을 통하여 아군의 방어태세를 시험하면서 남침전쟁을 준비하였다. 특히, 이른바 인민유격대 2,300여 명을 양성하여 10차에 걸쳐 남한에 침투시킴으로써 사회혼란 조성과 남침전쟁 시 인민 봉기를 유도하는 주력군으로 삼으려 하였다.

즉, 인민유격대는 후방 침투 후 지방 공산주의자들과 합세하여 지리산을 비롯한 산악 지역을 중심으로 유격전을 전개함으로써 북한이 남침할 때 후방에서 제2전선을 형성하고 인민 봉기를 일으켜 남한 정부를 조기에 전복시키기 위한 것이었다. 실제로 남로당 당수 박헌영은 6·25전쟁 모의 과정에서 북한군이 남침하면 후방에서 20만 남로당원이 일제히 봉기하여 남한 정부를 전복시킬 수 있다고 호언장담하였다. 따라서 김일성은 6·25전쟁 때 서울만 조기에 점령하면 후방에서 인민 봉기가 일어나 미군이 본격 개입하기 전 1개월 이내로 전쟁을 종결할 수 있을 것으로 오판하고 있었다고 한다.

그러나 북한의 이러한 노력에도 불구하고 남한에서는 1948년 자유민주주의를 이념으로 삼는 대한민국 정부가 들어서고 1948년 12월 1일 국가보안법을 제정하여 공산주의 세력 확산을 방지하는 조치를 취하였다. 북한의 38선 도발에 대해서나 인민유격대 남파에 대해서는 군경의 적극적인 대응작전을 통해 북한의 기도를 조기에 분쇄하였다. 그렇지만 이 기간에 북한은 남침전쟁을 준비하기 위해 인민군을 창설하여 정예화한 반면에 창설된 국군은 그렇지 못했다. 국군은 북한의 인민유격대 소탕작전이나 38선 침투 및 도발에 대한 대응작전에 주력하느라 제대로 된 훈련을 거의 하지 못한 상태에서 6·25전쟁을 맞이하고 말았다.

---

43 김달삼이 사살된 것으로 판단한 근거는 한 사체에서 그가 사용하던 것으로 보이는 모젤권총과 러시아어로 작성된 수첩과 작전계획서가 발견되었기 때문이었다. 그러나 빨치산 출신 소설가 '이태' 등은 김달삼이 여기서 죽지 않고 복귀하였다가 6·25전쟁 직전 동해남부전구 인민유격대 부사령관이 되어 재침투하였다고 하며, 신불산 일대에서 빨치산 활동을 하던 중 6·25전쟁 개전 초기 동해안으로 침투한 제766유격대 잔당과 연결작전을 시도하려고 부산 방향으로 향하던 중 사망하였다고 한다. (북한 애국열사능 김달삼 묘지에는 1950년 9월 30일 사망한 것으로 적혀 있어 이 주장을 간접적으로 뒷받침하고 있다고 한다.)

따라서 이 시기 북한의 침투 및 도발은 저들의 의도대로 대한민국 정부 수립을 방해하지 못했고, 남침 시에도 소위 인민유격대가 중심이 되어 후방에서 인민 봉기를 유발하지도 못함으로써 완전한 성공을 거두었다고 평가할 수는 없다. 그러나 창설된 국군이 38선에서의 북한 보안대와 38경비대의 무력 도발 저지와 후방에서의 빨치산 소탕에 급급함으로써 정규전에 대비한 훈련을 거의 하지 못한 채로 6·25전쟁을 수행하도록 강요하였다. 따라서 국군의 이러한 훈련 부족 현상은 6·25전쟁 초기 북한군의 기습공격에 제대로 된 전투력을 발휘하지 못한 하나의 요인이 되었으며, 역으로 이는 이 시기 북한의 침투 및 도발에 의한 하나의 성과로도 볼 수 있을 것이다.

3. 6·25전쟁 기간의 침투

가. 상황 및 배경

북한의 침투 및 도발 중에서 무엇보다도 가장 큰 도발은 민족의 비극 6·25전쟁이었다. 북한은 적화통일을 위해 철저한 전쟁 준비를 거쳐 약 20만의 병력과 T-34 전차와 장갑차 등을 앞세우고 무방비의 대한민국을 기습했다. 이 참혹한 전쟁으로 국군과 유엔군 77만여 명[44], 공산군 1백 77만여 명이 피해를 보았다. 민간인 피해도 엄청나서 대한민국의 민간인 피해는 99만여 명[45] 북한의 민간인 피해는 약 150만여 명으로 추정되었다. *(북한의 가장 큰 도발인 6·25전쟁 경과는 이 책에 포함하지 않았으나 전쟁 중에 북한의 유격대 침투에 대한 것은 대남 침투 및 도발사의 연계성을 유지하기 위해 포함하였다.)*

6·25전쟁은 소련과 중국의 각종 지원을 받은 북한군의 기습 남침으로 시작되어 25개국이 참전한 국제전쟁으로 비화하였다. 북한군의 기습 남침은 김일성과 스탈린의 사전 공모와 모택동의 적극적인 지원 아래 전개되었다. 김일성은 '서울 조기 점령과 한강 이북에서 국군의 주력 격멸'을 제1단계 작전목표로 세우고 북한군 제1군단을 의정부와 문산 방향에 집중하였다. 동시에 제2군단은 중부전선 춘천과 동부전선 강릉 방향으로 공격하였다. 그리고 동해안을 통해 제945육전대와 제766유격대를 침투시켜 후방 교란을 꾀하였다.

특히, 북한은 남침 이전에 사전 침투시킨 유격대로 태백산·소백산·황학산·덕유산·지리산 등을 확보하고 남한 내 공산주의자들과 합세하여 이른바 '인민 봉기'를 유발함으로써 국군 병력과 남한 정부를 일거에 궤멸하고자 하였다. 그러나 6·25전쟁 개전 이전에 10차에 걸쳐 침투한 인민유격대는 남한 내 공산세력과 연계를 시도했음에도 불구하고 군·경의 계속된 소탕작전으로 6·25전쟁 개전 이전에는 거의 괴멸되어 있었다. 따라서 개전 직전 남한 내 공비(남파 유격대와 남한 내 공산주의자 중 입산하여 빨치산 활동을

---

[44] 전사자는 178,566명이고 부상자가 555,022명, 포로 및 실종 42,769명으로 총 776,357명으로 집계되었다. 이 중 국군이 621,479명(전사 137,899명, 부상 450,742명)이고 유엔군이 154,878명(전사 40,667명, 부상 104,280)이다. 공산군 측의 피해는 1,773,600명으로 추정되고 있다.
[45] 총 피해는 990,968명이고, 사망 373,599명, 부상 229,625명, 납치 및 실종 387,744명이다.

하던 자들을 총칭)는 약 460명 규모가 생존해 있었던 것으로 판단되지만[46] 그마저도 지리산지구의 이현상이 지휘하는 제2병단 주력부대 30~60명을 제외하고는 조직적인 전투능력을 거의 상실한 상태였다. 따라서 대부분 공비 잔당들은 자체적인 생존에 급급하였을 뿐 북한이 전면 남침을 기도했을 때 저들이 애초에 의도한 대로 후방 교란이나 '인민봉기' 유도와 같은 활동은 전혀 시도하지 못했다.

북한은 6·25전쟁 개전 이후에는 기습 남침 시점을 제외하고는 거의 침투를 하지 않다가 현재의 휴전선 일대에서 전선이 고착된 이후에는 계속 침투를 기도하였다. 이는 수세에 몰린 북한이 전선에 가해지는 유엔군과 국군의 압력을 약화시키고자 아군 후방에 제2전선을 형성하려는 목적 때문이었다. 6·25전쟁으로 한반도는 복구 불가능할 정도로 심각한 피해를 보았으나 북한은 전쟁 직후 전후복구 기간에도 무장간첩을 남파시켜 사회 혼란 조성과 정찰 활동을 하거나 동조자 포섭, 지하당 구축 활동을 계속 시도하였다.

나. 동해를 통한 후방 침투

1950년 6월 25일 전면 남침을 개시한 북한은 38선 전 지역에서 지상 공격을 가하는 동시에 해상을 통한 후방 침투를 동시에 감행하였다. 북한은 동해안 지역에서는 제1경비여단(여단장: 소장 오백룡)과 여기에 배속된 제5사단 제10연대(연대장: 대좌 박정덕)로 지상 공격을 실시하면서 총참모부의 직접지휘를 받는 유격부대를 동해상으로 우회 침투시켜 강릉 지역의 정동진 및 옥계 일대와 삼척 지역의 임원진 부근으로 상륙시켰다.

즉, 해군 소속의 제945육전대[47](부대장: 미상[48])를 정동진 및 옥계 일대로 상륙시키고 제766부대[49](부대장: 오진우[50])를 임원진으로 상륙시켜 종심 깊은 침투를 감행하면서 후

---

46 육본정보참모부, 《공비연혁》(1971). p.265.
47 본래 해군 소속의 제945육전대는 3개의 상륙경보병대대와 1개의 통신중대, 1개의 후방근무대로 편성되어 있었다. 개전 초 2개 대대가 상륙작전에 참가하였으며 1950년 8월에 해체되어 제24여단(제249부대)에 통합되었다.
48 부대장은 정확하게 밝혀지지 않았으나 이후 1951년부터 1952년에 걸쳐 설악산 등 태백산맥을 중심으로 유격대 활동을 총괄 지휘하던 길원팔인 것으로 추정하고 있다.
49 제766부대는 제3군관학교를 모체로 창설된 유격부대이다. 3개의 보병대대, 강·표병대(1949년 5월 조선경비대에서 월북한 강태무와 표무원이 지휘하던 부대)와 포병대대, 통신대대로 편성되어 있었다. 개전 초 확인된 것은 2개 대대규모는 삼척 임원진 일대에 상륙하였다.
50 오진우는 함경남도 북청 출신으로 소련 보병학교에서 군사교육을 받았다. 1954년 제3사단장, 1961년 노동당 중앙

방 교란을 도모하였다. 동원된 선박은 어뢰정 4척, 발동선 30척, 범선 40척, 화물선 4척 등을 2개 선단으로 편성하였다. 1개 선단은 제945육전대 2개 대대를 정동진과 옥계 일대에 상륙시켜 삼척과 강릉 사이를 차단함으로써 삼척에 위치한 제8사단 제21연대의 전방 증원을 차단하려 하였다. 1개 선단은 제766유격대 2개 대대를 임원진 일대에 상륙시켜 종심 깊은 후방 침투를 시도하였다. 이때 이와 별개로 제945육전대 1개 대대규모(약 600명 추정)는 1천 톤급의 대형 수송선을 타고 사전에 출발하여 부산이나 남해로 원거리 우회 침투를 시도했다. 그러나 6월 25일 20:00경 대한해협에서 우리 해군의 백두산함이 이를 발견하고 추격하여 격침시킴으로써 북한의 기도를 조기에 분쇄하였다.[51]

제945육전대의 선발대 1개 중대는 6월 25일 03:00경 정동진 북쪽에 위치한 등명동 해안에 상륙하여 교두보를 형성하였다. 이 과정에서 확인차 현장에 출동했던 경찰관 2명과 민간인 1명이 사망하였다. 따라서 6·25전쟁 발발 시 가장 먼저 북한군의 침입을 받은 곳은 38선 지역이 아니라 등명동 해안이었고 가장 먼저 민간인 희생자가 발생한 곳도 바로 이곳이었다. *(현재 정동진 북쪽 등명동 해안에는 사진과 같이 '6·25 남침 사적탑'과 '민간인 희생자 위령탑'이 설치되어 있다.)*

등명동 남침 사적탑(좌)과 민간인 희생자 위령탑(우)

위원이 되었고, 1969년 군 수뇌부 숙청을 담당했다. 이후 총참모장에 취임했고, 1976년부터 19년간 인민무력부장을 지내는 등 1995년 사망 때까지 김일성 부자의 총애를 받으며 북한 권력의 핵심에 있었다.

51 해군에서 대한해협전투로 소개하고 있고 후방으로 상륙하려던 1개 대대를 수장시킨 이 전투의 의미와 중요성에 대해 최근 재평가가 이루어지고 있다. 만약 이들을 해상에서 격침시키지 못하여 1개 대대의 유격대가 계획대로 부산 지역에 상륙했다면 끔찍한 재앙을 초래했을 것이 분명하다.

다. 전선 후방 지역의 공비 생성과 활동

6·25전쟁이 시작되고 대한민국이 빠르게 북한군에게 점령되어 가자 겨우 명맥을 유지하며 숨어있던 공비 잔당들은 활동을 재개하기 시작했다. 그때까지 유일하게 명맥을 유지하면서 계속 활동했던 부대는 지리산지구의 인민유격대 제2병단(사령관: 이현상) 잔당들이 있었다. 이들은 무주 지역과 덕유산 및 낙동강 전선 후방에서 일부 게릴라 활동을 이어갔다. 제2병단을 제외한 나머지 유격대의 활동은 강정수가 이끄는 동해안유격대 및 경북도당위원장 배철이 지휘하던 유격대가 경북 지역에서 활동하였다. 그러나 전반적으로 6·25전쟁 초기의 공비 활동은 이현상의 제2병단 잔당들을 제외하고는 거의 위협이 되지 못했고, 북한이 남침계획을 수립할 때 기대했던 것과 달리 인민 봉기나 후방 교란 활동은 수행하지 못하였다.

북한이 남침을 시작하여 승승장구하며 낙동강까지 진격하는 동안에는 유격전도 별로 필요치 않았다. 그러나 1950년 9월 23일 북한군은 낙동강 전선에서 전면적인 후퇴를 시작했고 이때 유엔군의 진격으로 퇴로가 차단되자 남한 점령 지역에 있던 각 지방당 조직(도당, 군당, 면당 등)은 김일성 지령에 따라 입산하여 빨치산 활동을 전개하기 시작하였다. 여기에 포함된 것이 지방 인민위원회 소속의 민청대원과 자위대원, 북에서 파견된 내무서원, 정치보위부원, 정치공작대원 등이었다. 그리고 미처 북으로 후퇴하지 못한 북한 정규군 1만여 명(추정)도 포함되었으며, 이념이나 사상과 무관하게 일시적으로 북한 인민위원회 활동에 참여하거나 협력했던 지역 주민들도 다수 입산한 것으로 추정된다.

특히, 김일성은 9월 중순에 이미 하달된 빨치산 활동을 독려하는 지령을 각 도당 및 군당 등 지방당 조직에 하달하였다. 그럼에도 상황이 다급해지자 10월 11일 김일성은 자신이 직접 아래와 같이 모든 당 조직들은 빨리 입산하여 빨치산 활동을 전개할 것을 독려하는 라디오 방송을 하기도 하였다.

유엔군의 반격으로 1950년 10월 말 기준으로 유엔군 후방에서 준동하는 공비들은 패잔병을 포함하여 지리산·속리산·소백산·오대산에 이르기까지 남한 내 산악 지역에 약 15,000명이, 화천, 양구, 김화, 평강, 곡산, 양덕에 이르는 중북부 산악지대에 약 15,000명이 준동하고 있었고 이 중 일부는 춘천을 공격하기도 하였으며 유엔군의 반격작전에 큰 걸림돌이 되었다. 따라서 유엔군은 제3군단을 창설하고 예하에 제2·5·9·11사단과 주요 지역에 병참선 경비대대 15개 대대를 창설하여 북진하는 유엔군의 후방에서 공비 소탕과 후방 지역 안정을 도모하였다.

> **※ 1950년 10월 11일 김일성의 방송 연설 요지**
> 당 조직을 비합법적인 지하당으로 전환 개편할 것
> 미군이 상륙 진주할 때 지주가 될 수 있는 모든 요소들을 제거할 것
> 군사시설물로 이용될 수 있는 것들을 파괴할 것
> 산간지대에 식량과 기타 시설 설비를 소개, 비축, 은닉시키고 쌀 한 알도 미군에게 넘겨주지 말 것
> 유격전 야산대 활동경험자와 입산하여 유격전 참가가 가능한 당원은 전원 입산시켜 유격대에 참가시키고 그렇지 못한 인원들은 남강원도까지 조직적으로 후퇴시킬 것
> 입산한 간부 당원과 맹원들은 전원 유격대 조직에 참가하여 유격대를 편성하고 도당지도부의 지도 아래 활동할 것

제3군단의 후방 지역 안정화작전에도 불구하고 1951년 1월 말을 기준하여 남한 지역 내에 활동하는 공비들의 지역별 규모는 다음과 같았다. 전라북도에서는 도당위원장 방준표 지휘 아래 회문산에 도당지휘소를 설치한 전북도당유격대가 조직되었으며 휘하에는 이택부대, 보위부대, 백학부대, 돌진부대, 광산부대, 학도부대, 전주유격대, 김제유격대, 임실유격대, 순창유격대, 완주군당유격대, 금산군당유격대 등 약 1,800명이 활동하고 있었다. 전라남도에는 도당위원장 박영발의 지휘 아래 백아산에 도당지휘소를 두고 전남총사령부기동대, 광주유격대, 화순유격대, 보성유격대, 영광유격대, 장흥유격대, 남해여단 등 약 1,300명이 활동하고 있었다. 지리산지구에는 별도로 지리산유격대, 백운산유격대, 107부대, 605부대 등 약 1,330명이 활동하는 것으로 추산되고 있었다.

라. 이현상의 남부군 형성과 침투

한편, 인천상륙작전과 낙동강전선에서 유엔군의 대반격이 시작된 이후 아군 후방 지역에서 활동하던 이현상이 지휘하는 인민유격대 제2병단 잔당 약 200명은 유엔군이 북진하는 틈새의 산악지대를 이용하여 10월 하순에 간신히 북강원도 세포군 후평리까지 철수했다. 여기서 이현상은 자칭 북한군 유격대 총사령관 이승엽으로부터 '남반부 인민유격대'를 군사적으로 총괄할 책임을 부여받고 병력보충과 재편성을 실시한 후에 유엔군 후방에서 유격전을 전개하기 위해 다시 침투하기 시작하였다. 이때 이현상의 공식 직

함은 '조선인민유격대 독립 제4지대'[52] 지대장 겸 '남반부 인민유격대 사령관'이었다. 당시 이승엽의 남반부 인민유격대 개편계획은 경기도(용문산)를 제1지대, 강원도(오대산)을 제2지대, 경북(태백산)을 제3지대, 호남(지리산)을 제4지대, 경남(신불산)을 제5지대, 충청(속리산)을 제6지대로 편성하는 것이었으며 괄호 안의 장소를 본거지로 정하였다. 그리고 이 6개의 지대를 독립 제4지대장인 이현상으로 하여금 총괄하여 지휘하게 하는 것이었다.

'남반부 인민유격대'는 당시 안동부근까지 태백산맥을 따라 쐐기형태의 침투식 공격을 감행했던 북한군 제10사단과 거의 동시에 후방으로 침투하였다. 이후 '남반부 인민유격대'는 1950년 12월 말경에는 단양 소백산 지역에서 활동하며 수안보 및 연풍 일대에 자주 출현하였고, 문경경찰서 습격을 시도하기도 하였다. 특히, 죽령을 점령하여 유엔군 병참선을 수일간 차단하고 동로지서 등을 공격한 사건도 있었다. 이현상 유격대가 수안보 지역에서 활동하던 시절인 1951년 초 경에 '남반부 인민유격대'는 '조선인민유격대 남부군'으로 통상명칭이 바뀌었다. 이것이 보통 빨치산의 대명사로 불리는 '남부군' 또는 '남부군단'[53]이다.

이현상의 남부군(독립 제4지대)은 제4지대 활동 근거지인 지리산으로 이동하기 위해 계속 남하하여 1951년 2월 중순에는 속리산(1,058m), 5월 중순에는 삼도봉(1,167m)[54]을 경유하여 5월 하순에 덕유산(1,611m)에 도착하였으나 전염병으로 많은 병력을 잃었다. 이현상은 7월 중순에 덕유산 송치골에서 자신이 주재하는 남한 6도 도당위원장회의[55]를 개최했다. 이 회의를 통해 비로소 남한 내에 인민유격대가 남부군이란 이름으로 군

---

52 '독립'이란 호칭은 이승엽 자신이 남한 내에 인민유격대를 6개의 지대로 재편할 계획을 갖고 있었는데 '제4지대'는 자신이 직접 파견한 자신의 직속부대라는 사실을 강조하기 위해 '독립 제4지대'라고 호칭한 것으로 추정된다.
53 북한 당국이나 인민유격대는 '남부군단'이라고 부른 적이 없으나 남한 군·경이 토벌해야 할 병력이 많다는 것을 강조하기 위해 '남부군단'이라고 부르다가 이것이 고착화하였다. 또는 빨치산들이 예하부대를 '승리사단', '샛별사단' 등으로 호칭함으로써 지휘관 이현상은 군단장에 해당한다는 의미에서 군·경이 이들을 남부군단으로 호칭하게 되었다는 설도 있다.
54 '삼도봉'은 '민주지산(1,242m)'에 속한 봉우리이다. 충북 영동, 전북 무주, 경북 김천의 3도에 걸쳐있다 하여 '삼도봉'으로 불린다.
55 당시 도당위원장은 충북 이성경, 충남 남충렬, 전북 방준표, 전남 박영발, 경북 박종근, 경남 남경우였다. 이 회의에서는 결정된 사항은 사료에 기록된 것은 없으나 대체로 다음과 같이 전해진다. ① 군사에 관한 사항은 군사부장이 운영하고 각 도당은 지방당 재건에 전념할 것. ② 군사부는 병단을 통합하여 남부군 예하에 사단으로 편성할 것. ③ 사상교양에 힘쓸 것. ④ 군사적 유일체제를 위해 남부군 총 거점을 지리산에 설치. ⑤ 전인원 무장화. ⑥ 가급적 보급투쟁을 삼가고 민심수습에 노력할 것 등이었다.

사적 유일체제가 갖춰지고 사령관으로서 이현상의 위상이 확립되었다고 알려져 있다.

1951년 8월 이현상이 지휘하는 남부군은 지리산으로 입산하여 본거지를 설치하고 남원군 산내면 논골에서 제2차 도당위원장회의를 개최하였다. 이 회의를 통해 남부군은 1951년 9월부터 유격전 수행에 있어서 종전과 다른 새로운 전술을 사용하기 시작했다. 즉, 그동안 소수 병력으로 목표를 습격하고 분산하여 잠적하던 전술에서 집단(중대 및 대대)으로 소도시와 경찰관서를 습격하고 일정 기간 해당 지역을 점령하는 방법까지 사용하게 된 것이다. 이는 그동안 지역 내 마을단위로 경찰과 청년단의 경비가 한층 강화되었고, 경찰도 군대와 같이 중화기로 무장함으로써 소규모 습격만으로는 경찰과 청년단의 상대가 되지 않았기 때문이었다. 또한, 북한군 입장에서는 전선에 가해지는 압력을 완화하기 위해서는 많은 수의 국군을 후방 지역에 묶어두어야 하는데 소규모 습격만으로는 한계가 있었기 때문이기도 했다. 여기에다 이현상이 남부군 내에 여러 이질적인 부대들을 통합 지휘하여 대규모 작전을 수행함으로써 자신의 작전 성과를 과시하고 남부군 사령관으로서 본인의 위상을 확립하려고 한 측면도 있었다고 보인다.

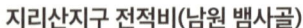

지리산지구 전적비(남원 뱀사골)

이 대규모 습격전술은 심리적으로 공포분위기를 조성시켜 주민들이 빨치산에게 협조하도록 강요하고, 국군의 대부대를 전선에서 후방 지역으로 전환하여 묶어두겠다는 제2전선 형성 측면에서는 큰 성과를 거두었다. 그러나 한편으로 토벌작전을 실시하는 우리 군경의 입장에서는 한꺼번에 집결된 공비를 우세한 병력과 화력으로 집중공격하여 일거에 섬멸할 수 있다는 유리한 측면도 있었다. 결국 공비들의 대규모 습격에 따른 후방 지역 안정화를 위해 유엔군은 군단급인 백야전전투사령부(사령관: 백선엽)를 창설하여 1951년 12월부터 대대적인 호남지구 공비 소탕작전을 전개하였다.

백야전전투사령부는 1951년 12월부터 1952년 3월 14일까지 3개월 반에 걸친 공비 토벌작전(일명 '쥐잡기작전') 결과 남부군 주력을 대부분 섬멸함으로써 이후 공비 활동은 이전의 중대나 대대급 규모 활동은 거의 사라지고 소규모로 전락하였다. 기간 중 백야전전투사령부의 전과는 9,022명(사살 5,009명, 생포 3,968명, 귀순 45명)에 달했으며 이에 비해 아군의 피해는 전사 33명, 부상 72명에 불과했다.

백야전전투사령부 이후에도 서남지구전투사령부와 태백산지구전투사령부가 경찰과 함께 계속 공비 소탕을 주도하였으며, 1952년 7~8월에는 한시적으로 국군 제1사단이 이동하여 작전에 투입되기도 하였다. 또한, 1952년 8월에는 북부지구경비사령부(원주), 중부지구경비사령부(안동), 남부지구경비사령부(남원)를 창설하여 각 지구별로 경찰과 협조하여 소탕작전을 전개하였다.

마. 인민유격대의 조직 개편과 침투 및 활동

북한은 1951년 1월 중공군 개입으로 유엔군이 38선 이남으로 다시 후퇴하자 제526군부대[56]를 창설하여 본격적인 유격대 양성과 침투 공작을 병행하기 시작하였다. 제526군부대 창설 목적은 남한 전역에 유격대를 남파하여 지역별 유격지대를 설치하거나 잔존 유격대 병력을 보강하고, 궁극적으로는 유엔군의 후방 교란과 제2전선을 형성하는 데 있었다. 제526군부대는 일명 '유격지도처'라고도 부른다. 표면상으로는 최고사령부 예속부대처럼 보이나 실은 노동당 연락부 직속부대로 연락부장이 부대장을 겸하였다. 제526군부대는 주로 남한 출신 위주로 편성하였고, 무장유격대원 양성을 위해 평남 대동군에 '중화훈련소'와 강동군에 '시족훈련소'를 설치했다. 특히 '시족훈련소'는 남한 지역에서의 정찰 활동을 위해 국군 편제를 모방하여 편성하고 훈련시켰다.

북한은 6·25전쟁 이전 인민유격대를 3개의 '병단'으로 조직했었으나 6·25전쟁 기간 아군의 반격으로 패주하던 시기에는 남한의 각 도별로 6개의 '지대'로 부대를 재조직하고자 하였다. 이는 당시 인민유격대를 총지휘하던 남로당계의 이승엽이 구상한 것이었다. 그러다가 전선이 고착화되고 빨치산 내에서 각 도당 및 군당 체계가 붕괴된 이후인 1952년 1월에는 이 6개의 지대를 각 도를 기반으로 하지 않고 산악 지역과 현존하는 유격부대 중심으로 다시 개편을 시도하였다.

---

56   6·25전쟁을 기념하기 위해 남침한 날짜를 거꾸로 읽어 '526'으로 하였다고 하며, 부대장은 전쟁 전 남로당 경북도당 책임자를 지낸 '배철'이었다고 알려져 있다.

이때의 제1지대는 태백산 지역, 제2지대는 속리산 지역, 제3지대는 일월산과 보현산 지역, 제4지대는 지리산과 덕유산 지역, 제5지대는 신불산과 운문산 지역, 제6지대는 대둔산 및 황학산 지역을 중심으로 편성하였다. 그러나 이 개편 명령은 당시 군경토벌대에 의해 거의 고사할 위기에 처한 남한 내 유격대들에게는 지켜지기 어려운 현실성 없는 명령에 불과했다. 하지만 북한은 이 6개의 지대에 병력을 보충하기 위해 계속 유격대를 남파하였다. 이 중 대표적인 것이 1951년 1월 하순 제1지대 보충병력 1,200명의 오대산 침투와 2월 초순 제3지대 보충병력 250명의 일월산 침투, 1951년 1월 제6지대 보충병력 600명의 가리왕산 침투와 5월 7~800명의 속리산 침투 등이다.

제526군부대의 침투는 1951년 초부터 5월까지는 전선이 불안정하여 수백 명 단위의 대규모 침투가 가능했으나 이후에는 전선이 안정되고 고착되어 대규모 침투가 불가능하게 되었다. 따라서 북한은 1951년 6월 이후에는 대규모 침투를 포기하고 10~50명 단위의 소조 단위로 유격대를 편성하여 〈표 7〉에서와 같이 침투시켰다. 그러나 소조유격대의 침투도 목적지에 도달하기 전 대부분 섬멸되었다. 그리고 제526군부대도 1952년 봄에는 제567군부대로 명칭을 변경하였다.[57]

〈표 7〉 소조유격대 침투 사례

부대	침투 시기	침투 지역	부대	침투 시기	침투 지역
911부대 (10명)	1952.10.26.	명지산 화악산	941부대 (50명)	1952.08.09.	청옥산
921부대 (10명)	1952.10.	용문산	951부대 (24명)	1952.08.20.	보현산
931부대 (30명)	1952.09.08.	속리산	1001부대 (49명)	1952.09.05.	치악산

북한은 1951년 8월 31일자로 노동당 중앙정치위원회 명의의 '제94호결정서'를 채택하여 유격대 조직을 다시 개편하여 장기전태세로 돌입할 것을 지시하였다. 이에 따라 전남도당이나 경남도당 등 행정구역 단위의 당 조직은 잠정적으로 해체하고 5개의 지구당

---

[57] 북한에서 남로당계 박헌영과 이승엽의 유일한 무력이었던 이 부대는 정전협정 이후인 1953년 9월 북한 정권을 전복할 쿠데타에 사용하려는 무력이란 규탄을 받고 해체되었다. 이보다 앞서 김일성은 이미 8월 초에 이 부대 제10지대 병력을 2,000명으로 증강시킨 것은 쿠데타를 위한 것이란 죄목을 덮어씌워 인민유격대 총 책임자였던 이승엽을 전격 체포하였다.

체계로 개편하였다. 그리고 각 지구당에 지구조직위원회를 설치하여 각 지대 단위 유격대를 중대단위 소조로 개편하여 활동의 민첩성을 기하고 장기적인 활동태세를 구축하고자 하였다. 제1지구당(위원장 김점권)은 서울 및 경기 지역, 제2지구당(위원장 이영복)은 남강원도 지역(울진군 제외), 제3지구당(위원장 남충열)은 충청남북도(논산군 제외), 제4지구당(위원장 이영형)은 경북과 경남의 낙동강 동쪽 지역과 울진군, 제5지구당(위원장 이현상)은 전라남북도와 제주도 및 경남북의 낙동강 서부 지역과 논산군을 포함한 지역이었다.

바. 소멸기의 공비 활동

휴전 이후 공비들은 절대적으로 사기가 저하되고 절망상태에 놓이게 되었으며, 산중에 고립되어 극도의 불안감에 사로잡혔다. 대부분의 생존 공비들은 곧 아군의 대대적인 소탕작전이 실시될 것을 예상하고 식량을 약탈하여 조기에 월동 준비를 실시함으로써 장기적인 활동을 준비하였다. 그러나 일부 공비들은 산에서 내려와 민가 지역에 숨어들어 지하 활동으로 전환하거나 귀순을 택하는 사례도 있었다. 잔존 공비들도 1954년 5월 25일까지 호남 및 지리산지구에서 국군 제5사단이 주력부대인 박전투사령부가 작전을 실시하여 대부분 섬멸되었다. 이후 잔존하는 공비는 대략 140명 정도인 것으로 판단되어 육군본부에서는 박(한)전투사령부[58]를 해체하고 제5사단을 전방으로 이동시켰다.

공비들은 1954년 녹음기를 이용하여 파괴된 조직을 재정비하고 분산된 공비들의 지휘체계를 확립하기 위해 주력하였다. 덕유산지구는 전북도당과 항미연대 소속의 패잔 공비들이 합류하여 항미연대장 오용관을 중심으로 개편되었다. 지리산지구는 전남도당의 잔당들과 제995부대 및 제727부대가 합류하여 삼승부대로 개편하였으며 전 김지회 부대의 부대장이었던 김흥복이 지휘하였다. 회문산지구에서는 전북도당 위원장 정석진이 변산반도에서 이동하여 덕유산지구 공비와 연결을 시도하면서 당 재건을 획책하였다. 1954년 6월 30일 현재 국내에서 활동하는 공비의 규모는 200명 정도인 것으로 판단되었고, 이 중 약 162명이 호남 및 지리산지구에서 활동하는 것으로 추산되었다. 이에 남부지구경비사령부와 서남지구전투경찰사령부 예하부대 및 각 지역의 경찰들이 계속

58　지휘관 이름이 박기병이라서 박전투사령부라 칭하다가 이후 한신이 지휘하면서 한전투사령부로 칭했다.

책임 지역에 대한 소탕작전을 전개함으로써 1954년 11월 국내 공비의 규모는 143명으로, 1954년 연말에는 약 125명으로 감소하였다.

이후 대부분의 잔존 공비들은 '망실 공비'라는 이름으로 불리며 군부대나 전투경찰의 소탕대상이 아니라 정보경찰의 수배대상으로 전락하였다. 그럼에도 군은 마지막까지 공비를 색출하기 위해 남부지구경비사령부가 박전투사령부의 뒤를 이어 1955년 2월 1일부터 3월 31일까지 2개월간의 공비 소탕작전을 실시하여 공비 47명을 사살하거나 생포하였다. 이후 남부지구경비사령부는 1955년 4월 1일 해체되고 경찰기동대와 지역 단위 경찰이 작전을 전담하여 공비를 계속 색출하였다. 그 결과 대부분의 공비가 소탕되었으며 1956년 말에는 불과 43명만이 잔존하는 것으로 추산되었다. 그나마 잔존하는 공비들도 활동 능력이 거의 없는 상태에서 겨우 자신들의 목숨을 연명하는 것도 힘든 처지로 전락하여 사실상 공비는 모두 소멸된 것으로 판단하였다.[59]

사. 침투 결과 및 평가

1950년 9월 이후 반격작전 초기에 유엔군은 제3군단을 창설하여 공산군이 점령했다가 탈환한 수복 지역에 대한 후방 지역작전을 수행하였다. 그러다가 지리산을 비롯한 후방 지역에서 빨치산 활동이 조직적이고 극렬해짐에 따라 1951년 4월 태백산지구전투사령부(안동), 9월에 서남지구전투사령부(장수)를 창설하여 소탕작전을 전개하였다.

공비들의 기세가 더욱 강화되고 대규모화하자 급기야 1951년 11월에는 8사단과 수도사단을 주력으로 한 군단급의 백야전전투사령부(전주)를 창설하여 공비 소탕작전을 대대적으로 전개하였다. 이후에도 1952년 8월에는 북부지구경비사령부(원주), 중부지구경비사령부(안동), 남부지구경비사령부(남원)를 창설하여 소탕작전을 계속하였다. 한편, 경찰도 1950년 12월 지리산지구경찰전투사령부(남원)를 창설하고 예하 경찰 병력을 계속 증원(제203·205경찰연대, 제18·36경찰대대, 칠보·보아라·백아산 경찰대대 등)하면서 군과 함께 소탕작전을 전개하였다.

59 　마지막 망실공비로 불렸던 경남 산청군 삼장면 내원리 출신의 여자 빨치산 정순덕은 고향 근처인 안내원 마을에 잠입하여 생존하다가 1963년 11월 12일 삼장지서 경찰에게 검거되었다.

결과적으로 전쟁 기간에도 계속된 북한의 침투와 빨치산 활동 등을 통한 제2전선 형성으로 유엔군은 1개 군단 규모의 병력을 전선이 아닌 후방 지역 공비 소탕작전에 투입할 수밖에 없었다. 처음에는 군단급인 백야전전투사령부가 담당하였고, 이후에도 각지에 경비사령부와 경비대대 및 전투경찰대 등 많은 병력을 투입하여 후방 지역 안정을 꾀하였다. 따라서 6·25전쟁 중·후반에 계속된 유격대 침투와 김일성이 독려한 빨치산 활동은 후방에 제2전선을 형성함으로써 전선 지역에 가해지는 유엔군의 압력을 어느 정도 감소시키는 전략적인 성과를 일부나마 달성하였다고 평가할 수 있다.

제3장

지상 침투

---

1. 지상 침투와 침투 유형

2. 6·25전쟁 직후의 간첩 침투

3. 육상 침투

4. 수중 침투

5. 땅굴 침투

1. 지상 침투와 침투 유형

가. 대남 전략과 지상 침투

북한이 특정 목적 달성을 위해 훈련된 인원을 대한민국 영토 내로 침투시키기 위해서는 지상, 해상, 공중으로 침투하거나 국외로 우회하여 침투하는 방법을 이용했다. 우회 침투는 1955년 5월에 결성된 조총련[60]을 통한 침투를 주로 하다가 이후 외국인 또는 탈북자를 가장한 침투를 시도했다.

북한은 휴전 직후에는 주로 남한 출신의 간첩을 양성하여 은밀하게 침투시켜 남한의 정세를 탐지하거나 지하당 구축 활동을 전개하였다. 이때는 주로 1~3명 단위의 소조 공작원이 최대한 은밀하게 육상으로 군사분계선을 넘어오거나 임진강을 이용한 수중으로 침투했다. 그러다가 1965년 후반기부터는 6·25전쟁 패배의 충격에서 벗어나 다시금 대남 전략의 방향을 폭력혁명으로 정함으로써 은밀 침투와 함께 군사분계선을 통한 게릴라전식의 강습 침투도 병행하였다. 따라서 이때는 소조 공작조는 물론 분대급 이상 규모의 침투도 자행했다. 이들은 아군 지역에 침투하여 경계초소나 막사, 작업 병력, GP[61] 및 GOP[62] 지역의 식수운반조, 보급추진조, 수색이나 매복작전 병력 등을 무차별 기습하였다. 분대급 이상 규모의 대표적인 육상 침투 사건이 1968년 1월 21일 무장공비 31명으로 청와대를 기습한 사건이다.

그러다가 게릴라전식 대남 침투 및 도발이 남한 주민의 적대감과 반공의식만 더욱 고조시킬 뿐 별로 실효성이 없다는 판단에 따라 김일성은 1970년 11월 5차 당대회를 통해 이전의 '반제·반봉건적 민주주의 혁명'에서 '민족해방 인민민주주의 혁명'[63]으로 전환하

---

60 '조총련'은 1955년 5월 15일에 결성되었으며 일본에 거주하는 한국인들 중 북한을 지지하는 사람들로 구성된 단체이다. 북한은 거액의 공작금을 투입하여 이곳을 통해 간첩을 우회 침투시키는 등 대남공작 거점으로 이용하였다.
61 'GP(Guard Post)'는 감시초소란 뜻이다. 군사분계선(MDL, Military Demarcation Line)을 기준으로 남과 북 각각 2km의 비무장지대를 두게 되어있으나, 남과 북이 모두 그 안에 요새를 만들어 무장인원을 주둔시키고 있다. 이 요새화된 감시초소를 약칭으로 통상 'GP'라 부른다.
62 'GOP(General Out Post)'는 적의 접근을 조기에 탐지해 아군을 보호하는 전초부대로 일반전초라고 부른다. 우리는 군사분계선으로부터 비무장지대 2km의 남쪽 끝 지점인 남방한계선에 철책을 설치하고 여기에 일반전초를 배치했고 이곳을 'GOP'라고 부른다.
63 2010년 9월에 다시 '인민민주주의 혁명'에서 '인민'이란 용어를 삭제하였다.

고 이를 당 규약 전문에 명시하였다. '민족해방 인민민주주의 혁명'은 남한을 미국의 식민지로 보고 미국의 압제를 받는 남한 동포를 해방시켜 북한과 같은 사회주의체제로 변화시켜야 한다는 것이다.

> ※ **김일성 연설(1970년 11월 5차 당대회 보고 중)**
> "남조선혁명은 미 제국주의 침략자들을 반대하는 민족해방혁명인 동시에 미제의 앞잡이들인 지주, 매판자본가, 반동 관료배들과 그들의 파쇼통치를 반대하는 인민민주주의 혁명이다. 이 혁명의 기본임무는 남조선에서 미 제국주의 침략세력을 내쫓고 그 식민지 통치를 없애며 군사 파쇼 독재를 뒤집어엎고 선진적인 사회제도를 세움으로써 민주주의적 발전을 이룩하는 데 있다."

북한은 이를 기점으로 폭력혁명 노선에서 인민민주주의혁명 노선으로 전환하여 1971년부터 표면적으로는 남북 대화를 진행하고 이면에서는 전쟁을 준비하는 화전양면전술을 사용하기 시작하였다. 이에 따라 1971년부터는 1960년대 중·후반에 비해 침투 및 도발 횟수도 현저히 감소하기 시작하였다.

이러한 전략의 변화는 침투 목적에서도 변화를 가져왔다. 1965년 이전에는 주로 간첩을 침투시켜 지하당 구축이나 정보 수집에 주력하다가 1965년 후반부터는 전방에서 아군을 기습하고 후방에는 유격근거지를 구축하는 등의 게릴라전을 수행할 목적으로 침투했었다. 그러나 1971년 이후에는 주로 남침 전쟁을 위한 계획 수립과 전쟁 준비를 위한 군사 정찰을 목적으로 한 침투가 많았다. 지상 침투 횟수는 1960년대에 비해 크게 줄어 1970년대 57회, 1980년대 7회, 1990년대에는 7회로 크게 감소하였다.

이처럼 지상 침투 횟수가 감소한 이유는 북한의 전략 변화에도 기인하고 있으나 다음과 같은 이유도 있었다.

첫째, 아군의 감시능력 향상과 경계시설물 설치 등 경계전력이 보강되어 계속된 침투활동과 노력에도 불구하고 침투에 대한 성공 가능성이 더욱 낮아졌기 때문이었다. 실제로 1970년대 북한이 지상으로 57회 침투했으나 아군은 이 중 24회를 발견하여 대침투작전을 실시함으로써 북한 침투 성공률은 58%에 불과하였다.

둘째, 인공위성 등 과학기술과 매스컴의 발달로 실제 인간이 침투하여 정찰하지 않더라도 필요한 정보를 어느 정도까지는 입수할 수 있게 되었기 때문이다. 따라서 침투 횟수 자체도 크게 줄었고 지상 침투 방법도 최대한 은밀하게 침투하기 위해 육상보다는 강을 이용한 수중 침투나 해상 및 해안 침투를 주로 시도하였다.

나. 지상 침투 유형

지상 침투를 유형별로 더 세분화하면 육상 침투, 수중 침투, 땅굴 침투로 분류한다. 육상 침투는 전방군단 책임 지역의 육상으로 군사분계선을 넘어오거나 GOP 경계부대의 방책선을 극복하여 우리 영역 내로 침투하는 것이다. *('지상'의 사전적 의미는 "땅의 위, 지구 표면"이나 여기서는 대한민국 영토 중에서 전방군단 책임 지역으로 한정하였다. 여기서 '육상'은 물에 잠겨있지 않은 전방군단 책임 지역의 육지를 말한다. 지상 침투 횟수나 사건은 사람이 군사분계선을 침범하였거나 침범하여 활동하다가 복귀한 사건을 망라하였고 사람은 침범하지 않고 총이나 포로 사격한 사건은 '접적 지역 도발사건'에 포함하였다.)*

수중 침투는 지상에 있는 강이나 호수를 이용하여 소형 선박이나 수영으로 침투하는 것이다. 수영으로 침투하는 방법은 대부분 잠수복을 착용하지만 가끔 맨몸에 부유대만 착용한 상태로 침투하기도 하였다. 수중 침투는 주로 한강과 임진강을 통한 침투가 많았으며 북한강을 이용한 침투도 일부 있었다.

땅굴 침투는 GOP 방책선이 목책에서 철책으로 강화되자 철책을 극복하기 위한 수단으로 소형 땅굴을 파서 지하로 침투하는 방법을 사용하였다. 그러나 이 방법도 실패로 돌아가고 철책 경계가 강화되자 침투를 자제하는 대신 1970년대에 들어와서는 화전양면전술로 겉으로는 남북회담을 개최하면서 속으로는 남침용 대형 땅굴을 팠다.

북한의 침투가 성행했던 1960년대에는 지상 침투 중 육상 침투 비율이 82% 정도였으나 침투 횟수가 크게 줄어든 1970년대에는 육상 침투 비율이 68% 정도로 나타났다.

〈표 8〉 1960~1970년대 유형별 지상 침투 현황

구분	계	육상 침투	수중 침투	땅굴 침투
1960년대 (비율: %)	798 (100)	654 (82.0)	141 (17.7)	3 (0.3)
1970년대 (비율: %)	57 (100)	39 (68.4)	15 (26.3)	3 (5.3)

2. 6·25전쟁 직후의 간첩 침투

가. 상황 및 배경

휴전 이후 한국의 후방 지역에서는 전쟁 이후에도 산속에 은거하여 잔존하고 있던 공비 소탕작전이 계속되고 있었다. 이때 북한의 김일성은 6·25전쟁 패전의 책임을 남로당계에 덮어씌워 남로당 지도부를 모두 숙청한 다음 김일성 중심의 노동당 지도체제를 다지고 있었다. 그러면서 한편으로는 남한 출신 위주로 간첩을 계속 양성하고 남파시켜 정세 탐지와 전방 지역 정찰 활동을 시도하였다. 휴전 직후에는 이들을 해상이나 다른 방법으로 침투시킬 여력이 없어서 주로 전방 지역을 통한 육상 침투를 많이 시도했다.

이때는 북한도 전쟁의 참패로 인한 충격과 공황상태에서 벗어나지 못하고 있었고 전쟁 피해를 복구하는데 최우선을 두었기에 조직적인 대남 침투 및 도발을 기도하지는 못하고 있었다. 그러다가 1960년대 초반에 들어와서 노동당 예하에 연락부, 문화부, 작전부를 신설하고 대남 공작을 당 지도하에 체계적으로 추진하기 시작하였다. *(당시에는 아군도 정확한 GOP경계지침이나 북한 침투에 대한 봉쇄대책 등이 통일되지 못하고 체계가 잡히지 않았던 이유로 정확한 기록이 미흡한 실정이다. 그리고 이 시기에는 지상 침투를 침투유형별로 구분하여 정리하지 않아 구분하는 것도 제한되었다. 따라서 이 책에서도 6·25전쟁 후부터 1960년까지는 간첩 침투로 일괄하여 기록하고 1961년 이후부터는 지상 침투 유형별로 세분하여 수록하였다.)*

나. 주요 간첩 침투사건

1) 춘천 효자동 무장간첩사건

북한은 1954년부터 김화와 화천 지역을 통해 다수의 간첩을 남파시켜 군사 정찰과 남한의 정세를 탐지하려고 하였다. 이 중 대표적인 사건이 춘천 효자동 무장간첩사건이다. 이 사건은 1954년 7월 26일 춘천 지역 정세 탐지와 군사 정찰 임무를 띠고 화천 지역으로 침투한 북한 민족보위성(현 인민무력부)[64] 소속의 간첩 김기홍 등 4명을 1955년 1월 6일 춘천시 효자동에서 강원도 경찰국 소속 경찰들이 검거한 사건이다.

이 밖에도 1954년 김화 및 화천 지역에서의 주요 침투 사례는 다음과 같다.

〈표 9〉 1954년 김화·화천 지역 침투 사례

간첩	침투 일시	침투 장소	검거 일시	검거 장소
백충흠	1954.01.20.	김화	1954.12.03.	춘천
성주명	1954.02.01.	화천	1954.05.20.	원주
지용준	1954.03.02.	화천	1954.03.31.	원주
오영석	1954.04.01.	화천	1955.01.06.	춘천
이정산	1954.04.26.	화천	1955.08.30.	춘천
김관현	1954.05.03.	철원	1955.02.06.	춘천
이제집	1954.05.09.	김화	1956.03.03.	봉화
백윤기	1954.05.26.	김화	1955.01.06.	춘천
이윤식	1954.07.25.	화천	1955.01.06.	춘천
김기홍	1954.07.26.	화천	1955.01.06.	춘천
박민철	1954.08.10.	화천	1955.02.06.	서울
이봉래	1954.08.16.	김화	1955.02.06.	춘천
손석종	1954.09.07.	김화	1954.09.07.	춘천

2) 홍천 대룡산 간첩사건

1955년 8월 20일 홍천군 북방면과 춘성군 동내면 경계에 위치한 대룡산 남쪽 녹두봉 일대에 춘천과 홍천 지역 군사시설 정찰을 위해 무장간첩 9명이 침투하였다. 강원도 경찰국 예하 홍천 및 춘천 경찰부대가 출동, 교전하여 1명을 사살했으나 나머지는 도주하였다.

---

[64] 북한의 정규군을 관장하는 실질적인 무력행사 핵심기구이며 산하의 총참모부를 통해 군사작전을 지휘한다. 1948년 9월 북한 정권 수립 시 출범하여 초대 민족보위상은 최용건이었고 이후 김일성 측근들인 김광협, 김창봉, 최현, 오진우, 최광 등이 임명되었다. 1972년 '인민무력부'로, 1998년 '인민무력성'으로 개칭되었다가 2000년 9월 다시 '인민무력부'로 환원되었다.

3) 고성 간성읍 간첩사건

　1956년 3월 15일 22:00경 무장간첩 3명이 군사시설 파괴와 요인 암살 등을 목적으로 고성군 간성읍 광산리에 침투하였다가 군초소에서 발각되었다. 군경이 합동작전을 전개하여 1명을 사살하였으나 나머지는 도주하였다.

4) 가평 상면 간첩사건

　1957년 7월 1일 23:00경 주민 신고를 받고 출동한 가평경찰서 경찰은 경기도 가평군 상면 덕현리에서 무장간첩 3명을 발견하여 이 중 1명을 사살하였으나 2명은 도주하였다. 도주한 2명은 7월 3일과 6일 등 2회에 걸쳐 인근 마을에 출현하였다. 이에 해당 경찰은 이들을 소탕하기 위한 수색 및 매복작전을 전개하던 중 7월 8일 21:00경 매복조가 거수자 2명을 발견하고 수하를 하는 순간 무장간첩의 권총 사격이 실시되어 20분간 교전하였다. 그러나 간첩을 사살하지 못하였고, 이후 1주일간 약 140명의 경찰이 동원되어 이들의 행적을 추적하였으나 발견하지 못하였다.

5) 파주 광탄면 간첩사건

　1958년 4월 28일 14:25경 파주경찰서는 파주군 광탄면 야산에서 무장간첩 2명을 생포하고 권총 2정과 칼빈소총 2정, 다량의 공작금 등을 노획하였다.[65] 간첩들은 북한 노동당 연락부에서 9개월의 밀봉 교육을 받고 4월 22일 목선을 타고 임진강을 건너 침투한 것으로 밝혀졌다. 이들은 침투에 성공한 뒤 접선을 위해 접선지점으로 이동하다가 경찰에게 발견되었다. 생포된 간첩의 임무는 무인함 설치와 지하당 구축을 위한 자료 수집, 침투로 개척과 아지트 설치, 동조자 포섭 등이었다.

6) 고양 한강하구 간첩사건

　1958년 6월 8일 고양경찰서는 한강 연안을 따라 침투하던 무장간첩 4명을 발견하고 교전하여 3명을 사살하고 1명을 생포하였다. 이때 침투한 간첩들의 임무는 이미 한 달

---

[65]　생포된 간첩은 평안남도 숙천군 출신의 김학념(29세)과 강원도 홍천군 출신의 이순행(30세)이다.

전에 침투한 간첩 유기동(1958.05.11. 검거)과 접선하여 대동 월북하는 것이었다. 교전 중에 생포된 평안남도 강서군 출신의 간첩 박경찬(30세)과 사살된 진복수는 북한 내무성 계열의 무장간첩이며, 나머지 사살된 2명은 침투와 대동 월북을 위한 안내원이었다. 간첩 유기동은 5월 2일 실시된 국회의원선거 이후 민심동향과 남한 정계에서 평화통일론을 반대하는 인물들의 명단을 작성하라는 임무를 받고 남파되어 임무를 수행하고 있었다. 간첩 유기동은 임무 수행 후 6월 8일 경기도 고양군 한강하구에서 간첩선을 타고 월북하라는 지령을 받고 있었던 것으로 확인되었다.

7) 파주 임진강 간첩사건

1958년 11월 4일 야간 미 제1기병사단은 경기도 파주군 파평면 두포리 앞 임진강에서 사단 정보대 병력 2명과 파주경찰서 경찰 2명이 합동으로 보트를 이용하여 강상 매복을 하고 있었다. 22:10경 강상 매복조는 보트를 타고 접근하는 괴한 2명을 발견하고 수하하였으나 괴한이 탄 보트가 도주하여 사격을 가하자 괴한들도 응사하면서 교전이 벌어졌다. 11월 5일 12:00경 미 제1기병사단은 전일 야간의 교전현장 일대를 수색하다가 교전지점으로부터 약 8km 떨어진 장단군 진동면 임진강 북쪽 강변에서 사체 2구를 발견하였다. 또한 사체와 함께 기관단총과 권총 등 23종의 무기와 장비를 노획하였다.

8) 연천 지역 간첩사건

1959년 6월 19일 상급부대 명에 의해 무장간첩 색출작전인 일명 '쥐잡기작전'을 시행 중이던 아군 병력이 연천군과 양주군 경계 지역인 마차산에서 간첩 3명을 생포하였다. 9월 27일에는 사단 수색중대가 왕징면 고왕리 비무장지대에서 간첩 노산만을 생포하였다.

9) 파주 적성면 간첩사건

1959년 8월 30일 파주군 적성면 무건리에서 주민 김중원이 화목 채취를 하던 중 간첩을 발견하고 신고하여 출동한 아군은 간첩 2명을 사살하고 공작장비와 무기를 노획하였다.

10) 연천 전곡읍 간첩사건

1959년 8월 30일 10:30경 감악산(675m)[66] 부근에서 경계근무 중이던 아군 병력이 침투로 개척임무를 띠고 침투한 무장간첩 3명을 발견하여 2명을 사살하였다. 여기서 도주한 간첩 김진섭은 8월 31일 전곡읍 송산골에서 생포되었다.

11) 철원 근북면 간첩사건

1960년 7월 7일 철원군 오성산 남서쪽 근북면 백덕리 비무장지대에서 매복조가 침투하는 무장간첩 3명을 발견하고 1명을 사살하였으나 2명은 도주하였다.

다. 기타 간첩사건

1) 국회 침투 간첩사건(박충식)

1957년 10월 2일 서울시경은 간첩 박충식을 포함한 간첩단 8명을 검거하였다. 핵심인물인 간첩 박충식은 6·25전쟁 이전에 침투하여 호남 지역에서 빨치산 활동을 하던 자로서 전쟁 이후에는 북한에서 국기훈장을 받기도 하였다. 박충식은 1955년 7월 5일 노동당 재건과 정계요인을 포섭하라는 지령을 받고 전북 지역 해안으로 침투하였다. 침투 이후 박충식은 서울에서 국회의보사 총무국장을 매수하여 기자증을 발급받고 국회를 출입하며 요인들을 포섭하기 위한 활동을 하다가 1957년 10월 2일 검거되었다. 경찰은 박충식으로부터 미화 5,000달러의 공작금과 무전암호문과 이솝우화로 된 암호책 등을 압수하였다.

2) 서울 침투 간첩사건(윤만석)

1957년 11월 20일 서울시경은 간첩 윤만석을 검거하였다. 윤만석은 일본대학 법과 출신으로 1949년 남로당에 입당하여 6·25전쟁 중 서울시내 야전훈련소 경리책임자로 근

---

66 감악산은 임진강 남쪽에 위치하며 파주, 양주, 연천의 경계를 이루고 있다.

무한 전력이 있었다. 후퇴하는 북한군을 따라 월북하였다가 1957년 8월 25일 평양을 출발하여 목포 지역 해안에 침투한 후 서울로 잠입하였다. 윤만석은 전기회사인 전선전업 안에 세포를 조직할 것과 군 간부를 포섭하여 서클을 만들 것, 다수의 동조자를 포섭하여 반미사상을 주입시킬 것 등의 지령을 받고 활동하던 중 검거되었다. 윤만석은 이미 일부 군 장교와 조선전업 관계자를 포섭한 것을 자백하여 관련자들도 추가 구속되었다.

3) 체신분야 침투 간첩사건(황의환)

1957년 11월 25일 육군특무대[67]는 체신부분에 침투하여 활동하던 간첩 황의환을 검거하였다. 황의환은 북한 내무성 2국 5부 소속의 대남간첩으로 6·25전쟁 초기 북한군에 의용군으로 자원입대하여 북한군에 근무하였다. 이후 9·28 서울 수복 때 월북하여 북한군에 복무하고 제대 후 북한 체신성 산하 평양 출판물보급사업소에서 근무하다 노동당에 입당하였다. 황의환은 1957년 1월부터 약 7개월의 간첩교육을 받은 후 서울에 침투하여 서울시민증과 제2국민병 수첩을 입수할 것, 체신분야에 침투하여 통신시설과 특수기재 보유상황을 수집하여 보고하고, 남파간첩의 거점을 확보하라는 지령을 받고 1957년 7월 15일 서부전선을 통해 침투하였다. 육군특무대는 황의환으로부터 거액의 공작금과 위장신분증 등을 압수하였다.

4) 형사 살해 간첩사건(박설원)

1958년 5월 25일 00:45경 서울 마포구 대흥동에서 대남간첩 박설원(일명 이윤실)을 검거하기 위해 잠복 중이던 파주경찰서 정해선 형사는 집안으로 들어서는 박설원을 체포하려다 격투가 벌어져 오히려 간첩의 단도에 찔려 중상을 입었다. 간첩은 현장에서 도주하였고, 사건을 접수한 관할지서에서는 정 형사를 병원으로 후송하여 치료하였으나 과다출혈로 순직하였다. 서울시경과 군은 도주한 간첩을 잡기 위해 도주 방향을 중심으로 작전을 전개하였다.

5월 29일 성북경찰서 형사 2명이 정릉 뒷산에서 잠복하던 중 괴한을 발견하고 불심검문하여 간첩 박설원을 검거하였다. 검거 당시 박설원은 김재갑이란 이름의 위조시민증

---

[67] 당시 육군의 대간첩업무를 전담하였던 부대이다. 1960년 육군방첩대로, 1968년 보안사령부로 개칭되었으며, 이후 1977년 육군보안사령부, 1991년 국군기무사령부로 개편되었다. 2018년 군사안보지원사령부로, 2022년 국군방첩사령부로 개편되었다.

을 가지고 있었고, 1957년 7월 18일 중앙당 연락부에 소환되어 약 6개월의 간첩교육을 받고 서부전선으로 침투한 사실을 밝혀냈다. 간첩 박설원은 이승만 대통령 암살과 대공사건 취급검사 암살 등의 지령을 받고 남파되었으며, 검거 당시 거액의 공작금과 소련제 권총 1정 및 실탄 14발을 휴대하고 있었다.

5) 정읍 침투 간첩사건(조경구)

1959년 9월 5일 치안국은 전북 정읍역 부근에서 간첩 조경구를 검거하였다. 조경구는 경기도 시흥 출신으로 6·25 전쟁 당시 북한 인민의용군에 자진 입대하여 복무하다가 후퇴 시에 월북한 자로 1959년 1월 중앙당에 소환되어 평양에서 6개월의 간첩교육을 받았다. 조경구는 이후 6월 27일 서해안 변산반도를 통해 해안으로 침투하여 암약하였다. 조경구는 위조된 시·도민증을 가지고 활동하였으며, 주로 지하당 조직과 북한의 주장에 의한 평화통일 선전 활동을 하였다. 경찰은 조경구로부터 독일제 권총 1정과 실탄 13발, 한화 35,000원, 미화 500달러를 노획하였다.

6) 부산 침투 간첩사건(송종식)

1960년 6월 5일 평강에서 철원 지역 군사분계선을 통해 간첩 송종식이 침투하였다. 송종식은 1958년 8월 1차 침투하여 부산의 모 대학교수와 경남에서 참의원 후보로 입후보한 모 후보를 포섭하고 1959년 3월 월북하였던 전력이 있는 인물이었다. 송종식은 1960년 6월 5일 재남파되어 4·19혁명 이후 국내정세 탐지와 국회의원 포섭 활동을 위해 부산에서 직접 선거운동원으로 활약하다 1960년 7월 12일 경남 경찰에게 검거되었다. 경찰은 송종식으로부터 무전기와 위장신분증 및 미화 3,000달러 등을 압수하였다.

7) 대구 침투 간첩사건(임창술)

1960년 8월 22일 간첩 임창술이 화천 백암산 지역으로 침투하여 대구를 경유하여 포항까지 침투하였다. 임창술[68]은 연고가 있는 포항에서 이인국을 포섭하는 데 성공하였다. 임창술은 이인국을 대동하여 1960년 9월 21일 침투의 역순으로 화천 백암산 지역을

---

[68] 임창술은 이후 경북 영일군 강구 해안을 통해 3회나 더 침투하여 활동하였고, 1971년 10월 26일 경남 충무 정량동 해안을 통해 또다시 침투하였다가 대구에서 1971년 11월 15일 검거되었다.

통해 복귀하였다.

8) 서울 종로 침투 간첩사건

1960년 9월 5일 21:20경 서울 종로구 구기동 김○○의 집에 국군 복장을 착용하고 권총을 휴대한 무장간첩 2명이 침투하여 밥을 달라고 요구하였다. 간첩들에게 식사를 제공하는 틈을 이용하여 김○○의 누이동생이 은밀하게 신고하여 경찰이 출동하였으나 간첩들은 북한산 문수암 방향으로 도주하였다. 이후 도주 간첩을 잡기 위한 군경의 작전이 전개되었으나 흔적을 발견하지 못하고 작전을 종료하였다.

> **TIP ▶▶ 간첩, 공비, 공작원이란?**
>
> ○ 간첩(間諜): 한 국가의 이익을 위하여 합법 또는 비합법적 방법으로 정보를 탐지 및 수집하거나 태업, 파업, 전복 활동 등을 주 임무로 은밀히 파견된 구성원이나 지령을 받은 자
>
> ○ 공비(共匪): 공산(共産) 비적(匪賊)을 줄인 말로 유격 활동 및 거점 확보, 주요시설 파괴, 군사 정찰, 양민 학살, 약탈 등 민심을 교란할 목적으로 침투한 무장인원(비적: 떼를 지어 다니며 사람을 해치는 도둑)
>
> ○ 공작원(工作員): 정보 또는 방첩 활동을 목적으로 첩보자료를 수집하거나 이를 도와주도록 인가되거나 교육받은 인원(간첩이나 간첩 침투를 도와주는 안내원, 정찰조 등을 모두 포함하여 공작원이라 칭함)

3. 육상 침투

가. 육상 침투와 전술의 변화

육상 침투는 지상에서 물에 잠겨있지 않은 전방군단 책임 지역의 육상으로 침투하는 것을 말한다. 이러한 육상 침투에는 다시 아군 경계부대가 모르게 비밀리에 침투하는 은밀 침투와 아군 경계부대를 무력으로 공격하며 침투하는 강습 침투가 있다. 은밀 침투는 통상 5명으로 침투조를 편성하며 척후병, 본대(조장 및 조원 2명), 후미조(부조장) 순으로 침투한다. 척후병은 전방을 감시하면서 장애물지대 통로 개척을 담당하고, 부조장은 후미에서 후방 감시 및 흔적 제거 임무를 수행한다. 침투 대형은 척후병은 본대 3~7m 앞에 위치하고, 조장과 조원들은 1~2m 거리를 유지하며 부조장은 후방 2~3m에서 뒤따른다.

게릴라전식 침투 및 도발 시기에 사용하였던 강습 침투전술은 1968년 중반 이후 아군의 GOP 경계부대의 방책선이 목책에서 철책으로 대체됨으로써 은밀 침투가 제한되자 철책의 강도 시험을 겸하여 시도하였다. 강습 침투는 침투조 외에 엄호조를 편성하여 엄호조가 아군을 기습하는 동안 침투조가 종심으로 침투하는 전술이다. 즉, 침투조가 방책선 철책을 절단하거나 폭파시키고 종심 깊게 침투하는 동안 엄호조는 경계부대를 향해 사격하여 경계병을 살상하고 증원을 차단하는 임무를 수행하는 것이다.

육상 침투의 목적도 계속 변화해 왔다. 1965년 이전에는 주로 간첩을 침투시키기 위한 목적이었다면, 1965년 후반부터는 게릴라전을 수행할 목적으로 침투하였다. 그러나 1971년 이후에는 주로 남침 전쟁의 계획 수립과 준비를 위한 군사 정찰을 목적으로 한 침투가 많았다. 1980년대 초반에는 침투로 개척과 군사 정찰 및 공작원 침투 등을 위해 침투하였다.

그러나 1980년대 중반부터는 공작원에 의한 후방 지역 침투보다 비무장지대 내에서의 침투로 개척이나 담력훈련 위주로 시행되었다. 이 같은 사례는 1988년 9월 파주 지역 백학산 전방 군사분계선을 300m까지 침투했다 복귀한 것과 1992년 2월 역시 백학산 동북쪽에서 아군 추진철책을 절단한 사례, 1992년 5월 철원 지역 비무장지대에서 3명이 아군 철책 전방까지 침투하여 은거했다가 사살된 사례 등이 이를 뒷받침한다.

그러다가 1990년대 중반 이후부터는 군사 정찰 목적의 육상 침투는 거의 시도하지 않고 있으나 2015년 8월 비무장지대 내에서의 목함지뢰 도발과 같이 군사 도발을 위한 사전 단계로 침투를 시도하고 있고 이는 북한군이 언제든지 시도할 가능성이 매우 높다.

나. 1961~1970년 육상 침투사건

1) 화천군 상서면 장춘골 침투사건

1961년 4월 10일 09:00경 화천군 상서면 다목리 장춘골에서 아군 복장으로 위장 침투하여 활동하던 공비 3명을 발견하고 추격하던 중 11:00경 장춘골 동쪽 능선에서 공비를 발견하고 교전하였으나 사살하지 못하였다. 이후 4월 12일 15:00경 아군은 턱에 부상을 입고 은거하던 공비 김인호를 생포하였으나 2명은 발견하지 못하고 작전을 종료하였다.

2) 연천군 신서면 가마골 침투사건

1963년 3월 19일 08:15에 연천군 신서면 갈현리 가마골 아군 GP에서 북한군 1개 조 15명이 군사분계선을 넘어 이동하는 것을 발견하였다. 이어서 08:50에는 최초 출현했던 곳 동쪽 약 1km 지점에서 북한군 1개 조 20명이 추가로 군사분계선을 넘어 이동하는 것을 관측하였다. 이에 아군은 GP에서 경고사격을 약 7분간 실시하였으나 북한군은 군사분계선 남방 약 500m 지점까지 진출하였다가 10:05경 군사분계선 북쪽으로 복귀하였다.

3) 연천군 신서면 대광리 침투사건

1964년 11월 2일 연천군 신서면 대광리 지역에서 대간첩작전 훈련을 하던 아군 병력을 공비 2~3명이 기습공격하고 도주하는 사건이 발생하였다. 공비들은 무방비 상태의 아군에게 수류탄 3발과 자동화기 사격을 가하여 아군 1명이 사망하고 3명이 부상을 당하였다. 아군은 즉시 훈련을 중지하고 공비를 소탕하기 위한 작전을 전개하였으나 공비들은 모두 도주하였다. 다만 대광리 비행장 부근에서 공비들의 것으로 보이는 배낭 2개와 수류탄 2발 등을 습득하였다.

4) 철원군 근남면 수피령 침투사건

1964년 11월 14일 철원군 근남면 육단리 수피령 지역에 공비 2명이 침투한 것을 아군 순찰조가 발견하였다. 순찰조는 공비들과 교전을 벌여 현장에서 공비 노철원을 사살하였으나 공비 최길봉은 대성산 방향으로 계속 도주하였다. 교전 과정에서 제6중대 일병 김수현이 복부관통상을 입었음에도 끝까지 공비와 교전하다가 전사하였다. 여기서 도주한 공비 최길봉은 11월 15일 01:25경 철원군 근남면 마현리 민촌마을 농가에 숨어들었다가 주민의 신고를 받고 출동한 아군에게 생포되었다.

김수현 병장 추모비(수피령)

생포된 최길봉은 북한군 제5군단 도보정찰소 제3조장으로 계급은 대위였으며 한화 3만 원과 미화 1만 3천 달러, 무전기, 라디오, 권총 등을 휴대하고 있었다. *(11월 20일 공비 노철원 사살에 기여하고 전사한 김수현 일병의 장례식이 거행되었으며, 2계급 특진과 함께 충무무공훈장이 추서되었다. 후일 수피령에는 고 김수현 병장의 추모비가 세워졌다.)*

5) 양주군 장흥면 송추 침투사건

1965년 7월 18일 18:30경 양주군 장흥면 송추역 부근에서 잠복근무하고 있던 서울시 경찰국 정보과 경찰관 3명이 미군기지 폭파 등의 사회혼란 조성 등의 임무를 띠고 남파된 공비 3명을 체포하려다 격투가 벌어졌다. 경찰은 공비 3명 중 1명을 생포하였으나 2명은 도주하였으며 이 과정에서 경찰관 2명이 전사하였다. 이때 공비 1명은 노고산 방향, 1명은 도봉산 방향으로 도주하였다. 생포 공비 노성집은 현역 대위로 나머지 공비 2명과 함께 침투하였고 교육을 받는 도중에 박정희 대통령을 암살하기 위한 교육도 받았다고 증언하였다. *(이때 아군 포위망을 뚫고 도주한 공비 이재형과 우명환은 공화국 영웅*

칭호를 부여받았으며, 1967년 5월 북한의 전문 게릴라부대인 124군부대 창설 시 부대장과 부부대장이 되었다고 알려져 있다.)

6) 양구군 동면 사태리 삼태동 침투사건

1965년 7월 28일 야간에 양구군 동면 삼태동에 수 미상의 공비가 침투하여 아군 전방 관측소를 기습하여 경계병 2명에게 사격을 가하고 도주하였다. 아군은 즉시 GOP 경계를 강화하고 군사분계선 방향을 차단하였으나 공비는 도주하고 말았다. 이때 공비의 기습으로 아군 1명이 전사하였다.

7) 철원군 근남면 육단리 침투사건

1965년 9월 28일 야간에 철원군 근남면 육단리에서 매복 중이던 아군 병력이 침투하는 공비 2명을 발견하였다. 아군은 공비의 도주로를 차단 및 봉쇄하고 소탕작전을 전개하였다. 그 결과 10월 1일 02:00경 마현리에서 1명을 생포하였으나 후송 도중에 사망하였고, 18:00경에는 풍암리 용암골에서 나머지 1명을 사살하였다.

8) 양구 방산면 부연대장 일가족 살해사건

1965년 10월 24일 양구군 방산면 현리에 위치한 아군 부연대장 숙소를 공비들이 기습하여 부연대장과 가족들을 무참하게 살해하였다. 공비들의 습격으로 김두표 중령[69]과 일가족 3명(처형, 장녀, 차녀)이 잔인하게 살해되었으며 김 중령의 처만 중상에도 불구하고 기적적으로 생존하였다. 이 사건은 아군 고급장교 숙소를 공비들이 기습하여 무참하게 살해한 사건으로 세간의 이목이 집중된 상태에서 11월 1일까지 8일 동안 작전이 전개되었으나 침투한 공비 5명을 단 한 명도 소탕하지 못하고 종료하였다. 작전 결과 공비들이 유기한 수류탄 2발, 탄피 2발, 실탄 1발, 단도 1개, 배낭 2개, 무전기 건전지 1개, 내의 4매 등의 유기물을 습득하였다. 이 사건으로 북한의 도발과 만행이 전국적으로 널리 알려지고 김일성 정권 규탄대회 등 반공의식이 더욱 고조되는 계기가 되었다.

---

69 1972년 6월 공비가 침투하였던 장소에 방산면민과 양구군민의 뜻이 하나로 모아져 이 지역 출신 반공투사들의 위령탑이 건립되었는데 이 비문의 희생자 명단에 고 김두표 중령도 포함되었다.

방산면 반공투사 위령탑

이 사건은 북한이 베트남전을 기회로 한반도에서 본격적인 게릴라전을 시도하기 위해 시험대로 삼은 사건이었다. 이 사건을 통해 북한은 전방 지역에서 아군의 경계 및 상황 대처능력을 시험하고 국군과 유엔군의 위기관리능력과 대응능력을 시험하였다. 그 결과 북한은 국군과 유엔군의 대응능력이 크게 위협적이지 않다고 판단하고 이 사건 이후 전후방을 불문하고 본격적으로 게릴라전을 전개하기 시작하였다.

9) 양구군 양구읍 사명산 침투사건

1966년 7월 16일 양구군 양구읍 웅진리에 공비 3명이 출현하였다. 여기서 도주한 공비는 양구읍 사명산 일대에서 활동하였으며, 소탕작전 중에 아군 수색중대가 공비의 측방사격과 수류탄 공격으로 전사 4명, 부상 1명의 피해가 발생하였다. 침투한 공비들은 3명 1개 조로 아군 후방 지역에 대한 군사시설 정찰 활동을 하고 있었던 것으로 판단되며 주민에게 발각되자 주민을 살해하려고 시도하였다. 7월 28일까지 작전 결과 아군은 침투한 공비 3명을 소탕하지 못했다.

10) 포천군 내촌면 수원산 침투사건

1966년 8월 1일 포천군 내촌면 수원산 지역에서 아군이 군단 후방 지역에 침투하여 정찰 활동을 실시하던 공비 2명을 발견하고 추적 끝에 전원 사살한 사건이다.

당시 공비들은 목책으로 이루어진 아군 GOP를 돌파하여 아군의 군단 후방 지역에서 정찰활동을 실시하고 있었다. 공비들은 아군 군복차림으로 위장하고 행동하였으며, 아군으로 위장하기 위하여 제26사단 및 제28사단 부대마크를 휴대하였다. 공비들은 또한 아군 훈련 병력에게 발견되어 검문을 당하는 위급한 순간에서도 "우리도 훈련 나왔는데 왜 그러냐? 너희들 할 일이나 해라!"라고 하는 등 대담하게 행동하였다. 이후 아군의 수색작전에서 흔적이 노출되어 도주가 불가능하게 되자 아군의 투항 권고에도 불응하고 휴대한 무기로 끝까지 저항하였다. 이 소탕작전에서 기관단총 1정, 권총 1정, 무전기 등을 노획하였으나 아군도 1명이 전사하고 5명이 부상을 당하였다.

11) 서울 면목동-양주 비암리 침투사건

1966년 9월 1일 00:50경 서울 면목동에 공비 3명이 출현하여 군경 합동으로 소탕작전을 전개하였으나 흔적을 발견하지 못하던 중 9월 13일 20:00경 양주군 광적면 비암리에서 군 매복조가 포착하여 2명을 사살한 사건이다.

당시 군 매복조는 비암리에서 취약 지역에 대한 매복작전 임무를 수행하기 위해 매복 장소로 이동하던 중 공비들과 조우하여 교전이 벌어졌다. 최초 교전 과정에서 공비 1명에게 치명상을 입히자 공비 1명은 도주하고 1명은 부상자와 부근에 숨어서 끝까지 저항하다 2명 모두 사살되었다.

12) 파주군 파평면 장파리 침투사건

1967년 6월 4일 파주시 파평면[70] 늘노리에서 대대 종합훈련장의 취사장 외곽보초가 공비 3명을 발견하고 소탕작전을 전개하였으나 이후 발견하지 못하였고, 임진강을 통해 복귀를 시도하는 공비 2명을 인접 미 제2사단에서 발견하고 사살한 사건이다.

침투한 공비는 3명 1개 조로 군사시설 정찰 활동이 주 임무였던 것으로 판단된다. 이들은 문산 지역과 장파리 및 마지리 일대와 파평산 군사시설과 군부대 정찰 활동을 한 것으로 추정된다. 공비들은 활동간 불시에 아군 경계병이 어둠 속에서 수하를 하자 이를 무시하고 신속하게 현장을 이탈하였다. 그러나 공비 1명은 지형 미숙으로 현장을 완전히 이탈하지 못하고 붙잡히게 되자 몸에 숨겨두었던 수류탄을 터뜨리면서 도주하였다. 여기서 아군 1명이 사망하고 2명이 부상을 당하였다.

13) 연천군 왕징면 작동리 침투사건

1967년 6월 13일 야간에 연천군 백학면 백령리 아군 GOP 경계부대에서 수 미상의 공

70　파주시 파평면은 파평산과 영평산에서 유래한 이름이다. 조선시대에는 원래 12개리였으나, 1914년 행정구역 통·폐합으로 율곡리, 두포리, 이천리, 마산리, 금파리, 눌노리, 덕천리 등 7개 리로 편성되었다. 1973년 7월 장파리가 편입되어 8개 리가 되었다가 1983년 2월에 이천리가 문산읍에 편입되어 현재는 7개 법정리를 유지하고 있다.

비를 발견하고 사격하여 1명을 사살하였으며, 6월 14일 새벽에 주간작전으로 전환하여 공비 2명을 왕징면[71] 작동리 지역에서 사살한 사건이다.

침투한 공비는 3명 1개 조의 북한 정찰국 도보정찰대 소속으로 노획품 중에서 제25사단 부대마크와 연필, 수첩, 사경도 등이 발견된 것으로 보아 침투로 개척과 백학면과 왕징면 일대의 군사시설을 정찰하기 위해 침투한 것으로 판단되었다. 공비들은 아군 경계병에게 발각되어 기습사격을 받자 침투 방향으로 도주하지 않고 신속하게 동쪽으로 이탈하였다가 다시 북쪽으로 복귀하고자 하였다. 그러나 뜻하지 않게 아침 이슬로 인하여 수풀에 도주 흔적을 남긴 것을 수색조가 발견함으로써 조기에 소탕되었다.

14) 포천군 창수면 운산리 침투사건

1967년 9월 9일 아군이 민간인 신고로 포천군 창수면 289고지에 출현한 공비 3명을 추적하며 소탕작전을 전개하던 중 9월 13일 창수면 운산리에서 모두 사살한 사건이다. 침투한 공비는 3명 1개 조로 이들은 녹음기를 이용한 침투로 개척과 주요 군사시설에 대한 정찰 활동을 목적으로 침투한 것으로 판단되었다. 공비들은 아군 군사시설에 대한 정찰 활동 중 민간인에게 노출되자 영평천 도하를 시도하였으며, 아군과 조우하자 남쪽으로 방향을 전환하여 도주한 것처럼 위장하였다. 이후 다시 영평천을 건너 불무산 방향으로 도주하였으나 불무산 지역에서 약초꾼에게 발견되자 서쪽에 있는 보장산 방향으로 계속 도주하였다. 그러나 운산리에서 아군 수색대에게 발견되어 최후까지 저항하다 사살되었다. 교전 과정에서 아군도 2명이 전사하고 1명이 부상을 당하였다.

15) 1·21 청와대 기습 침투사건

1968년 1월 17일 북한이 대한민국 대통령을 살해하고 사회혼란을 조성할 목적으로 특별히 양성한 제124군부대 소속 무장공비 31명을 서울로 침투시킨 사건이다. 이때 침투한 공비들은 1월 17일 23:00경 연천군 장남면 반정리 일대 서부전선 군사분계선을 넘어 침투하였으며 1월 21일 청와대 코앞인 청운동까지 진출하였으나 군경의 저지를 받고

---

[71] 왕징면은 본래 마전군 북면 지역으로 1914년 행정구역 조정시 연천군에 편입되었고, 이때 연천군 서면의 일부와 마전군 서면 지역이던 작동리 일대를 편입하여 왕징면이라 하였다. 현재는 18개 법정리를 두고 있으나 이 중 무등, 동중, 노동, 북삼 4개 리에만 주민이 거주하고 강서, 강내, 작동 3개 리는 출입 영농이 가능하며 나머지 11개 리는 대부분 군사 지역이다.

도주하였다. 이 사건으로 인해 향토예비군 창설과 주민등록증 발급사업 추진이 가속화되었고, 대간첩대책본부를 최초로 구성하여 운영하는 등 각종 군사대비태세를 강화하는 계기가 되었다. *(상세 내용은 '제5장 내륙 지역 침투 및 우회 침투' 참고)*

16) 연천군 장남면 반정리 침투사건

1968년 9월 19일 연천군 장남면 반정리 미 제2사단 지역을 침투하여 남하 중인 공비 5명을 순수하게 카투사로만 편성된 미 제2사단 소속의 대간첩중대가 출동하여 4명을 사살한 사건이다. 침투한 공비는 5명 1개 조로 장파리 및 파평산 일대의 군사시설과 정찰활동이 주 임무였던 것으로 추정된다. 공비들은 철책 침투 과정에서 미군 초병들에게 발견되었으나 후방으로 계속 침투를 감행하였으며, 임진강이란 장애물로 인하여 주간 침투를 계속하지 못하고 갈대숲에 은거하다가 아군 대간첩중대의 수색작전에 의해 사살되었다. 미 제2사단은 작전을 통해 기관단총 4정에 실탄 1,050발, 배낭 등 다수의 장비와 물자를 노획하였다. 그러나 작전 간 아군도 전사 2명, 부상 7명의 피해를 입었다.

17) 철원군 서면 싸리골 침투사건

1968년 9월 20일 철원군 근남면 바조봉 전방 철책으로 침투한 공비 3명을 9월 21일 철원군 서면 자등리 하텃골 일대에서 발견하고 사살한 사건이다. 침투한 공비는 침투로 개척과 쇠고리철망으로 신설된 철책의 강도 확인 등 군사 정찰을 목적으로 침투하였던 것으로 판단된다. 침투한 공비들은 제15사단 부대마크를 부착하여 아군으로 위장(중위, 상사, 일병)하였으며, 제6사단의 부대마크를 별도로 휴대하였다. 아군은 작전을 통해 침투한 공비 3명을 모두 사살하는 전과를 거두었으며, 기관단총 3정, 수류탄 8발, 무전기, 카메라 등 총 60종의 많은 장비와 물품을 노획하였다. 작전간 아군은 병사 1명이 전사하였고, 싸리골에서 외딴집에 거주하던 민간인 1명이 부상을 당하였다.

18) 연천군 중면 흑석동 침투사건

1968년 9월 21일 연천군 중면[72] 중사리 흑석동 비무장지대 내에서 연대 수색중대가

---

[72] 민통선 북방 휴전선에 연하여 위치한 면으로 16개 리의 호적을 관장하고 있으나 2개 리만 주민이 거주하고 3개 리는 출입영농이 가능하며 미수복 지역도 9개 리에 이른다.

수색 및 매복작전을 통하여 침투한 공비 3명을 사살한 사건이다. 당시 북한은 모든 전선에 걸쳐 신설된 철책선의 강도 시험, 침투로 개척, 군사시설 탐색 및 폭파, 요인 암살 및 납치, 병력 살상 및 장비 파괴 등을 목적으로 침투를 자행하고 있었다. 흑석동에 침투한 공비들은 비무장지대 내의 전술도로에 TNT를 매설하였다. 그리고 매복하여 아군을 습격할 기회를 엿보다 발각되었다. 아군은 작전을 통하여 침투한 공비 3명을 모두 사살하고 AK소총 3정과 수류탄 6발, TNT 56파운드 등을 노획하였다. 교전 과정에서 아군도 전사 1명과 부상 1명의 피해를 입었다.

19) 인제군 북면 원통리 침투사건

1968년 10월 18일 야간에 인제군 북면 원통리 사단사령부 참모관사 지역에 공비 6명이 출현한 것을 초병이 발견하여 소탕작전을 전개함으로써 공비 6명을 모두 사살한 사건이다. 침투한 공비는 북한 제124군부대 소속의 무장공비로 판단되며 건봉산 오소동 계곡으로 침투하여 건봉산과 향로봉을 경유하여 사단사령부 침투를 기도한 것으로 판단된다. 공비들의 침투목적은 사단사령부를 습격하여 간부들을 살상함으로써 동부전선 전방 지역에 혼란을 조성하고자 한 것으로 보인다. 공비들은 은밀하게 철책을 통과하여 사단 후방 지역까지 침투는 성공하였으나 사단사령부 입구에서 초병에게 발각되자 일단 차후 임무 수행을 위해 동쪽으로 도주하였다. 그러나 도주 과정에서 또다시 아군 5분대 기조와 조우하여 교전하자 임무 수행을 포기하고 아군 1/4톤 차량을 탈취하여 검문소를 강습 돌파하는 등 무리한 복귀를 강행하다 결국 남방한계선 1km를 남겨두고 아군에게 모두 사살되었다. 그러나 아군도 교전 과정에서 전사 2명에 중상 13명, 경상 3명의 피해를 입었다.

20) 철원군 원남면 후동리 침투사건

1969년 4월 23일 철원군 원남면[73] 후동리[74] 일대에서 침투하던 공비 5명(추정)이 아군 지뢰지대에 봉착하여 1명이 폭사하고 나머지는 도주하였으나 도주 공비를 엄호하기 위

---

73 철원군 원남면은 민간인 비거주 지역이며 철원군 원동면, 임남면과 같이 지리적으로는 화천군 북방에 위치하고 있다. 현재 민간인 비거주 지역인 이 3개 면에 대한 호적관리는 철원군 근남면에서 담당하고 있다. 원남면은 원래 금성읍의 남쪽에 위치하여 남면이라 불렸으나 1914년에 일제에 의해 김화군에 편입되면서 원남면이 되었다.

74 육군본부 사료에는 원남면 '후동리'로 기록되었으나 지도에는 '추동'으로 행정구역 지명에는 '주파리 후동 마을' 등 자료마다 기록이 상이하다. 여기서는 기본사료와 현 행정구역에 따라 '후동리'로 기록하였다.

한 북한군 806GP의 총격 도발과 이로 인한 아군 209GP의 대응사격으로 피·아 GP교전까지 이루어졌던 사건이다. 침투한 공비는 민족보위성(현 인민무력부) 소속의 총 5명이었고 임무는 침투로 개척과 아군 철책 강도 시험 및 군사 정찰로 판단된다. 이들은 당일 야간에 군사분계선 남쪽의 비무장지대 내로 침투하여 1~2일의 단기간만 활동하려 했던 것으로 보인다. 이들은 철책 강도를 시험하고자 철책에 접근하던 도중 지뢰지대에 봉착하였다. 아군 지뢰를 밟아 폭사한 공비 1명은 칼빈소총을 휴대하였고 상병 계급장을 부착하고 있는 등 아군을 가장한 침투전술을 사용하였다. 북한군은 기도가 조기에 노출되자 복귀를 엄호하기 위해 아군의 차단 및 추격작전이 예상되는 지점인 아군 GP에 대해 선제사격을 실시하였다. 북한군은 약 10분간에 걸쳐 82밀리 비반충포 30여 발과 기관총 300여 발을 사격하였고 주로 외부에 노출되어 있는 스피커 일대에 집중적으로 낙하하였다.

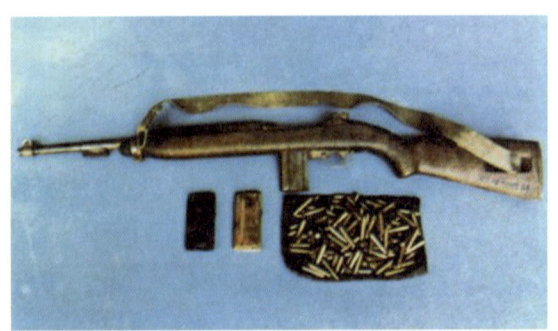

공비 휴대 칼빈 소총

이 사건으로 침투하려던 공비 5명 중 1명이 지뢰 폭발로 사망하고 나머지 4명은 기도 노출로 침투에 실패하고 복귀하였다. 아군은 공비가 폭사한 현장에서 칼빈소총 1정, 대검 1개, 수류탄 1발 등 총 49종 65점을 노획하였다.

21) 고성군 수동면 사천리 침투사건

1969년 5월 24일 강원도 고성군 수동면 사천리 지역 남방한계선 철책에서 공비 3명이 침투하는 것을 초병이 발견하고 교전하였으나 도주한 사건이다. 철책에서 경계병이 소음을 청취하고 수하하자 침투하던 공비들이 10여 발의 선제사격을 해옴에 따라 경계병도 칼빈소총으로 응사하고, 이어서 공비들이 수류탄을 투척하자 인접 경계병이 M1소총으로 지원사격을 하였다. 이 교전으로 공비 1명이 우측 다리에 총상을 입은 채로 도주하기 시작했다. 아군은 비무장지대 내에 차단조와 수색조를 투입하여 도주 공비를 추적하여 공비 1명을 사살하였으나 2명은 군사분계선을 넘어 복귀하였다.

22) 화천군 상서면 주파령 침투사건

1969년 8월 23일 화천군 상서면 산양리 주파령[75] 지역의 남방한계선 철책을 절단하고 침투한 공비 3명을 발견, 9월 6일까지 소탕작전을 전개하여 이 중 1명을 사살하고 1명을 검거한 사건이다. 침투한 공비는 간첩 호송요원인 안내조 2명과 간첩 1명의 3명 1개 조로 판단되었다. 안내조 2명은 아군 남방한계선 철책을 뚫고 후방의 안전한 곳까지 간첩 침투를 안내하고 엄호하는 임무를 수행하려 하였으나 조기에 아군에게 노출되어 조원 1명이 사살되었다. 그러나 안내 조장과 간첩은 끝까지 임무 수행을 포기하지 않고 남쪽으로 계속 침투하여 가평까지 침투하였다. 안내조장은 가평에서 간첩과 헤어져 이후 행방이 확인되지 않았으나 북한으로 복귀한 것으로 판단되며 간첩은 가평에서 경찰에 의해 검거되었다. 이 사건은 북한이 후방 지역에서 장기적으로 지하당 구축과 정보 수집 등 공작 활동을 담당할 간첩 1명을 침투시키려다 조기에 기도가 노출된 사건으로 침투 초기 주파령 일대 교전에서 아군도 3명이 전사하고 5명이 부상하는 피해를 입었다.

23) 양주군 조안면 진중리 침투사건

1969년 10월 11일 20:00경 양주군 와부면(현 남양주시 조안면) 진중리에 공비 5명이 출현하였다. 군과 경찰은 주민 신고를 받고 공비 소탕작전을 전개하였으나 공비를 발견하지 못하고 작전을 종결한 사건이다. 다만 10월 18일과 19일 미 제2사단 병력이 임진강에서 공비 사체 2구를 발견하고 수습하였는데 진중리에 출현했던 공비들과 인상착의가 동일하였다. 따라서 공비들이 아군 포위망을 뚫고 복귀하는 과정에서 임진강을 도하하던 중 익사한 것으로 추정되었다.

24) 연천군 신서면 덕산리 373고지 침투사건

1969년 10월 12일 연천군 신서면 덕산리 비무장지대 내에서 연대 수색중대가 GP 보급 추진을 위한 도로 정찰 및 엄호작전을 수행하던 중에 공비 3명과 조우하여 교전한 사건이다. 작전 병력들이 남방한계선 철책에 위치한 북진문을 통과하여 비무장지대 내 도로 정찰을 실시하던 중 척후병이 전방에서 부스럭거리는 소리와 동시에 공비를 발견하

---

[75] 적근산과 주파령, 백암산을 기점으로 화천군 상서면 및 화천읍과 철원군 원남면, 원동면, 임남면이 경계를 이룬다. 철원군 원남, 원동, 임남면은 민간인 비거주 지역으로 철원군 근남면에서 호적관리만 한다.

였다. 척후병은 공비가 던진 방망이 수류탄을 피해 엎드리며 "간첩이다!"라고 소리쳤다. 이때 후속하던 수색중대 병력이 공비들을 향해 사격하면서 교전이 벌어졌다. 아군은 즉각 도주하는 공비들을 차단하고 추격하여 공비 3명 중 2명을 사살하고 기관단총 2정과 수류탄 5발 등을 노획하였다. 도주한 공비 1명은 군사분계선을 넘어 복귀하였고 교전 과정에서 아군도 4명이 부상을 당하였다.

25) 양주군 백석면 은봉산 침투사건

1970년 6월 15일 양주군 백석면 소재 은봉산(407m)에 위치한 대공초소에서 무장공비 3명을 발견하고 6월 18일까지 소탕작전을 통하여 침투한 공비 3명을 모두 사살한 사건이다. 침투한 공비는 3명 1개 조로 침투한 것으로 분석되었다. 이들의 침투목적은 녹음기를 이용한 침투로 개척과 주요 군사시설에 대한 정찰로 판단되었다. 공비들은 활동 간 아군에게 발각되자 분산 도주를 시도하였으며, 도주 중에도 아군과 조우하면 기습적인 사격을 가하고 끝까지 저항하며 북쪽으로 도주하려 하였다. 이 사건으로 침투한 공비 3명을 철저한 봉쇄와 수색작전을 통하여 작전 지역 내에서 모두 사살할 수 있었으나 아군도 2명이 부상을 당하였다.

26) 화천군 상서면 대성산 침투사건

1970년 9월 22일 철원군 근남면 마현리 지역으로 공비 3명이 철책을 강습 돌파하고 침투한 것을 대성산을 중심으로 봉쇄 및 수색작전을 전개하여 9월 23일 1명을 사살하였으나 2명은 사단 후방 지역으로 도주하였다. 여기서 도주한 공비들은 10월 13일 철원군 갈말읍 용화동에 출현하였다가 주민신고를 받고 출동한 아군에 의해 10월 14일 박달봉 지역에서 모두 사살되었다. 침투한 공비들은 3명 1개 조로 휴대장비와 통신문건을 분석한 결과 제5집단군 도보정찰소 소속으로 침투목적은 군사 정찰인 것으로 판단되었다.

27) 기타 육상 침투사건(1965~1970)

이 밖에도 북한이 게릴라전을 본격적으로 전개함으로써 침투사건이 급증했던 1965년 10월부터 1970년까지 군사분계선을 통한 육상 침투사건은 너무 많아서 일일이 모두 열거하지 못했다. 따라서 이 시기에 본문에 수록하지 못한 기타 육상 침투사건들을 정리해 보면 〈표 10〉에서와 같다. *(이 침투사건들은 공비가 침투한 사실을 인지하고 작전을 전개했던 사건들만을 집계한 것으로 이 책 '부록, 1. 게릴라전 시기 기타 육상 침투사건'을 참조할 것)*

〈표 10〉 기타 육상 침투사건(1965~1970년)

구분	기타 육상 침투사건	구분	기타 육상 침투사건
1965년	연천 강서리 침투사건 등 2건	1968년	연천 고왕산 침투사건 등 91건
1966년	연천 갈현리 침투사건 등 12건	1969년	파주 661GP 침투사건 등 10건
1967년	연천 옥녀봉 침투사건 등 54건	1970년	연천 고잔하리 침투사건 등 10건

다. 1971~1980년 육상 침투사건

1) 철원 대마리 침투사건

1971년 6월 16일 철원군 문장면 대마리 백마고지 서남방 비무장지대 내에서 매복 중이던 연대 수색중대 병력이 침투하는 공비 4명을 발견하고 1명은 사살하였으나 3명은 도주한 사건이다.

2) 인제 성내동 침투사건

1971년 8월 16일 강원도 인제군 서화면 성내동 지역의 군사분계선을 넘어 비무장지대 내에서 은거하던 공비 5명을 GOP 경계부대 수색 병력이 발견하여 전원 사살한 사건이다.

공비들의 침투 시기는 1971년 8월 14일 03:00경으로 판단되며 이날은 음력 6월 24일로 시계가 불량하여 비교적 침투에 용이하였다. 침투장소는 683고지 일대로 아군의 경계철책 북방 약 500m 지점이었다.

침투인원은 5명으로 간첩 2명과 이들의 침투를 안내하기 위한 안내조 3명으로 편성되었으며, 인민무력부 정찰국 소속으로 판단되었다.[76] 임무는 연고자 포섭과 지하당 구축을 위한 간첩을 침투시키는 것이었다. 아군은 침투한 공비 5명을 전원 사살하고 AK 소

---

76   기본암호표가 1969년 9월 14일에 침투한 정찰국 소속의 자수 간첩 정차랑의 것과 동일하였다.

총 등 총 49종 1,398점을 노획하는 전과를 올렸으나 아군도 1명이 전사하고 4명이 부상을 당하였다.

3) 화천 득봉골 침투사건

1971년 8월 20일 23:00경 화천군 사내면 맹대리[77] 득봉골에서 아군 매복조가 이동 중인 공비 3명을 발견하고, 8월 21일 주간 수색작전을 통해 3명 모두 사살한 사건이다.

이 사건은 매복조의 공비 발견 후 신속한 야간 차단작전과 군견을 대동한 주간 수색작전으로 조기에 침투한 공비를 소탕할 수 있었다. 침투 지역 조사 결과 GOP 경계부대 소대장이 철책 절단 흔적을 인지하고도 처벌이 두려워 보고하지 않았던 것으로 밝혀졌다.

공비들은 8월 11일 야간에 군사분계선을 통과하여 8월 14일 새벽 철책을 절단하고 침투에 성공하였으며, 임무는 군사정찰로 판단되었다. 이들은 대성산에서 복주산으로 이어진 종격실 능선을 따라 종심으로 침투하며 군사 정찰을 수행하던 중 아군 매복조에게 발견되었다. 아군은 소탕작전을 통해 공비 3명을 사살하고 AK 소총 3정과 수류탄 12발, 무전기 1대 등 총 40종 599점을 노획하였다.

4) 장단반도 침투사건

1971년 10월 25일 21:00경 문산 서북쪽 7km 지점의 비무장지대 내에서 매복작전을 수행하던 아군이 침투하는 수 미상의 공비를 발견하고 사격하여 공비 2명을 사살한 사건이다. 10월 26일 11:53경 인접한 아군 GP에서 관측한 결과 공비 3명이 군사분계선을 넘어 북한 지역으로 복귀하는 것이 확인되었다.

5) 연천 중면 사동 침투사건

1973년 4월 17일 23:20경 연천군 중면 사동 일대의 비무장지대 안에서 아군 매복작전 병력이 접근하는 공비 3명을 발견하고 사격하여 2명을 사살하였으나 1명은 도주한 사건이다. 이때 공비들은 신발에 백색 붕대를 감고 침투하였는데 이는 포복으로 전진할 때 후속하는 공비의 진로 식별과 족적 인멸이나 소음방지 효과를 노린 것으로 보인다.

---

[77] 맹대리(孟岱里)는 1914년 행정구역 통·폐합시 번암, 내동, 검단과 함께 광덕리에 편입되었으며, 1971년 행정구역 개편에 의해 광덕1리와 2리로 분할시 광덕2리에 포함되었다.

6) 인제 지역 침투사건

1974년 7월 18일 강원도 인제군 인북천에서 주낙을 하던 학생들이 거동이 수상한 자 2명을 발견하고 신고하여 소탕작전을 전개하였던 침투사건이다.

신고 및 작전 초기에는 정보 분석 결과 "신고된 거수자는 캠핑하러 온 학생으로 판단된다."고 결론 내리고 작전을 종료했었다. 그러나 현장에서 수거한 다용도 칼을 후송하여 상급부대에서 정밀 분석한 결과 적성물자로 확인되어 7월 20일 16:20에 작전을 재개하였다.

그 결과 7월 23일 03:30에 원점 서북방 25km 지점의 펀치볼 북방에서 철책이 절단된 흔적과 북으로 향한 3명의 발자국을 발견하여 침투하였던 공비들이 복귀한 것을 확인하였다. 침투한 공비들은 아군 군단 지역의 군사 정찰 임무를 수행한 것으로 추정된다.

7) 연천 천덕산 지역 침투사건

1974년 8월 3일 연천 북방 천덕산 서북방 1km 지점의 비무장지대 내에서 수류탄 폭발음과 총성 40여 발을 청취하고 일대를 수색한 결과 1개 분대 규모의 공비가 침투했던 흔적을 확인한 사건이다.

8) 철원 역곡천 침투사건

1977년 5월 3일 강원도 철원군 백마고지 남방 역곡천 일대의 철책에서 GOP 경계 병력이 철책 보강공사 소요를 파악하던 중에 은신하고 있던 공비 2명으로부터 기습사격을 받아 1명이 전사하고 1명은 부상하는 사건이 발생하였다. GOP 경계부대는 즉각 공비 소탕을 위해 병력을 투입하였으나 공비들은 철책을 넘어 북상 도주함으로써 소탕에는 실패하였다.

이 사건에서 공비들은 이미 침투해서 임무 수행을 마치고 복귀하는 과정에서 아군과 불시에 마주치자 사격을 가하면서 철책을 강습 돌파하여 복귀하였다. 이들은 아군과 대치하고 있는 북한군 제5군단 예하 경보병여단 소속으로 임무는 침투로 개척과 단기 군사 정찰로 보인다.

9) 철원 유정리 침투사건

1978년 6월 20일 철원군 유정리 비무장지대 내에서 공비 4명이 군사분계선을 넘어와 미상의 활동을 하다가 복귀하는 것을 레이더로 포착하고 주간 수색으로 침투 사실을 확인한 사건이다. 공비가 군사분계선 남쪽 수십 미터까지만 침투한 것으로 보아 침투로 개척이나 담력훈련을 한 것으로 추정되었다.

10) 화천 백암산 침투사건

1978년 10월 5일 강원도 화천 북방에서 공비 3명이 침투하여 아군의 소탕작전에도 불구하고 14일 동안 도주하다 북으로 복귀한 사건이다. 이 사건은 백암산 서측 새둔지 부근에서 GOP 경계부대에 근무하던 전역병 1명과 휴가병 3명 등 4명의 병사가 연대본부로 신고를 하러 이동하던 중 공비 3명과 불시에 조우하면서 시작되었다. 공비들의 갑작스런 총격으로 휴가병 3명이 현장에서 사망하였고, 전역병 1명은 부상을 입은 채로 인근 부대로 달려가 신고하였다.

공비들은 아군의 대대적인 소탕작전에도 불구하고 10월 18일 아군 봉쇄망을 뚫고 철책을 강습 돌파한 뒤 북으로 복귀하였다. 강습돌파는 경계가 증강된 철책에서 아군 경계병을 선제사격하여 1명을 살해함과 동시에 대전차수류탄으로 철책을 파괴한 뒤 서로 엄호사격을 하며 철책을 통과하여 북으로 도주한 것으로 판단된다. 이들의 침투 목적과 임무는 아군의 GOP 경계부대의 교대상황을 파악하고 군사 정찰과 침투로 개척 및 요인 납치 등으로 분석되었다.[78] *(1983년 5월 7일 귀순한 전 북한군 대위 ○○○은 당시 침투했던 공비 3명은 조장을 포함해 조원 2명이 모두 중위 계급이었다고 증언하였다. 이들 중 조원이었던 최종혁 중위는 복귀 후 영웅 칭호를 수여 받았고 김일성대학을 졸업한 후 1982년 9월 현재 모 사단 정찰참모로 보직되어 근무 중이라고 증언하였다.)*

공비들의 침투 시기는 무월광 및 짙은 안개로 침투에 유리한 10월 3일 야간에 군사분계선을 통과하여 DMZ 내에서 하루 은거하고 10월 4일 야간에 철책을 절단한 후 침투한 것으로 판단된다. 공비들은 철책 남방 약 24㎢의 비교적 좁은 범위 안에서 14일 동안을 도피하였으나 유기물도 거의 없이 은밀하게 행동하였다. 아군은 기간 중 총 19개 부대

---

[78] 작전 기간이나 작전 직후에 사단에서는 공비가 최초 출현한 지역이 GOP연대 본부로 가는 길목이고 근접한 곳이란 점을 들어 연대장에 대한 암살이나 납치 등의 임무일 것으로 추정하기도 하였다.

연인원 약 67만 명을 소탕작전에 투입하였으나 침투했던 공비를 단 한 명도 사살하거나 생포하지 못하였다. 오히려 아군은 작전 간 오인사격 등으로 4명이 사망하고 1명이 부상하는 피해를 입었다.

11) 연천 북방 부흥리 침투사건

1979년 9월 1일 연천 북방 부흥리 비무장지대 안에서 공비 침투흔적을 발견하고 작전을 전개하였으나 9월 4일 공비 1명이 군사분계선을 넘어 북한 지역으로 복귀하는 것을 관측하고 작전을 종결한 사건이다. 이 사건은 북한군 제5군단 저격여단 소속의 공비 5명(침투조 3명, 안내조 2명)이 침투로 개척과 단기 군사 정찰을 목적으로 침투하던 중 폭풍지뢰를 밟아 부상자가 발생하자 4명은 부상자를 부축하여 복귀하고, 1명은 잔류하여 계속 임무를 수행하다가 복귀한 것으로 추정되었다.

12) 양구 대우산 지역 침투사건

1979년 10월 5일 강원도 양구군 대우산 지역의 남방한계선 철책이 절단된 흔적을 발견하고 소탕작전을 전개하여 침투한 공비 3명 중 1명을 사살하였으나 나머지 공비들은 행방을 확인하지 못한 채 작전이 종료된 사건이다. 이 사건은 야간경계 후 철책 이상 유무를 점검하며 철수하던 병력이 철책의 절단흔적을 발견하여 시작한 작전이었으나 '10·26사태'[79]가 발발함에 따라 작전이 종료되었다.

공비 이동로인 대암산 능선

침투인원은 철책을 넘어온 공비 3명과 이들을 철책까지 안내하고 기만을 위해 철책 앞에 수첩을 두고 복귀한 안내원 2명 등 총 5명으로 분석되었다. 이들의 소속은 북한군 제1군단 소속의 정찰조로 주임무는 주요시설과 접근로에 대한 군사 정찰이었다. 공비 침투 지역은 북한군 GP에서 전부 내려다보

---

79   1979년 10월 26일 저녁 7시 40분경 당시 중앙정보부장이던 김재규가 박정희 대통령을 시해한 사건이다.

이는 곳을 선정함으로써 우발상황 발생 시 지원이 가능한 곳을 택하였다. 이후에는 대암산 종격실 능선을 이용하여 종심으로 계속 침투하였다. 철책 절단 지점도 세밀한 관찰을 통해 아군의 초소 간격이 넓고 초소 간의 감시사각이 발생하는 지역을 선정하였다. 철책 절단 후에는 절단된 본선을 빼내고 색깔과 굵기가 유사한 아연선을 대체하여 교묘하게 원형대로 위장하는 치밀함을 보였다.

아군은 작전 기간 중 연인원 62만여 명(일일 평균 28,000명)을 투입하여 10월 26일까지 22일간 소탕작전을 실시하였다. 그 결과 대암산에서 침투한 공비 1명을 사살하였으나 나머지 2명은 행방을 확인하지 못하고 '10·26사태'가 발생하여 작전을 종결하였다. 여기서 도주한 공비 2명은 이후 철책을 넘어 북으로 복귀한 것으로 추정되었다.

13) 고성 사천리 침투사건

1979년 10월 26일 향로봉 북방 약 10km 지점인 고성 사천리 비무장지대 내에 공비 3명이 침투하다가 아군 작전 병력에게 발각되자 복귀한 사건이다. 공비들은 북한군 제1군단 저격여단 소속으로 신설공사 중인 아군 GP에 대한 정찰과 침투로 개척을 위해 침투한 것으로 판단된다.

14) 철원 비무장지대 침투사건

1980년 3월 27일 철원군 근남면 마현리 북방 비무장지대 내에서 아군 작전조가 442고지를 수색하는 중에 은거 중인 공비 3명과 조우한 사건이다. 이 사건은 GOP 경계부대의 임무교대를 위해 인계부대와 인수부대가 합동으로 수색조를 편성하고 442고지 일대에서 비무장지대 수색을 하던 중 발생하였다. 교전 과정에서 아군 수색조는 공비 1명을 사살했으나 2명은 도주하였고, 아군도 1명이 사망하고 1명이 부상을 당하였다.

적은 아군의 GOP 교대시기를 이용하여 철책 지역의 군사 정찰과 침투로 개척 등을 목적으로 은밀하게 침투하여 활동한 것으로 판단되며 침투일시는 1~2일 전인 3월 25일이나 3월 26일 야간인 것으로 추정된다. 침투인원은 3명 1개 조의 정찰조이며 북한군 제5군단 저격여단 소속으로 판단되었다. 이들의 임무는 비무장지대 안의 감제고지에서 숙영하면서 침투로 개척을 위한 것으로 분석되었다.

라. 1981년 이후 육상 침투사건

1) 파주 지역 비무장지대 침투사건

1992년 2월 10일 파주 북방 서부전선 비무장지대 내에 수 미상의 공비가 군사분계선을 넘어 침투하여 아군 추진철책을 절단하고 복귀한 사건이다. 이 사건은 북한이 아군의 추진철책 상태와 강도를 파악하기 위한 군사 정찰과 담력훈련을 겸해 시행한 것으로 판단된다.

2) 철원 은하계곡 침투사건

1992년 5월 21일 저녁 철원 지역 북방에서 군사분계선을 넘어 침투하는 공비 3명을 아군 경계부대에서 야간감시장비를 이용하여 추적 감시하다가 은거한 공비를 다음날 수색하여 전원 사살한 사건이다. 최초 감시초소에서는 군사분계선 북쪽 지역에서 의심스런 병력 이동 상황을 관측한 후 추적 감시를 하면서 인접부대와 통합 감시를 통해 공비 3명이 군사분계선을 넘어와 우리 측 비무장지대에서 은거하는 것까지를 최종 확인하였다. 최종 은거지점을 확인한 아군은 도주로 차단작전과 이어진 주간 수색작전을 시행하였고, 김승겸 대위(후일 합참의장 역임)가 지휘하는 수색팀에서 2명을 사살하고 차단조에서 1명을 사살하였다. *(군에서는 5월 22일 작전이 있었다 하여 '5·22 완전작전'이라 부르거나 침투한 곳의 지명을 따라 '은하계곡 대침투작전'으로 부른다. 당시 필자는 소령으로 사단 사령부 작전처에서 근무하며 작전상황을 파악하고 조치했다.)*

이 사건에서 군사분계선을 넘어 침투한 인원은 3명 1개 조로 북한군 제5군단 소속으로 판단되었다. 이들의 침투목적은 근거리 통신용 워키토키와 군사정찰장비(VTR카메라, 망원렌즈, 야간관측경, 필름 등) 및 소량의 휴대식량(3명 6끼분 정도)을 휴대한 점 등으로 보아 DMZ 내의 침투로 개척과 GOP 경계실태를 정찰하기 위한 것으로 추정된다. 공비는 대담하게도 3/4 월광기에 침투하였으며, 월광기의 취약성을 극복하고자 주로 4~6부 능선의 관측 사각 지역을 이용하여 침투하였다. 이들은 완벽할 정도로 아군을 가장한 복장(명찰 상단에 포제 병과마크 부착, 소대장 위장 요원은 녹색 견장 착용)을 착용하고 침투하였고, 총번이 없는 M16소총에 아군과 동일한 45구경 권총을 휴대하였다. 이들은 DMZ 내에서 은거할 때도 2명은 휴식을 취하고 1명은 사주를 감시하였다.

아군은 이 작전에서 침투한 공비 3명을 사살하고 M16소총 3정, 수류탄 3발, 적외선 야간관측경 1대 등 1,043점을 노획하였다. 공비와의 교전에서 아군도 부상자가 3명 발생하였다. 이 작전 이후 아군의 야간감시장비 성능을 비롯한 경계태세가 필요 이상으로 언론에 상세히 보도됨으로써 작전보안이 지켜지지 못한 문제가 발생하였다. 야간에 침투하는 공비들의 모습이 TV를 통해 여과 없이 방송된 것이다. 그러나 아이러니하게도 그 이후 북한군의 군사분계선을 통한 지상 침투는 거의 시도되지 않고 있다.

4. 수중 침투

가. 수중 침투와 전술의 변화

　수중 침투는 대부분 서부 지역에서 한강과 임진강을 통한 침투였으나 북한강과 철원 지역 산명호를 통한 침투도 일부 있었다. 수중 침투 양상은 주로 수영에 의한 침투를 시도하였으나 때로는 소형 선박을 이용하거나 소형 잠수정을 이용한 침투도 시도하였다. 한강을 통한 수중 침투는 주로 한강 하류에서 서해안 밀물 때에 상류로 거슬러 올라오며 침투하고, 복귀할 때는 썰물 때에 상류에서 하류 방향으로 복귀하였다. 북한강은 북에서 남으로 흐르는 점을 이용한 침투로 상류에서 물의 흐름을 따라 떠내려 오는 방식의 침투이다. 임진강은 지형의 특징이 상류는 북에서 남으로 흐르고 하류에선 동에서 서로 흐르는 점을 이용하였다. 즉, 하류에서는 한강에서와 동일한 침투방법을 사용하고 상류에서는 북한강에서와 동일한 방식의 침투방법을 사용하였다. 수중 침투도 한강하구의 '유도'와 같은 곳에서는 공작원 침투나 군사정찰 목적이 아니라 담력훈련 목적으로 침투하였다.

　수중 침투전술은 초기에는 부유물을 이용하거나 맨몸 수영 형태의 침투전술을 사용하다가 점차 잠수복과 빨대를 사용하였고 이후 산소통 등의 잠수장비를 제대로 갖춘 침투를 시도하였다. 소형 선박에 의한 침투는 임진강과 한강하구에서 주로 시도되었는데 주로 안내조가 간첩을 침투시키기 위해 사용하였다. 그러나 소형 선박 침투가 어민 통제와 강안철책 설치 등으로 경계가 강화되자 수영에 의한 침투로 전환하였다. 서해에서 만조 시에 조수를 이용하면 시간당 6km의 수중 침투가 가능한 것으로 판단되며 침투조는 통상 3명 1개 조로 편성하여 침투하였다.

나. 1961~1970년 수중 침투사건

1) 파주군 임진면 당동리 침투사건

　1963년 7월 30일 파주군 임진면(현 파주시 문산읍) 당동리에서 임진강하류로 수중 침투한 공비 4명을 민간인이 발견하고 신고하여 경찰과 미 제1기병사단 병력이 출동하여 공비 4명을 사살하였다. 이때 아군도 미군 병사 1명과 경찰 1명이 전사하였다.

2) 연천군 전곡읍 양원리 침투사건

1968년 7월 24일 아군 종심 매복조가 연천군 전곡읍 양원리[80]에서 임진강으로 수중 침투한 공비 2명을 발견하여 이 중 1명을 사살하고 1명은 도주하였으나 도주한 공비는 8월 4일 전곡읍 고능리[81] 황천말에서 주민에게 발견되어 검거된 사건이다.

침투한 공비들은 3명 1개 조로 휴대장비와 통신문건 분석 및 검거된 간첩 문재송 심문 결과 제2군단 도보정찰대 소속으로 확인되었다. 공비들은 양주군 지역에 창설된 기갑부대 위치와 시설 및 전차 대수 등을 확인하고 침투로 부근의 군사시설 정찰 임무를 띠고 침투하였다. 이들은 2차에 걸쳐 수중 침투를 시도했다. 1차는 7월 21일 야간에 임진강을 통해 군사분계선을 통과하여 연천군 중면 삼곶리 일대에 상륙하여 휴식하였다. 2차는 7월 22일 야간에 다시 삼곶리에서 임진강과 한탄강이 합류하는 도감포 지역을 향해 수중 침투를 감행하였다. 그러나 2차 침투 도중 3명을 연결한 로프가 임진교 교각에 걸리면서 조장 김창식이 연결 로프를 해체하다가 조장과 조원 2명이 결국 헤어지고 말았다. 비록 조장은 행방을 알 수 없게 되었으나 조원 2명은 임무 수행을 강행하다가 아군에게 발견되어 1명은 사살되고 1명은 생포되었다.

3) 연천군 중면 야촌 침투사건

1968년 7월 26일 연천군 중면 야촌 지역에서 임진강 상류로 수중 침투한 공비 2명이 다시 철책을 극복하려고 시도하는 것을 GOP 경계병이 발견하고 교전한 사건이다. 교전 결과 1명은 사살하였으나 1명은 도주하였다.

4) 연천군 왕징면 강내리 침투사건

1968년 11월 1일 연천군 왕징면 강내리 지역에서 임진강 상류로 수중 침투한 공비 3

---

80 전곡읍 양원리는 원래 양주군 영근면에 속하였고 양주 관아에서 멀리 떨어져 있다고 하여 멀원리로 불렸다. 1914년 행정구역 개편시 상원리, 하원리, 고산리 일부를 병합하여 양원리로 하고 연천군에 편입하였다. 해방 후 파주군 적성면에 편입되었다가 1954년 연천군 전곡면에 편입되었다.
81 일부 기록에는 고산리로 일부 기록에는 고능리로 되어있으나 고산리는 법정동명이고 행정동명은 고능리이다.

명을 경계부대에서 발견하여 1명을 사살하였으나 2명은 도주한 사건이다.

5) 파주군 교하면 동패리 침투사건

1969년 4월 14일 파주군 교하면 동패리에서 임진강 하류로 수중 침투하여 은거 중이던 공비 3명을 민간인이 발견하고 신고하여 소탕작전을 전개하였으나 공비는 모두 도주한 사건이다.

6) 김포군 고촌면 향산리 침투사건

1969년 7월 8일 김포군 고촌면 향산리 일대에서 한강을 이용하여 소형 간첩선을 타고 공비 3명이 침투하였다. 이들 중 간첩 권태정은 고촌면 신곡리에서 생포하였으나 함께 침투했던 안내원 2명은 도주하였다.

7) 연천군 군남면 도감포 침투사건

1969년 7월 24일 연천군 중면 중산리 지역의 GOP 철책 출입문으로 공비 3명이 침투하였다. 이들은 GOP를 벗어나자 임진강을 따라 수중으로 종심 침투를 시도하였다가 7월 27일 임진강과 한탄강이 합류하는 군내면 남계리 도감포 지역에서 발견되어 전원 사살된 사건이다. 침투한 공비들은 안내조 4명의 안내를 받아 철책을 강습 돌파하고 침투하였다.

공비들의 임무는 전방 지역에 대한 군사 정찰과 주요시설 파괴를 위한 것으로 판단되었다. 공비들은 대담하게 철책 출입문을 통해 침투를 기도했다. 특히, 침투 기도가 노출되자 과감하게 안내조의 엄호 하에 강습돌파를 시도하였다. 이때 철책 강습 돌파는 안내조 4명이 철책 전방에서 엄호사격을 가하고 공비 3명은 철책을 뚫고 아군 종심 지역으로 침투하였다. 이때 안내조는 일정 시간 동안 아군 경계 병력이 침투조를 추격하지 못하도록 아군 경계부대에 계속 사격을 가하였다.

이들은 아군 GOP 지역을 통과한 이후 종심 지역에서 한탄강을 이용하여 수중 침투를 강행하였다. 아군은 수중 침투하는 공비를 포착하고 차단작전을 통해 공비 3명을 모두 사살하였으나 김진아 소위 등 2명이 전사하고 6명이 부상하는 피해가 발생하였다.

8) 파주군 월롱면 덕은리 침투사건

1969년 9월 7일 파주군 월롱면 덕은리 다리골에서 간첩을 복귀시키기 위해 침투한 공비 2명을 군 병력이 발견하여 1명은 사살하였으나 1명은 도주한 사건이다. 이 사건은 아군이 침투 첩보를 입수하고 사전에 접선지점에서 매복하여 대기하고 있었으나 짙은 안개와 부대 간 협조가 미흡하여 침투한 공비 2명 중 1명의 도주를 허용하고 말았다.

9) 파주군 아동면 금촌리 침투사건

1970년 4월 8일 파주군 금촌리(현 파주시 금촌동)에서 민간인 신고로 제97전투단[82]이 한강과 공릉천을 따라 침투한 공비 3명을 군·경·예비군의 통합된 작전으로 모두 사살한 사건이다.

침투한 공비는 3명 1개 조로 2명의 침투 안내조와 1명의 고정간첩인 것으로 확인되었으며, 침투목적은 고정간첩을 후방 안전지대까지 호송한 후에 복귀하려던 것으로 판단되었다. 이들은 야간에 한강과 공릉천을 이용하여 수중 침투한 후에 비트를 구축하고 은거하며 휴식을 취하다가 민간인에게 발견되었다. 이들 중 간첩 1명은 현금 약 50만 원과 인천시 발행으로 가장한 위장 주민등록증 1매, 신사복 1벌, 소음기 장착 권총 등을 휴대한 것으로 보아 인천이나 서울 지역에 침투하여 활동할 계획이었던 것으로 판단되었다.

10) 파주군 탄현면 오금리 침투사건

1970년 6월 3일 파주군 탄현면 오금리 일대에서 임진강 하류로 수중 침투한 공비 3명을 강안 경계병이 발견하였다. 그러나 아군은 부정확한 사격으로 공비를 한 명도 사살하지 못하였고, 공비들은 조기에 기도가 노출되자 수중으로 복귀하였다.

11) 김포 계양산 침투사건

1970년 7월 5일 김포군 고촌면 일대에서 주민 신고에 의거 공비 소탕작전을 전개한

---

[82] 제97전투단은 제32사단의 97연대가 증강된 것이다. 제97연대는 제32사단이 충남 연기에서 1966년 8월 경기도 양평으로 이동하여 제1군의 예비사단으로 역할을 수행했을 때 제97연대는 미 제2사단에 배속되어 1967년 임진강 및 한강하구 경계부대로 투입되어 임무를 수행하였다.

결과 7월 7일 계양산에서 공수특전단 수색 병력이 공비 2명을 사살한 사건이다. 이후 7월 10일 강화교 북쪽에서 해병대원들이 해상 순찰 중에 익사한 공비 사체 1구를 발견하였으며 확인 결과 계양산에서 사살된 공비 일당으로 분석되었다. 이 공비들은 노획물 분석 결과 한강하구를 통해 수중 침투하여 감암포 일대에 상륙하였으며 걸포리 일대에서 은거하다 주민들에게 발각된 것으로 추정된다.

12) 파주군 탄현면 대동리 침투사건

1970년 7월 22일 파주군 탄현면 대동리 부근 임진강 강변에서 군 병력이 침투하는 공비를 발견하고 사격하였으나 도주한 사건이다. 이 사건에서 북한은 아군 소탕작전을 방해하기 위해 임진강 북안 관산포 일대에서 임진강 남안의 아군 지역으로 기관총 사격을 가해왔다.

13) 파주군 탄현면 만우리 침투사건

1970년 8월 30일 파주군 탄현면 만우리 일대 임진강 강변에서 경계병이 침투하는 공비 2명을 발견하였으나 공비 사살에는 실패한 사건이다. 9월 7일에도 만우리 일대로 공비 3명이 침투를 시도하다 경계부대에 발각되어 수중으로 도주하였다.

14) 연천군 왕징면 강서리 침투사건

1970년 10월 6일 연천군 왕징면과 중면 경계 지역인 임진강 필승교 하단 수중으로 공비 3명이 침투하였으나 경계부대에게 발각되어 모두 사살된 사건이다. 교전 과정에서 아군도 연대 정보과장을 포함하여 2명이 전사하고 2명이 부상을 당하였다.

15) 고양군 벽제면 대자리 침투사건

1970년 12월 21일 고양군 벽제면 대자리에서 임진강을 이용하여 침투한 것으로 보이는 수 미상의 공비를 발견하였으나 소탕하지 못하고 복귀를 허용한 사건이다. 12월 21일 화목 채취 중이던 민간인이 산에서 공비들이 구축한 비트를 발견하고 신고하여 작전을 전개하였다. 공비들은 12월 23일 임진면 선유리에서 측지작업을 하던 포병부대 측지병 2명과 조우하자 기습사격을 가한 뒤 도주하였다. 아군은 이후 공비의 행적을 발견하지 못하자 임진강을 이용하여 복귀한 것으로 판단하고 작전을 종결하였다. 아군은 작전 과정에서 무전기 3대와 수류탄 6발 및 실탄 150발을 수거하였고, 측지병 1명이 어깨 관통상을 입었다.

다. 1971~1980년 수중 침투사건

1) 파주 문산천 침투사건

1971년 4월 28일 문산 서북방 1km 지점의 임진강 지류인 문산천에서 경계병들이 강안으로 상륙하는 공비 1명을 발견하였으나 사살에 실패하여 공비가 수중으로 잠적한 사건이다.

2) 철원 산명호 침투사건

1971년 철원 지역 GOP 경계부대가 남방한계선에 위치한 산명호 호수 북쪽에 설치된 수중장애물 위에서 경계근무를 하던 중 수중 침투하는 공비를 발견하고 사격하여 2명을 사살했으나 1명은 도주한 사건이다.

3) 파주 거곡리 침투사건

1971년 6월 29일 파주시 장단면 거곡리 임진강 강변에서 2~3명의 침투 흔적을 발견하여 다음날 침투한 무장공비[83] 3명을 모두 사살한 사건이다. 공비들의 소속은 민족보위성(현 인민무력부) 정찰국 소속 3명 1개 조의 무장공비로 판단되었다. 침투한 공비의 임무는 다량의 실탄과 수류탄을 휴대하였고 문산 지역에 국한된 지도를 휴대한 점으로 보아 7월 1일로 예정된 제7대 대통령 취임식 행사[84]에 맞춰 문산 지역에서 기습, 파괴, 납

---

83 '무장공비'란 유격 활동 및 거점 확보, 주요시설 파괴, 양민 학살, 약탈 등 민심을 교란시킬 목적으로 침투한 무장인원을 말한다.
84 1971년 4월 27일 제7대 대한민국 대통령 선거가 실시되어 박정희 후보(6대 대통령)가 김대중 후보를 근소한 표차로 누르고 당선되었다. 제7대 대통령 취임식이 1971년 7월 1일에 실시될 예정이었다.

치 등의 사회혼란과 민심을 교란하기 위해 침투한 것으로 추정되었다.

아군은 소탕작전을 통해 공비 3명을 사살하였으나 갈대숲이란 작전 지역의 특징을 충분히 고려하지 못한 성급한 수색작전으로 아군도 12명이 전사하고 22명(중상 13명, 경상 9명)이 부상하였으며, 장갑차 1대가 전소되는 등의 많은 피해가 발생하였다.

4) 장단반도 침투 및 복귀사건

1971년 8월 20일 장단반도 거곡리에서 경계부대가 임진강을 통해 북한 지역으로 복귀하는 수 미상 공비들을 발견하고 사격하였으나 사살하지 못한 사건이다. 8월 20일 00:05경 거곡리 경계초소에서 초병이 초소 후방으로 접근 중인 공비를 발견하고 사격하였으나 사살하지 못하고 오히려 공비 사격에 초병이 부상을 당하였다. 01:05경 공비 발견지점으로부터 서측으로 1.1km 지점 강상에서 괴물체 3개를 발견하고 기관총으로 사격하였으나 수중으로 잠적하였다.

주간 수색 결과 보따리 1개와 AK소총과 탄창 2개 및 실탄 200발, 수류탄 2발 등을 노획하였다. 노획품 분석 결과 공비들은 3명 1개 조로 약 15일 전인 8월 5일 만조시간에 임진강 하류로 수중 침투하여 동두천부터 의정부 일대 군사시설과 대전차장애물을 정찰하고 복귀한 것으로 판단하였다.

5) 파주 낙하리 침투사건

1971년 8월 27일 임진강 남안의 파주 낙하리 일대의 강안경계부대가 강안 철책 전방으로 침투하던 공비 4명을 발견하고 모두 사살한 사건이다. 공비들은 노동당 연락부 소속의 간첩 1명과 이를 침투시키려고 안내하던 안내조 3명(안내원 2명, 보트 조종수 1명)으로 편성되어 있었다. 노획품 중에는 국회의원들에게 발송할 통혁당 명의의 서신 33매와 거리에서 살포할 전단 233매도 발견되었다. 교전 과정에서 아군도 소위 강현경 등 2명이 전사하고 1명이 부상을 당하였다.

6) 양구 감우리 침투사건

1976년 6월 19일 강원도 양구 서북방 약 25km 지점의 북한강 동안에서 감우리 분초 병력이 공비 3명을 발견 보고하여 3명 전원을 사살한 사건이다. 이 사건은 북한강으로 수중 침투한 공비들이 화천과 춘천, 양구 지역에서 정찰 활동을 마치고 복귀하는 것을 철책 남방 약 1.8km 지점에서 발견한 것이다. 보급품 수령 후 분초로 복귀하던 병사 2명이 북한강 동측 강변에서 괴한 2명을 발견하고 분초에 보고했고, 분초에서는 소대장(소위 박재원)에게 보고했다. 소대장은 중대장에게 보고한 후 즉각 현장에 출동하여 수색작전을 통해 공비 3명을 발견하고 교전하였으며 공비 1명을 사살하였다. 아군은 이후 도주 공비 소탕작전을 통해 6월 21일 북한강 동안에서 1명, 북한강 서안에서 1명을 각각 사살하였다.

감우리 현장의 기념비

이들의 침투일시는 1976년 6월 5일 02:00경에 북한강을 이용한 수중침투로 판단되었다. 침투 인원은 3명 1개 조이며 노획물을 분석한 결과 공비들은 6월 9일 화천발전소, 6월 11일 인근 부대, 6월 12일 소양댐과 인근 부대, 6월 14일 방공기지, 6월 17일 양구 및 양구 지역 부대 등을 정찰한 것으로 드러났다. 정찰위치는 자신들이 노출되는 것을 회피하기 위해 주요 목표로부터 1~2km 떨어진 고지와 능선을 이용하였다. 그리고 주간에는 휴식 및 정찰하고 야간에는 1일 평균 10~15km씩 이동하였다. 이 사건에서 공비 소탕 중에 아군도 4명이 전사하고 6명이 부상을 당하였다.

7) 한강하구 침투사건

1980년 3월 23일 경기도 고양군 송포면 법곶리(현 고양시 일산 서구 송포동) 한강변에서 강안을 경계하던 경계병들이 침투하는 무장공비 3명을 발견하여 모두 사살한 사건이다. 이 사건은 한강을 통해 수중침투한 공비들이 강안으로 상륙하는 것을 초병이 발견하고 초소 전방까지 유인하여 집중사격으로 섬멸한 사건으로 강안경계 소대에서 모든 작전이 종료되었다.

〈그림 3〉 한강하구 공비 침투로

적은 3월 23일 21:00 전후에 북한 지역의 수중침투기지인 관산포[85] 일대에서 송포면 법곶리까지 약 16km를 조류를 이용하여 산소통 없이 잠수복에 빨대와 수경만으로 침투하였다. 만조시 조수를 이용하면 시간당 6km 이상의 수중 침투가 가능한 것으로 판단되며 침투 인원은 노동당 연락부 개성연락소 안내원으로 3명 1개 조이다. 이들의 임무는 침투로 개척과 단기 군사 정찰인 것으로 판단되었다. 북한은 '남북총리회담'[86] 등 평화적인 분위기가 조성되고 있는 기간임에도 무월광·악천후·공휴일이라는 아군이 판단하는 공비 침투 취약시기에 침투를 시도하였다.

라. 1981년 이후 수중 침투사건

1) 파주 지역 침투사건

파주 지역 침투사건은 1981년 6월 21일 저녁 임진강 북단의 북한군 지역에서 보트로 강상 수색을 하는 등의 수상한 움직임을 오두산 전망대에서 관측하고 6월 22일 아군도 강상 수색을 통해 확인한 결과 공비 침투 유기물(칼빈소총, 배낭)을 발견함으로써 침투 사실을 인지한 사건이다.

유기물 분석 결과 공비는 6월 10일 만조기에 침투하여 파주 및 구파발 지역까지 정찰 활동을 실시하고 6월 20일 저녁에 복귀한 것으로 확인되었다. 공비가 12일이나 아군 지역에서 정찰 활동을 하였음에도 아군은 침투 사실조차 인지하지 못하고 있었다. 북한군

---

[85] 관산포 지역은 장단반도 남쪽의 한강과 임진강이 합류하는 지역에 위치하며 북한이 한강과 임진강을 이용한 수중 침투기지로 많이 이용하는 곳이다.

[86] 1980년 1월 24일 당시 신현확 국무총리가 북한의 이종옥 정무원 총리에게 서한을 보내 총리회담을 열자고 제의하여 2월 6일부터 판문점에서 실무접촉을 갖기 시작하였다. 총 10여 차례의 실무회담이 열렸으나 1980년 9월 25일에 북한의 일방적인 중단선언으로 본회담은 열리지 못한 채로 종료되었다.

정찰조 3명은 임진강을 통한 침투에 성공한 후 아군을 가장하여 자유교에서 구파발에 이르는 1번 도로 축선의 동측을 따라서 군사 정찰을 수행하였다. 북한군 정찰조는 아군의 배치와 경계상태, 대전차 방벽과 검문소 등을 정찰한 것으로 조사되었으며, 복귀는 6월 20일 24:00경 자유교 하단을 출발하여 6월 21일 04:00경에 최종적으로 북한군 GP에 도착하여 복귀를 완료한 것으로 추정하였다.

이번 침투는 임진강을 하류에서 상류 방향으로 침투하였으며, 만조 시 침투하고 간조 시 복귀하는 전형적인 임진강 하류 지역 수중 침투전술을 사용하였다. 특히, 아군의 경계배치가 약한 임진강 북쪽 강안 지역에서 3회나 은거해 가면서 3단계로 수중 침투를 감행하였다. 이들이 수중 침투한 거리는 총 17km이고 시간당 평균 약 6km로 침투하였으며, 복귀 시에는 2단계로 자유교 지역에서 1회 휴식한 후에 복귀하였다.

이 사건에서 아군은 북한군 정찰조 3명이 아군 지역에 종심 깊게 침투하여 서울과 경계인 구파발 검문소까지 정찰하고 복귀할 때까지 이를 발견하지 못했다. 다만 임진강에서 칼빈소총 1정과 권총 1정 및 수류탄 1발 등 총 52종 385점의 공비 유기물을 습득하였으며, 유기물 중에서 수첩과 지도 및 필름 등을 통해 구체적인 공비 침투로와 정찰내용 등을 파악할 수 있었다.

2) 임진강 필승교 침투사건

1981년 6월 30일 야간에 임진강 상류 필승교(당시는 콘크리트 교량이 아닌 목재 현수교) 위에서 GOP 경계병[87]이 부유물을 이용하여 떠내려 오듯이 수중으로 침투하는 공비 1명을 발견하고 소탕작전을 전개하여 사살한 사건이다. 이 사건은 교량 위에 있던 경계병이 야간에 강물을 따라 떠내려 오는 의심물체를 발견하고 사격을 가했으나 유속에 의해 빠르게 이동해 버려 추가 확인을 하지 못했다. 다음날 주간에 하류 지역 수색 간 만곡부에서 공비 침투 흔적이 발견되어 작전을 확대 시행하였다.

이 사건은 임진강 상류에서 부유물을 이용하여 떠내려 오듯이 침투하는 수중 침투전술의 대표적 사례이다. 그러나 공비는 여름철이지만 비가 적게 내려 갈수기와 같은 조건이었던 임진강 물골(폭 4m, 수심 0.7~1m)로 무모한 수중 침투를 감행하였다. 침투한 공비는 인민무력부 정찰국 소속의 정찰조로 판단되었으며, 서울로 향하는 주요 도로에 대한 군사 정찰 임무를 부여받은 것으로 판단되었다.

---

[87] 당시 이곳의 경계병은 GOP라고는 하지만 철책이 아닌 임진강 강상에 설치된 현수교 위에서 강물을 내려다보며 수영으로 침투하는 공비를 육안으로 감시하고 있었다.

헬기 사고 순직자 충혼비

작전 결과 아군은 공비 침투로부터 5일이 지난 7월 4일에 작전 지역 내에서 논둑을 절개하고 은거한 무장공비 1명을 사살하였으며 칼빈소총 1정 등 총 55종 192점을 노획하였다. 사살된 공비는 아군 복장(군복, 통일화)에 중사 계급장을 부착하였고 군사 정찰 장비를 휴대하고 있었다. 아군은 교전 과정에서 수류탄 폭발로 1명이 부상하였으나 작전 중 다양한 원인에 의해 상당한 비전투손실이 발생하였다. 특히, 7월 4일 12:30경 기상악화에도 불구하고 작전 중이던 헬기 1대가 마포교 동남방 1km 지점에서 추락하여 부사단장 외 기동타격대(10명)와 조종사 및 부조종사[88]가 모두 순직하는 사고도 발생하였다.

3) 임진강 임월교 침투사건

당시의 임월교 전경

1983년 6월 19일 문산 서측방의 임진강과 문산천이 합류하는 지점에 위치한 임월교 교량초소에서 경계병들이 수중으로 침투하는 공비 3명을 발견하고 모두 사살한 사건이다. 이 사건은 하계에 임진강을 통하여 수중으로 침투한 공비 3명을 아군 경계병이 발견하고 모두 사살한 임진강 강안 지역의 대표적인 침투 사례이다.

침투하는 공비를 발견한 초병들은 때마침 이곳을 순찰 중이던 소대장 등과 합세하여 5명이 수류탄 투척 및 집중사격으로 공비 2명을 현장에서 사살하였다. 이때 공비 1명은 수중으로 도주하였으나 약 4.5km 후방인 임진강 강상에서 같은 대대의 강상 수색 병력에 의해 사살되었다. 침투한 공비는 3명 1개 조의 북한 노동당 조사부 개성연락소 소속

---

[88] 당시 순직한 부조종사(중위 박수증)는 보병학교 기초군사반 교육 중 필자와 막역했던 동기생으로 대위로 추서되었다.

정찰조로 판단되었다. 이들의 임무는 휴대 지도가 서울 등 4개 지역 지도를 휴대한 것과 M61 기관단총과 소음기가 부착된 벨기에제 브로닝 권총 등을 휴대한 점으로 보아 군사 정찰로 추정되었다. 공비들이 휴대한 무기는 1980년 3월 22일 한강하구로 침투하다가 사살된 공비들이 휴대했던 무기와 동일하였다.

4) 임진강 벼락바위 침투사건

1995년 10월 17일 01:15경 임진강 북안 강안초소(자유교 남방 1.5km 지점) 경계병이 전방 20m 지점에서 갈대가 흔들리고 발자국 소리가 나는 것을 청취하여 계속 감시하다가 절벽을 기어 올라오는 공비 1명을 사살하였으나 2명은 도주한 사건이다. 이 사건은 임진강의 만조시간을 이용하여 수중으로 침투한 공비를 강안초소 경계병이 발견하고 사살한 것이며 이후 도주한 공비를 찾기 위한 수색작전을 10월 25일까지 계속하여 소총 3정과 배낭 3개 등의 침투장비를 노획하였다. 그러나 도주한 공비 2명은 북한 지역으로 복귀한 것으로 판단되었다.

벼락바위 현장 기념비

공비들의 침투일시는 1995년 10월 17일(음력 8월 22일) 01:15경으로 시계 10m 이내의 짙은 안개로 인해 공비 침투가 용이한 시간이었다. 침투인원은 사살된 공비는 1명이지만 배낭 3개가 발견되어 3명 1개 조로 판단된다. 이들은 노획 무기와 사살된 공비의 복장을 분석한 결과 인민무력부 정찰국 소속으로 분석되었다. 임무는 카메라와 망원렌즈(500mm, 300mm) 등의 중·단거리 정찰장비를 휴대하였으며, 과거 동 지역 침투 사례 등으로 보아 단기 군사 정찰 및 침투로 개척으로 판단된다. 사살된 공비 1명은 척후병으로 강변에서 초소 밑 절벽까지 먼저 침투하여 어부들이 유실한 휴대용 로프를 나무뿌리에 묶고 아래로 늘어뜨려 후속하는 공비들이 올라오기 쉽게 한 후 철책을 절단하기 위해 철책에 접근하던 중 초병에게 사살된 것으로 보인다.

5. 땅굴 침투

가. 땅굴 침투와 전술의 변화

땅굴 침투는 1968년 이후 아군이 GOP 남방한계선에 기존의 목책을 걷어내고 철책을 설치하자 은밀하게 철책을 뚫고 아군 후방으로 침투하는 것이 점점 더 어렵게 되었다. 따라서 은밀하게 철책을 극복하기 위한 수단으로서 소형 땅굴을 구축하는 방법을 사용하기 시작하였다. 이 철책 하단에 소형 땅굴을 파서 침투하는 방법은 1968년부터 1971년까지 총 6회에 걸쳐 시도하였으나 대부분 실패하였다. 소형 땅굴은 특별한 전문기술이나 장비도 없이 삽과 곡괭이 등만 사용하는 것으로 지표면에서 너무 얕은 깊이로 구축하다 보니 기도가 조기에 노출되었다. 또한, 군사분계선을 사전에 넘어와서 아군 측의 비무장지대 안에 은거하면서 아군의 감시 사각 지역을 찾아 땅굴을 구축해야만 했다. 따라서 많은 병력을 투입하기도 어려운 탓에 구축에 소요되는 시간도 많이 걸리게 되면서 아군 경계병에게 번번이 발각되는 문제점이 있었다.

그러다가 북한은 1971년 9월 소위 김일성의 '9·25교시'[89]에 따라 전 전선에 걸쳐 대규모 병력의 은밀 침투가 가능한 대형 땅굴을 파기 시작하였다. 이에 따라 북한군은 휴전선 각지에서 땅굴 구축사업을 경쟁적으로 벌이게 되었다. 아군이 북한의 제1·2땅굴을 발견할 무렵 사선을 넘어 자유대한의 품에 안긴 귀순자 김부성[90]과 유대윤 소위[91]는 1975년 3월 21일 육군회관에서 기자회견을 갖고 북한이 구축 중인 남침용 땅굴에 관해 그 진상을 낱낱이 폭로하였다. 이에 따라 북한의 남침용 땅굴의 전모가 만천하에 드러났다.

이들의 증언을 종합하면 땅굴의 목적은 전면전을 감행할 때 대량의 병력을 아군 후방에 동시 침투시켜 전·후방을 차단함으로써 남한의 방위태세를 일거에 무너뜨리고 남한의 주요 지역을 속전속결로 3일 이내에 점령하여 적화하려는 것이다. 또 이 땅굴은 남한

---

89   김일성이 1971년 9월 25일 노동당 대남사업담당 김중린과 북한군 총사령관 오진우를 비롯한 당과 군 간부들에게 조속한 남조선 해방을 위해 은밀한 지하통로를 만들라고 지시하였다.

90   김부성은 북한 노동당 연락부 소속 남파간첩 호송원으로 일하다가 1972년 10월부터 1974년 5월까지 판문점 부근에서 땅굴 착암기 조작원으로 근무하다 부상으로 입원 중 1974년 9월 5일 귀순하였다. 김부성은 땅굴 구축에 직접 관여한 만큼 많은 정보를 제공하였다. 판문점 땅굴은 1972년 7월 착공했고 터널 출구는 남방한계선 남쪽에 5개소를 설치하도록 계획되었다고 구체적으로 증언했다.

91   유대윤은 1963년부터 전방에서 근무했고 철원 북방의 땅굴 전방에서 근무했다고 한다. 철원 땅굴은 1972년 3월 착공했고 입구는 하나지만 군사분계선을 지나며 출구가 나누어진다고 증언했다.

에 4·19와 같은 혼란이 발생하면 게릴라부대를 일거에 대량 투입시켜 유격전을 전개하거나 남한에서 활동 중인 간첩이나 불순세력에게 무기 공급로 등으로 사용할 목적도 있다는 것이다.

이 증언들을 토대로 철원 땅굴과 판문점 땅굴을 조기에 찾아낼 수 있었고 전 전선에 걸쳐 예상 구축지점에 대한 땅굴 탐지 작업을 전개하였다. 그 결과 이후 양구에서 제4땅굴도 찾아내고 북한이 추가적인 땅굴 구축사업을 마음먹은 대로 하지 못하게 되었다.

〈표 11〉 북한의 땅굴 구축 현황

구분	침투용 소형 땅굴				남침용 대형 땅굴				
시기	계	'68	'70	'71	계	'74	'75	'78	'90
건수	6	1	2	3	4	1	1	1	1
지역		파주	양구 철원	연천 인제 고성		고랑포	철원	판문점	양구

나. 소형 땅굴 침투사건

1) 서부전선 미 제2사단 지역 침투사건

1968년 2월 3일 임진강 리비교 서북방 3km 지점 서부전선 미 제2사단 지역에서 20여 명의 공비가 소형 땅굴을 파고 방책선을 돌파하여 종심으로 침투하는 것을 경계병이 발견하였다. 경계병의 총격에 대응사격을 하며 도주한 공비들을 미군 기동타격대가 출동하여 격퇴하였다.

2) 양구 해안면 가칠봉 후방 침투사건

1970년 10월 12일 양구 해안면 가칠봉 후방 철책에서 경계부대가 소형 땅굴을 구축하고 침투하려는 공비를 발견하고 사격하였으나 공비는 도주한 사건이다. 공비들이 구축하던 소형 땅굴은 철책 전방 8m 지점에서부터 지하 1m 깊이로 구축되었다. 이 땅굴의 직경은 60cm 정도이며 구축한 길이는 6m로 조사되었다.

3) 철원 근북면 유곡리 험석동 침투사건

1970년 10월 18일 철원군 근북면 험석동에서 경계부대가 철책 정밀 점검 중에 소형 땅굴을 구축 중인 공비 3명을 발견하고 교전하여 2명을 사살한 사건이다. 이 땅굴은 철책 전방 약 30m 지점에서 지하 1m 깊이로 구축되었고, 직경 60cm 크기로 약 20m 정도까지 구축된 상태였다.

4) 연천 사미천 동측 침투사건

1971년 7월 9일 연천 지역 사미천 동측에서 비무장지대를 수색 중이던 연대 수색중대 병력이 침투한 공비들과 교전하였으나 사살에는 실패하고 공비는 도주한 사건이다. 교전 과정에서 아군 1명이 부상하였으며 공비 도주 후 확인 결과 구축 중이던 소형 땅굴을 발견하였다. 여기서 공비가 유기한 배낭 2개와 손수레 1대 등 24종 316점을 노획하였다. 이 땅굴은 철책 전방 200m 지점에서 시작하여 약 31m를 구축하였으며, 분석 결과 제2집단군 도보정찰소 소속의 공비들이 아군 철책을 안전하게 극복하고 장기적으로 사용하기 위해 구축 중이던 땅굴로 판단되었다.

5) 고성 오소동 계곡 침투사건

1971년 7월 15일 강원도 고성군 건봉산 서북방 오소동 계곡에서 GOP 경계부대가 야간 순찰 중 철책 남쪽 3.5m 지점에서 소형 땅굴 출구를 발견한 사건이다. 이 땅굴은 철책 전방 80m 지점에서 시작하여 약 120m를 구축하였으며 내부에는 싸리나무 발을 엮어 받침대를 괴어놓은 상태였다.

이 사건으로 북한군의 땅굴을 발견하여 이후의 침투 기도는 조기에 봉쇄하였으나 땅굴을 구축하던 공비 1~2명은 아군 지역으로 도주하였다. 아군은 소탕작전을 벌였으나 공비들은 아군 봉쇄망을 뚫고 7월 25일 인근 지역의 철책을 절단한 뒤 북으로 복귀하였다. 이 사건은 북한군이 비무장지대 내 철책 북방 80m 지점까지 침투하여 장기간에 걸쳐 땅굴 구축작업을 해왔음에도 이를 조기에 발견하지 못했다. 또한, 출구를 발견한 후에는 후방으로 침투한 공비를 소탕하지 못하고 복귀를 허용함으로써 GOP 경계에 여러 가지 문제점을 노출하였다.

6) 인제 달산령 침투사건

1971년 7월 21일 강원도 인제군 달산령 북쪽 2km 지점의 철책 전방 비무장지대 내에서 불모지 작업 중이던 병력이 북한군이 구축 중이던 소형 땅굴을 발견하였다. 북한군은 아군 작업부대가 투입되자 급히 도주한 것으로 판단되었고 현장에서 소형 손수레와 크레모아 등을 노획하였다. 이 땅굴은 철책 전방 230m 지점에서 시작하여 지하 0.8m 깊이에 폭 0.7m로 약 21m 정도가 구축되어 있었다.

다. 대형 땅굴 구축사건

1) 고랑포 땅굴

1974년 11월 15일 아군 수색조가 고랑포 북방 8km 지점 군사분계선 남쪽 비무장지대를 수색하던 중에 지하에서 수증기가 올라오는 것을 발견하였다. 수색조는 이를 수상히 여겨 흙을 파헤치다가 지하에 터널이 있음을 발견하였다. 이 상황을 관측하던 북한군이 08:05경 아군 수색조를 향해 갑자기 기관총 사격을 가해왔다. 약 3분간 300여 발의 북한군 기습사격으로 아군 3명이 전사하고 5명이 부상을 당하였다.

이후 확인 결과 이 땅굴은 군사분계선 남쪽 1,200m까지 구축되어 있었으며, 폭 1m에 높이 1.2m가량의 콘크리트 슬라브 형태였고 협궤철도 설치되어 있었다. 내부 수색 결과 흙 운반용 수레형 차와 배수시설 및 취침 장소도 발견되었고, 220V 전선에 60W 전등이 가설되어 있었다. 제1땅굴로 명명된 이 땅굴은 1시간에 1개 연대 이상의 무장 병력과 군사물자의 수송이 가능한 규모로 북한의 완전한 기습공격용이며 남침용으로 판단되었다. 11월 20일에는 이 땅굴 정밀 조사를 진행하던 한미 공동수색조가 북한이 설치해 놓은 부비트랩이 폭발하면서 2명이 전사하고 6명이 부상하는 추가 피해를 입었다. *(제1땅굴은 군사분계선에 너무 근접되어 있으므로 현재는 연천군 백학면 백령리 상승OP 지역에 실제 크기의 모형이 만들어져 일반에 전시되고 있다.)*

2) 철원 땅굴

1975년 3월 19일 철원 동북방 비무장지대 내에서 제2땅굴이 발견되었다. 이 땅굴은 제1땅굴 발견 후 항공사진 등을 근거로 많은 인원과 장비를 동원하여 땅굴의 예상경로 탐지 중 발견한 것이다. 이 땅굴은 제1땅굴과는 비교할 수 없을 정도의 규모로 폭 2.1m, 높이 2m에 지하 50~160m의 단단한 암석층에 구축되었다. 이 땅굴로 시간당 구보하는 병력은 2만 4천 명, 속보로 이동하는 병력은 3만 명까지 통과할 수 있는 것으로 분석되어 정규전에서 시간당 1개 사단을 아군 후방에 침투시킬 수 있는 것으로 드러났다.

이 땅굴은 주한미군 기술자를 포함하여 시추 작업을 통해 지하에 동공을 확인하고 땅굴의 예상위치와 규모를 탐지했다. 이후 아군 쪽에서 1975년 2월 역 갱도를 착공하여 45도 각도로 약 80m를 굴착함으로써 북한이 구축한 땅굴과 만날 수 있게 된 것이다.

3) 판문점 땅굴

판문점 땅굴은 땅굴을 파다 귀순한 김부성의 증언이나 항공사진 등을 토대로 1974년 4월부터 예상위치에 땅굴 탐사를 위한 시추공을 설치하여 발견하였다. 1976년 6월 10일 시추공에 박혀있던 PVC 파이프가 갑자기 튀어 오르며 지하수가 공중으로 12m나 솟구쳐 오르는 것을 관측하였다. 이 같은 현상은 북한이 지하 발파 작업을 하였기 때문으로 분석하고 차단용 터널을 구축하기 시작한 지 100여 일 만에 지하 73m 지점에서 북한이 구축 중인 땅굴과 만나게 되었다.

이 땅굴은 임진각으로부터 서북쪽 4km 지점으로 군사정전위원회를 지원하는 유엔군 전진기지로부터는 2km밖에 떨어지지 않은 곳이다. 이 제3땅굴은 군사분계선 서쪽 1,200m 지점으로 추정되는 북한 지역 입구로부터 군사분계선을 넘어 동쪽으로 435m를 파고 들어왔다. 규모는 폭 2m에 높이 2m로 철원 땅굴과 같은 규모와 아치형 구조의 땅굴로 시간당 약 2만여 명의 침투능력을 가지고 있는 것으로 분석되었다.

4) 양구 땅굴

1990년 3월 3일 양구 동북방 26km 지점에서 제4땅굴이 발견되었다. 이 땅굴은 지하 145m 깊이에 길이는 총 2,052m이며 군사분계선 남쪽으로 1,502m나 내려와 있었다. 땅굴 발견 과정에서 수색탐지견 헌트가 폭발물 탐지 중 화약 냄새를 맡고 북한군이 설치해 둔 목함지뢰에 폭사하였다. 헌트의 고귀한 희생으로 수색팀이 생명을 건졌으며, 그 공을 기리기 위해 땅굴 입구에 군견 헌트의 동상이 세워져 있다. 늦게 발견한 땅굴이지만 북한이 1970년대에 구축하던 약 20개의 땅굴 중 하나이다.

제4장

해상 및 해안 침투

1. 해상 및 해안 침투와 전술의 변화
2. 6·25전쟁 직후 해상 및 해안 침투
3. 1961~1970년 해상 및 해안 침투
4. 1971~1980년 해상 및 해안 침투
5. 1981년 이후 해상 및 해안 침투

1. 해상 및 해안 침투와 전술의 변화

가. 해상 및 해안 침투

일반적으로 해상 및 해안 침투는 북한이 소정의 목적 달성을 위해 바다를 통해 우리 영토에 침투하는 것이다. 북한은 주로 간첩 침투나 군사 정찰 및 특정목적 달성을 위한 도발의 전 단계로 해상 및 해안 침투를 시도하였다.

6·25전쟁 직후인 1950년대 후반에는 북한이 주로 간첩 침투를 위해 해상 및 해안 침투를 시도하였으나 동해와 서해의 어로한계선 일대에서 조기잡이와 명태잡이를 하던 우리 어선과 어민들을 공격하거나 납북하는 사건도 종종 발생하였다.[92] 그러다가 1960년대 중반에 들어와서 북한은 간첩 침투는 물론이고 게릴라전을 위한 해상 및 해안 침투를 시도하였다. 1960년대 북한의 해상 및 해안 침투 현황을 해상별로 구분해 보면 〈표 12〉와 같다.

〈표 12〉 1960년대 해상별 북한 침투 현황

구분	계	동해	서해	남해	불상
침투 횟수 (%)	493 (100)	136 (27.6)	259 (52.5)	83 (16.9)	15 (3.0)

493회[93]의 침투 횟수 중 침투 해상별로는 서해가 259회로 가장 많았고 동해 136회, 남해 83회로 서해·동해·남해 순으로 많이 침투한 것으로 나타났다. 서해와 동해로의 침투가 남해에 비해 접근성이 좋고 침투 소요시간도 짧은 장점이 있는 것은 비슷하나 동해가 서해에 비해 침투 횟수가 적은 것은 해안선이 단조롭고 섬이 적어 침투 기도가 쉽게 노출될 수 있는 단점이 있었기 때문이다.

---

[92] 서해 연평도 근해에서 1957년 4월 1척, 1957년 8월 4척, 1959년 8월 7척, 1960년 8월 4척을 납북하였다. 동해에서는 고성에서 1957년 11월 9일 명태잡이 어선 8척과 선원 47명을 납북하였다.

[93] 여기서 해상·침투 횟수는 북한이 대한민국의 영해를 침범하였거나 활동하다가 복귀한 사건을 망라하였으며, 대한민국의 영해를 향해 총이나 포로 사격한 도발사건이나 경미한 정전협정위반사항, 당시 간첩 활동이 의심된다 하여 체포된 사람들의 진술내용에만 근거하여 침투사건으로 포함되었다가 최근 진실·화해를 위한 과거사정리위원회 조사를 통하여 무혐의 처리된 사건의 침투 사례는 현황에 포함시키지 않았다.

1960년대 연도별 해상 침투 추이를 살펴보면 1960년대 초반 연간 40~50여 건의 분포를 보이다가 1963년 17건, 1964년 26건으로 일시적으로 감소하였다. 이후 북한이 본격적인 게릴라전을 전개하였던 1966년과 1967년에 각각 86건과 89건으로 급격히 증가하였다가 이후 다시 평년 수준을 유지하였으며 1970년에는 27건으로 다시 감소하였다. 1960년대 대표적인 북한의 해상·해안 침투 사례는 1961년 4월 7일 북한 해군이 어선 6척을 나포한 사건을 비롯하여 1967년 1월 동해상에서 해군 당포함 격침사건, 1967년 하계 2군 지역 무장공비 100여 명 침투사건, 1968년 12월 울진·삼척 무장공비 침투사건, 1969년 6월 삼척 북평지구 무장공비 침투사건과 흑산도 무장공비 침투사건 등이었다.

1970년대 이후에는 간첩 침투와 군사 정찰을 위한 해상 침투가 많았으나 점차 감소하기 시작했다. 1970년대에만 하더라도 북한의 해상 침투는 총 132회에 달하였으나 1980년대에는 25회, 1990년대에는 22회로 더욱 감소하였다. 이같이 해상·해안 침투 횟수가 감소한 이유는 아군의 해상감시능력이 보강되어 계속된 침투 장비의 개량과 발전에도 불구하고 침투에 대한 성공 가능성이 비교적 낮아졌기 때문이다. 그리고 과학기술과 매스컴 및 인터넷의 발달로 직접 인간이 침투하여 정찰을 시도하지 않더라도 위성사진 등을 통해 앉아서도 필요한 정보를 입수할 수 있게 되었기 때문으로 보인다.

나. 해상 및 해안 침투 방법의 변화

해상 및 해안 침투에 이용하는 선박은 1950년대에는 10톤급 내외의 기선이나 범선을 이용하여 주로 휴전선에서 근거리 해안 위주로 침투하였다. 그러다가 1960년대 초에는 40~50톤급의 기선 저인망형 목선으로 대형화하고 고성능 디젤엔진을 장착하여 속력을 향상하기 시작했다. 또한, 1960년대 중반에는 침투 지역을 크게 확장하여 동해에서는 부산 동래까지, 서해에서는 목포와 해남 일대까지 침투하기 시작했다. 그리고 1960년대 후반 북한이 게릴라전을 본격화한 이후에는 침투영역을 남해까지 포함하여 전 해상으로 확대하기에 이르렀다.

1970년대에는 60톤급의 기선 저인망형 철선으로, 1980년대에는 70톤급으로, 1980년대 중반 이후에는 200톤급의 간첩선도 등장하는 등 계속 대형화되고 40노트 이상으로 속력도 크게 향상되었다. 그러다가 1990년대 이후 북한은 반잠수정이나 잠수정 및 잠수함을 이용한 침투를 시작하였다.

〈그림 4〉 해상 침투 경로

북한이 해상 및 해안 침투를 위한 침투 출발기지로 이용한 곳은 〈그림 4〉에서와 같이 서해는 주로 남포와 해주, 동해는 원산과 청진이었다. 남포에서는 주로 서해 남부 목포 해역부터 남해안 삼천포 이서 해안과 제주도 해역까지 침투하였다. 해주에서는 주로 서해안 목포 해역까지를 침투하였고 소형 쾌속정으로 직접침투는 아산만 이북 해역에 대한 당야 침투를 주로 하였다. 동해 원산에서는 동해안 전체와 남해안 삼천포 동쪽 해역까지 침투하였으며, 1981년 이후에는 부산 다대포까지로 침투 지역을 일부 축소하였다. 청진항과 그 부근은 주로 대일 침투 공작을 전담하는 공작선 출발기지로 이용하였다.

1960년대 중반 이후의 해상 및 해안 침투전술은 우선 50~80톤급의 간첩선(모선)을 어선으로 위장하고 고무보트나 상륙용 5톤급 소형 선박 1척(자선)을 적재한다. 공해상을 따라 침투하던 모선은 상륙 목표 해안으로부터 70~120km 해상에 도착하여 정박하고 적재한 자선을 하선하여 공작원을 탑승시킨 후 해안으로 침투한다. 자선이 목표 해안 1~2km에 도착하면 안내조장과 조원, 공작원 순으로 해안에 접근하여 상륙한다. 해안에 상륙하는 방법에는 1974년 이전까지는 주로 수영으로 상륙하거나 취약 지역에서는 소형 고무보트를 이용하여 해안에 직접 상륙하는 전술을 사용하였다. 그러나 도서 지역이나 아군 경계가 취약한 지역에는 자선으로 직접 해안에 접안하는 전술도 사용하였다.

침투시기는 일반적으로 동계를 제외한 3월부터 11월까지 침투하였으나 해상 상태가 양호하고 밤이 긴 3~5월과 9~10월을 최적기로 보고 침투하였다. 그러나 강우 및 폭우가 많고 밤이 짧은 7~8월에도 많은 횟수의 침투 사례가 있었고 침투 횟수는 적었으나 동계인 12월에도 침투한 전례가 있었다. 월간 최적의 침투 시기는 무월광기인 음력 초순과 하순이 많았고 요일별로는 경계 기강이 해이해지는 주말이 평일보다 침투가 더 많았다. 또한, 하루 중에서는 일출 전에 공작원을 상륙시키고 영해로 이탈하기 위해 23:00~03:00 사이를 해안 침투 최적기로 보고 침투하였지만 도서 지역이나 취약 지역 해안의 경우에는 주간에도 침투하였다. 또한, 동해에서는 간·만조의 영향을 받지 않으나 서해와 남해에서는 해안 지역의 수심을 고려하여 만조 1~4시간 전에 주로 침투하였다.

1980년대 이후 해상 및 해안 침투의 특징은 크게 두 가지로 압축할 수 있다. 첫째는 1970년대에 개발하여 사용하던 반잠수정이나 수중추진기 등을 더욱 개량하고 발전시켜 침투에 사용하였다는 점이다. 북한은 간첩선을 이용하여 해안이나 도서 지역에 직접 접안하지 않고 모선에서 자선을 분리하여 침투하는 방법을 주로 사용하였다. 이때 모선과 자선을 분리하는 시기는 통상 해안으로부터 약 10~120km 지점이었으며, 모선에서 분리된 자선으로는 해안선에서 4~6km 지점까지 침투하는 전술을 사용했다. 그러나 자선으로 소형 선박 대신 개량된 반잠수정을 주로 사용하기 시작한 1970년대 말 이후부터는 자선의 해안 접근 거리가 대폭 축소되었다. 실제로 반잠수정의 월성 해안 침투사건(1983년 8월)에서는 해안 1.5km까지, 다대포 침투사건(1983년 12월)에서는 해안 900m 정도까지 접근하였다.

둘째는 소형 쾌속정(반잠수정)을 이용한 서해안 지역 당야침투 및 복귀전술을 많이 사용하였다는 점이다. 북한은 1980년대 말에 서해안 해주연락소에서 소형 쾌속선을 이용하여 하룻밤 사이에 강화도 해안에 침투하여 임무 수행 후 복귀를 완료하는 당야 침투 전술을 더욱 발전시켰다. 이들은 개량된 반잠수정으로 간조 시 수위가 낮아졌을 때 석모수로와 강화수로를 이용하여 침투하였다. 이렇게 하면 해수면이 낮아져 레이더 사각 지역이 발생함으로써 반잠수정이 레이더에 탐지되지 않는다는 점을 노린 것이다. 1980년대에 북한은 강화도 해안에 대한 당야 침투를 확인된 것만도 6회나 시도하였으나 아군은 이를 전혀 감지하지 못하였다. 따라서 북한은 이 반잠수정 당야 침투전술을 발전시켜 1990년대에도 계속 사용하였다.

1990년대 이후에는 레이더와 해군력 등 해상 및 해안경계 강화로 이렇게 모선에서 자선을 분리하여 침투하는 방법마저도 쉽지 않게 되었다. 따라서 북한이 모·자선 분리 침투보다 안전하고 은밀하게 침투하는 방법으로 선택한 것이 잠수함과 잠수정[94]에 의한 침투이다. 따라서 1990년대 중반 이후 해상 침투의 가장 큰 특징은 북한이 잠수함(정)으로 본격적인 침투를 시도했다는 점이다.

1996년 강릉 잠수함 침투사건 때 생포된 이광수의 진술에 의하면 1991년 이후 수차례 동해상으로 잠수함(정)이 침투했었으며, 1995년에는 잠수정 1척이 침투 도중 고장으로 행방불명된 사건도 있었다고 진술하였다. 1991년 이후 북한의 잠수함(정) 침투가 급증하였으나 우리는 이를 전혀 탐지하지 못했다. 사실 1996년 9월 강릉 잠수함 침투사건이나 1998년 발생한 양양 수산리 잠수정 침투사건, 동해시 어달동 침투사건과 같이 아군이 발견한 침투사건도 아군이 잠수함(정)을 탐지한 것이 아니었다. 북한 잠수함이나 잠수정이 침투하는 도중에 좌초하였거나 기관 고장 등이 발생하여 표류하는 것을 발견한 것이었다. 따라서 잠수함(정) 침투를 조기에 탐지할 수 있는 대책이 시급하게 요구되고 있었다. 그럼에도 이를 탐지할 마땅한 대책이 없어 2010년에는 천안함 폭침사건까지 발생하였다. 천안함 사건은 북한 어뢰정(어뢰를 탑재한 잠수정)이 우리 수역에 은밀히 침투해서 천안함을 어뢰로 공격하고 복귀했으나 아군은 이를 탐지하지 못한 것이었다.

그리고 1990년대 북한이 서해에서는 주로 강화도 지역에서 반잠수정 성능을 크게 개량한 '소형 쾌속선(반잠수정)에 의한 간조기 당야 침투전술'을 사용하였다. 1980년대부터 사용하던 '당야 침투전술'은 강화도 지역의 수로와 물골을 이용하여 만조기가 아닌 간조기에 침투하는 전술이다. 아군은 상식적으로 만조기에 침투하는 것으로 판단하고 무월광 만조기를 경계 취약시기로 정해 이 시기에 경계를 강화해 왔었다. 그러나 북한은 서해안 간조기에 발생하는 수로 지역은 수면이 낮아지면 레이더를 비롯한 감시장비의 사각이 발생하여 소형 반잠수정이 이동하더라도 탐지가 제한되며, 만약 노출되더라도 우리 해군함정들이 대형화되어 간조기에는 수로를 통한 기동이 제한된다는 점을 간파하고 간조기에 침투하는 전술을 사용한 것이었다.

---

[94] 잠수함과 잠수정은 수중 톤수로 구분하여 보통 150톤 이상이면 잠수함, 그 이하를 잠수정으로 부른다. 북한의 잠수함은 R급 잠수함(1,800톤), W급 잠수함(1,355톤), 상어급 잠수함(290톤), 유고급 잠수정(70톤)으로 편성되어 있다.

2. 6·25전쟁 직후 해상 및 해안 침투

가. 동해 해상 및 해안 침투사건

1) 포항 해안 간첩 침투사건

1958년 5월 20일과 6월 19일 두 번에 걸쳐 경북 포항 동북쪽 해안으로 침투하는 무장간첩을 사살한 사건이다. 1958년 5월 20일 고무보트를 이용하여 상륙하려던 무장간첩 3명을 해안경계 중인 경찰이 집중사격하여 이 중 2명을 사살하고 1명을 생포하였다.

경찰은 생포된 간첩을 통하여 자신이 임무 수행을 완료한 뒤 6월 19일 다시 간첩선과 접선하여 복귀할 계획이란 자백을 받았다. 이에 경북 경찰국은 경찰 130명(무장경찰 80명, 사복경찰 50명)을 동원하여 접선지점을 중심으로 예상 상륙 지역에 매복하는 한편, 해군 경비정의 지원을 받아 해상을 봉쇄하는 합동작전을 전개하였다. 그 결과 6월 19일 22:00경 경찰은 고무보트를 타고 해안에 상륙하는 간첩 3명을 발견하고 이 중 2명을 사살하고 1명을 생포하였다.

2) 속초 근해 간첩선 나포사건

1958년 7월 10일 16:00경 속초 동쪽 34마일[95] 해상에서 경비 중이던 해군 임진함이 북상 중인 간첩선을 발견하고 추격하여 나포하였다. 나포된 간첩선은 북한 정찰국 소속의 장수호이나 어선으로 위장하고 있었다. 장수호는 목조발동선으로 전장 12m에 폭 2.5m이고 항속은 12~15노트인 것으로 확인되었다. 해군은 간첩선에서 기관총 1정과 칼빈소총 2정 등 12종 838점을 노획하였다.

3) 울릉도 근해 간첩선 격침사건

1958년 9월 8일 울릉도 서쪽 13마일 해상에서 경비 중이던 해군 한산함이 간첩선을 발견하고 추격하여 격침시켰다. 한산함은 간첩선 승조원 2명을 사살하고 4명을 생포하

---

[95] 1마일(mile)은 약 1.6km(1609.3m)이나 해상에서는 위도 1초의 1/60을 의미하는 노티컬 마일(n mile)을 사용한다. 따라서 해상에서의 1마일은 적도지방에서는 많고 극지방으로 갈수록 적지만 평균값은 1,852m이다.

였으나 아군도 1명이 실종되고 4명이 중경상을 입었다. 간첩선은 목조발동선으로 전장 14m에 폭이 2.5m이고 항속은 8~10노트로 추정되었다. 간첩선으로부터 경기관총 1정과 다발총 1정 등 6종 342점을 노획하였다.

4) 거진 근해 간첩선 나포사건

1958년 11월 24일 동해 북방한계선 부근을 경비 중이던 해군 경기함이 거진 동북쪽 20마일 해상에서 간첩선을 포착하여 나포하였다. 경기함은 남하 중인 의아선박을 포착하고 추격하여 정선을 명하였으나 의아선박은 이에 불응하고 도주하였다. 경기함은 함포 사격을 가하여 선박을 정선시키고 간첩선임을 확인한 뒤 투항할 것을 권유하였으나 간첩선은 이에 불응하며 수류탄을 투척해 왔다.

결국 경기함은 간첩선 내에 사격을 가하여 승조원 4명을 사살하고 2명을 생포하였으며, 경기관총 1정과 칼빈소총 2정 및 수류탄 13발 등을 노획하였다. 확인 결과 간첩선은 노동당 연락부 소속의 제2광명호인 것으로 밝혀졌다. 생포된 간첩 조장봉에 의하면 이 간첩선은 경북 영덕군 강구면 소화동 일대로 침투하는 중이었다고 한다. 간첩선은 목조발동선 형태로 전장이 14m에 폭은 3m이고 항속은 10노트인 것으로 조사되었다.

나. 서해 해상 및 해안 침투사건

1) 연평도 근해 간첩선 격침사건

1957년 7월 24일 서해 연평도 근해에서 경비 중이던 해군 경비정 603정이 연평도 서남방 약 15마일 해상에서 약 20톤 규모의 간첩선을 발견하여 격침시켰다. 해군 경비정이 접근하자 간첩선이 전속력으로 도주하며 기관총 사격을 가해와 치열한 교전 끝에 간첩선을 격침시키고 2명을 생포하였다.

해군은 이 교전에서 간첩선 승조원 5명을 사살하고 2명을 생포하였으며, 아군도 3명이 부상을 당하였다. 격침된 간첩선은 북한 노동당 연락부 912군부대 소속의 대남공작원 호송용 선박으로, 150마력의 디젤기관과 15노트의 속력을 가진 20톤급 쾌속선으로 소형 보트를 탑재하고 있었다.

2) 화성 우정면 간첩 침투사건

1957년 9월 16일 경기도 화성군 우정면 호곡리 남섬 정면 해안에 보트를 타고 침투하는 간첩선을 경찰이 발견하여 상륙하던 간첩 1명을 사살하고 1명은 생포한 사건이다.

3) 서해 침투간첩 4명 검거사건

1958년 7월 24일부터 8월 9일에 걸쳐 서해로 침투하거나 침투한 남한 출신 간첩 4명을 군과 경찰이 검거하였다. 간첩 이홍식(38세)은 전남 나주군 다도면 마산리 출신으로 6·25전쟁 중 월북했으며, 1958년 8월 5일 전북 부안군 산내면 변산해수욕장으로 상륙하다 해안경계부대에 생포되었다.

간첩 김병기(31세)는 전북 부안군 산내면 출신으로 6·25전쟁 중 월북했으며, 해주를 출발하여 산내면 해안에 상륙하다 해안경계부대에 생포되었다.

간첩 백기홍(36세)은 전남 영광군 흥농면 계마리 출신으로 1956년 4월에 월북하였으며, 특수공작 교육을 받은 후 전북 고창군 해리면 동호리 해안에 상륙하려다 해안경계부대에 생포되었다.

간첩 엄주성(36세)은 전북 진안군 백운면 운교리 출신으로 6·25전쟁 기간 중에 가족과 함께 개성시 고령동으로 이주하였으며, 7월 22일 군산으로 상륙하였다가 7월 24일 검거되었다.

4) 강화군 교동도 간첩 침투사건

1958년 9월 15일 강화군 교동도 지석리 해안에서 경찰이 고무보트를 타고 상륙하려던 간첩 4명을 발견하고 교전하였으나 간첩들은 북한으로 도주하였다.

5) 소연평도 근해 간첩선 나포사건

1958년 9월 17일 21:30경 서해 북방한계선 부근을 경비 중이던 해군 가덕함이 소연평도 서쪽 18마일 해상에서 북상 중인 간첩선을 발견하고 나포하였다. 이 간첩선은 북한 내무성 사회안전국 소속의 장인호로, 전장 7m에 폭은 1.5m의 소형 목조범선이었다. 해군은 간첩선에서 승조원 3명을 생포하고 권총 1정과 수류탄 5발 등을 노획하였다.

6) 강화도 근해 간첩선 나포사건

1958년 9월 28일 강화도 근해에서 육군 해안경비정이 남하하는 간첩선을 발견하고 추격하여 교전 끝에 나포하였다. 간첩선에서 기관장은 사살된 상태로 발견되었고 승조원 4명(선장, 부선장, 안내조장, 안내원)과 여간첩 김난열(32세)을 생포하였다. 여간첩 김난열은 서울에서 대학을 졸업한 후 월북하였으며 노동당 특수정치부에서 간첩교육을 받고 침투 중이었던 것으로 밝혀졌다.

7) 서해 간첩선 나포사건

1958년 10월 15일 서해안을 경비 중이던 육군 해안경비정이 북상하던 간첩선을 발견하고 교전하여 간첩선을 나포하였다. 해당 경비정은 교전 과정에서 간첩선 선장 등 3명을 사살하고 선원 1명을 생포하였다. 이들은 남한을 수차례 왕래한 정찰국 소속의 간첩선으로 침투간첩을 호송하여 해안에 상륙시킨 뒤 복귀하던 중인 것으로 밝혀졌다. 간첩선에서 기관총 1정과 소총 1정, 권총 2정, 수류탄 4발 등을 노획하였다.

8) 입파도 간첩선 침투사건

1958년 11월 인천경찰서 수상경찰대 소속 장봉준 경위가 지휘하는 수상경찰대 11명이 소형 경비정인 관악호와 육박호를 타고 경기도 화성시 우정읍 국화리 입파도(제부도 서남쪽 10km 지점) 주변 해상을 경비 중 간첩선을 발견하였다.

육박호가 전방 300m 지점에서 의아선박 1척을 포착하고 정선신호를 보냈으나 의아선박은 이를 무시하고 항해하였다. 육박호가 접근하여 정체를 밝히라고 요구하자 "고기잡이 나온 배다!"라고 말할 뿐 정확한 국적과 선명 등을 밝히지 않았다. 이에 장 경위가 이 선박을 정선시키고 배에 올라 검문하려는 순간 갑자기 배 안에서 권총과 기관총으로 경비정을 향해 집중사격을 가해왔다.

갑작스런 사격에 당황한 장 경위와 경찰 2명이 권총으로 대항하였으나 장 경위는 괴한의 총에 맞아 쓰러졌다. 간첩선은 육박호를 향해 계속 기관총을 사격하며 장 경위를 태운 채 전속력으로 도주하였다. 이 사건으로 육박호는 선체 수개 소에 피탄 흔적이 발생했으며, 장 경위가 피랍되고 경찰관 3명이 부상을 당하였다. 이때 경찰 경비정에는 기관총 같은 공용화기가 탑재되지 않아 간첩선의 공격에 큰 피해를 당한 것으로 알려졌다.

9) 태안 옹도 근해 간첩선 나포사건

1959년 7월 19일 10:20경에 서해 경비임무를 마치고 인천을 출항하여 진해로 향하던 해군 한산함이 충남 태안군 근흥면 가의도리 옹도 남서쪽 7마일 해상(안면도 북서쪽 24마일 해상)에서 간첩선을 발견하고 나포하였다. 한산함은 간첩선 승조원 4명을 생포하고 간첩선을 나포하여 인천으로 예인하였다. 나포한 간첩선은 목조발동선으로 전장 13m에 폭 4m, 항속은 7.5노트인 것으로 확인되었고 경기관총 외 6종을 노획하였다.

10) 소연평도 근해 간첩선 격침사건

1959년 7월 24일 연평도 근해를 경비하던 독도함과 노량함이 소연평도 남서쪽 15마일 해상에서 남하하는 간첩선을 발견하여 격침시켰다. 격침된 간첩선은 노동당 연락부 소속의 대진호로 밝혀졌으며, 목조발동선으로 전장 13m에 폭 4m이고 항속은 8노트인 것으로 확인되었다. 해군은 간첩선을 격침시키고 5명을 사살하고 2명을 생포하였으며, 선체 일부와 중기관총 1정 등을 노획하였다.

11) 부안 산내면 간첩 침투사건

1959년 8월 4일 10:30경 전북 부안경찰서는 부안군 산내면(현 변산면)[96] 굴신봉에서 간첩 2명을 발견하고 교전하여 1명을 사살하였으나 1명은 도주하였다. 부안 경찰은 계속 도주한 간첩을 추격하여 18:30경 산내면 운호리(현 진서면 운호리) 마동마을에서 간첩 1명을 추가 사살하였다. 이 교전에서 부안 경찰은 권총 2정과 실탄 10발 및 위조 도민증 등을 노획하였다.

12) 소청도 근해 북한 경비정 침투사건

1959년 8월 18일 북한 경비정이 서해 북방한계선을 넘어 침투하였다. 처음에는 안개로 인해 상호 확인이 곤란하였으나 안개가 걷히면서 북한 경비정이 해군 거문함을 향해 선제사격을 가해왔다. 상호 해상교전이 벌어졌으나 북한 경비정이 비압도 후방으로 도

---

[96] 부안군 산내면은 1983년 남쪽 부분에 위치하던 진서출장소가 진서면으로 분리 승격되었고, 1987년에는 산내면이 변산면으로 개칭되었다.

주하면서 작전이 종료되었다.

13) 화성 남양면 간첩 침투사건

1960년 5월 15일 06:30경 해안경비대원 2명이 경기도 화성군 남양면(현 화성시 남양읍)[97] 문호리에서 해안 순찰 중 은닉된 고무보트 1척을 발견하였다. 이에 군과 경찰이 출동하여 해안을 수색하였으나 특별한 점을 발견하지 못하였다. 다만 이 지역은 해안에 작은 물골이 발달하여 침투와 접안에 용이한 지역이었다. 경찰은 해변에서 간첩을 발견하지 못하였으나 5월 18일 화성군 반월면 반월2리(현 화성시 반월동)[98]에서 주민신고를 통해 침투한 간첩 고대유를 검거하였다. 간첩 고대유는 노동당 연락부 소속으로 수원에 침투하여 지하거점을 구축하라는 임무를 받고 침투한 것으로 밝혀졌다.

---

[97] 화성군 남양면은 원래 조선시대에는 남양군이었으나 일제가 1914년 수원군 음덕면으로 통합하였다. 1949년 수원읍이 수원시로 승격되어 군에서 분리되고 수원군이 화성군으로 개칭되어 화성군 남양면으로 개칭되었다. 2001년 화성군이 화성시로 승격하면서 남양동이 되었다가 2014년 남양동이 남양읍으로 승격되었다.

[98] 화성시 반월면이었으나 1986년 반월면 일부가 안산시로 편입되었고, 1994년 반월면이 폐지되고 반월면 지역은 수원시 권선구, 안산시, 군포시로 각각 분할 편입되었다.

3. 1961~1970년 해상 및 해안 침투

가. 동해 해상 및 해안 침투사건

1) 강릉시내 간첩 침투사건

1961년 5월 24일 해안으로 침투한 것으로 보이는 간첩 3명이 강릉시내 홍제동에 출현하였다. 간첩들은 정주교 씨 집에 나타나 주변 거리와 시내에 대해 자세히 묻는 것을 수상히 여긴 정 씨의 신고로 출동한 경찰과 교전하였다. 경찰은 교전 끝에 간첩 1명을 사살하였으나 2명은 도주하였고 경찰 1명이 중상을 입었다.

2) 명주군 정동진 간첩선 침투사건

1961년 6월 14일 02:10경 명주군(현 강릉시) 강동면 정동진리 정동진역 100m 북쪽 해안에 간첩 5명이 고무보트로 상륙하였으나 해안초소 초병에게 발견되어 교전하다가 다시 바다로 도주하였다.

3) 고성 저진근해 간첩선 침투사건

1961년 8월 27일 강원도 고성군 저진 동남방 해상에서 침투한 무장간첩선을 해군함정이 발견하고 추격하여 격퇴하였다. 이 사건은 8월 27일 23:17경 저진 동남방 18마일 해상에서 침투하는 10톤급의 간첩선을 해군 경기함에서 발견하고 정선을 명하였으나 간첩선이 증속하여 도주하였다. 경기함은 간첩선을 추격하며 사격하였으나 간첩선이 응사하며 북으로 도주하여 격침시키지 못하였다.

4) 울산 간절곶 간첩선 침투사건

1962년 3월 28일 경남 울산군(현 울주군) 서생면 신암리 해안에 간첩선이 침투할 것이란 사전 정보를 입수하고 대기하던 아군이 간첩선을 나포한 사건이다. 1962년 2월 보령으로 침투하여 서울에서 검거된 간첩 이병철로부터 첩보를 입수한 정보기관에서는 특수입무부대를 편성하여 침투한 간첩선 1척을 나포하였다. 그리고 간첩과 승조원 5명을 생포하였으나, 나포 과정에서 3명은 수류탄으로 자폭하였고 2명은 해상에서 행방불명되었다. 작전 과정에서 아군은 출동한 경찰 병력들이 불의의 교통사고로 인하여 10명이 순직하고 17명이 부상을 당하였다.

5) 거진 동방 해상 간첩선 침투사건

1962년 6월 7일 거진 동방 해상에서 동해 북부 해상을 경비하던 해군 두만함이 후방 지역에 침투하였다가 복귀하는 간첩선을 발견하고 격침시켰다. '어창호'란 선명으로 위장한 간첩선은 6월 6일 경북 영덕군 창포동 해안에서 남파간첩 김성재를 태우고 복귀하던 중이었다. 해군 두만함은 13톤급으로 추정되는 간첩선을 격침시켰으며 5명을 생포(1명은 후송 중 사망)하고 2명을 사살하였다.

6) 거진 동방 해상 간첩선 나포사건

1965년 3월 4일 거진 동방 해상에서 동해 북부 해상을 경비하던 해군 충무함이 침투하는 간첩선을 발견하고 추격하여 나포하였다. 충무함의 정선명령에도 불응하고 도주하던 간첩선은 추격하던 충무함의 함포 사격에 명중되어 도주능력을 상실하였다. 충무함은 간첩선을 제압하고 우현에 계류시켜 탑승인원 8명을 생포하였다. 해군은 '동해호'란 선명으로 위장한 15톤급 간첩선 1척을 나포하고 아군 피해 없이 8명을 생포하였으며, 중기관총 2정과 자동소총 1정 등을 노획하였다.

7) 울진 침투간첩 영덕-안동 출현사건

1965년 9월 4일 24:00경 월북간첩 신범수 등 3명이 경북 영덕군 달산면 대지리 고향에 출현하였다. 신범수는 남한에 있는 직계가족을 포섭하여 대동 복귀하라는 지령을 받고 1965년 8월 30일 울진군 평해면 거일리 해안으로 침투하였다. 9월 5일 새벽에 신범수는 논에 가는 자신의 처를 만나 백미 5되와 간장을 구해달라고 3천 원을 주며 9월 5일 23:00에 만나자고 하였다. 신범수는 처로부터 부탁한 물건을 건네받고 다시 9월 6일 23:00에 동네 앞에 있는 동굴에서 다시 만나자고 하며 사라졌다. 9월 6일 아침 신범수의 처는 5촌 조카인 달산초등학교 교감에게 이 사실을 알렸고, 이들은 10:00경 경찰에 이 사실을 신고하였다.

　군경은 우선 신범수가 요구하는 대로 접촉하여 다음 만날 약속을 잡도록 요청하였다. 군경의 요청대로 신범수의 처는 9월 7일 23:00에 다시 만나기로 약속했고 군경은 이들의 접선장소 부근에 군과 경찰 병력을 배치하였다. 9월 7일 23:00경 간첩 신범수 일행 3명이 접근하는 것을 발견한 군경은 30m 전방에서 이들과 교전하였으나 모두 도주하였다. 이어진 군경의 추격에도 불구하고 행방이 묘연하던 간첩 신범수는 9월 26일 안동군 임하면 처남 집에 출현하였다가 검거되었으며 안내원 2명은 복귀한 것으로 판단되어 작전이 종료되었다.

8) 명주군 주문진읍 교향리 침투사건

　1966년 8월 2일 명주군 주문진읍 교향리 해안에서 해안경계 병력이 소형 선박으로 은밀하게 해안에 접안한 뒤 공비 3명이 상륙하는 것을 발견하고 사격하여 1명을 사살하였다. 그러나 나머지 공비들은 다시 소형 선박을 타고 도주하였다.

9) 울릉도 북방 간첩선 격침사건

　1966년 10월 10일 울릉도 북방 해상에서 경비 중이던 해군 충무함이 간첩선을 발견하고 추격하여 격침시킨 사건이다. 충무함은 정선 명령에도 불구하고 사격을 가하며 도주하는 30톤급 간첩선을 추격하여 격침시키고 고무보트 1척을 노획하였다.

10) 삼척군 임원리 등 2군 지역 동시다발 침투사건

　1967년 6월 3일 04:00경 삼척군 원덕읍 임원리 해안에서 좌초된 간첩선 1척이 주민신고에 의해 발견되었다. 확인 결과 침투한 간첩선으로 무장공비 약 30~40명이 이미 상륙하여 내륙으로 침투한 것으로 판단되었다. 이 밖에도 2군 지역 도처에서 동시다발적인 침투사건이 발생하였다. *(상세한 내용은 '제5장 내륙 지역 침투 및 우회 침투' 참조)*

11) 울진군 후포면 후포리 침투사건

　1967년 7월 7일 울진군 후포면 후포리 해안으로 침투한 공비 3명 중 1명이 후포지서에 찾아와 자수하는 사건이 있었다. 군경은 작전을 전개하여 7월 8일 영덕군 병곡면 금곡리에서 공비 2명을 포착하여 1명을 사살하고 1명을 생포하였다.

12) 울산 방어진 침투사건

1968년 3월 1일 울산 방어진에서 해안경계 병력이 침투하는 공비 2명을 발견하여 사살하였다.

13) 울진·삼척 해안 공비 침투사건

1968년 11월 2일 묵호 동방 18마일 해상에서 해상 경비 중이던 울릉함이 간첩선을 발견하고 추격하였으나 고속으로 도주하여 접촉에 실패하였다. 간첩선은 29~31노트의 속력으로 도주하였으나 당시 울릉함의 속력은 12노트에 불과하였다. 이때 도주한 간첩선은 울진·삼척지구로 무장공비를 침투시킨 것으로 판단된다. 북한은 1968년 10월 30일과 11월 1일, 11월 2일 등 3차에 걸쳐 무장공비 120명을 울진군 북면 나곡리와 삼척군 원덕면 월천리 경계의 고포 해안으로 침투시켰다. *(상세한 내용은 '제5장 내륙 지역 침투 및 우회 침투' 참조)*

14) 명주군 주문진읍 공비 침투사건

1969년 3월 16일 명주군 주문진 어선통제소에 무장공비 8명이 침투하여 경찰관을 납치하려다 실패하고 고무보트로 도주하던 중 출동한 예비군들의 집중사격으로 보트가 격침되면서 모두 사살되거나 익사한 사건이다. 공비들은 아군 복장으로 주문진에 침투하여 경찰관 1명을 살해하고 1명은 납치하려 하였다. 그러나 피랍 직전 탈출한 이웅재 순경과 급히 출동한 예비군들이 모선으로 돌아가는 고무보트에 집중사격하여 고무보트를 격침시켰으며, 3명을 사살하고 5명을 익사시켰다.

육군에서 상황을 접수한 해군은 해상 수색을 통해 화진포 동방 10마일 해상에서 초계함 레이더로 간첩선을 포착하였으나 추격하지는 못하였다. 이 사건으로 고무보트 1척과 기관단총 5정 및 칼빈소총 4정 등을 노획하였으며, 경찰 1명과 민간인 1명이 사망하고 1명이 부상을 당하였다.

15) 삼척군 북평읍 침투사건

1969년 6월 8일 강원도 삼척군 북평읍(현 동해시) 천곡동 해안으로 침투한 고무보트 1척을 해안경계 병력이 발견하고 격침시켰으며 공비 2명을 사살하고 1명을 생포하였으나 상륙한 공비 1명과 간첩선은 도주하였다. 침투한 공비는 노동당 연락부 632군부대 소속의 무장간첩선으로 삼척 지역에 산재한 산업시설을 파괴하고 경찰관 납치 등의 임무를 수행하기 위해 침투한 것으로 보인다.

이 사건에서 간첩은 해안으로부터 약 1km 이내 해상에 간첩선을 정박시키고 고무보트를 이용하여 해안에 은밀하게 접근하여 상륙을 시도하였다. 이때 고무보트는 모선과 로프를 연결하여 침투하였으며 상황에 따라 고무보트로 해안에 직접 접안하거나 해안 지근거리에서 은밀하게 수영으로 침투하는 전술을 사용하였다. 침투하던 공비는 고무보트가 파도에 전복되는 우발상황이 발생하자 이들을 구출하고자 6인승 고무보트로 재침투하였다. 이 과정에서 고무보트가 해안경계부대 초병에게 발각되어 경계부대 사격에 의해 격침되었다. 침투조가 해안에서 아군에게 노출되어 교전이 벌어지자 해상 700m에 위치한 간첩선이 82밀리 비반충포로 엄호사격을 가하였다. 이때 발사한 포탄 1발이 삼척산업사 관사 라동 48호에 떨어져 이대원 씨 일가족 5명이 사망하였다.

천곡동 공비 침투 해안

작전 결과 아군은 해안으로 접근하던 간첩선 자선인 고무보트를 격침시키고 2명의 사체를 수거하였으며, 이후 해안에 상륙하여 도주한 간첩 김익진을 생포하는 전과를 거두었다. 그러나 작전간 아군도 1명이 부상하고 간첩선에서 발사한 포탄이 민가에 떨어져 민간인 5명이 사망하는 피해를 당하였고 김익진과 함께 상륙한 보트수 김도희의 행방도 끝내 찾아내지 못하고 작전을 종결하였다. 작전간 노획물은 고무보트 1척, AK소총 1정, 권총 1정, 수류탄 2발, 라디오 1대, 무전기 1대 등 54종 139점에 달하였다.

16) 동래군 대변항 근해 간첩선 침투사건

1969년 8월 13일 동래군 기장면(현 기장군 기장읍) 대변리 전경중대 해안초소에서 침투하는 간첩선을 발견하고 경고사격을 가하자 응사하면서 원해로 도주하였다. 해상에서 초계 활동 중이던 해군 경남함이 간첩선을 포착하고 20노트의 속력으로 추격하였으나 30노트 속력으로 도주하는 간첩선을 따라잡지 못하여 격침에 실패하였다.

17) 영일군 지행면 모포리 침투사건

1969년 9월 21일 영일군 지행면(현 포항시 장기면) 모포리 해안에 인접한 우성산에서 민간인 신고로 공비 1명을 생포한 사건이다. 생포된 공비(송병록)는 2인조로 5월 23일 기장면 대변리 해안으로 침투하여 노동자 포섭 활동을 하다가 조원 박재언이 8월 9일 부산에서 검거되자 단독으로 복귀를 모색하던 중이었음이 밝혀졌다.

18) 영덕-영일지구 침투사건

1970년 3월 8일 야간에 경북 영덕군 남정면 원척리 부흥동 해안에서 해안경계병이 침투하다 전복된 것으로 보이는 보트를 발견하였다. 아군은 즉시 작전을 전개하여 3월 23일 침투 해안에서 남쪽으로 50km 떨어진 영일군 오천면(현 포항시 오천읍) 진전리에서 공비 2명을 발견하였으며, 3월 30일 해병부대 병력이 공비 2명을 포착하여 사살하였다.

공비들은 노동당 연락부 소속으로 침투인원은 해상안내원 3명 1개 조로 보이며 남파된 간첩을 영덕 지역 해안에서 접선하여 복귀시키기 위해 침투한 것으로 판단된다. 이들은 침투 중 자선이 전복되는 사고로 1명이 실종되고 2명은 해안에 상륙하였으나 모선으로 복귀하지 못하자 비상 복귀를 시도하던 중 2명 모두 사살된 것으로 보인다. 작전간 아군도 해병대원 1명이 전사하고 동대산(791m) 지역에서 L-19 정찰기와 헬기 1대가 추락하는 사고가 발생하였다. 또한, 크고 작은 안전사고도 잇달아 발생하여 예비군 1명과 민간인 1명이 사망하였고 예비군 3명이 부상을 당하였다.

19) 영일군 지행면 대진리 침투사건

1970년 7월 11일 영일군 지행면 대진리(현 포항시 장기면) 해안 해병경계부대가 해안에 침투한 공비 2명과 해상에 정박 중인 20~30톤급의 간첩선을 발견하였으나 조치 부실로 모두 도주하였다. 해병 분초에서는 근무자 6명 중 5명이 음주 또는 근무지 이탈 등 경계 군기가 문란하여 공비 침투와 도주를 허용하였다. 간첩선은 해상에서 고무보트로 공작원 1명과 안내원 2명을 침투시켰으며, 안내원 2명이 고무보트로 돌아가는 과정에서 아군에게 발견된 것으로 추정된다.

20) 속초 대포동 해안 침투사건

1970년 7월 13일 속초 대포동 해안에서 해안경계 병력이 해상에서 접근하는 고무보트를 발견하고 사격하여 고무보트를 노획하였으나 침투하던 공비들의 생사 여부(익사 또는 도주 등)는 확인하지 못한 사건이다. 해안초소에서 경계부대가 침투하는 고무보트를 발견하고도 지근거리로 유인하여 상륙하는 순간에 기습사격으로 격멸해야 하나 너무 원거리에서 사격하였고, 해·공군의 간첩선 탐색작전도 실패하였다.

21) 강구-거진 해상 침투사건

1970년 7월 27일 야간에 경북 영덕군 남정면 남호리 해안으로 침투하던 간첩선을 해안경계병이 발견하고 사격하였으나 도주하였다. 그러나 여기서 도주하던 간첩선을 7월 28일 06:05에 거진 동북방 해상에서 합동작전으로 격침시켰다.

침투한 간첩선은 약 50톤급에 승조원은 17명으로 판단되며 모두 사살된 것으로 추정된다. 도주하는 간첩선의 추격 및 격침은 합동작전으로 해군에서 경남함, 한산함, 거진함이 참가하였고 공군은 C-46 항공기의 조명탄 투하와 F-5A 전투기 편대의 공중 공격도 가해졌다.

22) 속초 동북방 해상 간첩선 격침사건

1970년 10월 10일 속초 동북방 해상에서 경비 중이던 해군 한산함과 충남함이 간첩선을 포착하고 추격하여 해·공군 합동작전으로 격침시킨 사건이다.

나. 서해 해상 및 해안 침투사건

1) 소연평도 근해 간첩선 침투사건

1961년 9월 9일 옹진군 소연평도 근해 해상에서 해군 능라함이 남하하는 간첩선을 발견하고 추격하여 교전 끝에 격침시키고 고무보트 1척 등을 노획한 사건이다. 해군 능라함이 7톤급의 소형 무등화 의아선박을 발견하고 발광신호로 수하하자 이에 불응하고 도주하는 것을 추격하였으며, 간첩선의 사격으로 교전이 발생하였고 결국 능라함의 함포사격으로 간첩선이 격침되었다.

2) 대천항 근해 간첩선 침투사건

1962년 3월 12일 충남 대천항 근해 해상에서 간첩선 침투 첩보를 입수하고 대기하던 해군함정들이 간첩선을 발견하였으나 아군의 기도를 간파한 간첩선이 고속 도주하여 격침에는 실패하였다. 이어진 추격과 차단작전에서도 함정들의 상호 통신과 정보 교환이 원활하지 못하여 간첩선의 도주와 복귀를 허용하고 말았다.

3) 화성 독지리 간첩선 침투사건

1962년 3월 18일 간첩 호송을 위해 화성군 송산면 독지리에 간첩 안내조가 침투할 것이란 첩보를 입수한 경찰은 목섬에 매복조를 배치하고 대기하였다. 3월 18일 22:00경 고무보트를 타고 해안 상륙을 기도하던 안내조 2명은 경찰 매복조의 사격을 받고 모두 사살되었다.

4) 영흥도 근해 간첩선 침투사건

1962년 3월 28일 경기도 부천군(현 옹진군) 영흥면 영흥도 근해 해상에서 사전 침투 첩보를 입수한 해군함정들이 침투하는 간첩선을 발견하였으나 간첩선 나포나 격침에는 실패한 사건이다.

5) 화성군 장안면 송교리 침투사건

1962년 6월 3일 화성군 장안면으로 간첩선이 침투한다는 첩보를 입수한 군과 경찰은 침투하는 간첩선을 해상에서 나포하고 도주한 공비 4명 중 2명을 사살하고 2명은 생포하였다.

6) 보령군 관창리 간첩 침투사건

1967년 4월 13일 충남 보령군 주포면(현 주교면) 관창리에 간첩 3명이 출현한 것을 군과 경찰이 출동하여 1명을 사살하고 2명은 생포하였다. 이들은 4월 11일 야간에 인근 은포리 해안으로 침투한 것으로 판단된다.

7) 태안군 격렬비열도 간첩선 침투사건

1967년 4월 17일 태안군 근흥면 가의도리 격렬비열도 근해 해상에서 해군 명량함이 간첩선을 발견하고 해·공군 합동작전을 통해 간첩선을 격침시켰다. 격침작전에는 옹진반도 남방에서 경비 중이던 대동함도 가담하였으며 승조원 5명을 생포하고 10명을 사살하거나 익사시킨 것으로 판단된다.

8) 당진군 송산면 상거리 간첩 침투사건

1967년 12월 7일 당진군 송산면 상거리에 간첩 3명이 출현한 것을 주민신고로 인지하여 1명을 사살하고 1명은 생포하였으며 1명은 자수하였다. 간첩들은 동조자 포섭과 대동 월북 등의 지령을 받고 12월 4일 송산면 가곡리 성구미 해안으로 침투한 것으로 밝혀졌다.

9) 군산 서남방 간첩선 침투사건

1968년 7월 10일 군산 서남방 해상을 경비 중이던 순천함이 간첩선을 포착하여 추격하였으나 간첩선은 지그재그로 회피기동을 하며 도주하였다.

10) 목포 허사도 간첩 침투사건

1968년 7월 29일 전남 목포시 충무동 허사도에 공비 2명이 침투한 것을 주민이 신고하여 7월 30일 영암군 삼호면 갈마산에서 모두 사살하였다.

11) 인천 팔미도 근해 간첩선 침투사건

1968년 8월 18일 인천항 팔미도 근해에서 해군 항만경비정이 간첩선을 발견하고 추격하였으나 간첩선에 비해 속력이 열세하고 탐색장비의 성능이 미흡하여 간첩선의 도주를 허용하였다.

12) 당진군 석문면 삼화리 간첩 침투사건

1968년 9월 22일 당진군 석문면 삼화리에 간첩 2명이 침투한 것을 주민이 발견하고 신고하였다. 9월 23일 군경은 도주하는 간첩을 추격하여 교전한 결과 부상한 간첩 송순영을 생포하였으며, 9월 27일 총상을 입고 도주했던 성춘경의 사체를 해상에서 발견하고 작전을 종료하였다.

13) 서산 지역 침투사건

1968년 11월 1일 충남 서산군 성연면 오사리에 출현한 무장공비 2명을 주민신고로 포착하고 소탕작전을 전개하여 11월 3일 서산군 운산면 199고지 일대에서 모두 사살한 사건이다. 침투한 공비는 북한 노동당 연락부 소속으로 10월 31일 24:00 이전에 가로림만을 통하여 해안에 상륙한 것으로 판단된다.

침투한 공비들은 내륙으로 계속 침투 중에 민간인에게 발각되자 갈대밭에 배낭을 버리고 도주하였다. 또한, 아군에게 발각되자 신속하게 현장을 이탈한 뒤 약 10.5km 이격

고 소병민 중령 동상(전주고)

된 민가에 출현하여 식사를 요구하여 취식한 후 계속 도주하였다. 가야산 기슭에서는 예비군과 경찰에 발견되자 사격을 하면서 199고지로 도주하였고 아군에게 포위되자 도주를 포기하고 최후까지 저항하다가 측면으로 우회하여 접근한 충남 지역 보안부대 이진삼 소령(후일 육군참모총장)에게 사살되었다.

작전 결과 공비 임관재 등 2명을 사살하고 칼빈소총 2정, 권총 2정, 수류탄 8발, 배낭, 무전기 등 43종의 장비와 물품을 노획하였다. 그러나 작전 중 정면에서 접근하던 보안부대 소병민 소령[99]이 전사하는 피해도 발생하였다.

14) 강화 석모도 간첩 침투사건

1969년 2월 15일 강화군 삼산면 석모도에 월북간첩 남상일이 형님 집에 출현하였다. 남상일의 형이 자수를 권유하였으나 남상일은 북한체제 선전과 조카의 월북을 종용하다가 복귀하였다.

15) 연평도 근해 간첩선 침투사건

1969년 2월 25일 옹진군 연평도 근해에서 경비 중인 해군 비인함이 간첩선을 발견하고 추격하였으나 간첩선은 격침시키지 못하였다. 간첩선은 인근에서 출동한 서울함과의 협조된 작전과 교전에도 불구하고 NLL 이북으로 도주하였다. 교전 과정에서 서울함의 병력 2명이 전사하고 9명이 부상을 당하였다.

16) 부안군 격포리 해안 침투사건

1969년 6월 14일 전북 부안군 산내면(현 변산면) 격포리에서 어부가 해변에서 수상한 고무보트를 발견하고 신고하여 군·경 합동수색대가 침투한 공비 3명을 모두 사살한 사건이다. 침투한 공비들은 1969년 6월 14일 만조시간인 02:00경에 침투한 것으로 판단되며 고무보트가 발견된 지점으로 상륙하였다. 침투한 공비는 노동당 연락부 소속의 공작원 1명(40~50세)과 안내원 2명(25세 전후)의 3명 1개 조로 판단된다. 작전 결과 공비 3

99　소병민 소령은 이진삼 소령 등 충남 지역 보안부대 요원들과 함께 공비들이 은거한 199고지를 향해 수색하던 중 공비들의 선제공격을 받고 교전하다 전사하였다. 공비들은 측방으로 우회공격하던 이진삼 소령(육군참모총장 및 국회의원 역임)에 의해 사살되었다.

명을 사살하고 기관단총 2정과 고무보트 1척 등 21종 145점을 노획하였으나 아군도 경찰 4명이 부상을 당하였다.

17) 흑산도 공비 침투사건

1차 작전 간 공비 은거 동굴

이미 남파되어 지하당 구축 활동을 해온 간첩 김용구[100]를 대동 복귀시키기 위해 1969년 6월 12일 간첩선이 흑산도에 침투할 것이란 사전 첩보를 입수한 아군은 6월 17일까지 합동작전을 전개하여 침투한 간첩선을 격침시키고 흑산도에 상륙한 공비 6명을 사살하였다. 이후 1969년 7월 12일 흑산도 내에 은거하던 공비 3명을 주민신고로 포착하여 경찰과 예비군이 소탕작전을 전개한 결과 7월 24일부터 25일 사이에 모두 사살한 사건이다.

6월 12일 침투해서 13일에 격침된 간첩선은 약 75톤급으로 소련제 디젤엔진 4대(1,200마력)를 장착하였다. 전장은 23m, 폭은 5m이며 스크류가 2개이고 속력은 최고 35노트에 달하는 것으로 분석되었다. 또한, 82밀리 비반충포 1문과 14.5밀리 고사총 2정, 중기관총 3정, 경기관총 2정 등으로 무장하였다. 이들은 남포항을 아침에 출항하여 다음날 저녁에 흑산도 침투지점 해안으로부터 약 300~500m 지점에 도착하였다. 그리고 여기서 고무보트를 하선하여 안내원과 공작원을 해안으로 상륙시키는 전술을 사용하였다. 침투한 공비는 노동당 연락부 소속의 간첩선 승조원을 포함하여 총 15명으로 추정된다. 그러나 여기서 공비 5명이 고무보트로 도주하여 흑산도 비리에 위치한 해안 동굴에 은거하고 있었다. 군경은 이를 탐지하여 6월 16일 모두 사살하였다.

1차 작전 결과 간첩선 1척을 격침시켰으며 공비 6명을 사살하고 7명을 사체로 인양했다. 아군 피해는 흑산도 비리 주민이 전마선으로 수색조를 안내하다가 공비들의 사격에 숨졌으며 교전 과정에서 경찰 및 예비군 4명이 부상을 당하였다. 주요 노획품은 무기류 12종 680점, 통신장비 3종(무전기, 레이다, 안테나) 4점, 침투장비 2종(고무보트, 목재보

---

100 1969년 5월 11일 흑산도에 상륙하여 5월 14일 목포를 경유하여 광주에서 실업자를 대상으로 포섭 활동을 하던 중 5월 27일 광주에서 검거되었다.

트) 2점, 피복류 10종(방한 외투 등) 23점 등 총 27종 709점에 달하였다.

   2차 작전은 1969년 7월 12일 흑산면 소사리에 거주하는 주민이 집에 있던 음식물이 두 차례나 없어진 것을 발견하고 신고하였다. 신고를 접수한 경찰은 흑산지서 경찰과 예비군을 출동시켜 수색하였으며 목포경찰서에서도 경찰과 인접 도초면 예비군을 출동시켰다. 전남경찰국에서는 경찰기동타격대와 제126전경대를 출동시켜 소탕작전을 전개하였다. 작전 결과 공비 잔당 3명은 전경대와 목포경찰서, 흑산면과 도초면 예비군 중대 대원들에 의해 모두 사살되었다. 그러나 이때 아군도 경찰 3명과 예비군 4명 등 7명이 전사하고 3명(경찰 1명, 예비군 2명)이 부상을 당하였다.

18) 보령 독산리 간첩선 침투사건

   1969년 8월 21일 보령군 웅천면 독산리 해안에 소형 쾌속정을 이용하여 침투한 수 미상 공비들이 해안경계초소에 사격을 가한 후 다시 해상으로 도주하였다. 아군은 이후 해안선을 이탈하여 도주한 간첩선을 발견하지 못하였다.

19) 군산 오식도 간첩 침투사건

   1969년 9월 20일 군산 앞 해상에 위치한 오식도(현 매립지임, 군산시 오식도동)에 4톤급 무동력 소형 선박으로 침투한 간첩 4명 중 1명이 자수하였다. 오식도 출신 자수 간첩 송상구의 정보에 의해 인근 노래섬에 정박한 소형 간첩선을 나포하고 간첩 3명을 모두 사살하였다.

20) 신안군 임자도 근해 간첩선 격침사건

   1969년 9월 23일 신안군 임자도 근해에서 경비 중이던 부산함이 50톤급의 간첩선을 발견하였다. 해군은 서해 중부 해상에서 경비 중이던 아산함과 계봉함을 출동시켜 차단작전을 수행하면서 추격하여 9월 24일 소흑산도 근해에서 간첩선을 격침시키고 승조원 15명(추정)을 사살하였다. 교전 과정에서 아군도 1명이 전사하고 5명이 부상하였으며 부산함 선체 일부가 파손되었다.

21) 가거도 근해 간첩선 격침사건

1969년 10월 13일 목포 서남방 가거도(소흑산도)[101] 근해에서 경비 중이던 충무함이 진도 방향으로 이동했다가 회항하는 간첩선을 발견하고 해·공군 합동작전을 통해 격침시킨 사건이다. 격침된 간첩선은 70톤급으로 승조원은 20명으로 추정된다. 작전간 출동한 전투기가 전방항공통제관 지시 없이 간첩선에 사격하다가 충무함에 로켓포 오인사격을 하는 아찔한 상황도 발생하였다.

22) 태안 격렬비열도 근해 간첩선 격침사건

1970년 4월 3일 서해 격렬비열도 근해에서 경비 중인 거제함이 20톤급의 간첩선을 발견하고 추격하여 해·공군 합동작전으로 격침시켰다. 간첩선은 격렬비열도 서방 25마일 해상에서 공군의 조명탄 투하와 거제함과 부산함의 협조된 사격으로 격침되었다.

23) 안면도 침투사건

1970년 5월 3일 사전 입수한 정보에 의해 서산군 안면면(현 태안군 안면읍) 승언리 해안으로 침투하는 공비 3명을 특수임무부대가 사살하고 도주하는 간첩선(모선)을 추격하였으나 35노트의 고속으로 도주하여 격침시키지 못하였다.

침투한 공비는 통신문건 분석 결과 북한 노동당 연락부 소속의 안내원 3명이 간첩 한인동을 접선하고 대동 복귀하기 위해 안면도에 침투한 것으로 확인되었다. 침투한 간첩선(모선)은 안면도 해안으로부터 약 4km 이격된 곳에서 자

---

101 전남 신안군 흑산면 가거도리에 속한 섬이다. '가거도'란 이름은 '가히 사람이 살만하다'라고 하여 붙여진 이름이다. 일제강점기에 지도를 만들 때 소흑산도라고 지도에 잘못 표기하기 시작하여 한동안 소흑산도로 통용되어 왔으나 2008년 가거도란 이름으로 되돌려졌다. 예부터 원래 소흑산도는 흑산도로 가는 길목에 있는 우이도를 일컫는 지명이었다고 한다.

선인 소형 목제보트를 하선하여 해안으로 침투하였다. 침투조는 안내원 2명과 보트 조종수 1명으로 이 중 안내원 2명만 육지에 직접 상륙하고 보트 조종수는 해안가 보트에서 대기하였다. 이 사건은 아군이 간첩 한인동의 대동 복귀를 위해 공비가 침투할 것이란 정보를 사전에 입수하고 실시한 작전이었다. 그럼에도 해안으로 상륙한 공비 3명만을 사살하였을 뿐 간첩선 모선에 대한 격침에는 실패하였다.

24) 당진만 간첩선 침투사건

1970년 5월 29일 23:35경 충남 당진군(현 당진시) 석문면 대조도[102] 부근에 간첩선이 출현하여 당진만으로 깊숙하게 침투하였으나 해안경계부대의 상황조치 부실로 간첩선이 임무를 수행하고 도주한 사건이다. 당진만은 공비 침투가 빈번한 지역으로 이번 침투의 특징은 간첩선 모선으로 당진만 깊숙이 침투하였으며, 간조가 시작되어 갯벌이 드러나자 흔적이 남지 않도록 수문 지역으로 간첩을 상륙시켰다. 갯벌에 스크루가 닿아서 간첩선이 움직이지 못할 위기에 처하자 2~3명이 하선하여 간첩선을 수로 중앙으로 밀어내어 복귀하였다.

이때 침투한 간첩은 부부 간첩으로 서울에 침투하여 활동하였으며 상륙하자마자 보리밭 인분탱크 주변 50m 이내에서 4개 지점에 무인포스트를 설치하고 공작 장비와 물품을 매몰하였다. 이 사건에서 침투하는 간첩선을 어부가 발견하고 신고하였음에도 간첩선이 수로를 통하여 8~9km를 계속 침투하여 간첩 2명을 상륙시키고 이탈할 때까지 제반 조치가 부실하여 간첩 침투를 허용하고 간첩선은 도주하였다. 이때 상호 원거리에서 소화기와 기관총에 의한 교전은 있었으나 전과나 피해는 없었다. 이에 따라 당시 제2군사령부는 재발 방지를 위해 관련 지휘관 및 관계자에 대한 처벌과 징계를 단행하였다.

25) 시흥 군자만 침투사건

1970년 6월 28일 경기도 시흥군(현 안산시 지역) 군자만[103]을 통해 침투하던 간첩선을 육군 경비정(번개 33호)이 발견하고 지·해·공 합동작전을 전개하여 간첩선 1척을 나포

---

[102] 대조도는 서산시 대산반도와 당진시 석문반도 사이의 당진만 어귀에 있는 섬으로 면적 0.029㎢, 해안선 길이는 1.8km이며 큰 새들이 많이 오는 섬이란 뜻으로 붙여진 이름이다.

[103] 현재는 시흥군 군자면 지역이 1976년 신공업도시 건설로 안산시로 바뀌었고, 1987년부터 1994년까지 시화방조제 건설로 인하여 군자만이 사라지고 시화호란 호수로 바뀌었다.

하고 영흥도로 도주한 공비 6명을 경찰과 예비군이 출동하여 모두 사살한 사건이다. 침투한 간첩선은 4톤급으로 전장 9m에 폭 3m이며 최고 속력은 30노트에 달하였다. 이때 침투한 간첩선은 수면에 노출되는 선체 높이가 약 40cm에 불과하여 관측이 어렵고 레이더 피탐이나 아군 포격에 노출되는 면적도 최대한 줄인 것이 특징이다.

이날 침투한 간첩선은 6월 22일 동작동 국립묘지 현충문을 폭파하고 도주한 공비 일당과 접선하여 이들을 복귀시키기 위한 것으로 추정되었다. 그러나 조기에 기도가 노출되어 접선에 실패하고 도주하다 격침된 것으로 판단된다. 이날 공비들은 간첩선이 해경정의 포격에 명중되어 표류하자 바다로 탈출하여 간첩선과 가장 근거리에 위치한 영흥도 해안에 상륙하였다. 이후 영흥도 국사봉(128m)에 은거하였으나 경찰과 예비군의 합동수색대에 발견되어 모두 사살되었다. 아군도 전사 3명(경찰 2명, 예비군 1명)에 부상 7명(경찰 6명, 예비군 1명)의 피해를 입었다.

26) 영종도 공비 침투사건

1970년 9월 19일 부천군 영종면(현 인천시 중구 영종동) 중산2리에서 주민이 공비 2명을 발견하고 신고하여 모두 사살한 사건이다. 공비들은 8월 29일 강화도와 김포반도 사이 염하수로를 이용하여 해상으로 침투한 것으로 추정되며 기관단총 2정과 권총 2정, 수류탄 2발, 3인승 고무보트 1척을 노획하였다. 교전 과정에서 아군도 경찰 1명이 전사하고 군인 3명이 부상을 당하였다.

27) 인천 율도 공비 침투사건

1970년 11월 7일 인천시 북구 원창동(현 서구 신현원창동) 율도에 공비 2명이 침투한 것을 한국전력 인천화력발전소 초병이 발견하고 군경이 출동하여 11월 8일 1명을 사살하고 1명은 생포하였다. 공비들은 소형 선박을 이용하여 인천항 외항에 정박한 외항선 사이로 침투하였다. 교전 과정에서 아군도 군인 1명과 예비군 1명이 전사하고 2명이 부상을 당하였다.

다. 남해 해상 및 해안 침투사건

1) 남해도 간첩선 침투사건

1964년 8월 7일 이미 남파되어 지하당 구축 활동을 해온 간첩을 복귀시키기 위해 간첩선이 남해도 해안에 침투할 것이란 사전 첩보를 입수한 아군이 합동작전을 전개하여 해안에 침투한 안내원 등을 사살하고 간첩선을 추격하여 격침시킨 사건이다. 생포 간첩의 진술과 교전 당시의 상황을 종합해 볼 때 간첩선은 약 50톤급으로 외형은 트롤어선과 유사하며 소련제 디젤엔진 3기를 설치하였고 속력은 최고 30노트에 달하는 것으로 확인되었다. 또한, 중기관총 1정과 경기관총 1정 및 자동소총으로 무장하였다. 아군은 합동작전을 통해 간첩선 1척을 격침시켰으며 공비 2명을 생포하고 5명을 사살하였다. 그리고 기관단총 1정과 고무보트 1척 등 14종을 노획하였다. 그러나 공비 1명은 도주하였으며, 교전 과정에서 아군도 경찰 1명이 부상을 당하였다.

간첩선 침투 지역인 앵강만

2) 서귀포 간첩선 침투사건

1968년 8월 20일 이미 남파되어 활동하던 간첩 이문규를 복귀시키기 위해 간첩선이 제주도 서귀포로 침투한 사건이다. 아군은 미리 첩보를 입수하여 특수임무부대를 편성하고 대기하다가 8월 20일 21:11경 서귀포 해안 500m에 도착한 간첩선이 고무보트를 하선하여 해안에 상륙한 3명의 공작원을 모두 사살하였다. 해상에서는 미리 대기하던 충무함과 경기함이 간첩선 1척을 격침시켰다. 해상에서 간첩선이 침몰하기 직전에 간첩선 승조원 2명을 구조하여 생포하였다.

3) 삼천포 사등동 간첩 침투사건

1969년 6월 15일 삼천포시 사등동(현 사천시 향촌동)에서 학생이 논 웅덩이 속에서 간첩이 은닉해 놓은 물품을 발견하고 신고하여 6월 19일까지 작전을 전개하였으나 몇 가지 유류품 발견 외에는 성과 없이 종료되었다. 그러나 8월 15일 청송경찰서에 자수한 간첩 서문수는 6월 5일경 자신과 간첩 이직호가 인근 덕명리 해안으로 침투한 사실을 증언하였다. 서문수의 진술로 간첩 이직호도 8월 16일 대구에서 검거되었다.

4) 여천군 화양면 옥적리 간첩 침투사건

1969년 6월 24일 여천군(현 여수시) 화양면 옥적리에서 주민이 밭일을 하던 중 적성 물자를 발견하고 신고하여 6월 28일까지 작전을 전개하였으나 성과 없이 종료되었다. 그러나 11월 청주에서 검거된 간첩 이한원과 김한동에 의해 자신들이 6월 9일 진남포를 출발하여 6월 10일 화양면 옥적리 마상마을 서쪽 1km 지점으로 침투했음이 밝혀졌다. 이들은 6월 11일 소옥마을 뒷산에 은거하였으나 12일에 한 소년과 조우하자 자신들의 정체가 노출될 것을 우려하여 급히 현장을 이탈하느라 배낭 등을 유기하였다고 증언하였다.

5) 장흥군 안양면 학송리 공비 침투사건

1969년 7월 19일 전남 장흥군 안양면 학송리 장수마을 담배 가게에 거동이 수상한 자 2명이 출현한 것을 주민이 신고하였다. 경찰과 예비군이 출동하여 7월 23일까지 소탕작전을 벌여 교전 과정에서 총상을 입은 공비 1명(이봉노)을 생포했으나 1명(오기태)은 도주하였다. 여기서 도주한 오기태는 10월 1일 광주시 대인동에서 검거되었다. 이들은 노동당 연락국 695군부대 소속으로 5월 16일 안양면 수문리 해안으로 침투했으며, 광주 지역에서 활동하다 복귀를 위해 장흥으로 돌아왔다가 주민에게 노출된 것으로 밝혀졌다. 이들의 임무는 광주 지역에 지하당 구축과 포섭자 대동 월북으로 조사되었다.

6) 부산 영도 근해 간첩선 침투사건

1969년 8월 7일 01:00경 부산 영도구 동삼동 중리 대치골 해안으로 침투하여 내륙으로 이동 중이던 간첩 김인식을 해안경계 임무를 수행하던 예비군들이 검거하였다. 해상에서는 8월 7일 02:40경 경남함이 부산 동방 16마일 해상에서 간첩선을 포착하고 추격하였으나 공해상으로 도주하였다.

7) 완도군 노화도 근해 간첩선 침투사건

1969년 8월 12일 완도군 노화도 인근 해상에서 경찰 2명이 승선한 민간 선박이 간첩선을 수상히 여겨 검문하려 하자 기습공격을 가하고 도주하였다. 이들은 노화지서 서넙도 주재소에 근무하는 경찰관으로 노화지서로 예비군 관계관 회의에 참석하기 위해 민간어선으로 이동하던 중이었다. 간첩선의 기습공격으로 경찰관 1명과 어민 1명이 사망하고 5명이 부상을 당하였다.

8) 부산 수영만 근해 간첩선 침투사건

1969년 9월 13일 부산 영도 앞 7마일 해상에서 경비 중이던 경기함은 수영만을 향해 접근하는 의아선박[104]을 레이더로 포착하였다. 의아선박은 확인을 위해 접근하던 경기함이 1700야드까지 접근하자 갑자기 기관포 사격을 가하며 31노트 속력으로 도주하기 시작하였다. 경기함은 낙동함과 협조하여 간첩선 격파작전을 벌였으나 간첩선이 35노트 속력으로 도주하여 레이더에서 소실되었고, 이어진 C-46항공기 탐색에서도 발견하지 못하였다.

9) 완도 근해 간첩선 침투사건

1969년 9월 17일 15:45경 완도경찰서 소속의 603호 경비정이 완도 남쪽 청산도 북방 해상에서 밀수 단속을 위한 초계 활동 중 의아선박을 발견하였다. 확인을 위해 지근거리까지 접근하던 603호정을 향해 의아선박에서 수류탄과 기관총, 로켓포 기습공격이 가해져 603호정이 침몰하였다. 간첩선은 주변 어선에도 기관총으로 사격을 가하며 도주하였고, 이어진 아군의 능라함과 경기함의 차단 및 탐색작전에도 불구하고 발견되지 않았다.

---

104 미식별 선박의 외형이나 제원과 항해 중의 동태 등 제반 특징으로 보아 북한 간첩선과 유사하다고 판단되는 선박.

간첩선 사격으로 경비정 1척이 침몰하고 경찰 2명과 사환 1명이 사망하였다. 민간 어선에서도 선원 5명이 사망하거나 실종되고 1명이 부상을 당하였다.

10) 거제도 간첩 침투사건

1969년 10월 6일 거제군 동부면 다대리 주민이 총성을 청취하고 신고하여 경찰과 예비군이 출동하였으며, 현장에서 자살 미수 간첩 1명을 검거하였다. 간첩 김진계는 6·25 전쟁 중에 월북한 자로 지하당 조직과 활동 근거지 구축 지령을 받고 10월 4일 01:00경 다대리 해안으로 침투한 것으로 밝혀졌다.

11) 가덕도 공비 침투사건

1970년 9월 26일 창원군 천가면(현 부산광역시 강서구 천가동) 가덕도에서 학생의 신고로 공비 2명을 발견하고 소탕작전을 전개하였다. 그 결과 거제도에서 수영으로 육지인 웅동면 안골에 상륙한 공비 1명을 교전 끝에 사살하고, 1명은 거제도 유호리 해상에서 익사한 사체로 인양하였다. 공비들로부터 권총 2정, 라디오와 무전기 각 3대, 나침반 2개, 난수표 4장, 고무 부의, 지도 등을 노획하였다. 아군도 도주 공비와 웅동면 안골 지역에서 교전하던 경찰 1명과 예비군 1명이 전사하는 피해를 입었다.

12) 해남 평호리 간첩 침투사건

1970년 10월 12일 해남군 화산면 평호리 외딴집에 출현한 간첩 1명을 주민 신고로 인지하고 경찰과 예비군이 출동하여 교전 끝에 사살하였다. 사살된 간첩은 10월 11일 평호리 해안으로 침투한 것으로 보이며, 이계일(59세)과 조남수(57세) 명의의 주민등록증을 휴대하고 한약상과 관상업으로 위장한 채 장기간 활동할 계획이었던 것으로 판단된다.

4. 1971~1980년 해상 및 해안 침투

가. 동해 해상 및 해안 침투사건

1) 묵호 근해 침투사건

1971년 5월 13일 초계 활동 중이던 해군함정이 묵호[105] 동방 약 20마일(약 37km) 해상에서 50톤급의 의아선박이 민간 어선단에 합류 중인 것을 발견하고 해·공군 합동작전을 전개하여 5월 14일 격침시킨 사건이다. 북한의 침투는 최초 발견된 해상이 해안에서 동쪽 20마일 해상이므로 침투를 위해 이동 중이었거나 울진 이남 지역에 대한 침투 임무를 마치고 복귀하려던 것으로 추정되었다.[106] 이들의 소속은 후방 종심 지역의 해상 침투 시도로 보아 노동당 연락부 소속으로 판단되며, 임무는 지하당 조직을 위한 공작원 침투 및 대동 복귀로 추정된다.

이 간첩선은 선체가 길며 조타실이 선미에 있고 아군 항공기의 조명탄 투하와 공중 공격 시 대공포로 응사하면서 전속으로 회피기동을 하였으며, 도주 속도는 24~50노트에 달하였다. 교전 과정에서 간첩선이 아군에게 격침되려고 하자 북한은 공군기를 출동시켜 간첩선을 엄호하려는 의도를 보였으나 우리 영공을 침범하지는 않았다. 작전 결과 아군 피해 없이 50톤급 간첩선 1척을 격침시키고 승조원과 침투 공작원 등 총 17명을 사살한 것으로 추정되는 전과를 거두었다.

2) 양산군 서생역 간첩 침투사건

1971년 8월 28일 양산군 서생면 거주 민간인 3명이 배낭을 메고 산에서 내려오는 수상한 자를 발견하고 미행하다가 서생역 앞에서 격투 끝에 생포하였다. 생포된 간첩 박정규는 1948년 국군에 입대하였으나 6·25전쟁 중 북한군에 포로가 되었다가 밀봉교육을 받고 남파되었으며, 8월 27일 야간에 서생면 비학리 해안으로 침투한 것으로 밝혀졌다.

---

[105] 묵호(墨湖)는 조선 후기 순조 때 이유응 부사가 물도 검고 바다도 검고 물새도 검으니 먹 묵(墨)자를 써서 묵호라 불렀다. 원래 묵호읍이었으나 1980년 북평읍과 통합하여 동해시가 되었으며 현 행정구역은 동해시 묵호동이다. 현재 동해의 어업전진기지 역할을 하고 있는 항구도시이다.

[106] 당시 50톤급의 간첩선은 우리 후방 종심 지역 침투를 위해 주로 운용되었으며 발견 당시 북상 중이었던 것으로 보아 울진 이남 지역이 침투목표였을 가능성이 높다.

3) 영덕군 금진동 해안 간첩 침투사건

1971년 8월 29일 영덕군 영덕읍 금진동 해안 약 2km 해상에서 5톤급 소형 선박이 접근하는 것을 해안경계병이 발견하고 탐조등을 비추자 사격을 하며 도주하였다.

4) 월성군 양남면 하서리 공비 침투사건

1971년 9월 13일 월성군(현 경주시) 양남면 하서리 해안에서 해안경계병이 공비 3명을 발견하고 사격하자 해상으로 도주하였다. 경계병들은 도주하는 공비에게 집중사격하여 공비 2명을 사살하였으나 간첩선의 사격으로 아군도 2명이 경미한 부상을 입었다.

5) 영덕읍 대부리 간첩 침투사건

1974년 3월 25일 영덕읍 대부리 해안에 6·25전쟁 때 월북했던 간첩 권오길이 친척 집에 나타났으나 친척들의 신고로 도주하였다. 군경은 간첩 권오길을 추적하였으나 발견하지 못하였다.

6) 저진 근해 침투사건

1975년 2월 15일 주간에 동해안 고성군 저진[107] 근해에서 남하 중인 간첩선을 육군 해안감시 레이더에서 포착하여 지·해·공 합동작전으로 격침시킨 사건이다. 북한의 침투는 생포된 승조원 이원복의 진술 결과 2월 14일 새벽에 북한의 청진항에서 공작원 2명을 승선시키고 출항하여 2월 14일 15:00경 신포항에 입항하였다. 이곳에서 유류를 충만한 후에 2월 14일 18:00경 출항하여 2월 15일 04:00경 거진 일대 해안에 공작원 2명을 상륙시키려 하였으나 해상조건이 불량하여 해안 침투에 실패하였다. 이후 다시 해안 상륙을 위한 기회를 엿보던 중 2월 15일 오후 아군에게 발각되어 북상 도주하다 거진 동북방 1.5km 해안에서 육군 M47전차 소대(소대장 오정석 소위)와 해군함정 등의 합동공격에 의해 격침되었다. 간첩선의 승선인원은 승조원 6명과 공작원 2명이었다.

---

[107] 해군은 저진사건으로 기록하였으나 육군에서는 저진작전으로 기록하고 있다. 저진(猪津)은 남한의 최북단인 고성군 현내면의 제진리에 속하는 어항으로 마을 앞 해상에 돼지 형상을 한 저도(猪島)가 위치하여 저진이라 불렸으며 1945년까지는 동해북부선 철도의 저진역이 있었다.

침투에 사용된 이 간첩선은 북한 함경북도 청진항에 근거지를 둔 정치보위부 소속의 공작선으로 확인되었다. 따라서 이들의 소속은 북한군 정치보위부 소속으로[108] 기본임무는 공작원 2명의 호송이었고, 부가적 임무는 동해안 일대의 정보 수집과 어로한계선 부근의 한국 해군과 해경의 경비정 활동사항을 수집하는 것이었다. 이 사건으로 동해안 침투를 기도하던 간첩선 1척을 발견하여 저진 근해에서 격침시켰으며, 승조원과 공작원을 포함하여 총 7명을 사살하고 1명을 생포하였다. 그러나 교전 중 유탄에 의해 민간인 1명이 사망하고 1명이 부상을 당하였다.

7) 기장군 서암 해안 침투사건

1975년 4월 11일 기장군 기장면 서암 해안으로 침투한 간첩 2명이 부산 지역에서 활동하다 4월 27일 동래구 석대동에 출현하였다. 4월 29일 1명을 생포하였으나 1명은 서울로 도주한 것을 5월 3일 경찰이 검거하였다. *(상세한 내용은 '제5장 내륙 지역 침투 및 우회 침투' 참조)*

8) 울진군 근남면 흑포동 침투사건

1975년 6월 13일 22:30에 육군 레이더기지에서 울진 동방 해상에서 의아선박을 포착하여 감시하던 중 23:50에 근남면 산포리 흑포동 해안에서 상륙하는 공비 2~3명을 해안경계병이 발견하였다. 그러나 초병들의 조치 부실로 공비들이 고무보트에 승선하여 바다로 도주하였고 이후 간첩선도 발견하지 못하였다.

9) 영일군 지행면 계원리 침투사건

1975년 9월 1일 영일군 지행면(현 포항시 장기면) 계원리에서 주민이 비트를 발견하고 신고하여 9월 12일 12:00까지 수색작전을 하였으나 성과가 없이 종료되었다. 상황이 종료되자 9월 12일 야간에 해상에서 의아선박이 관측되었고 해안에서는 순찰 중이던 해병대원들이 공비들로부터 기습사격을 받았다. 간첩선이 해안에 접근하여 공작원을 대동하고 복귀한 것으로 판단되며, 아군은 간첩선 추적과 탐색에도 실패하였다. 공비들의 기

---

108 간첩선이 함경북도 정치보위부 청진 통행검사소 소속의 공작선이었고, 승조원이 정치부 소속의 군관 및 하전사로 편성되어 있었기 때문이다.

습사격과 교전으로 해병 3명이 전사하고 2명이 부상을 당하였다.

10) 영덕 일대 해안 침투사건

1978년 11월 4일부터 6일 사이에 경북 영덕 일대 해안으로 침투한 것으로 추정되는 공비 3명이 11월 17일 대구 비행장 부근인 대구시 동구 둔산동 옻골 뒷산에 출현하였다. 이후 1979년 1월 10일까지 장기간 소탕작전을 실시하였으나 공비들을 발견하지 못한 채 작전을 종료한 사건이다. *(상세한 내용은 '제5장 내륙 지역 침투 및 우회 침투' 참조)*

11) 구룡포 동북방 간첩선 격침사건

1980년 3월 25일 구룡포 동북방 20마일 해상에서 소형 의아선박이 지상 레이더에 포착되었다. 아군은 긴급 출항한 해군 경비정(기러기 18호정과 제비 59호정)이 간첩선임을 확인하고 해·공군의 합동작전을 통해 격침시키고 승조원과 공작원 8명을 사살한 것으로 추정된다. 작전간 경비정이 검색을 위해 간첩선에 접근 중 기습을 받아 해군 1명이 전사하고 1명이 부상하였으며, 도주하던 간첩선이 어선에 사격하여 어부 3명이 사망하고 1명이 실종되었다.

나. 서해 해상 및 해안 침투사건

1) 인천 월미도 부근 간첩선 침투사건

1971년 5월 4일 인천시 월미도 등대 부근에서 민간 선박이 의아선박을 발견하고 신고하였으나 이를 확인 차 접근하던 경찰 경비정이 피습을 받고 간첩선은 도주한 사건이다. 이 사건으로 경찰 1명이 전사하고 1명이 중상을 입었다.

2) 강화 석모도 부근 간첩선 침투사건

1971년 5월 18일 강화군 삼산면 석모도 부근에서 소형 간첩선이 북상 중인 것을 해병 레이더기지에서 발견하고 추적하였으나 한강하구 중립 지역으로 도주해 버린 사건이다.

3) 강화 석모도 공비 침투사건

1971년 6월 16일 강화도 서쪽 해안에서 북한 고무보트가 발견되어 주변 도서 지역에 대한 수색작전을 전개하였다. 6월 18일 석모도 상봉산 일대에서 수색대가 공비 3명을 발견하고 1명을 사살하고 1명을 생포하였으며, 6월 22일에는 상주산에서 나머지 1명을 사살한 사건이다.

4) 강화 길상산 공비 침투사건

1971년 8월 18일 강화도 길상산에 침투한 공비 2명을 민간인이 발견하고 신고하여 군경과 예비군이 출동하였다. 8월 20일 마니산 북쪽 계곡에서 수색 중이던 예비군 2명을 공비들이 살해하고 도주하였으나, 마니산 동북방 덕포리에서 포착되어 2명 모두 사살되었다. 작전 간 아군도 예비군 2명과 해병 1명이 전사하고 해병 3명이 부상을 당하였다.

5) 신안군 소허사도 간첩선 침투사건

1971년 10월 29일 전남 신안군 소허사도 해안에서 장기 정박 중인 의아선박을 민간인이 발견하고 신고하였다. 이를 확인한 군경은 공비들이 은거한 동굴에 함포 사격을 가하여 4명을 사살하고 간첩선을 나포하였다. 이들은 노동당 연락부 소속으로 10월 20일 소허사도에 침투하여 지하당 구축 활동을 벌인 것으로 확인되었으며, 교전 과정에서 경찰 1명이 전사하였다.

6) 옹진군 소청도 간첩선 침투사건

1971년 12월 25일 옹진군 소청도 서남방 27마일 해상에서 경비 중이던 벽파함이 북상하는 간첩선을 발견하고 추격하였으나 NLL 이북으로 도주하였다.

7) 옥구군 어청도 근해 간첩선 침투사건

1974년 7월 19일 전북 옥구군(현 군산시) 옥도면 어청도 근해에서 경비 임무를 마치고 귀항하던 해군 신성함이 의아선박을 포착하고 추격하였으나 응사하며 도주하였다.

신성함은 인천함과 충무함의 지원을 받아 간첩선을 추격하여 격파사격과 충돌작전으로 간첩선을 나포하였다. 간첩선에서 7명의 승조원을 사살한 것으로 추정되며 이 중 5구의 사체를 인양하였으며, 아군은 3명이 부상을 당하였다.

8) 부안 대항리 침투사건

1975년 9월 3일 전북 부안군 산내면(현 변산면)[109] 대항리 변산해수욕장 부근 해안으로 상륙하는 공비 2명을 전경대원이 발견하여 수하를 시도하자 도주하였다. 침투한 공비들은 간첩을 대동 복귀시키기 위한 안내원으로 대항리 해안에 상륙하였으나 해안경계병에게 발견되었다. 이들은 비상복귀를 위하여 남쪽 방향으로 도주하여 부안 지역을 벗어난 뒤 고창군 구시포 인근의 무인도인 가막도[110]에서 간첩선과의 접선을 시도하였다. 그러나 9월 11일 00:25경 가막도에서 접선에 실패하고 육지로 다시 되돌아 나오던 공비들은 해안경계 중인 전경대원들에게 발각되자 사격을 하며 도주하였다.

9월 11일 17:35경 상하면 자룡리 고리포 일대를 수색하던 전경대원들이 폐기된 초소에서 공비를 발견하였으나 공비들의 선제사격으로 3명이 전사하였다. 고니산으로 도주한 공비들은 수색작전을 통해 19:25경 1명을 사살하였으나 1명은 도주하였다. 이후 12월 16일까지 계속된 군경의 소탕작전에도 불구하고 도주한 공비 1명은 끝내 찾아내지 못하고 작전이 종료되었다. 교전 과정에서 전투경찰대원 3명이 전사하고 2명이 부상하는 피해가 발생하였다. *(당시에는 남해안과 군산 이남의 서해안 지역은 전투경찰이 해안경계를 담당하고 있었다. 전북 고창군 구시포 해수욕장 송림에는 당시 교전하다 전사한 전투경찰대원들을 기리는 충혼비가 세워져 있다.)*

구시포 해변 경찰 충혼비

109   산내면은 1914년 내산내면과 외산내면을 합하여 총 11개 리로 출발하였으나 인구증가로 1947년 진서리, 석포리, 운호리의 3개 리를 묶어서 진서출장소가 설치되었다가 1983년 진서면으로 분리되었으나, 1987년 산내면과 진서면을 합하여 변산면으로 통합 개칭되었다. 현재는 변산면에 7개 리 37개 마을로 구성되어 있다.
110   당시 가막도는 간조시에만 육지와 섬이 연결되어 도보로 이동이 가능한 곳이었다. 현재는 구시포항 개발에 따라 신설된 방파제로 육지와 연결되어 있다.

9) 가거도 근해 간첩선 격침사건

1975년 10월 5일 전남 신안군 흑산면 가거도 서북방 30마일 해상에서 전북함이 간첩선을 포착하고 추적하여 가거도 서남방 51마일 해상에서 해·공군 합동작전으로 격침시킨 사건이다. 간첩선에는 승조원과 공작원 등 8명이 승선했을 것으로 판단되며 모두 사살된 것으로 추정되었다.

10) 홍성군 광천읍 공비 침투사건

1978년 11월 4일 홍성군 광천읍 사호리 해안으로 침투한 공비 3명이 군사 정찰 활동을 하던 중 11월 7일 광천읍 소암리 말봉산에서 기도가 노출되었다. 이들은 공주와 오산, 안양, 관악산을 경유하여 김포반도로 도주를 이어가다가 12월 4일 한강하구를 통해 북으로 복귀하였다. *(상세한 내용은 '제5장 내륙 지역 침투 및 우회 침투' 참조)*

11) 보령 근해 침투사건

1980년 6월 20일 17:37경 충남 보령군 오천면 영보리[111] 해안 초병이 접근하는 간첩선(자선)을 발견하여 정지신호를 보냈으나 북상 도주하였다. 군은 즉각 합동작전을 전개하여 6월 21일 05:50경 격렬비열도 북방 10마일 해상에서 간첩선(자선)을 격침시켰다.[112] 침투규모는 간첩선 자선의 선장을 포함하여 선박조 4명, 안내조 3명, 공작원 3명 등 총 10명으로 확인되었다. 이들의 소속은 노동당 조사부 해주연락소 소속의 간첩선이 인민무력부 예하의 공작원 호송임무 수행을 위해 침투하였던 것으로 조사되었다.

이번 사건에서 간첩선 모선은 대천해수욕장 약 100마일 해상에서 자선을 분리하였고, 주간에 간첩선 자선이 오천항 일대로 해상 침투를 시도하였다. 간첩선 자선은 귀항하는 어선단과 합류한 뒤 15:30경부터 시작되는 밀물을 이용하여 서서히 상륙지점을 정찰하면서 해안 지역으로 접근하였다. 그러나 해안 초병과 어선들에게 발각되었고 아군은 격렬비열도까지 도주한 간첩선(자선)을 끝까지 추격하여 격침시키고 승조원 및 공작원 9

---

[111] 오천면에는 조선 세조 때 충청수영이 있었으며, 조선 고종 때 충청수군절도사 영터를 중심으로 하서, 하남, 천동, 천북면을 관할 지역으로 하는 오천군을 신설하였다. 이후 1914년 일제가 행정구역을 개편하여 보령군에 편입되었다. 1995년 대천시와 보령군 통합으로 보령군 오천면이 되었다.

[112] 해군에서는 간첩선을 격렬비열도 근해에서 격침하였으므로 '격렬비열도 무장 간첩선 격침사건'으로 기록하고 있다.

명을 사살하였으며, 선장 김광현을 생포하였다. 그러나 해군도 교전 중에 5명이 부상을 입었으며, 해군 경비정인 기러기 28호정의 레이더와 선체 일부가 파손되고 화재가 발생하기도 하였다. (이때 생포된 간첩선 선장 김광현은 1966년부터 총 23회나 대한민국 영해를 침투한 사실을 진술하여 충격을 주었으며, 김광현을 통하여 북한의 간첩 양성과 침투전술 등에 대한 많은 정보를 수집할 수 있었다. 이 중 김광현은 본인이 간첩선의 갑판장으로 근무하던 1978년 8월 선유도와 홍도해수욕장에 침투한 사실이 있으며, 이때 공작원들이 하선하여 선유도에서 군산고 1학년 김영남과 홍도에서는 천안상고 3학년 홍건표 등 고교생 2명을 납치한 사실이 있다고 진술하였다. 그리고 이 중 김영남과 홍건표는 북한에서 공작원들에게 이남화 교육을 시키는 교관으로 활동하고 있다고도 증언하였다.)

다. 남해 해상 및 해안 침투사건

1) 추자도 근해 침투사건

1971년 6월 1일 제주시 추자도[113] 서남방 10마일 해상에서 초계 중인 해군함정이 간첩을 해남 송호리 해안으로 상륙시키고 복귀하던 간첩선을 발견하여 합동작전으로 격침시킨 사건이다. 이 간첩선을 이용하여 해남으로 침투하였던 간첩 성낙오는 1971년 6월 14일 외사촌 형의 권유로 서울에서 경찰에 자수하였다. 자수한 간첩 성낙오의 진술 결과 간첩선은 5월 27일에 남포항을 출항하여 산동반도 일대의 공해상으로 우회하여 5월 29일 우리 영해에 진입한 것으로 드러났다. 간첩선은 5월 31일 저녁에 해남군 송호리 앞바다에 도착하였고, 간첩 성낙오는 고무보트를 타고 6월 1일 01:00경 해안에 상륙한 것으로 밝혀졌다.

이때 추자도 해상에서 발견된 간첩선은 고속으로 도주하다가 해군과 공군의 합동작전으로 가거도 남서쪽 해상에서 격침되었다. 격침된 간첩선의 승선인원은 승조원 14명과 안내원 2명으로 총 16명을 사살한 것으로 추정된다. 그러나 작전 중 공군 C-46 항공기 1대가 추락하였고, AT-33 항공기 1대에서 연료탱크가 파손되는 피해도 발생하였다.

---

[113] 추자도(추자면)는 제주에서 45km, 목포에서 90km 떨어진 상·하추자도를 포함하여 총 42개의 섬으로 이루어져 있으며 전체 면적 약 7.09㎢, 인구 약 2천여 명이 거주하고 있다. 원래는 1821년 전남 영암군에 귀속되었다가 1896년 완도군에 편입되었으며, 1914년에 제주도에 편입되었다. 1946년 북제주군에 속했다가 2006년부터 제주시가 되었다.

2) 제주시 우도 간첩 침투사건

1973년 3월 4일 제주시 우도 해변에 간첩 김승환이 침투한 것을 주민 신고로 인지하였으나 즉시 도주하여 체포하지 못하고 간첩선도 발견하지 못하였다.

3) 완도군 금당도 간첩 침투사건

1973년 5월 5일 완도군 금당면 금당도 차우리에서 주민이 간첩 2명을 발견하고 신고하여 1명을 사살하였으나 1명은 도주한 사건이다.

4) 제주시 상추자도 간첩 침투사건

1974년 5월 20일 21:40경 노동당 연락부 소속의 월북간첩 원완희 일당 3명이 상추자도 생가에 출현하였다. 원완희는 자신의 집이 이사한 것을 확인하고 사촌동생 원○○의 집에 찾아가 모친의 행방을 탐문하였다. 이때 원○○은 원완희를 안심시키기 위해 원완희의 처가 운영하는 가게로 인도하여 술자리를 마련하는 한편 가족들은 간첩 출현 사실을 경찰에 신고하게 하였다.

22:45경 신고를 받은 추자도 지서장 백길호 경위는 경찰 2명 및 방위병 7명을 대동하고 원완희의 처가 운영하던 가게를 포위하였다. 백 경위가 간첩을 생포하려고 가게 앞에 도착하는 순간 소주병을 들고 가게에서 나오는 간첩 김철수와 마주쳐 불심검문을 하려 하자 김철수가 소주병으로 백 경위의 머리를 타격하면서 격투가 벌어졌다.

상추자도 반공위령탑

이에 서병철 순경이 합세하여 체포하려 하자 김철수가 수류탄 안전핀을 뽑았고, 가게 안에 있던 간첩 2명이 뛰어나와 도주하면서 사격을 가해서 순경과 간첩 김철수가 피격되면서 수류탄이 폭발했다. 그리고 마침 격투현장에 합세하기 위해 달려온 방위병 조재선과 면사무소 직원 원학상까지 모두 4명이 사망하였다.

이때 간첩들은 도주하면서 무차별 사격을 가했고 반대편 골목에 배치된 방위병 변길만이 전사하고 예비군 김명봉과 박종욱이 중상을 입었다. 이후 수색작전 결과 도주한 간첩 원완희 일당은 끝내 발견되지 않았다. *(추자항 뒤편 언덕에는 당시 희생된 분들을 기리는 반공위령탑이 세워져 있다. 이 탑은 1975년 당시 북제주군 학생들과 주민들의 성금으로 건립되었다.)*

5) 보성군 율포 해안 침투 공비 광주 출현사건

1975년 6월 15일 보성군 율포 해안으로 침투한 무장공비 2명이 6월 28일 광주시 서구 동운동에 출현하였다. 이들은 군사 정찰을 이어가다 6월 28일 광주에서 상무대 정찰을 하던 중 발각되어 8월 1일 1명이 사살되었으나 1명은 도주하였다가 7월 29일 전북 임실에서 사살되었다. *(상세한 내용은 '제5장 내륙 지역 침투 및 우회 침투' 참조)*

6) 제주도 모슬포 간첩선 침투사건

1975년 6월 18일 모슬포 동북방 화순리 해안에서 밤낚시를 하던 주민이 접근하는 소형 선박을 발견하고 신고하였으나 고속으로 도주해 버려 탐색에는 실패하였다.

7) 승주군 벌교 해안 침투사건

1975년 6월 29일 전남 승주군 벌교면 호동리 해안에서 익사한 사체를 발견하고 분석한 결과 북한 공작원으로 확인되어 작전을 전개하였으나 잔당과 간첩선은 발견하지 못하였다. 익사한 공작원은 6월 27일 야간에 호동리 해안으로 침투하던 중 심장마비로 익사한 것으로 추정되었다.

8) 통영시 외부지도 공비 침투사건

1975년 8월 31일 통영시 산양면 화곡리 외부지도에 간첩 서복식을 접선하기 위해 공작원 2명이 침투할 것이라는 첩보를 입수한 경찰은 특공대를 배치하여 1명을 사살하고 1명은 생포하였다. 노동당 연락부 소속의 공작원 2명은 서복식의 임무 수행을 지도하기 위해 침투한 것으로 밝혀졌다.

9) 사천군 향기도 근해 간첩선 침투사건

1977년 5월 10일 경남 사천군 서포면 향기도 등대 남방 2km 해상에서 어업지도선 통영호가 괴선박 2척을 발견하고 검문하던 중 중화기 공격을 받아 기관장(최창근)이 피랍되었다. 통영호가 정선을 명하자 목선은 도주하고 철선만 정지함으로 기관장이 철선에 승선하자 선원들이 후두부를 강타하여 쓰러뜨리고 통영호에는 대전차포와 기관총, 수류탄 등으로 기습사격을 가하면서 도주하였다.

10) 진해만 간첩선 침투사건

1977년 7월 10일 02:00경 진해만의 거제도와 가덕도 중간 해상에서 해군 경비정인 올빼미 6호정이 의아선박을 발견하고 검색 차 접근하였으나 기습사격을 가하며 도주한 사건이다. 아군은 7월 12일까지 간첩선 탐색작전을 전개하였으나 발견하지 못하였다.

11) 고흥 침투사건

1978년 4월 28일 납북 교사 서재석이 안내원과 함께 전남 고흥군 도화면 가화리 해안으로 침투하여 즉시 자수함으로써 간첩선 침투 사실이 확인되었으며, 지·해·공 합동작전을 통해서 침투한 간첩선을 탐색하고 추적하여 간첩선 자선 1척을 격침시키고 승조원 7명을 추정 사살(사체 4구 인양)한 사건이다. 그러나 간첩선 모선은 찾아내지 못하였고, 교전 과정에서 해군 1명이 전사하고 4명이 부상을 당하였다.

이 사건은 1978년 4월 2일 01:00경 전남 완도군 노화면 어룡리 소장구도에 위치한 넙도초등학교 소장구도 분교의 교사 서재석을 북한 공작원들이 납북하면서 시작되었다. 이들은 이례적으로 납치한 서재석을 위협하여 단기 교육을 한 뒤 간첩으로 남파했다. 자수한 서재석의 진술 결과 4월 24일에 남포항을 출항하여 양자강 하구에서 중간급유를 한 후 제주도 남방 공해상으로 침투한 것으로 확

고흥 가화리 해안

인되었다. 4월 27일 18:30경 제주도 부근 공해상에서 모선과 자선을 분리하여 4월 28일 고흥군 도화면 가화리 해안에는 간첩 2명과 안내원 3명이 상륙하였다.

이들은 북한 인민무력부 정찰국 소속으로 판단되며, 임무는 납북교사 서재석 외 간첩 1명의 침투 및 안내였다. 서재석의 임무는 당시 부산에 위치한 군수기지사령부와 제2관구사령부 등의 간부를 포섭하고 해당 부대와 관련된 군사정보를 수집하는 것이었다. 그러나 간첩 양성이 아주 단기간이고 사상적 검증이 미흡한 상태에서 침투시켰다는 점 등을 고려할 때 북한 대남공작 부서들의 실적 쌓기 경쟁이 치열하게 전개되고 있음을 확인할 수 있었다.

12) 제주도 성천포 간첩선 침투사건

1978년 8월 13일 남제주군 중문면 성천포구로 접근하는 간첩선을 주민이 발견하고 신고하였으나 초병의 위협사격에 응사하며 도주하였다.

13) 삼천포 근해 침투사건

1979년 7월 21일 경남 통영시 사량도[114] 근해에서 문어를 잡던 어민이 간첩선 자선 2척을 발견하고 신고하여 지·해·공 합동작전을 통해 미조도[115] 남쪽 해상에서 간첩선 자선 1척을 격침시킨 사건이다. 북한의 침투는 7월 20일 20:00경에 대마도 근해 공해상[116]에서 모선과 자선을 분리하여 침투하였으며, 어선을 가장하여 주간 침투를 감행하였다. 침투인원은 8명이 승선하였던 것으로 판단되며,[117] 이들은 노동당 연락부 남포연락소 소속으로 판단되었다.

이번 침투의 주 임무는 간첩 침투 및 대동 복귀이며 부가적인 임무는 해상 침투로 개척과 남해안 지역에 대한 군사 정찰로 보인다. 작전 결과 해안에 접근하려던 간첩선 자

---

[114] 사량도(蛇梁島)는 경남 통영시에 사량면에 속한 섬으로 상도와 하도를 합쳐서 부를 때 섬의 형상이 풍수지리설에 의해 뱀을 닮았다고 하여 붙여진 이름이다.

[115] 미조도(彌助島)는 경남 남해군 미조면에 속한 섬이다. 미조면은 1944년에 상동면에서 미조출장소로 분리되었다가 1986년 미조면으로 승격하였다.

[116] 대마도 근해 공해상은 거제도까지 120km로 신속한 해안 접근이 가능하고 기도 노출 시에도 신속한 도주가 가능한 지역으로 간첩선이 자주 이용하는 곳이다.

[117] 인양된 사체는 조장 정형복, 안내조장 우학봉, 안내원 김창식, 추진기수 김창복, 사수 이원식, 공작원(성명 미상) 등 6명이었다.

선 1척을 격침시켰으며, 승조원과 안내원을 포함하여 6명을 사살하였다. 그러나 함께 침투하여 활동하던 자선 1척과 원해에서 대기 중이던 모선 2척의 탐색에는 실패하였고, 해양경찰 연안경비정의 승무원 2명이 전사하고 1명이 부상을 당하였다.

〈그림 5〉 삼천포 간첩선 출현 및 도주 경로

14) 횡간도 침투사건

1980년 11월 3일 전남 완도군 소안면 횡간도에 거주하는 어민이 김 양식장 앞에서 잠수복을 착용한 무장공비 3명이 상륙하는 것을 목격하고 경찰에 신고하여 3명 모두 사살한 사건이다. 이 사건은 북한이 남해안 도서 지역에서 고정간첩과 접선하여 간첩을 대동 복귀시킬 목적으로 횡간도에 공비를 침투시킨 사건으로, 공비들의 해상 침투일시는 1980년 11월 3일 10:00부터 11:00 사이로 보인다. 침투규모는 무전기와 수중 침투장비 등으로 볼 때 안내원 1개 조 3명인 것으로 확인되었으며, 이들의 신분은 노동당 조사부 남포연락소 소속의 해상안내원으로 추정되었다.

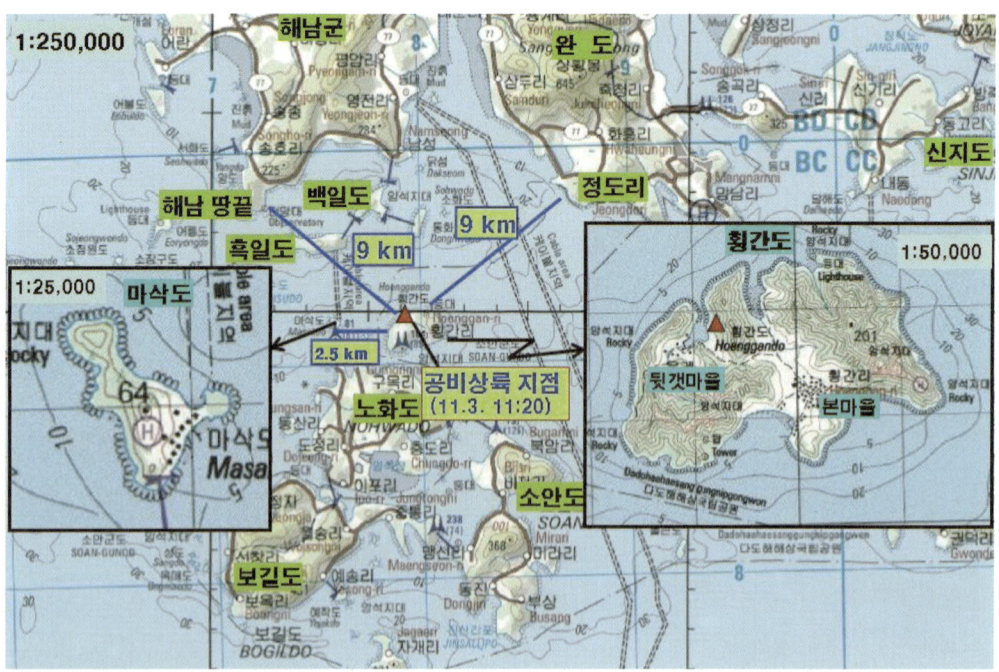

〈그림 6〉 횡간도 일대 지형과 공비 상륙 지역

　이번 사건에서 공비들은 아군의 경계가 취약한 도서 지역에 수중잠행보트를 이용하여 주간에 과감하게 해안 침투를 감행하였다. 그러나 아군은 신고를 접수한 즉시 횡간도에 대한 해상 봉쇄와 함께 완도 경찰과 예비군 및 군 병력을 수색작전에 투입하였다. 횡간도 수색작전에는 헬기를 이용하여 보병학교 병력까지 투입되었다. 아군은 11월 3일 15:25에 경찰과 예비군들이 공비들과 최초 교전을 벌였으며, 11월 3일 17:30경 2차 교전에서 1명을 사살하고 11월 4일 14:40경 3차 교전에서 1명을 추가 사살하였다.

　이후 11월 5일 작전을 대부분 종료하였으나 11월 6일 공비 1명이 소형 무동력선을 타고 노를 저어 횡간도에서 마삭도로 상륙하는 것을 마삭도 주민이 발견하고 신고하였다. 즉시 마삭도 경찰초소 순경 1명과 예비군 2명, 방위병 5명이 출동하고 노화도 지서장과 경찰 2명 및 방위병 10명도 도착하여 수색에 합류하였다. 11월 6일 10:25 공비를 발견하고 교전하기 시작하여 10:55에 사살하였다. 아군은 공비 3명을 사살하였으나 간첩선을 찾아내지는 못하였으며, 작전 과정에서 민방위대원 1명이 살해되고 총 6명(전경 2명, 예비군 2명, 방위병 1명, 민간인 1명)이 부상을 당하였다.

15) 남해도 침투사건

1980년 12월 1일 경남 남해도 상주리 금포마을 인근 해안으로 수중잠행보트를 이용하여 침투 중인 공비 3명을 매복 중인 아군 공수특전단 병력이 발견하여 2명은 현장에서 사살하고, 도주한 1명은 12월 6일 굴바윗골 415고지 부근에서 사살한 사건이다. 이때 공비들이 공해상으로부터 남해도 부근 해상 침투에 사용한 간첩선(자선)은 해군에서 남해도 동남방 약 80km까지 추격하여 12월 2일 06:59에 격침시켰다.

금포리 해안 상륙지점

침투규모는 해안에 상륙한 것은 안내원 1개 조 3명이며 해상 침투는 간첩선(자선) 선박조 6명인 것으로 확인되었다. 이들의 소속은 노동당 조사부 남포연락소 소속의 해상안내원으로 판단되며, 임무는 활동 중인 공작원의 접선 및 대동월북으로 추정된다. 작전 결과 아군은 침투한 간첩선(자선)을 격침시키고 수중잠행보트 등을 노획하였으며, 침투인원 9명(안내조 3명, 선박조 6명)을 모두 사살하였다. 그러나 공비들을 사살할 수 있는 가장 적합한 시기인 해안 상륙 과정에서 모두 사살하지 못하여 1명이 상륙한 채로 도주하였다. 그리고 이 도주한 공비 1명에 대한 소탕작전에서 아군도 전사 3명, 부상 4명(현역 2명, 예비군 2명)의 큰 피해를 입었다.

5. 1981년 이후 해상 및 해안 침투

가. 동해 해상 및 해안 침투사건

1) 저진 해안 침투사건

1982년 5월 15일 강원도 고성군 현내면 지경리 군사분계선 남방 약 5.2km 지점에서 해안경계병이 해안에 상륙하여 철책으로 접근하는 공비 2명을 발견하고 사격하여 1명을 현장에서 사살한 사건이다. 그러나 공비 1명은 부근의 해안철책을 넘어 서쪽으로 도주하였다가 5일 후인 5월 20일에 농무를 이용하여 까치봉 부근 남방한계선 철책을 넘어서 북으로 복귀하였다.

침투한 공비는 인민무력부 정찰국 소속의 정찰조로 북한이 훈련 중에 실종되었다고 송환을 요구한 인원이 3명인 점을 고려할 때 1명은 침투 또는 비상 복귀 간 해상에서 실종된 것으로 보인다. 이들은 해안을 수영으로 직접침투(군사분계선~상륙지점: 5km)하였고, 발견되었을 때 1명은 해상으로 도주하지 않고 과감하게 해안 철책을 넘어 내륙으로 도주하였다는 특징이 있다. 북한은 이례적으로 사건 발생 다음날 평양방송을 통해 훈련 중이던 군사요원이 실종되었으니 시체를 인도해 달라고 요구하면서 3명의 인적사항을 제시하였다. 이에 아군은 군사정전위원회 제413차 본회의를 소집하여 북한 측의 무장공비 침투에 강력히 항의하였다. 이후 최초로 판문점을 통하여 공비 사체 1구를 북측에 인도하였다. *(이 사건에서 북한은 훈련 중에 실종된 인원이라는 핑계로 사체 1구를 인수해 감으로써 사실상의 침투를 간접 시인한 결과가 되었다. 북한은 그동안 수많은 침투에도 불구하고 한결같이 자신들이 한 짓이 아니라 남측이 조작 날조한 것이라고 주장해 왔기에 사살된 공비 사체를 인수해 가지 않았다. 오죽하면 파주 적군 묘지에는 1968년 1·21사태에서 김신조와 함께 청와대를 기습하러 왔던 공비들의 묘지가 있을 정도*

파주 적군 묘지

(1·21사태 침투공비 소위 김순국의 묘)

이다. 북한이 이 사건과 같이 자신들의 소행을 간접 시인하며 사체를 인수해 간 것은 몇 번 되지 않는다. 1996년 9월 강릉 잠수함 침투사건 때에도 북한은 자신들의 잠수함이 훈련 중 기관고장을 일으켜 표류했는데 상륙한 북한 군인을 남측이 비인도적으로 살해했다고 주장하였다. 잠수함 침투란 엄청난 도발을 국제사회에 숨기기 위해 훈련 중 표류했다고 선전하였으므로 이때에도 사체를 모두 인수해 갔다.)

2) 월성 해안 침투사건

1983년 8월 5일 경북 월성군 양남면 하서리 해안으로 침투하던 공비 5명이 침투에 실패하자 모두 자폭한 사건이다. 이에 앞서 8월 4일 23:00경부터 울산 부근 육군 레이더기지와 해병 레이더기지에서는 월성원자력발전소 동남쪽 해상에서 의아선박을 발견 및 추적하여 연안을 경비하던 해경정에게 통보하였다. 그러나 이를 확인하기 위해 8월 5일 03:05경 출동한 해경정이 간첩선의 선제사격을 받고 침몰하였다. 이 간첩선에서는 이미 공비 5명이 하선하여 해안으로 상륙을 시도하는 중이었다. 8월 5일 00:40경 인근 월성군(현 경주시 통합) 양남면 하서리 해병부대 해안초소에서 상륙하는 수명의 공비들을 발견하고 사격하자 도주한 공비들은 해상으로 복귀하고자 하였으나 간첩선이 도주해 버려 해안으로부터 2km 지점의 정치망 부표에 매달려 있다가 06:06에 5명 모두 자폭하였다.

이들의 소속은 북한 인민무력부 정찰국 소속으로 침투인원 5명 중 아군 군복을 착용한 3명은 정찰조이고, 사복 착용자 2명은 공작원을 호송, 안내하며 소형 수중추진기(일제 스쿠터)를 운전한 안내조로 판단된다. 이들의 임무는 아군 중요시설(월성원자력발전소, 포항 및 울산 일원의 주요 군사시설과 산업시설 등)에 대한 군사 정찰을 수행하기 위해 침투한 것으로 추정된다. 이들은 수제선 전방 1.5km까지 간첩선 자선으로 접근한 뒤 수중추진기(스쿠터)를 이용한 안내원 2명의 안내를 받아 해안에 상륙한 것으로 보인다.

침투 시 사용한 일제 스쿠터와 운용 장면

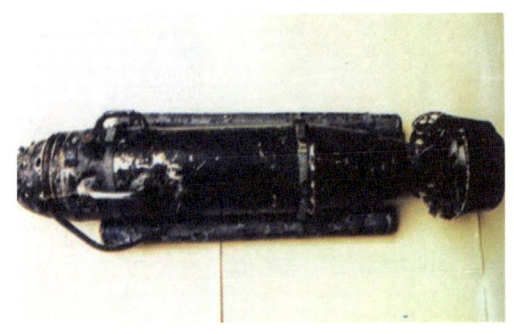

이 사건으로 아군은 사체 5구를 인양하였고, M16소총 5정과 송신기 2대, 일제 수중추진기(스쿠터) 1대 등 총 79종 682점을 노획하였다. 그러나 간첩선 검색을 위해 접근하던 해경정 73호가 간첩선의 기습사격을 받아 침몰하였다. 선원 13명은 모두 구조되었으며 침몰했던 해경정은 약 2개월 후인 1983년 10월 2일 해군 구미함에 의해서 인양되었다.

3) 독도 해역 침투사건

1983년 8월 13일 아군 함정이 독도 외곽구역을 탐색하던 중에 간첩선을 발견하여 추적 끝에 격침시킨 사건이다. 해상종합기동 시범을 위하여 편성된 특별 기동탐색단대의 강원함이 독도 외곽구역을 탐색하던 중에 60톤급 간첩선을 발견하였다. 간첩선은 강원함의 정선명령에 불응하였고 경고사격에는 응사하며 도주하였으나, 강원함에서 이륙한 ALT-Ⅲ 헬기가 유도탄 공격을 가하여 독도 동남방 37마일(약 69km) 해상에서 격침시켰다.

간첩선은 8월 12일 20:30경 원산연락소를 출발한 것으로 판단되며 노동당 조사부 원산연락소 소속으로 판단된다. 이들의 임무는 일본으로 공작원을 침투시키러 가던 중이었던 것으로 밝혀졌으며,[118] 8월 13일 09:38에 독도 동북방 43마일(약 80km) 해상에서 아군 함정에 탐지되었다. 이때 간첩선에 승선한 인원은 20명이었다.[119] 이들이 사용한 선박명은 일본 어선으로 위장하기 위하여 '朝日丸(아사히마루)'란 일본 선명을 사용하였고, 다른 활자판도 4개를 선적하여 상황에 따라서 선명을 계속 바꾸어 사용할 수 있는 준비를 하고 있었다.

4) 청사포 근해 침투사건

1985년 10월 19일 부산시 수영만으로 침투하던 간첩선을 레이더기지에서 탐지하고 해군함정이 추격하여 격침시킨 사건이다. 이 사건은 1985년 10월 19일 야간에 육군 레이더기지에서 청사포 동남방 7.1마일 해상에서 접근 중인 미식별 선박을 발견함으로써 시작되었다. 레이더기지에서는 이 상황을 해군에 통보하였고, 해군 고속정편대가 출동

---

[118] 1983년 12월 3일 다대포에서 생포된 간첩들이 이때 격침된 간첩선이 "모종의 임무를 띠고 일본으로 공작원 1명을 침투시키러 가던 중이었다."고 진술하였다는 기록이 있다.
[119] 다대포에서 생포된 간첩 전충남이 울릉도 근해에서 격침된 공작모선 침몰사건의 경위에 대해 교육을 받았는데 승선 인원이 모두 20명이었다고 들었다고 한다.

하여 의아선박을 확인하였으나 찾아내지 못했다. 이후 10월 20일 02:25경 원해로 나가는 간첩선을 레이더로 재포착하고 합동작전을 통해 이를 추격하여 05:15 영도 동남방 16.5마일 해상에서 격침시켰다.

5) 강릉 잠수함 침투사건

1996년 9월 18일 군사정찰을 위해 강릉시 강동면 안인진리 해안으로 북한 잠수함이 침투했다. 침투한 잠수함은 강릉 일대 군사 정찰을 위해 정찰조를 침투시킨 뒤 다시 정찰조를 복귀시키기 위해 해안으로 접근하던 중 좌초되었다. 잠수함 침투 인원은 모두 26명으로 1명이 생포되었고 11명이 동료들에게 학살되었으며 13명은 아군에게 사살되고 1명은 해상에서 실종되었다. *(상세한 내용은 '제5장 내륙 지역 침투 및 우회 침투' 참조)*

6) 양양 수산리 잠수정 침투사건

예인된 북한 유고급 잠수정

1998년 6월 22일 동해상에서 우리 꽁치잡이 어선이 유자망에 걸린 북한 유고급 잠수정을 발견하고 신고하였다. 해군함정이 이를 수색하고 예인하여 확인한 결과 자폭한 사체 9구와 무기를 비롯한 각종 공작 장비가 발견되었다. 이 사건은 양양 수산리 일대 해안에 공작원 남파나 무인함 설치를 위해 침투한 북한 잠수정이 복귀 중 기관고장으로 수면 가까이로 항해하다 어민들이 설치한 유자망 그물에 걸려 발견된 것으로 보인다. 이번 침투는 북한이 선박을 이용한 해상 침투에 어려움을 겪게 되자 잠수함과 잠수정을 이용하여 빈번하게 침투하고 있음을 증명한 사례이다. 이들의 소속은 노동당 작전부 313(원산)연락소[120] 소속이며 임무는 무인함 설치와 공작원 호송 및 안내로 추정되었다.

---

[120] 작전부 산하 연락소는 공작원 호송 및 안내, 무인함 설치 등을 주 임무로 한다. 해주, 남포, 원산, 청진 등 4개의 해상연락소와 사리원, 개성 등 2개의 육상연락소를 운영한다.

7) 동해시 어달동 침투사건

1998년 7월 12일 아침 동해시 어달동 해안가에서 잠수복에 총을 휴대한 변사체가 발견되어 확인한 결과 침투한 무장공비로 확인되었다. 군경은 수색작전을 전개하여 수중추진기, 납 벨트 등을 추가로 발견하였으나 해안과 해상에 대한 정밀 수색에도 불구하고 간첩선이나 공비 잔당은 발견하지 못하고 7월 21일 작전을 종료하였다.

사체를 발견한 경위는 1998년 7월 12일 09:20경 동해시 어달동 해안가에서 주민 이장수(회사원, 28세)가 잠수복에 총을 휴대한 변사체를 발견하였다. 신고자는 7월 12일 09:00경 모친 김연자(58세)를 삼화사란 사찰에 태워다 준 후에 어달동 소재 연규 횟집 앞 주차장에 승용차를 주차하던 중, 해안가에서 검은 물체를 발견하고 확인하였더니 잠수복 복장의 사체이므로 09:20경 묵호파출소에 신고하였다.

침투 인원은 노동당 원산연락소 소속의 안내 및 호송원 3명 1개 조로 판단되었으며, 수중추진기를 이용하여 침투하던 중 추진기수인 조장이 심장마비 등 불의의 사고로 사망하자 임무 수행을 중단하고 2명은 간첩선으로 복귀한 것으로 추정되었다. 이들이 최초 상륙을 기도한 지점은 사체가 발견된 해안보다 약간 북쪽 지역인 대진항 일대로 보이며 어달동에서 사체가 발견된 것은 해류의 흐름 때문으로 판단된다.

이번 침투의 특징은 양양군 수산리 잠수정 침투사건 발생 후 20일 만에 동일유형의 침투를 반복하였다는 것이다. 또한, 침투시기도 수산리 잠수정 침투사건으로 인하여 아군의 해안경계가 강화된 시기와 월광도 만월인 시기라 침투에 비교적으로 불리함에도 침투를 강행하였다. 따라서 북한은 무리해서라도 조속하게 대동 복귀시켜야 할 대상자가 있었거나 강행해야 할 공작이 있었을 것으로 추정된다.

잠수복 차림의 공비 사체(좌)와 산소통(우)

8) 기타 동해 해상 및 해안 침투사건

이 밖에도 동해를 통한 해상 침투 중 침투 당시에는 우리가 인지하지 못하였으나 여러 경로를 거쳐 추후에 침투하였다고 인지하게 된 사건들은 다음과 같다.

1991년 일자 불상에 북한의 유고급 잠수정(70톤)이 거진 해상으로 침투했으며, 1992년 여름에도 유고급 잠수정이 동해 불상 지역으로 침투했다. 1993년 10월 4일에는 주문진 해상에서 침투 중에 사고로 익사한 것으로 보이는 간첩 사체를 인양하였다. 1994년 9월 10일에도 동해 불상 지역으로 잠수정이 침투했고, 11월에도 동해 불상 지역으로 잠수함이 침투하였다. 1995년 6월에는 원산 313연락소 소속의 잠수정이 동해상으로 침투 중 고장으로 인해 행방불명되었다.

나. 서해 해상 및 해안 침투사건

1) 강화도 반잠수정 침투사건

1998년 11월 19일 간첩을 대동 복귀시키려고 강화도 해안에 침투한 북한 간첩선(반잠수정)을 발견하고 추적하였으나 11월 20일 새벽 NLL을 넘어 해주 방면으로 복귀한 사건이다. 이 사건은 1998년 11월 19일 20:05경 해군 레이더기지에서 의아물체를 포착하고 강화도 일대의 해안경계부대와 함께 이를 추적하던 중에 11월 20일 00:55분경 강화도 서북단 해안소초 감시장비에서 해안으로 접근하는 간첩선을 포착하였다. 이에 경계부대는 간첩선을 추적하였으나 간첩선이 간조 시 형성된 물골을 따라 북상 도주함으로써 감시와 추격이 제한되어 격침에 실패하였다. 간첩선은 11월 21일 새벽에 NLL을 넘어 복귀함으로써 강화도 일대에 대한 북한의 반잠수정 당야 침투공작에 취약점을 노출하였다.

침투한 간첩선은 노동당 작전부 해주연락소 소속으로 추정되고 승선 인원은 4~5명으로 판단되며 임무는 공작원 대동 복귀 또는 공작원 침투인 것으로 판단되었다. 특히, 이들이 침투한 강화군 화도면 내리 해안은 1990년 10월 간첩 이선실과 황인오 등이 강화도 해안을 통해 복귀한 지역과 약 5km로 인접해 있다. *(이후 1999년 9월 9일 국가정보원에서 발표한 '민혁당 간첩사건' 관련자 중 북한에 포섭된 간첩 하영옥은 "1998년 11월 19일 저녁 강화도 화도면 해안에서 남파간첩과 함께 밀입북하려다 간첩선이 국군에게 발각*

되어 도주하였고, 당시 남파간첩과 함께 등산복 차림으로 접선장소에 갔으나 갑자기 내린 눈 때문에 약정한 장소를 찾지 못하여 접선에 실패하였다."고 진술함으로써 당시 간첩선 침투 임무가 대동 복귀로 확인되었다.)

2) 기타 서해 해상 및 해안 침투사건

1981년 이후 서해를 통한 북한의 침투는 크게 줄었지만 강화도를 통한 침투는 오히려 증가하였다. 이는 위의 '강화도 반잠수정 침투사건'에서도 언급한 것처럼 북한이 강화도 해상의 간조 시에 소형 반잠수정에 의한 당야 침투전술을 개발하여 아군 레이더망을 회피해 왔기에 가능하였다. 아군은 1998년 11월 '강화도 반잠수정 침투사건'이 발생했을 때까지 이 전술과 강화도 침투 사실을 거의 인지하지 못하고 있었다.

추후 여러 경로를 통해 인지한 강화도 반잠수정 침투 사례는 다음과 같았다.

1990년 2월 하순에 강화도 하일리로 간첩 김낙중 등 6명이 침투하였으며, 이후에도 간첩 김낙중과 관련해서 1990년 8월 2차 침투, 10월 3차 침투, 12월에 4차 침투, 1991년 10월 5차 침투, 1992년 4월 4일 6차 침투까지 강화도를 통한 침투가 이어졌다.

1990년 10월 17일 강화도 건평리 해안으로 거물 간첩 이선실과 황인오가 침투한 안내조의 안내를 받아 입북하였고, 10월 23일에는 동일 장소로 간첩 황인오가 복귀하였다.

1991년 5월 15일 운동권 인사인 김영환과 조유식을 입북시키기 위해 강화도 건평리 해안으로 안내조가 침투했다.

TIP ▸▸ 김영환은 누구인가?

김영환은 서울대 출신의 시민운동가로 한때는 운동권에서 학생운동에 매진하며 구국학생연맹과 이후 민족민주혁명당 활동을 주도했다고 알려져 있다. 김영환은 김일성 주체사상을 운동권에 전파하고 확산시킨 인물로 '강철'이란 필명으로 널리 알려진 인물이며 그가 쓴 '강철서신'은 김일성 사상을 남한 현실에 어떻게 적용할 것인가를 논의한 것으로 당시 운동권 학생들에게 교과서와 같은 위치를 가지고 있었다고 전해진다. 그러나 1991년 김일성을 만나고 온 뒤 주체사상에 회의를 품게 되었고 이후 1995년 전향을 공식화하고 "세상이 바뀌면 시대정신도 바뀌어야 한다."고 하였으며 1997년 자신이 활동하던 민혁당을 해체하였다. 1998년 월간 '말'지에 "김일성의 수령론은 완전한 허구이자 사기극"이란 글을 기고하고 이후 새로운 시대 뉴라이트 운동의 토대가 되는 잡지 '시대정신'을 창간하였다고 알려졌으며, 현재는 북한 민주화운동과 인권운동가로 활동하고 있다고 한다.

다. 남해 해상 및 해안 침투사건

1) 부산 다대포 침투사건

이 사건은 북한이 이미 남파되어 암약하고 있던 간첩을 대동 복귀시킬 목적으로 1983년 12월 3일 밤 노동당 원산연락소 소속 안내조 2명이 부산시 서구 다대포 해안에 침투하였다가 매복하고 있던 아군 특수부대에 의해 모두 생포된 사건이다. 안내조를 상륙시키고 대기하다 기도가 노출되어 외해로 도주하는 간첩선 자선(반잠수정)도 미리 대기하던 해상전력에 의해 다대포 남쪽 약 12km 지점에서 격침되었고 반잠수정 승조원 3명도 모두 사살된 것으로 추정된다.

간첩선의 침투 경로는 11월 30일 13:00경에 원산을 출발하여 마양도 부근 해상까지 북상하였다가 대화퇴어장으로 크게 우회하여 공해상으로 남하하였다. 이들은 12월 1일 18:00경에 해상에서 중간 급유를 받은 이후 12월 2일과 12월 3일에도 계속 남하하여 공해상에서 정박하였으며, 12월 3일 17:20경 대마도 동북방 10마일 해상에 도착하여 모선과 자선을 분리하였다. 이어서 자선인 반잠수정을 이용하여 다대포 해안 900m까지 접근하였고 이후 수영으로 해안에 상륙하였다.

〈그림 7〉 다대포 간첩선 침투 경로

특징적인 것은 일본 대마도 부근 해상부터 간첩선 자선인 반잠수정을 타고 침투하였는데 이 신형 반잠수정은 최대 45노트 정도의 속력으로 이동이 가능하였다. 이들은 이태리제 해상레저용을 개조한 수중추진기(스쿠터)를 휴대하였으며, RPG-7 대전차로켓포 외에 기관총, AK소총 등 중화기를 탑재하였고, 유사시에 대비하여 자폭용 폭약(TNT 10kg)을 준비하고 있었다.

2) 제주도 온평리 침투사건

1995년 9월 2일 제주도 성산읍 온평리 해안에 상륙한 간첩 2명이 전국을 무대로 암약하다가 10월 24일 부여 정각사에서 기도가 노출되었다. 도주하던 간첩 김동식은 경찰과 교전 과정에서 부상을 입고 생포되었으며, 간첩 박광남은 10월 27일 소탕작전을 하던 군 병력에게 사살되었다. *(상세한 내용은 '제5장 내륙 지역 침투 및 우회 침투' 참조)*

3) 여수 반잠수정 침투사건

1998년 12월 17일 야간에 북한의 반잠수정이 여수 돌산도 해안에 침투하는 것을 해안경계초소에서 발견하여 추적하던 중 원해로 도주하는 것을 재포착하여 격침시킨 사건이다. 이 사건은 12월 17일 야간에 전남 여수시 돌산도에 있는 해안경계초소에서 소형 선박이 접근하는 것을 TOD 운용병이 최초로 탐지하였다. 육군은 TOD 영상을 확인한 결과 북한 반잠수정으로 추정되어 해·공군에 통보하여 합동작전을 실시함으로써 12월 18일 06:50경 욕지도 남방 56마일(약 104km) 해상에서 격침시켰다.

침투한 간첩선은 노동당 작전부 남포연락소 소속으로 판단되며 승선인원은 승조원 3명, 안내원 3명, 공작원 1명 등 총 7명으로 추정된다. 실제로 반잠수정 운용 및 공작원 대동 복귀 임무를 수행하기 위해서는 통상 작전부 소속 안내원 1개 조 3명과 승조원 3명(정장, 기관장, 통신장)이 필요한데 선체에서 공작원을 포함하여 총 6구의 사체가 나왔고 1명은 피격 당시 실종되었을 것으로 보인

인양되어 전시된 여수 반잠수정

다. 해군은 3회에 걸쳐 간첩 사체 6구와 반잠수정을 인양하였으며, 반잠수정을 비롯하여 총 182종 1,029점을 노획하였다. 아군의 인명피해는 없었으며 격침된 반잠수정을 해저 150m의 심해에서 포화잠수에 의한 방법으로 인양에 성공함으로써 함정구조분야에서 큰 성과를 거두었다. *(당시 인양된 반잠수정은 현재 침투장소 부근인 여수시 돌산읍 율림리 국도변의 반잠수정 전시관에 전시되어 관광객들에게 국가안보의 중요성을 일깨워 주는 역할을 하고 있다.)*

4) 기타 해상 및 해안 침투사건

1981년 이후 침투하는 것을 발견하여 작전을 수행하지는 못했으나 추후 여러 가지 증거나 생포 간첩의 증언 등을 통해 침투 사실을 확인한 남해 해상 및 해안 침투사건은 다음과 같다.

먼저 1984년 9월 21일 남해 상남리 해안으로 간첩 1명이 침투했고, 1988년 초에는 경남 거제도로 간첩 2명이 침투하였다.

1988년 3월 27일에는 대전 보문산에서 무인함을 발견하였으며 노획물을 분석한 결과 1985년 10월 남해안을 통해 침투한 간첩이 무인함을 설치한 것으로 조사되었다.

1989년 2월에는 거제도 갈곶리로 간첩선이 침투하여 간첩 윤택림이 침투하였다.

1990년 5월 30일에는 제주도 서귀포 보목동 해안으로 간첩 김동식이 침투했다가 이후 강화도를 통해 북한으로 복귀했다.

1991년 6월 8일에는 5월 15일 강화도에서 간첩 윤택림의 안내를 받아 입북했던 운동권 인사 김영환과 조유식의 복귀를 위해 서귀포로 간첩선이 침투하였다.

제5장

내륙 지역 침투 및 우회 침투

1. 내륙 지역 침투와 침투전술

2. 1970년 이전 내륙 지역 침투

3. 1971~1980년 내륙 지역 침투

4. 1981년 이후 내륙 지역 침투

5. 우회 침투

1. 내륙 지역 침투와 침투전술

가. 내륙 지역 침투와 전술

내륙 지역 침투는 지상·해상·공중 침투가 성공한 뒤 연결된 능선 및 계곡과 도로 또는 각종 교통수단을 이용하여 계속 내륙으로 침투하는 것이다. 여기서 내륙이라고 하면 전방군단 책임 지역 이남의 후방 지역을 말하는데 후방 지역 중에서도 바다와 접한 임해시·군·구를 제외한 지역을 뜻한다. 지상침투 이후의 내륙 지역 침투는 주로 서울·경기 지역과 춘천, 강원 남부 지역 등에서 활동할 목적으로 침투하는 공비들을 침투시켰다. 해상 침투 이후의 내륙 지역 침투는 주로 충청 이남에서 활동할 공비를 침투시키기 위해 시도하였으나, 서해상을 통한 당야 해상 침투의 경우에는 수도권에서 활동할 공비를 침투시키기 위해서도 시도하였다. 1970년대 이전에는 해상을 통해 후방 지역에 침투한 공비들도 복귀할 때는 지상으로 복귀하는 전술을 많이 사용하였다. 이에 따라 공작 기간에 복귀에 필요한 기간이 추가됨으로써 식량 및 생필품 획득과 체력 고갈로 인해 복귀에 성공하기까지에는 많은 한계가 있었다.

내륙 지역 침투는 산악지형일 경우에는 소로나 임도를 이용하는 경우가 많으며 침투로는 방향 유지 및 식별이 용이한 도로, 하천, 철도, 고압선 등을 참조할 수 있는 지형을 주로 선정하였다. 내륙 지역에서의 침투대형은 통상 일렬종대를 유지하며, 척후조-핵심조-후방척후조 순으로 침투하였다. 이때 척후조와 핵심조는 4~5m, 핵심조와 후방척후조는 1~2m 정도의 조간 거리를 유지하였다. 내륙 지역에서의 1일 야간 이동거리는 〈표 13〉에서와 같으나 일정한 것은 아니다.

〈표 13〉 1일 야간 이동거리

(단위 : km)

구 분	전방 지역(GOP사단 지역)		후방 지역(GOP사단 이남 지역)	
	야지	산악	야지	산악
노출 전	6~8	2~5	10	8
노출 후	9~10	9	14	12

내륙 지역에서는 주로 야간에 이동하나 산림이 무성한 산악지형에서는 주간에 이동

하고 야간에 휴식하기도 한다. 공비의 최대 도주능력은 주·야간 구분 없이 야지는 시간당 12~16km, 산악은 시간당 8~12km이다.

침투조 편성은 1967년까지만 해도 통상 노동당 연락부 소속 공비는 3명 1개 조로 편성하였고, 민족보위성(인민무력부) 정찰국 소속 공비는 6~7명 1개 조로 편성하였다. 그러나 1968년 침투한 124군부대는 청와대 기습 시 지휘조와 운전조는 각 3명, 5개의 습격조는 임무에 따라 각각 4~6명으로 편성하였다. 울진삼척지구 침투공비는 1개 조를 15명씩으로 편성하였으며 조장 밑에 정치부조장과 군사부조장을 두고 조원은 3개 분대에 각 4명씩으로 편성하였다. 침투목표도 노동당 연락부 소속 공비는 지방도시 부근의 농촌마을 또는 공비의 연고지를 중심으로 선정하였으나, 민족보위성(인민무력부) 정찰국 소속 공비는 유격근거지 구축을 위해 험준한 산악 지역을 중심으로 선정하였다.

나. 내륙 지역 침투전술의 변화

1960년대 중반까지 내륙 지역에 침투하는 공비들의 임무와 활동은 근거지 구축과 동조자 포섭 및 고정간첩과의 접선이 주류를 이루었다. 시기별 활동 양상은 대략 5월에는 선발대에 의한 포섭 및 접선 기간이며, 6월에는 선발대에 의한 근거지 구축, 7월에는 본대에 의한 근거지 침투, 8~9월에는 공작 활동 기간이며, 10월은 복귀 기간으로 설정하여 침투하는 전술을 사용하였다. 그러나 1968년 이후에는 후방 지역에서의 공비 활동 목적에도 변화가 있었다. 북한은 1967년 5월 유격전 전담부대인 124군부대를 창설하고 최정예요원을 선발하여 능력을 최대한 발휘할 수 있도록 특수훈련을 시켜 남파하였다. 그 결과 아군은 공비들의 야간 산악 지역 이동능력을 시간당 최대 4km로 판단하고 있었으나, 공비들은 25kg의 군장을 메고 당야에 시간당 8~10km 이상을 주파할 수 있는 능력을 보유하고 있었다.

공비들의 활동 양상도 기존의 근거지 구축과 동조자 포섭 위주 활동에서 혁명화 공작과 정찰 및 습격 활동으로 보다 적극적이고 공세적으로 변화하였다. 이렇게 변화된 활동 양상의 대표적인 사건이 1968년에 발생한 '1·21 청와대 습격사건'과 '울진·삼척 공비 침투사건'이다. '1·21 청와대 습격사건'은 지상 침투에 이어서 내륙으로 침투한 대표적인 사례이며, '울진·삼척 공비 침투사건'은 해상 침투에 이어서 내륙으로 침투한 대표적 사례이다. 1970년대 이후에는 주로 내륙 지역에 침투하여 전쟁계획 수립과 도발에 필요한 군사 정찰 위주의 활동을 하거나 동조자 포섭과 지하당 구축 활동을 하였고, 1980년대 이후에는 주로 운동권 출신 인사에 대한 포섭을 시도하였다.

2. 1970년 이전 내륙 지역 침투

가. 침투 사례와 특징

이 기간에 북한이 지상이나 해상으로 침투한 후 내륙 지역까지 종심 깊게 침투함으로써 아군은 수많은 병력이 참가하여 소탕작전을 수행해야만 했다. 북한 김일성은 1965년부터 미국이 본격적으로 베트남전에 뛰어들어 다른 곳에 눈을 돌릴 여유가 없고 국군도 베트남에 파병을 시작하자 이를 한반도 적화통일의 호기로 판단하고 1965년 후반기부터 전 전선과 후방 지역에서 게릴라전을 시작하였다. 주로 휴전선에서는 아군과 미군에 대한 침투와 습격을 시도하였고, 후방에서는 대규모 무장공비를 침투시켜 유격 근거지 구축과 사회혼란을 조성하려 하였다. 북한은 이를 위해서 전문 게릴라 양성부대인 124군부대를 창설하였고, 후방 지역에 한꺼번에 120명을 침투시킬 정도로 공세적이었다.

이 시기에 휴전선 일대 전방 군단 책임 지역과 후방에서 임해 시·군·구 지역을 통과하여 내륙 지역까지 침투했던 주요 사건은 1967년 후방 지역 동시다발 침투사건, 1968년의 1·21 청와대 습격사건과 울진·삼척 공비 침투사건 등이 있다. 이 중에서 1967년 후방 지역 동시다발 침투사건의 경우에는 1967년 6월부터 9월까지 총 19회에 걸쳐 115명이 삼척, 영덕, 영광, 목포 등 해안에 상륙하여 내륙 지역까지 침투하여 활동하였고 이들의 소탕을 위해 제2군 지역에 전방 야전군에서 증원 병력을 내려보내야 할 정도였다.

1968년 1·21 청와대 습격사건은 '1·21사태'로 불릴 만큼 당시 군사적·사회적·심리적 파장이 매우 컸다. 무장 병력 31명이 한꺼번에 휴전선을 뚫고 서울까지 내려온 것도 깜짝 놀랄 일인데 생포된 공비 김신조의 "박정희 모가지를 따러 왔수다!"란 일성은 국민들의 심리적 공포와 불안감을 더욱 고조시켰다.

1968년 11월 울진·삼척 공비 침투사건은 120명의 무장 게릴라를 동시에 한 곳으로 침투시켰다는 사실과 이를 해안에서 발견하여 저지하지 못한 해상과 해안경계에 대한 비난도 쏟아졌으나 이들이 소위 '혁명화 공작'을 수행하면서 수많은 무고한 양민을 학살함으로써 공포감과 함께 우리 국민들이 북한 공산정권에 대한 극도의 반감을 갖게 하였다.

나. 1967년 하계 후방 지역 동시다발 침투사건

1) 상황 및 배경

1967년 6월 3일 04:00경 삼척군 원덕면(현 삼척시 원덕읍) 임원리 거주 주민이 해안에서 선체가 파손되어 좌초한 선박을 발견하고 신고하였다. 이날 출동한 경찰은 좌초된 선박이 30톤급 간첩선이며 30명 정도의 공비가 상륙한 흔적을 확인하여 군경의 태백산지구 작전이 시작되었다. 제2군이 삼척 임원진 침투공비에 대해 태백산지구에서 공비 소탕작전을 시행하는 동안에 무장공비가 전남(영광, 담양 등), 전북(고창, 정읍, 순창 등), 경북(울진, 봉화, 청도 등), 강원(영월), 충북 (제천, 괴산) 등지에서 동시다발로 계속 출현함으로써 작전 지역이 전국적으로 확대되었다. 이에 따라 육군본부에서는 7월 5일부터 제2단계 작전으로 전환하여 정규사단인 제32사단(-)[121]을 태백산지구에 증원하고, 제8사단 제16연대를 호남 지역에 증원하여 9월 30일까지 공비 소탕작전을 시행하였다.

1967년 9월 5일 현재 제2군 지역에서 활동하던 공비들은 〈그림 8〉과 같이 총 23개 조 138명에 달하는 것으로 추정되었다. 이들 중 임원리 침투 공비와 같이 6월 이후 녹음기에 해안으로 침투한 공비는 19회에 걸쳐 115명이 침투한 것으로 추정된다. 당시 공비들은 대부분 노동당 연락부 소속의 공비와 민족보위성 정찰국 소속의 공비로 구분되었는데 통상 노동당 소속은 3명 1개 조로 편성되었고, 정찰국 소속은 6~7명 1개 조로 편성되었다. 공비들의 주요 침투 및 활동 지역은 태백산맥지구와 소백산맥지구, 노령산맥지구, 경상남북도 경계의 운문산, 전북의 운장산 등이었다. 태백산맥지구는 주로 삼척 매봉산, 봉화 옥석산, 영월 함백산, 단양 연화봉, 영양 일월산 지역 등이다. 소백산맥지구는 주로 월악산, 조령산 지역 등이고 노령산맥지구는 병풍산, 금성산, 추월산, 회문산, 비봉산, 추월산 등이었다.

공비들의 임무와 활동은 첫째, 유격근거지 구축이었다. 유격근거지는 기본근거지와 예비근거지로 구분되는데 기본근거지는 25~30명, 예비근거지는 7~8명 정도가 기거할 수 있는 크기로 구축할 것을 지시받았다. 또한, 복귀 시에는 그 위치와 상태를 상세하게 보고하게 함으로써 후속하여 침투하는 유격대가 사용할 수 있도록 준비하라는 임무를

---

[121] 당시의 제32사단은 충청남도에 위치한 향토사단이 아니었고 양평 지역에 위치해 있으면서 전방사단에 준하는 편성으로 이루어진 정규사단(일명 전투준비사단)에 속하였다.

받았다. 둘째는, 동조자 포섭과 접선이었다. 북한의 대남 혁명 전략은 남한 내에서 결정적 시기가 조성되면 지하당원들이 인민봉기를 일으켜야 하므로 보다 많은 동조자를 포섭하여야 하였다. 따라서 과거에는 은밀하게 간첩을 파견하여 장시간의 공작을 통해 친지나 동조세력을 규합하는 데 주안을 두었으나 이 시기에는 단시간 포섭을 위해 선전 및 선동과 함께 무력으로 위협하는 방법을 병행하였다. 이때 포섭 대상은 유격근거지 부근 독립가옥이나 2~3가구가 거주하는 산간마을에서 비교적 똑똑한 자를 대상으로 하였다.

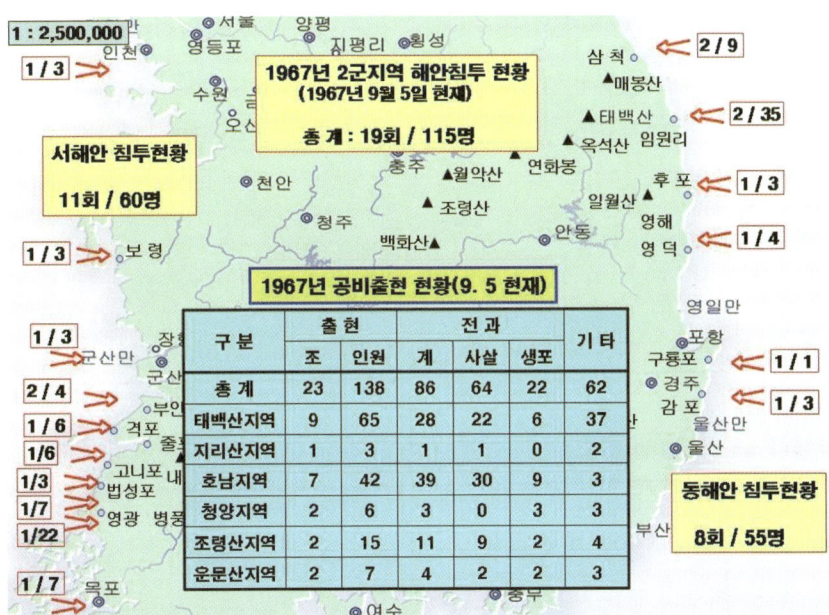

〈그림 8〉 2군 지역 해안 침투 및 공비 출현

2) 제1단계 공비 소탕

가) 개요

아군의 공비 소탕 제1단계는 1967년 6월 3일부터 7월 4일까지 제2군이 육군본부로부터 증강된 보병 1개 대대(제11사단 제20연대 7중대 + 제13연대 제2대대)와 해병 2개 대대, 공수특전단 1개 중대를 배속받아서 수행하였다. 제1단계 작전은 초기에는 주로 태백산지구에서 작전을 수행하였으나 6월 23일 전북 임실군 운수봉에서 공비 7명이 발견되면서 작전 지역이 동·서 2개 지구로 크게 확대되었다. 이에 제2군은 동·서해안을 봉쇄하고 지역사령관 책임하에 작전 지역을 태백산맥지구, 소백산맥지구, 노령산맥지구, 운문산지구, 운장산지구로 구분 설정하여 소탕작전을 계속하였다.

나) 태백산지구 공비 소탕

(1) 매봉산 839고지 공비 출현

1967년 6월 5일 00:40경 매봉산 839고지 부근에서 매복 중이던 제38사단 편의대가 10여 명의 공비를 발견하였다. 인근의 제20연대 제7중대와 제38사단 편의대 및 사단 잠정전투중대[122]가 협력하여 공비 2명을 사살하고 1명을 생포하였으나 아군도 1명이 전사하고 1명이 부상을 당하였다.

(2) 봉화 서벽리 공비 출현

1967년 6월 8일 봉화군 춘양면 서벽리에 공비 5명이 출현하여 방첩대와 경찰이 출동하였으며, 6월 9일 옥석산에서 공비와 조우하여 교전하였으나 공비는 도주하였다. 교전 과정에서 아군은 1명이 전사하고 자경대원 3명을 포함하여 5명이 부상을 당하였다.

(3) 옥석산 박달령 공비 출현

1967년 6월 13일 옥석산 북서쪽 박달령 인근에서 제36사단 매복조가 공비 1명을 발견하였으나 응사하며 도주하였다.

(4) 옥석산 구점골 공비 출현

1967년 6월 15일 옥석산 북쪽 구점골에서 주민 신고를 받고 출동한 제36사단 잠정전투 병력이 공비 2명을 사살하였다. 6월 20일에는 인근에서 잠정전투 제3중대 병력이 공비 3명과 교전하였으나 공비는 도주하고 아군은 3명이 전사, 5명이 부상을 당하였다.

(5) 삼척 은대봉 공비 출현

6월 23일 삼척 은대봉 동쪽 800m 지점에서 공비 7명이 닭을 잡아먹고 있는 것을 주민이 신고하였다. 신고를 받고 제38사단 잠정전투 제3중대가 출동하여 추격하던 중 6월 24일 삼척 하장면 한소리 절골에서 공비 2명과 교전하였으나 도주하였다.

(6) 영월 덕구리 공비 출현

1967년 6월 25일 영월군 상동면 덕구리 독립가옥 서동업 씨 집에 공비 4명이 출현하였다. 공비들은 가족을 인질로 잡고 서 씨에게 부식 구매를 요구하였다. 서 씨가 마을에

---

[122] 잠정전투중대란 향토사단은 편성 자체가 기간편성이 되어있어 전투 병력이 부족하므로 행정병까지 모두 모아서 잠정적으로 전투중대를 편성하는 것으로 통상 대대를 잠정소대, 연대를 1개의 잠정전투중대로 편성하였다.

내려와 자경대장에게 신고하여 제38사단 잠정전투 제1중대가 출동하여 4명을 모두 사살하였으나 상황을 살피러 집에 접근했던 서 씨는 공비들에게 살해당하였다.

다) 소백산지구 공비 소탕
(1) 단양 장정리 공비 출현
1967년 6월 10일 단양군 대강면 장정리에 공비 3명이 출현하였다는 첩보를 입수한 제37사단은 잠정전투 2개 중대를 출동시켜 추적하였으나 공비를 발견하지 못하였다.

(2) 조령산 공비 출현
1967년 6월 18일 중원군 상모면(현 충주시 수안보면) 미륵리에서 공비 1명을 발견했다는 주민 신고를 받고 제37사단 병력이 출동하였다. 6월 20일에는 괴산군 연풍면 행촌리에서 공비 3명이 출현하여 신고를 받은 연풍지서 경찰이 출동하였으나 분산 도주하였다. 이에 인근에 있던 제37사단 병력이 즉각 추격하여 1명을 생포하고 2명을 사살하였으며 아군도 2명이 부상을 당하였다.

라) 운문산지구 공비 소탕
(1) 청도 생금비리 공비 출현
1967년 6월 14일 청도군 운문면 신원리 생금비리 마을에 공비 2명이 출현하였다. 공비들은 주민 정두표 씨를 위협하여 부식 구매를 요구하였으나 정 씨가 운문지서에 이를 신고하였다. 6월 16일 정 씨는 출동한 군 병력을 안내하여 접선장소로 이동하던 중 신고 사실을 눈치 챈 공비들에게 살해당했으며, 군경은 교전을 통해 공비 1명을 사살하였으나 아군도 3명이 부상을 당하였다.

(2) 청도 신원리 공비 출현
1967년 6월 17일 전날 공비와 교전했던 운문령 산악 지역에 투입되었던 경찰 병력이 날이 밝아 운문면 신원리를 향해 하산하던 중 공비 3~4명으로부터 기습을 받아 경찰 4명이 전사하고 민간인 안내원 1명이 부상을 당하였다. 군경은 공비 출현 지역을 봉쇄하고 작전하였으나 공비를 발견하지 못하였다.

마) 노령산맥지구 임실 운수봉 공비 출현
1967년 6월 23일 임실군 임실면 현곡리 김정용의 집에 도둑이 들어 식량을 훔쳐가자 김 씨의 장남 김만수가 주변을 살피던 중 공비 4명을 발견하고 신고하였다. 임실경찰서 병력 13명이 출동해 공비 7명을 발견, 사격하여 1명을 사살하였고 나머지는 도주하였다. 이에 제35사단 잠정전투 제1중대가 출동하여 소탕작전을 전개, 공비 2명을 추가 사살하였으나 나머지는 도주하였다. 아군은 경찰 1명이 전사하고 군경 3명이 부상을 당하였다.

바) 운장산지구 진안 외궁리 공비 출현

1967년 6월 26일 경찰이 진안군 성수면 외궁리 버스정류장에서 공비 주철수를 생포하였다. 6월 28일에는 주민 신고로 진안군 진안면 구룡리에 공비 3명이 출현한 것을 인지한 제35사단은 최기 지역에 있던 잠정전투 제2중대를 출동시켜 3명 모두 사살하였다.

사) 제1단계 공비 소탕 결과

제1단계 작전 기간의 주요 교전 지역 및 결과는 〈표 14〉와 같다.

〈표 14〉 제1단계 작전 결과

작전지구	기간	교전 지역	전과(명)	피해(명)
태백산맥지구	06.05.~11.	삼척 매봉산	사살 2, 생포 1	전사 1, 부상 1
	06.08.~12.	봉화 옥석산	(도주 5)	전사 1, 부상 4
	06.13.	봉화 옥석산	(도주 1)	
	06.15.~21.	봉화 옥석산	사살 2	전사 3, 부상 5
	06.23.~25.	삼척 은대봉	(도주 7)	
	06.29.	영월 덕구리	사살 4	순직 1
소백산맥지구	06.11.~15.	단양 장정리	(도주 추정)	
	06.16.~17.	괴산 행촌리	사살 2, 생포 1	부상 2
운문산지구	06.16.	청도 신원리	사살 1	순직 1, 부상 3
	06.17.~23.	청도 신원리	(도주 3~4)	전사 4, 부상 1
노령산맥지구	06.23.~24.	임실 운수봉	사살 3	전사 1, 부상 3
운장산지구	06.28.	진안 구룡리	생포 1, 사살 3	

3) 제2단계 공비 소탕

가) 개요

제2군의 제1단계 공비 소탕에도 불구하고 공비의 준동이 계속되자 육군본부에서는 제1군 예하 제32사단(-)과 제8사단 제16연대를 제2군에 배속시켜 작전을 계속하게 하였다. 이에 따라 제2군은 7월 5일부터 제32사단을 제5군관구사령부에 배속시켜 태백산맥 지역에 대한 소탕작전을 전개하고, 제8사단 제16연대를 호남 지역에 대한 군관구사령부 역할을 겸하던 전투병과교육사령부에 배속시켜 호남 지역에 대한 소탕작전을 전개하는 제2단계 공비 소탕을 시작하였다. 제2단계 작전은 1967년 7월 5일부터 9월 30일까지 진행되었다.

나) 태백산맥지구 공비 소탕

(1) 영덕군 병곡면 금곡리 공비 출현

1967년 7월 8일 영덕군 병곡면 금곡리에 공비 2명이 출현한 것을 주민 신고로 인지하여 제32사단 제97연대 병력이 출동하여 1명을 생포하고 1명을 사살하였다.

(2) 봉화군 봉화면 해저리 공비 출현

1967년 7월 21일 봉화군 봉화면 해저리 바래미 마을에서 경찰 검문에 불응한 공비 2명이 도주하였다. 제32사단은 인근 응방산에서 공비와 교전하여 1명을 사살하고 1명을 생포하였으나 아군도 민간인 1명이 살해되고 미고문관과 경찰 1명이 부상을 당하였다.

(3) 영월군 화동면 놉다리 공비 출현

1967년 7월 24일 영월군 화동면 놉다리 하천에서 수 미상의 공비가 출현하여 제32사단 병력이 출동하여 작전하였다. 7월 28일 화동면 미사리에서 공비들이 통과하며 아군 매복조를 기습하여 2명이 전사하고 1명이 부상을 당하였다.

(4) 영양읍 현동 공비 출현

1967년 7월 29일 영양읍 현동 원두막에 공비 1명이 출현한 것을 주민 신고로 인지하여 제32사단 병력이 현장에 출동하였다. 주변을 수색하던 아군은 7월 30일 담배밭에서 공비 1명을 발견하고 사살하였다.

다) 소백산맥지구 공비 소탕

(1) 중원군 상모면 미륵리 공비 출현

1967년 7월 25일 중원군 상모면(현 충주시 수안보면) 미륵리에서 주민이 식량 도난 사실을 신고하였다. 제37사단은 연풍 지역에 있던 2개 소대를 투입, 수색하던 중 공비 4명과 교전하여 모두 사살하였다. 교전 과정에서 아군은 박정일 하사가 부상을 당하였다.

(2) 문경군 가은읍 공비 출현

1967년 8월 14일 문경군 가은읍 한뱀이 마을 부근에서 수상한 연기가 난다는 주민 신고를 받고 괴산군 연풍지서 경찰관 5명이 출동하여 주변을 수색하였으나 공비 4명의 기습을 받고 교전하였으며 연풍지서장이 전사하였다. 이에 제37사단 및 제36사단 잠정전투중대가 출동하여 조령산을 중심으로 작전하여 8월 15일 공비 1명을 사살하였으나 3명은 도주하였다. 교전 과정에서 아군도 2명이 전사하고 1명이 부상을 당하였다.

(3) 옥천군 군북면 추소리 공비 출현

1967년 8월 18일 옥천군 군북면 추소리에 공비 2명이 출현한 것을 주민이 신고하였다. 이에 옥천경찰서 경찰 28명과 때마침 부근에 주둔 중이던 제702공병중대 병력이 출동하여 주변을 수색하던 중 8월 19일 인근 석호리에서 발견하고 모두 사살하였다.

(4) 문경군 문경읍 중평리 공비 출현

1967년 8월 20일 충북과 경계 지역인 문경군 문경읍 중평리 새마을에 5~7명의 공비가 출현하였다. 이에 제3군관구사령부에서는 제36사단과 제37사단 잠정전투부대를 출동시켜 소탕작전을 전개하였다. 제37사단 잠정전투부대는 8월 21일 제천군 덕산면 억수리 하설산으로 이동하는 공비를 발견하고 추격하여 공비 7명(추정) 중 1명을 사살하였으나 나머지는 도주하였다.

(5) 제천군 청풍면 도화리 공비 출현

1967년 8월 25일 제천군 청풍면 도화리 나루터 부근에서 주민이 물에 떠내려 오는 공비 유실물을 발견하고 신고하였다. 이에 아군은 공비들이 남한강을 건너 북상하는 것으로 판단하고 제천-봉양-충주에 이르는 도로를 차단하였다. 제37사단은 8월 29일 봉양읍 주포리에서 공비 1명을 사살하였으며, 계속 북상 도주하던 공비들은 8월 31일 봉양읍 옥전리와 명암리 일대에서 제1군 예하 제106공병대대에서 1명을 사살하고, 통신가설대대에서 2명을 생포하였다.

라) 노령산맥지구 공비 소탕

(1) 장성군 서삼면 송현리 공비 출현

1967년 7월 5일 00:30경 장성군 서삼면 송현리에 공비 16명이 출현하여 병풍산 방향으로 이동하였다는 신고가 장성경찰서에 접수되었다. 전남도경찰국 기동대가 출동하여 공비를 추격하는 가운데 7월 5일 09:20에 경찰 수색조는 장성면 야은리에서 공비 2명을 발견하고 교전하여 1명을 사살하고 1명을 생포하였으나 경찰관 3명도 부상을 당하였다.

(2) 담양군 용면 금성산 공비 출현

장성에 출현했던 공비들이 담양 금성산 방향으로 이동한다는 징후를 확인한 제31사단은 금성산 지역에 잠정전투부대와 제8사단 제16연대 제2대대를 투입하여 소탕작전을 전개하였다. 그 결과 1967년 7월 9일 금성산에서 공비 2명을 사살하였으며 아군도 1명이 전사하고 1명이 부상을 당하였다.

(3) 담양군 용면 견양동 공비 출현

1967년 7월 16일 담양군 용면 견양동에서 공비들이 식량과 닭을 절취했다는 신고가 용면지서에 접수되었다. 이에 군경은 즉각 출동하여 추월산 일대를 수색하였으며, 7월 17일까지 3회에 걸쳐 교전하여 공비 3명을 사살하였다.

(4) 정읍군 산내면 매죽리 공비 출현

1967년 7월 18일 정읍군 산내면 매죽리에서 공비들이 보리쌀을 훔쳐갔다는 신고가 접수되었다. 제35사단 잠정전투부대와 제8사단 제16연대 제1대대는 공비가 도주했을 것으로 판단되는 왕자산 일대를 포위하였다. 이날 야간 22:45에 왕자산 북쪽 목욕리에서 매복조가 공비 4명을 사살하였고, 7월 19일 01:10경에는 왕자산 서북쪽 칠보면 시산리에서 공비 1명을 추가 사살하였다.

(5) 정읍군 옹동면 매정리 공비 출현

1967년 7월 19일 정읍군 옹동면 매정리에서 공비 3명이 출현한 것을 주민이 신고하였다. 군경은 도주 방향인 비봉산 일대를 차단하고 공비를 추격하여 비봉산 서쪽에서 공비 2명을 사살하고 1명을 생포하였으며 아군은 경찰 1명이 부상을 당하였다.

(6) 순창군 복흥면 주평리 공비 출현

1967년 7월 22일 순창군 복흥면 주평리 신적골 외딴집에 공비 1명이 출현한 것을 군경이 합동으로 사살하였다.

(7) 고창군 성송면 하고리 공비 출현

1967년 7월 29일 고창군 성송면 하고리 양사동 마을을 찾아온 공비 강오봉이 친지들의 권유로 성송지서에 자수하였다. 강오봉으로부터 공비 2명이 인근 삼태봉에 은거하고 있다는 사실을 확인한 군경은 삼태봉을 포위하고 수색하여 공비 2명을 사살하였다.

마) 지리산지구 공비 소탕

1967년 7월 8일 하동군 화개면 범왕리 뒷산에 공비 6명이 출현하였으나 매복작전 실패로 모두 도주하였다.

바) 제2단계 공비 소탕 결과

제2단계 작전 기간의 주요 교전 지역 및 결과는 〈표 15〉와 같다.

〈표 15〉 제2단계 작전 결과

작전지구	기간	교전 지역	전과(명)	피해(명)
태백산맥지구	07.07.~09.	영덕 금곡리	사살 1, 생포 1	
	07.21.	봉화 해저리	사살 1, 생포 1	순직 1, 부상 2
	07.24.~28.	영월 놉다리	(도주)	전사 2, 부상 1
	07.29.~30.	영양읍 현동	사살 1	
소백산맥지구	07.25.~29.	제천 미륵리	사살 4	부상 1
	08.14.~09.21.	괴산 분지리	사살 1	전사 3, 부상 1
	08.19.~20.	옥천 추소리	사살 2	
	08.21.~26.	제천 하설산	사살 1(도주 6)	
	08.26.~09.03.	제천 봉양리	사살 2, 생포 2	부상 1
노령산맥지구	07.05.~08.	장성 야은리	사살 1, 생포 1	부상 3
	07.09.	담양 금성산	사살 2	전사 1, 부상 1
	07.16.~17.	담양 추월산	사살 3	전사 1, 부상 3
	07.18.~19.	정읍 목욕리	사살 5	
	07.19.	정읍 비봉산	사살 2, 생포 1	부상 1
	07.23.	순창 주평리	사살 1	
	07.29.	고창 삼태봉	사살 2	전사 1, 부상 1
지리산지구	07.14.~09.15.	하동 범왕리	(도주 4)	부상 1

4) 공비 소탕 결과

1967년 하계 제2군 지역 동시다발 공비 침투사건은 그 침투규모와 광범위한 작전 지역 면에서 지금까지 유래를 찾을 수 없었던 침투사건이었다. 따라서 즉각 전투가 가용한 병력이 턱없이 부족했던 제2군으로서는 북한의 동시다발 침투에 효과적인 대처가 곤란하였다. 그럼에도 불구하고 제2군은 민·관·군·경의 통합된 노력과 반공 및 향토수호 정신으로 무장한 고 정두표[123] 님과 같은 주민들의 헌신과 희생으로 〈표 16〉에서와 같이 많은 전과를 거두었고 북한의 침투목적과 기도를 모두 분쇄하였다.

운문산 고 정두표 추모비

〈표 16〉 지구별 침투공비 출현 및 전과 현황

(단위 : 명)

구분	공비 출현		전 과			1군 도주	2군 잔류
	조	인원	계	사살	생포		
총 계	23	138	86	64	22	27	25
태백산맥지구	9	65	28	22	6	23	14
소백산맥지구	2	15	11	9	2	4	
노령산맥지구	7	42	39	30	9		3
운문산지구	2	7	4	2	2		3
지리산지구	1	3	1	1			2
청양지구	2	6	3		3		3

작전 종료 시점에서 군경의 전과는 86명(사살 64명, 생포 22명)에 달하였고, 제1군 지역으로 도주한 공비는 27명, 제2군 지역 잔류인원은 25명 정도로 판단되었다. 작전 간 아군과 민간인 피해는 전사 및 순직 42명(군 23명, 경찰 8명, 민간인 11명)과 부상 55명(군 30명, 경찰 11명, 민간인 14명)이었다.

---

[123] 고 정두표 님은 운문산 아래 생금비리에 거주하던 주민으로 1967년 청도군 운문산 지역에 침투하여 유격근거지를 구축 중이던 공비들의 위협에도 불구하고 신고하였으며, 출동한 군경을 선두에 서서 안내해 가다가 이를 눈치챈 공비들의 사격을 받아 현장에서 순국하였다.

다. 1·21 청와대 습격사건

1) 상황 및 배경

1968년 1월 17일 북한이 대한민국의 대통령을 살해하고 사회혼란을 조성하기 위해 특별히 양성한 124군부대 소속 무장공비 31명을 침투시켰다. 공비들은 청와대를 목표로 전진하여 군경의 방어선을 뚫고 1월 21일 서울시내 청와대 인근까지 접근하였다가 아군의 저지를 받고 분산 도주하였다.

청와대 습격을 위해 북한은 총 31명의 군관으로 습격대를 편성하였다. 습격대의 조 편성은 지휘조와 운전조를 3명으로 편성하고 습격 1조부터 5조까지는 임무에 따라 4~6명으로 편성하였다. 무기는 개인별로 체코제 기관단총 1정에 실탄 300발, 권총 1정, 대전차수류탄 1발, 세열수류탄 8발, 단도 1개씩을 휴대하였다. 그 밖에 무전기 2대, 수신용 라디오 2대, 쌍안경 3대, 암호문 5조 등을 휴대하였다.

〈그림 9〉 1·21사태 공비 침투 경로

침투시기를 혹한의 1월로 선정한 것은 임진강 결빙으로 도하에 용이하고 한겨울에 침투한 사례가 적어 기습에 유리하다는 판단에서였다. 공비들은 서부전선을 지키던 미 제2사단 지역의 철책을 뚫고 침투하였으며, 1월 19일 파주 법원리 초리골에서 나무를 하던 우 씨 4형제에게 발견됨으로써 침투사실이 알려지게 되었다.

2) 침투공비 소탕작전

작전 초기에 아군은 공비들이 청와대를 기습하려고 침투한다는 사실을 누구도 예상 못하고 안일하게 대응하는 사이 공비들은 1월 21일 저녁 청와대 근처 청운동까지 진출하였다. 1월 21일 저녁 청와대 인근 청운동까지 진출한 공비들은 최규식 종로경찰서장 일행의 저지를 받았으나 경찰서장을 살해하고 계속 청와대로 진격하던 중 경복궁 후문 부근에 주둔하던 수도경비사령부 예하 경비대대 병력들이 출동하여 교전이 벌어졌다. 이후 청와대 습격이란 임무 수행이 불가능해진 공비들은 군과 교전하면서 지나가는 버스에 수류탄을 던지고 무고한 시민을 학살하는 등의 만행을 저지르며 각자 분산 도주하기 시작하였다.

고 최규식 경무관 동상

이때 군은 전선 지역의 제25사단과 미 제2사단이 철책과 임진강 지역을 봉쇄하는 동시에 종심 지역에서는 제6군단과 제26사단이 송추로 즉각 출동하여 공비들의 퇴로를 차단하였다. 그리고 인왕산과 북한산 지역은 수도경비사령부와 공수특전단, 제6관구사령부와 제30사단 병력 등이 투입되어 수색 및 차단작전을 전개하였다. 이후 육군은 제1사단을 양주 일대로 추가 투입하여 법원리와 동두천을 연하는 선에서 차단선을 추가 구축하고 소탕작전을 전개하였다.

제1사단은 1월 23일 저녁 양주 및 의정부 일대에 전개하였으며, 1월 24일 아침부터 북노고산에서 공비들과 교전하여 제15연대장(이익수 대령)을 비롯한 많은 인명피해가 발생하였다. 이는 1월 23일 저녁 가평에서 이동하여 작전 지역에 배치된 제15연대가 생소한 지형에서 새벽부터 곧바로 공비와 교전하게 되었기 때문이었다. 또한, 당시 공비들은 아군이 구축해 둔 진지와 교통호를 이용하여 엄폐된 상태에서 은폐 및 엄폐물이 없이 경사지에 무방비로 노출된 아군을 공격함으로써 아군 피해가 증가하였다. 기간 중 서울 북서쪽으로 분산 도주한 공비 소탕작전은 주로 제6군단장(중장 이세호)의 지휘 아래 진행되었으며 주요 교전 지역 및 교전 결과는 〈표 17〉과 같다.

〈표 17〉 1·21 청와대 습격사건 주요 교전 결과

일자	교전 지역(부대)	전과(명)	피해(명)
01.21.	청운동(경찰/수경사)	생포/자폭 1	전사/순직 4, 부상 2
01.21.~22.	홍제동/세검정(일방적 만행)	도주	사망 2, 부상 3
01.22.	북악산(수경사)	사살 4	부상 6
01.22.	인왕산(30사단)	생포 1	
01.22.	북한산 매미골(26사단)	도주	전사 1
01.23.	북한산 못절리(26사단)	도주(5~6명)	
01.23.	양주 장흥 일영리(26사단)	사살 1	
01.24.	양주 광적 북노고산(26사단)	사살 2	전사 1, 부상 3
01.24.	양주 장흥 사패산(26사단)	사살 2	전사 2
01.24.	양주 회암고개(259수자대)	사살 1	전사 2, 부상 3
01.24.	포천 설운리(1110야공단)	사살 1	전사 1, 부상 1
01.24.	양주 북노고산(1사단)	사살 3	전사 13, 부상 18
01.25.	양주 백석 기산리(26사단)	사살 1	
01.24.~25.	파주 법원읍 금곡리(미2사단)	사살 2	
01.25.	파주 파평산(25사단)	사살 1	
01.26.	양주 광적 비암리(26사단)	사살 1(조장)	
01.26.	파주 파평 늘노리(25사단)	사살 1, 도주 1	
01.27.	양주 장흥 석현리(26사단)	사살 1	
01.26.~27.	파주 개목동·갈산동(미2사단)	사살 1	전사 1
01.27.	파주 파평산(25사단)	사살 1	
01.31.	파주 광탄 오산동(26사단)	자폭 1	

3) 도주한 공비의 활동과 교전 결과

가) 서울시 침투 및 교전

(1) 청운동 최초 교전

1968년 1월 21일 저녁 청운동까지 진출한 공비들은 종로경찰서장의 검문과 저지를 받자 총격을 가해 살해하고 계속 청와대로 진출하려 했으나 총소리를 들은 수경사 30경비대대 병력들이 달려 나오며 교전이 벌어졌다.(이때 대대장은 전두환 중령, 작전과장이 장세동 소령으로 대대본부에서는 81밀리 박격포 조명탄을 발사하여 공비들을 심리적으로 위축시켰다.) 이 교전에서 공비들은 때마침 지나가는 버스에 수류탄을 투척하여 청운중학교 학생 1명과 회사원 1명을 살해하고 운전기사와 안내양에게 부상을 입혔다. 이때 공비 대열 후미에서 정치부조장 김춘식을 따라 걸으며 체포 기회를 엿보던 종로경찰서 박태안, 정종수 형사가 김춘식을 쓰러트려 수갑을 채웠으나 도주하던 공비들의 사격으로 정종수 형사가 전사했다. 생포되었던 김춘식은 치안본부로 끌려가 복도에서 무장을 해제하던 중 외투 속에 숨겨둔 수류탄이 터져 폭사하였다.

(2) 세검정 및 홍제동 도주 공비 만행

1월 21일 밤부터 22일 새벽까지 청운동에서 분산 도주하던 공비들은 추격을 따돌리고 혼선을 주기 위해 지나가는 버스에 수류탄을 투척하고 무차별 기관단총을 난사하는 만행을 저질렀다. 공비 만행으로 버스 3대가 파괴되었고 홍제동에서 민간인 2명이 살해되었으며, 세검정에서도 순경 1명과 민간인 2명이 부상을 당하였다.

북악산 교전 흔적 소나무

(3) 북악산 도주 공비

1월 22일 오전에는 북악산으로 도주한 공비들을 수경사 제30경비대대 병력이 1명을 사살하고, 제33경비대대 병력이 3명을 사살하였다. 교전 과정에서 아군도 6명이 부상을 당하였다. *(지금도 북악산 등산로를 걷다 보면 당시 교전의 흔적으로 총탄에 맞은 소나무와 바위들을 볼 수 있다.)*

(4) 인왕산 도주 공비

1월 21일 청운동에서 분산 도주한 공비 일부는 길 건너편 경복고등학교를 거쳐 인왕산 방향으로 도주하였다. 그중 한 명이 생포된 김신조였다. 그는 동료 2명과 인왕산 중턱을 거쳐 세검정 방향으로 도주하였다. 동료들과 떨어져 세검정으로 숨어든 김신조는 제30사단 병력들에 의해 1월 22일 03:00경 포위되었고 도주 가능성이 없자 수류탄을 들고 자폭하려 하였으나 제90연대 제3대대장의 설득으로 수류탄을 버리고 투항하였다. 1월 22일 새벽부터 인왕산 지역은 수경사 제5헌병대대 병력들이 투입되어 샅샅이 수색하였다.

나) 도주 공비 서울시계 출현
(1) 고양군 효자동 효자비 부근 출현

1968년 1월 22일 09:00부터 제26사단 병력들이 주간에 비봉 일대를 수색하고 일부는 구파발에서 송추, 송추에서 의정부에 이르는 도로를 따라 병력을 배치하여 공비도주로를 차단하고 있었다. 1월 22일 22:50경 효자동 효자비 일대에 배치된 매복조가 수 미상 공비들이 북한산에서 남노고산[124] 방향으로 이동하는 것을 발견하였으나 공비를 사살하지 못하고 오히려 공비들의 선제사격으로 1명이 전사하였다.

(2) 고양군 신도면 진관외리 출현

1968년 1월 23일 01:20경 진관외리 1.5km 동쪽 130고지 일대에서 수 미상 공비들이 남노고산 방향으로 이동하는 것을 제26사단 매복조가 발견하고 사격하였으나 공비들은 기관단총으로 응사하며 도주하였다.

(3) 양주군 장흥면 일영리 출현

1968년 1월 23일 07:20경 장흥면 일영리 샛말에 공비 1명이 출현한 것을 민간인이 신고하여 제26사단 병력들이 추격하여 13:40경 사살하였다. 이날 차량으로 도주한 것으로 판단되는 공비 1명이 파주군 법원읍 동문리에서 경찰에 의해 사살되어 일부는 이미 아군 봉쇄선을 돌파한 것으로 보였다.

124　작전 지역에 노고산 지명이 두 군데 있다. 하나는 북한산 비봉 서쪽의 고양시에 있고, 하나는 북쪽 양주시 광적면에 있다. 따라서 편의상 고양시 노고산을 남노고산, 양주시 노고산을 북노고산으로 칭하였다.

다) 도주 공비 양주 지역 출현

(1) 양주군 백석면 연곡리 출현

1월 24일 04:20경 양주군 백석면 연곡리 게네미고개 일대에서 제26사단 매복조가 공비 4~5명이 접근하는 것을 발견하고 사격하였으나 공비들은 북노고산 방향으로 도주하였다. 그러나 때마침 눈이 내린 뒤라 발자국이 찍혔고 이를 따라 공비를 추격한 아군은 북노고산 부근에서 공비를 포착하여 2명을 사살하였으나 3명은 도주하였다.

(2) 양주군 광적면 북노고산 출현

1968년 1월 23일 제1사단은 제6군단에 배속되어 가평에서부터 부대 이동을 실시하여 법원리에서 회천을 연하는 차단선을 점령하고 앵무봉, 은봉산, 북노고산 일대의 공비 예상도주로를 다중 차단하였다. 1월 24일 07:20경부터 제26사단 병력에게 쫓겨 북노고산으로 도주한 공비 3명이 제1사단 제15연대 병력에게 최초로 발견되었다.

연대는 북노고산 북쪽 도로에 제2대대가 배치되어 차단작전을 하고 있었으므로 연대 전투지원중대와 수색중대를 능선을 따라 추가 투입하였다. 08:40에 제8중대 병력이 공비와 조우하여 교전하였고, 09:50에 제6중대가 공비와 교전하여 1명을 사살하였으나 공비들은 아군이 구축한 교통호에 들어가서 경사지에 그대로 노출된 아군을 조준사격하여 사상자가 발생하고 있었다. 이에 10:40경 수색중대가 접근하여 교전했으나 중대장이 전사하였고, 이어서 부근에 있던 연대장(이익수 대령)이 직접 지휘하여 공비에게 접근을 시도하다 연대장마저 전사하였다.

북노고산 교전 시 노출된 장병들

12:30경 연대장이 현장지휘를 하다 전사한 가운데 현장지휘관이 된 제2대대장은 10명의 특공조를 편성하여 정면공격을 시도하였으나 특공조 조장도 전사하였다. 14:40경 공비들이 정면에서 공격하는 아군에게 집중하는 사이 측방에서 접근하던 전투지원중대가 공비 2명을 모두 사살하였다. 결국 제15연대는 공비 3명을 사살하였으나 연대장을 비

롯하여 13명이 전사하고 18명이 부상하는 큰 피해를 입었다.

(3) 양주군 장흥면 사패산 출현

1968년 1월 24일 양주군 장흥면 울대리 민가에 공비가 출현한 것을 주민이 인근 제26사단 병력들에게 신고하였다. 제76연대 제3대대 기동타격소대가 사패산 방향으로 발자국을 추격하여 동굴 안에 숨어있던 공비 2명을 사살하였으나 아군도 1명이 전사하였다.

(4) 양주군 주내면 삼숭리 출현

1968년 1월 24일 06:00경 양주군 주내면 삼숭리 민가에 공비가 출현한 것을 주민이 인근 제26사단 훈련장에 신고했다. 이에 훈련장 경계병들과 제73연대 전투지원중대가 출동하여 추격하였다. 1월 24일 09:40경 아군에게 쫓긴 공비 1명은 북쪽으로 도주하다 제259수송자동차대대로 난입하여 최후 발악을 하다가 사살되었으나 아군 2명이 전사하고 3명이 부상을 당하였다. 공비 1명은 포천 방향으로 도주하였으나 제1110야전공병단 병력이 출동하여 1월 24일 10:10경 포천 설운리에서 사살하였다. 교전 과정에서 1명이 전사하고 1명이 부상을 당하였다.

(5) 양주군 백석면 안고령 출현

1968년 1월 25일 21:30경 백석면 안고령 일대에서 매복작전을 수행하던 제26사단 제75연대 병력들이 앵무봉 방향에서 산을 내려오던 공비 1명을 사살하였다.

(6) 양주군 광적면 비암리 출현

1968년 1월 26일 00:30경 양주군 광적면 비암리에서 제26사단 제75연대 병력들이 매복작전 중에 소하천을 건너오는 공비 1명을 사살하였다. 이 공비는 조장 김종웅 상위로 밝혀졌으며 공비의 수류탄 공격으로 아군도 1명이 전사하고 2명이 부상을 당하였다.

(7) 양주군 장흥면 석현리 출현

1968년 1월 27일 장흥면 석현리에 공비 1명이 출현한 것을 주민이 지서에 신고하여 경찰과 방첩대 병력이 출동하였다. 헛간 볏짚 속에 숨어있던 공비는 군경의 사격에 의해 볏짚이 발화하면서 휴대한 수류탄이 터져 폭사하였다.

라) 도주 공비 파주 지역 출현

(1) 파주군 파평산 남쪽 출현

1968년 1월 24일 18:20경 파평산 남쪽인 파주군 문산읍 이천리에서 미 제17포병대대 병력이 공비 1명을 사살하였다.

1월 24일 23:00경에는 파주군 파평면 금곡리에서 미 제23연대가 공비 2명과 교전하여 1명을 사살하였으나 1명은 도주하였다.

1월 25일 04:00경 미 제23연대는 전날 밤 사살장소로부터 약 1km 남쪽에서 공비 1명을 추가 사살하였다.

1월 26일 08:30경 파평면 금곡리 개목동에서 미 제23연대 병력들이 수 미상의 공비와 교전하였으나 미군 1명이 전사하고 공비는 도주하였다.

(2) 파평산 북쪽 공비 출현

1968년 1월 25일 03:40경 파평산 북쪽 파평면 눌노리에서 제25사단 제71연대 병력들이 매복작전을 수행하던 중 공비 1명을 발견하였으나 매복조 전방에서 도주하였다. 07:00부터 파평산에 대한 수색작전을 하던 아군은 중턱에서 공비 1명을 사살하였다.

1968년 1월 26일 01:10경 제25사단 제71연대 병력들이 파평산 북쪽 전술도로에서 공비 2명을 발견하고 사격하였으나 분산 도주하였다. 이 중 공비 1명은 07:30경 장파리 북쪽에서 임진강을 넘어 도주한 것을 확인하여 미 제2사단에 통보하였다. 공비 1명은 1월 26일 11:20경 눌노리에서 민간인 포수를 대동하고 수색하던 방첩대와 제71연대 병력들이 사살하였다.

1968년 1월 27일 04:40경 제71연대 병력들이 매복작전 중 파평산 미타사 전방 삼거리에서 공비 1명을 발견하고 사살하였다.

(3) 파주군 광탄면 발랑리 출현

1968년 1월 30일 저녁 파주군 광탄면 발랑리 오산동 김중철(78세) 씨 집에 공비 1명이 나타나 침식 제공을 요구하였다. 김 씨는 공비를 안심시켜 재우고 인근 부대에 신고하였다. 이에 1월 31일 미 제2사단 기동타격대와 제75연대 대간첩작전소대가 출동하여 투항할 것을 권한 후 위협사격을 가하자 공비가 가지고 있던 수류탄으로 자폭하였다.

(4) 동사 직전 공비 법원리 출현

1968년 2월 3일 13:40경 파주군 천현면(현 파주시 법원읍) 법원리 초리골 뒷산에서 나무꾼의 신고로 동사 직전의 공비 1명을 천현지서 경찰관들이 출동하여 사살하였다.

마) 도주 공비 비무장지대 인근 출현

1968년 1월 26일 09:30경 수 미상의 도주 공비가 최초의 공비 침투지점이었던 연천군 장남면 반정리 북동쪽 갈산동에 출현하였다. 미 제38연대 병력들이 공비들과 교전하여 1명을 사살하였으나 나머지는 도주하였다. 이때 교전장소로부터 약 6km 서쪽 방목리 일대 비무장지대에서 수 미상의 북한군이 군사분계선을 넘어와 미군을 공격하여 포병 사격으로 격퇴하였다. 이후에도 북한군은 미 제2사단 지역에서 1월 29일까지 총 6회의 침투와 도발을 시도하여 공비들의 복귀를 지원하는 양동작전을 펼쳤다.

4) 작전 결과 및 영향

작전 결과 침투한 공비 31명 중 27명을 사살하고 1명을 생포하였으며 3명은 행방이 불명인 채로 작전이 종결되었다. 따라서 작전 종료 시 전과는 〈표 18〉에서와 같이 총 28명(생포 1명, 사살 27명)으로 기록되었다. 그러나 작전 종료 이후 미 제2사단 지역인 임진강에서 부패한 공비 사체 1구가 발견되어 행방불명자는 2명으로 줄었으며 이들은 북한으로 복귀한 것으로 추정된다.

〈표 18〉 1·21 청와대 습격사건 전과 현황

구분	계	1군						30사단	수도경비사	미2사단	경찰
		1사단	25사단	26사단	1110 공병	259 수송	소계				
전과 (명)	28 (생포1)	3	3	9	1	1	17	1(생포)	4	4	2

작전간 아군과 민간인 피해는 전사 및 순직자를 포함하여 사망 34명, 부상 51명에 달하였다.[125]

1·21 청와대 습격사건에서 북한의 침투는 그동안 시도했던 침투사건과는 전혀 다른

---

125 작전 직후의 제1군사령부 '남침공비 소탕작전 교훈'에는 전사 및 사망자 30명에 부상자 52명으로 기록하고 있으나 연구 결과 부상자 52명 중 경찰 1명이 며칠 후 병원에서 사망하여 부상자 1명을 감소하고 전사자를 증가시켰다. 또한 제6군단 '전투상보' 기록에 의해 제1사단의 비전투 순직자 3명을 사망자 현황에 추가하였다.

형태의 새로운 방법으로 기습을 달성했다.

1·21 공비 침투 재연 안보관광지

첫째, 침투시기 면에서 우리 군이 침투하지 않을 것이라고 판단하고 있는 혹한기 1월에 대거 침투하였다. 북한은 동계에는 녹음기에 비해 아군 경계가 소홀하다는 점과 임진강이 결빙되어 도강이 자유롭다는 점 등 우리의 취약점을 역이용했다고 볼 수 있다.

둘째, 목표 면에서 북한은 습격목표를 청와대로 선정하였다. 북한은 1965년 대남 전략을 폭력투쟁 전략으로 전환한 이후 대남 도발 수위를 높여왔다. 북한은 1967년부터 대한민국 영토 내에서 지하당 조직과 유격 활동의 가능성을 시험하고 기반을 닦는 해로 선정하여 대남 침투 및 도발을 대폭 강화시켜 왔다. 따라서 주로 비무장지대에서의 GP 습격 및 경계병 암살, 철로 폭파, 후방 지역에서의 해상 침투와 유격근거지 구축 활동 등을 위주로 도발을 자행했다. 그러나 이번 사건은 전례 없이 대한민국의 심장부인 수도 서울, 그것도 대통령이 위치한 청와대를 목표로 침투와 습격을 감행하였다는 점에서 전 국민에게 심리적인 공포와 충격을 안겨주었다.

셋째, 편성 및 훈련 측면에서 기존의 소수 인원 분산 침투에서 탈피하여 전원 고도의 특수훈련을 받은 군관으로 31명의 집단 습격조를 편성하였다. 이들은 중무장(기관단총 1정, 권총 1정, 대전차수류탄 2발, 수류탄 8발, 단도 1개 등)하고도 야간에 시간당 최대 8~10km의 초인적인 행군속도로 강행군함으로써 아군의 상황판단에 혼란을 가져왔다.

넷째, 침투 및 복귀로 측면에서 목표까지 단거리 침투로를 선정하고 상대적으로 경계에 취약한 한국군과 미군의 경계 지역으로 침투하였다. 그리고 습격 완료 후 복귀로는 청와대 차량을 탈취하여 1번 도로를 이용해서 경광등을 켜고 청와대 고위 인사의 이동인 것처럼 위장하여 전속력으로 도주한다는 대담한 구상을 하였다.

다섯째, 침투방법 면에서 공비들은 군복 위에 사복 외투를 걸쳐 군복과 사복을 혼합 착용함으로써 상황에 따라 융통성 있게 대처할 수 있도록 하였다. 복장을 우리 기관원이나 훈련부대인 것처럼 가장하였고 검문을 받았을 때는 대담하고 침착하게 기관원으로 사칭하였다. 따라서 이번 북한의 청와대 기습은 침투시기, 침투목표, 침투규모와 방법 등에서 기존과는 전혀 다른 형태의 새로운 시도였다고 평가할 수 있다. 그리고 이러한 새로운 전술에 기습을 당한 아군 입장에서는 대응작전에 많은 취약점을 드러냈다.

　국가적으로 큰 파장을 불러온 1·21 청와대 습격사건의 영향은 다음과 같았다.
　첫째, 침투공비의 기습 달성으로 이후 아군의 대응능력 향상과 대비태세 보완의 계기가 되었다.
　둘째, 경기도 및 수도 서울에 대한 전·평시 군경과 한국군·미군 간의 책임 지역과 지휘체계 상의 제반 문제점을 보완하는 전환점이 되었다.
　셋째, 향토예비군 창설과 무장화를 촉진하였다. 정부는 2월 27일 향토예비군설치법을 제정하였고 3월 7일 시행령을 공포하였으며, 4월 1일 향토예비군 창설식을 거행하였다.
　넷째, 국가안보에서 미군 중심의 의존적 국방태세에서 자주적 국방태세로 인식의 전환과 실질적인 자주국방태세를 강화하고 촉진하는 계기가 되었다.
　다섯째, 대간첩대책본부를 최초로 구성 및 운영하였고, 이후 조기에 국가 대간첩대책 기구의 조직과 기능을 강화하는 계기가 되었다.
　여섯째, 군사대비태세 강화 및 국민 안보의식이 크게 향상되었다. *(이때 군사대비태세 강화책으로 '대통령훈령 제19호, 무장공비봉쇄지침'이 하달되었고, 1968년 3월 10일 국방부 일반명령에 의거 제2군사령부 관할 지역 예비사단에 각 1~2개 대대씩 20개의 전투대대를 창설하였으며, 북한 124군부대처럼 강인한 초급장교 육성을 위해 1968년 10월 15일 육군3사관학교를 창설하였다. 이 밖에도 진행 중이던 남방한계선 목책을 철책으로 바꾸는 공사도 서둘러 1968년 6월에 모두 완공하였고, 모든 GP를 비롯하여 전방 중요 지역에 영구 축성진지 공사를 추진하여 1971년까지 1차 완료하였다. 그리고 범국가적으로 '주민등록증' 발급사업을 서둘러 1968년 11월 21일부터 만 18세 이상에게 의무적으로 발급하였다.)*

라. 울진·삼척 무장공비 침투사건

1) 상황 및 배경

　울진·삼척 무장공비 침투사건은 1968년 10월 30일과 11월 1일, 11월 2일 등 3차에 걸쳐 무장공비 120명이 울진군 북면 나곡리와 삼척군 원덕면 월천리 경계의 고포 해안으로 침투한 사건이다.

<그림 10> 울진·삼척사건 공비 침투 해안

 침투한 공비들은 1개 조에 15명씩 8개의 침투조로 편성되었다. 조별 편성은 조장(대위)과 군사부조장(상위) 및 정치부조장(중위)으로 구성된 지휘부와 예하에 3개분대로 편성하고 각 분대는 중·소위 4명씩으로 편성하였다. 주요장비와 휴대품은 개인당 기관단총 1정과 실탄 600발, 세열수류탄 6발, 대전차수류탄 1발, 나침의 1개, 식량 18~20일분을 휴대하였다. 각 조별로는 무전기 2대, 쌍안경 1대, 트랜지스터라디오 2대, 지도 3매, 카메라 1대, 암호문과 통신조직표 및 난수표 각 2매를 휴대하였다.

 울진·삼척 침투공비의 주요 임무는 산골마을 주민을 대상으로 '혁명화 공작'[126]을 실시하고 동조자를 포섭하며, 정보 수집과 주요시설을 포함한 군사기지 촬영, 장차 유격전 수행을 위한 유격기지 확보 및 유격전 활동 시험, 민심 및 사회 교란 등 이었다. 공작 기간은 임무 수행 8일, 보급 공작 2일, 행군 20일을 포함하여 총 1개월 정도로 판단하고 있었다.

---

126 '혁명화 공작'은 북한의 '민족해방 인민민주주의 혁명' 과업이 잘 추진되도록 남한의 노동자, 농민, 진보적 지식인들을 자신들의 지지세력으로 만들고 나아가 적극적인 추진세력으로 만들기 위한 공작 활동이다. 이를 위해 공비들은 남한사회를 비판하고 공산주의체제 우월성을 선전하며 노동당에 가입시키는 등의 활동을 하였다.

주요 활동양상은 자신들의 소속을 '태백지구 경북유격대사령부'로 칭하고 주민등록증 사진 촬영을 빙자하여 주민을 한곳에 집결시켜 북한 정권을 선전하고 입당원서에 날인을 강요하거나 전단 및 불온서적을 배부하였다. 또한, 다량의 위조지폐를 나누어 주면서 주요 인사에게 보내는 불온 서신의 발송을 의뢰하거나 공산주의에 대한 선전과 남한 사회를 비방하는 등의 선동을 병행하였다. 그리고 민가에 침입하여 식량과 의복을 절취하고 자신들에게 비협조적이거나 반항하는 사람들은 무참히 학살하는 만행을 저질렀다. 대표적인 학살사건이 이승복 어린이 일가족 살해사건이다. 이 사건은 1968년 12월 9일 아군에게 쫓겨 도주하던 공비들이 평창군 진부면 노동리 이승복(9세) 군의 집에 침입하여 북한체제를 선전할 때 이승복 군이 "나는 공산당이 싫어요!"라고 하자 공비들이 가족들을 모두 대검으로 찌르고 돌로 쳐서 학살하였다.

　아군은 제3차 침투시점인 11월 2일 초계 중인 해군함정이 동해상에서 미상선박을 발견하였고 상륙지점의 해안경계초소에서도 간첩선과 침투공비를 발견하였다. 그러나 해군함정은 간첩선을 따라잡지 못해 추적에 실패하였고, 해안경계초소에서는 초병의 조치부실과 분초장의 근무지 이탈로 말미암아 공비들이 이미 상륙해서 내륙으로 이동했음에도 격퇴하였다고 허위보고하였다.

11월 2일, 3차 침투 해안

　당시 간첩선은 울릉도를 기점으로 남하하다 울릉도를 지나 90도 각도로 정서진하여 죽변항 등대를 목표로 울진 해안에 접근하였으며, 죽변항 등대를 바라보고 다시 약 12km를 북상하여 고포 해안으로 접근한 뒤 간첩선에서 고무보트를 갈아타고 해안에 상륙하였다. 해안 상륙은 세 번에 걸쳐 이루어졌다. 1차는 30명이 10월 30일 23:30에 울진군 북면 나곡리 봉화산 북쪽 해안에, 2차는 30명이 11월 1일 24:00경 1차 상륙 지역 북쪽 해안 모래사장 끝에, 3차는 60명이 삼척군 원덕면 월천리 고포마을 북쪽 해안에 상륙하였다. 아군은 1·2차 침투는 아군이 해상에서 탐지하지 못했고, 해안에서는 제36사단 해안경계 소대장이 상륙지점에 경계 배치를 하지 않아 발견하지 못하였다. 3차 침투는 죽변 동방 24km 지점에서 해군 초계함정인 제613함이 괴선박 2척을 포착하였으나 속력이 늦어 확인하지 못하였다. 해안에서는 월천리 고포마을 육군 제38사단 해안분초에서 전임 분초장의 송별회식을 이유로 후임분초장 등 6명이 근무지를 이탈하고 초병 2명만이 남아있는 상태에서 상륙하는 고무보트를 발견했으나 1명은 분초장에게 연락하러 마을로 달려가고, 1명은 공포심에서 아무 대책 없이 초소를 이탈하고 말았다.

아군은 11월 3일 울진군 북면 고수동에서 공비 약 30명이 출현하였다는 주민 신고를 접수한 후에서야 공비 소탕작전을 실시하였으며 작전은 12월 31일까지 계속되었다. 초기작전은 제2군 예하 제5관구사령부가 주도하여 공비가 상륙한 울진 지역을 중심으로 강원도 남부 지역의 삼척, 영월, 태백과 경상북도 북부 지역의 울진, 봉화, 영양 지역에서 작전을 시작하였고 이후 제1군 지역으로 확대되었다.

소탕작전 참가 병력으로는 제2군이 연인원 152,758명, 제1군이 연인원 864,094명이었다. 또한, 11월 4일부터 12월 31일까지 작전 지역 내 향토예비군 연인원 1,656,723명이 동원되었고 예비군 무기만 해도 529,927정에 달하였다고 추후 발표되었다. 일반적으로 작전 병력이 현역 100만여 명, 예비군 165만여 명의 대규모 병력이 투입되었다고 알려져 있다. 특히, 1968년 4월에 창설된 향토예비군이 불과 수개월 만에 작전에 투입되어 많은 활약을 함으로써 이후 향토예비군 조직 강화에 큰 도움을 주기도 하였다.

2) 침투공비 소탕작전

당시 아군의 공비 소탕작전은 적이 얼마나 침투하였는지도 잘 모르는 상태에서 복잡한 과정으로 진행되었으나 필자가 이를 이해하기 쉽게 3단계로 구분하여 정리하였다.

멸공의 상(사진 속 동상)

제1단계(11.03.~10.)는 주로 공비가 침투한 강원과 경북의 도계를 중심으로 제2군(제5관구사)이, 평창-정선-북평을 연하는 선 이북의 제1군(제11사단)이 각각 독립적인 작전을 실시하였다. 제1단계 기간에는 공비와 총 14회 교전하여 공비 13명을 사살하고 1명을 생포하였다. 공비와 최초 교전이 벌어진 곳은 11월 5일 울진과 봉화의 경계를 따라 백병산과 오미산으로 연결된 봉화군 석포면 태미네골이었다. 이곳에서 제36사단 제108연대 잠정전투중대가 내륙으로 이동하는 공비와 교전하여 2명을 사살하였으나 아군도 2명(상사 김재연, 일병 박경호)이 전사하였다. *(사진 속의 동상은 이 최초 전투에서 전사한 2명의 넋을 기리기 위해 제36사단이 주둔하던 경북 안동에 안동시민의 성금으로 제막된 '멸공의 상'이다. 이후 사단이 이전된 주둔지로 1995년 9월 동상을 옮겨와 재설치하고 2004년에는 주변에 사단 상징 조형물을 보강하였다고 한다.)*

제2단계(11.11.~23.)는 제1군과 제2군이 전투지경선을 조정하고 작전 지역을 횡성-강릉을 연하는 20번 도로까지 확대하여 실시한 작전이다. 제2단계 작전은 공비들이 이미 평창 고루포기산까지 북상한 것을 발견함에 따라 제1군의 제11사단과 제2군 예하의 제36 및 제38사단이 작전 지역에서 공비를 소탕하였고 제2군에 배속된 제1공수특전단과 해병 1개 대대가 작전에 참가하였다. 그러나 이때까지도 공비들의 침투규모를 과소평가한 대간첩대책본부는 제1공수특전단을 11월 15일 김포공항으로 철수시켰다가 이후 11월 21일 재출동시키기도 하였다. 제2단계 작전에서는 공비와 총 34회의 교전을 벌여 36명을 사살하고 2명을 생포하였다.

제3단계(11.24.~12.31.)는 공비들의 침투규모가 120명이었음에도 불구하고 이때에서야 겨우 최소 60명에서 최대 90명에 이를 것이라고 판단했다. 그 결과 양평에 위치하던 제32사단 제97연대와 제1군단사령부를 추가 투입하여 제1군단장의 통합지휘하에 작전을 조기에 종결하고자 수행한 작전이다. 이 시기에 공비들은 추위와 굶주림에 지쳐 더욱 악랄하게 민가를 약탈하고 양민을 학살하는 만행을 서슴지 않았다. 제3단계 작전 기간에 아군은 공비 4명을 생포하고, 58명을 사살하는 전과를 거두었다.

당시 아군과 공비의 단계별 주요 교전 지역 및 교전 결과는 〈표 19〉에서와 같다.

〈표 19〉 울진·삼척사건 주요 교전 지역 및 교전 결과

단계	주요 교전 지역(일자 및 부대)		결과
1단계: 1·2군 독립작전 (11.03.~10.)	봉화 태미네골(11.05. 36사단) 봉화 오미산(11.05. 36사단) 봉화 민둥산(11.06. 특전단) 울진 흰병산(11.07.~08. 36, 특전단) 울진 흰병산(11.08.~09. 특전단)	삼척 응봉산(11.08.~09. 36사단) 장성 철암(11.08.~09. 36사단) 삼척 청옥산(11.09. 11사단) 삼척 웃대밭(11.10. 36사단)	사살 19 생포 1
2단계: 1·2군 협조작전 (11.11.~23.)	평창 고루포기산(11.11. 11사단) 정선 백운산(11.11.~12. 경찰) 봉화 반야골(11.12. 36사단) 삼척 매봉산(11.12. 11사단) 삼척 용수골(11.14.~18. 38사단) 명주 삽당령(11.14.~15. 11사단) 명주 목계리(11.15. 예비군) 명주 도마리(11.16. 예비군)	삼척 풍곡리(11.16.~01. 17. 해병) 정선 무릉리(11.18. 예비군) 평창 기화리(11.19.~24. 11사단) 정선 구절리(11.20. 예비군) 영월 덕구리(11.21. 예비군) 삼척 심운골(11.22. 38사단) 정선 용탄리(11.23. 예비군)	사살 36 생포 2
3단계: 1군단장 통합지휘 (11.24.~12.31.)	명주 유등리(11.24. 예비군) 정선 회동리(11.25~26. 32사단) 인제 귀군리(11.27. 2사단) 양양 원일전리(11.27.~29. 2사단) 정선 봉양리(11.28. 32, 특전단) 정선 무릉리(11.29. 해병) 정선 구절리(11.30. 11사단) 평창 상원사(11.30.~12.02. 11사단) 정선 구절리(12.03. 11사단) 양양 공수전리(12.04.~07. 2사단) 양양 신배령(12.06. 11사단)	명주 석두봉(12.06. 11사단) 명주 마지내(12.10. 11사단) 명주 전후재(12.12. 11사단) 평창 수하리(12.15.~16. 예비군) 명주 삼산리(12.17. 11사단) 인제 방동리(12.18.~20. 2사단) 명주 목계리(12.20. 해병) 명주 마지내골(12.20. 해병) 양양 백암골(12.22. 2사단) 고성 장신리(12.22. 12사단)	사살 58 생포 4

* 표에서 명주군으로 표기된 지역은 현 강릉시 행정구역임

3) 공비 출현 지역과 교전 결과

가) 제1단계 작전 기간

(1) 봉화군 석포면 태미네골 출현

1968년 11월 3일 02:30경 봉화군 태미네골에서 매복 중이던 제36사단 제108연대 잠정전투중대가 오미산에서 내려오는 수 미상 공비와 교전하여 공비 1명을 사살하고, 도주 공비를 추격하여 09:15경 인근 물방아골 입구에서 1명을 추가 사살하였으나 아군도 2명이 전사하고 2명이 부상을 당하였다.

(2) 봉화군 석포면 오미골 출현

1968년 11월 5일 12:50경 울진과 봉화 경계선에 위치한 백병산과 오미산 일대에서 수색작전 중이던 제36사단 제108연대 잠정전투중대가 봉화군 석포면 오미골에서 공비 2

명을 발견하고 교전하여 1명을 사살하였다.

(3) 봉화군 석포면 민둥산 출현

1968년 11월 6일 09:15경부터 제1공수특전단 제3공수특전대대가 백병산 일대에 공중강습작전을 통해 거점 확보에 나섰다. 14:10경 제4특전팀이 민둥산에 공중 강습하여 수색하던 중 외딴집에서 공비 4명을 발견하고 교전하여 4명을 사살하였으나 아군도 1명이 전사하였다.

(4) 울진군 서면 소광리 출현

1968년 11월 6일 울진군 서면 소광리 대리골 최천수 씨 집에 공비가 출현하였다가 흰병산(990고지) 방향으로 사라졌다는 신고가 접수되었다. 인근에 있던 제36사단 제2전투대대 병력이 수색하여 11월 8일 13:30 흰병산에서 공비 3명을 사살하였고, 긴급 투입된 공수특전단 병력이 수색 중 11월 8일 13:30~13:48에 908고지 부근에서 공비 3명을 사살하였다. 공수특전단은 14:25에 인근 908고지 부근에서 공비들이 설치한 아지트 3개를 발견하고 폭파시켰다.

(5) 삼척군 흰병산 북방 출현

1968년 11월 8일 16:00경 흰병산 북쪽 1.7km 지점에서 매복 준비를 하던 공수특전단 병력이 845고지 동북쪽 1km 지점에서 공비 4명이 이동하는 것을 관측하였다. 이를 추격하던 중 공비들의 선제사격으로 아군 1명이 부상하였으나 공비 2명을 사살하였다. 일몰로 인하여 추격이 불가능해서 매복으로 전환하였으며 21:30경 공비 1명이 845고지 북쪽 계곡에 출현한 것을 매복조가 수류탄으로 공격하여 사살하였다.

(6) 삼척군 응봉산 공비 출현

1968년 11월 9일 제108연대 잠정전투중대 제3소대가 흰병산에서 응봉산 사이 계곡에서 수색작전을 하던 중 공비 2명을 발견하고 이 중 1명을 사살하였다.

(7) 삼척군 장성읍 철암리 출현

1968년 11월 9일 17:00경 삼척군 장성읍 철암리 매상골 김석우 씨의 집에 공비 1명이 출현하였다. 김석우의 처 양춘자 씨가 공비를 안심시키고 이웃집 황 여인에게 신고를 부탁하였다. 철암지서 정한용 순경과 예비군 6명이 김석우의 집을 포위하고 집안의 아이들을 생각하여 "손들고 나오라!"고 투항할 것을 권하자 비무장공비(소위 정동춘)가 순순히 손을 들고 나왔다. 정동춘은 자신의 조가 교전하여 아군에게 쫓길 때 낙오하여 무기도 버리고 산속을 헤매다 산을 내려왔다고 진술하였다.

(8) 삼척 청옥산 출현

1968년 11월 9일 02:45경 삼척과 동해시 경계에 위치한 청옥산(1404고지)에 공비 1명이 출현한 것을 제11사단 제20연대 청옥산 선점부대 병력들이 발견하여 사살하였다.

(9) 삼척군 원덕면 사곡리 출현

1968년 11월 10일 13:30경 삼척군 원덕면 사곡리 웃대밭골 이규현(56세) 씨의 집에 공비 1명이 들어와 침식을 요구하였다. 식사를 차려주자 먹고 휴식하는 사이 인근에서 수색 중이던 제38사단 제115연대 잠정전투중대 병력들에게 신고하였다. 수색조 8명이 집을 포위하고 위협사격을 가한 뒤 투항을 권유했으나 도주하므로 사살하였다.

나) 제2단계 작전 기간

(1) 평창군 도암면 용산리 출현

1968년 11월 10일 20:25경 평창군 도암면(현 대관령면) 용산리에 공비 3명이 출현한 것을 주민이 신고하였다. 제11사단은 사단 기동타격대(수색중대 1소대)를 출동시켰으나 공비는 이미 도주한 뒤였다. 수색중대장은 11월 11일 1소대에게 고루포기산 수색을 지시하고 자신도 나머지 병력으로 횡계재를 경유하여 고루포기산 방향으로 수색하였다.

14:40경 1소대가 고루포기산에서 공비 은거지를 발견하여 수류탄을 투척하고 사격을 가하자 공비들도 응사하며 교전이 벌어졌다. 이때 1소대는 M79유탄발사기로 은거지 유개호를 집중사격하여 붕괴시켰다. 야음으로 교전이 중단된 상태로 대기하다 11월 12일 06:30에 추가적으로 사격을 가한 뒤 확인하니 붕괴된 유개호에서 공비 사체 8구가 발견되었다. 최초 교전에서 아군도 1명이 전사하고 1명이 부상을 당하였다.

(2) 정선군 신동면 문곡리 출현

1968년 11월 11일 10:00경 정선군 신동면 문곡리 마차재 부근 숲에서 사냥꾼이 공비 은거흔적을 발견하고 신고하여 신동지서장이 현장을 확인한 결과 10여 명이 잠을 잔 흔적으로 판단하였다. 이에 신동예비군중대를 투입하여 공비를 추격하였으며, 13:35~13:50에 백운산에서 공비와 2회 교전하였으나 공비는 도주하였고 예비군 2명이 전사하였다.

(3) 봉화군 석포면 반야골 출현

1968년 11월 12일 05:00경 봉화군 석포면 반야골 동쪽 샘터골 부근 외딴집에 공비 1명이 침입하였다는 주민 신고가 인근에 있던 제36사단 제108연대 지휘소에 접수되었다. 07:00경 지휘소에서 작전과장(고정남 대위)은 가용 병력 9명으로 전투편성을 하고 즉시 출동하여 공비가 있는 집을 포위하였다. 작전과장은 가족들을 대피시킨 후 위협사격을 하고 공비에게 투항할 것을 권유하였으나 공비 고동운은 사격을 하며 저항하다가 작전과장의 추가적인 설득에 순순히 투항하였다.

(4) 삼척군 도계읍 신리 출현

1968년 도계읍 신리 무능촌 외딴집에 공비 3명이 출현한 것을 집주인 이분동(35세)씨가 주변을 수색 중이던 제11사단 제9연대 병력에게 신고하였다. 아군은 이 씨의 집을 포위하고 위협사격을 가하며 투항을 권유하였으나 불응하므로 집중사격하여 사살하였다. 이때 화재가 발생하여 집이 전소되었다.

(5) 삼척군 장성읍 통리 출현

1968년 11월 12일 22:10경 삼척군 장성읍 통리에서 공비 13명이 출현하여 매봉산 방향으로 이동했다는 신고가 접수되었다. 제38사단은 사단 편의대 1개 소대를 제116연대에 배속하여 예상 도주로인 대덕산 방향을 차단하였다. 11월 15일 23:15경 황지읍사무소 앞에서 근무 중이던 예비군이 괴한 2명이 지나가자 수하하였으나 이들이 먼저 사격하여 예비군 1명이 복부 관통상을 당하였다. 11월 18일 06:00경에는 황지읍 용수골 서쪽에서 경찰과 예비군이 도주하던 공비 2명을 발견하고 사살하였다.

(6) 명주군 왕산면 삽당령 출현

1968년 11월 14일 22:30경 명주군(현 강릉시) 왕산면 송현리 삽당령 남쪽 예비군초소에서 괴한 10~12명이 지나가는 것을 예비군이 수하하였으나 무시하고 그대로 지나쳐 삽당령 동쪽 산으로 올라갔다. 11월 14일 24:00경 제20연대 통신대 상사 주성봉이 장비를 수령하여 복귀하는 중 삽당령 북쪽 1km 지점 커브길에서 공비 습격을 받아 1/4톤 차량이 전소되고 병사 2명이 사망하였으며 주 상사가 부상을 당하였다.

(7) 명주군 왕산면 목계리 구하동 출현

1968년 11월 15일 01:30경 명주군 왕산면 목계리 구하동 예비군초소에서 예비군들이 경계 중 괴한 3명이 접근하는 것을 수하하자 선제사격하여 예비군 1명이 전사하였다. 인접 초소에서 총성을 듣고 주의를 집중하자 01:50경 공비 3명이 접근하는 것을 발견하고 사격하여 2명을 사살하였으나 1명은 도주하였다.

(8) 명주군 왕산면 도마리 출현

1968년 11월 15일 04:00경 왕산면 도마리 임고지골 예비군초소에서 예비군이 접근하는 공비 1명을 지근거리까지 유인하여 M1소총 단 한발로 사살하였다. 이 공비는 바로 전 구하동에서 도주한 공비로 판단된다.

(9) 삼척군 원덕면 풍곡리 출현

1968년 11월 16일 20:00경 삼척군 원덕면 풍곡리 사람이 거주하지 않는 외딴집에 공비 1명이 숨어있는 것을 주민이 신고하였다. 이에 원덕면 예비군중대 부중대장 외 3명과 부근에 있던 해병 제5연대 병력 1개 분대가 출동하여 사살하였다.

(10) 정선군 남면 무릉리 출현

1968년 11월 18일 정선군 남면 무릉리 주민 이관용 씨가 지억산(1117고지) 중턱에서 공비 5명을 발견하고 신고하였다. 남면 예비군중대 기동타격대가 출동하자 공비들은 민둥산 방향으로 도주하였다. 15:00경 제38사단 제116연대 잠정전투중대가 예비군들과 함께 공비들을 포위하여 공비 2명을 사살하였으나 나머지는 도주하였다.

(11) 평창군 미탄면 수정리 출현

1968년 11월 19일 평창군 미탄면 수정리에 공비가 출현하여 일가족 5명을 학살하고 소 1마리와 닭 10마리를 약탈하였다. 11월 20일 경찰과 예비군 14명이 추격하여 미탄면 기화리에서 공비 9명과 교전하였으나 예비군 1명이 전사하고 1명이 부상을 당하였다. 15:30에 사단 수색중대가 헬기로 공중강습을 할 때 공비가 사격하여 헬기에 2발의 총탄자국이 생겼다. 17:00경에도 수색중대와 경찰 및 예비군이 합동으로 공비와 교전하였으나 경찰 1명이 전사하고 예비군 1명이 부상을 당하였다. 11월 21일 15:30에는 인근에 제20연대 6중대가 공비와 교전하였으나 중대장 외 4명이 부상을 당하고 공비는 도주하였다.

(12) 명주군 왕산면 구절리 출현

1968년 11월 20일 23:00경 명주군 왕산면 구절리(현 정선군 여량면 구절리) 수이동에서 왕산면 예비군중대 12소대가 매복 중 공비 7~8명을 발견하고 1명을 사살하였으나 나머지는 도주하였다.

(13) 영월군 상동면 덕구리 출현

1968년 11월 21일 02:00경 상동면 덕구리 장승백이 예비군초소에서 예비군이 공비 1명을 발견하여 사살하였으나 후속하던 2명은 응사하며 분산 도주하였다.

(14) 삼척군 하장면 심운골 출현

1968년 11월 21일 12:40경 하장면 심운골에서 예비군이 공비 10여 명을 발견하고 교전하였으나 공비는 도주하고 예비군 1명이 부상을 당하였다. 보고를 받은 제38사단은 12:50경 제116연대 기동타격대인 중화기중대를 출동시켜 추격하였으나 중대장이 교전 중 부상을 당하였다. 이에 사단은 13:30에 제116연대와 제113연대 잠정전투중대 2개 소대를 공중 기동시켜 17:20경 공비 1명을 사살하였다. 그러나 나머지 공비들은 11월 22일 03:30경 포위망을 뚫고 도주하였다.

(15) 정선군 정선면 용탄리 출현

1968년 11월 23일 정선군 정선면 예비군중대 제9소대가 정선면 용탄리 일대 2개소에 배치되어 경계 임무를 수행하고 있었다. 19:15경 1분대장인 예비군 박명환이 비무장으로 용탄교 쪽으로 걸어가던 중에 괴한 1명을 발견하고 뒤따라가다가 소대본부 앞에 이르렀을 때 팔을 비틀어 쓰러뜨리며 "간첩이다!"라고 소리쳐 뛰쳐나온 본부요원들과 합세하여 공비 김남주를 생포하였다.

다) 제3단계 작전 기간

(1) 명주군 연곡면 유동리 출현

1968년 11월 24일 13:00경 명주군 연곡면 유동리에서 학생이 은거지를 만들고 휴식하는 공비 2명을 발견하고 신고하여 경찰과 연곡면 예비군이 출동하여 2명 모두 사살하였다.

(2) 정선군 정선면 용탄리 출현

1968년 11월 25일 03:00경 정선군 정선면 용탄리 정미소에서 공비들이 콩을 절취하였다. 이에 제32사단 제97연대 병력이 용탄리에서 회동리 뒷산 789고지 방향으로 수색 중 12:24에 공비 7명을 발견하고 교전하였다. 이때 제1공수특전단은 12:07부터 789고지 북쪽에 공중강습하여 도주로를 차단하였으며, 15:30경 도주하는 공비 4명을 포착하여 사살하였다. 11월 26일에도 공수특전단은 공비 1명을 사살하였으며, 제32사단 제97연대 병력들도 공비 1명을 사살하였다. 이틀간의 교전을 통해 아군은 8명이 전사(공수단 1명, 97연대 7명)하고, 17명(공수단 6명, 97연대 11명)이 부상을 당하였다.

(3) 인제군 인제읍 귀둔리 출현

1968년 11월 27일 17:30경 인제군 인제읍 귀둔리에 공비 1명이 출현한 것을 주민이 부근에서 매복 중이던 제2사단 제17연대 병력들에게 신고하였다. 매복조는 공비가 마루로 올라서서 방 안으로 들어가려는 순간 뒤에서 달려들어 생포하였다.

(4) 양양군 현북면 원일전리 출현

1968년 11월 27일 10:15경 양양군 현북면 원일전리에서 주민이 짚더미 속에서 기어나오는 공비 3명을 발견하고 신고하였다. 부근에 있던 제2사단 제31연대와 현북면 예비군 병력이 추격하여 15:15경 공비 1명을 사살하였으나 2명은 도주하였다. 20:00경에는 여기서 3km 북쪽인 현북면 장리에서 현북면 예비군들과 교전하여 예비군 1명이 전사하였으나 21:50경 2km 북쪽 부소치리에서 공비 1명을 사살하였다. 11월 29일에는 제31연대 병력이 원일전리 최초 공비 출현지점 서쪽 2km에서 공비 1명을 사살함으로써 3명 모두 사살하였다.

(5) 정선군 정선면 봉양리 출현

1968년 11월 28일 10:20경 정성군 정선면 봉양리에서 마을 주민이 나무하러 산에 갔다가 공비 5~7명이 숨어있는 것을 발견하고 신고하였다. 군경과 예비군은 즉각 출동하여 11:30경 비봉산(828고지) 중턱에서 공비 2명을 사살하였다. 15:55경에는 비봉산 북쪽 납덕마을 뒤편 옥수숫대 속에 은신한 공비 1명을 사살하였고 여기서 부상을 입고 도주한 공비 김정명을 정선군 북면 예비군들이 생포하였다.

(6) 정선군 남면 무릉리 출현

1968년 11월 29일 정선군 남면 무릉2리에서 주민이 밭에 수상한 농구화 발자국이 있는 것을 발견하고 신고하였다. 마침 인근에 있던 해병 제5연대 제2대대 제7중대 2소대가 출동하여 옥수숫대로 위장한 비트와 인근 자연동굴에 숨어있던 공비 4명을 모두 사살하였다.

(7) 명주군 왕산면 구절리 출현

1968년 11월 27일 명주군 왕산면 괴병산 부근에서 주민이 공비 7명이 노추산 방향으로 이동하는 것을 발견하고 신고하였다. 신고를 접수한 제11사단은 제9연대 7개 중대와 제20연대 3개 중대로 노추산 일대를 포위하였다. 11월 30일 노추산 서쪽 하단 명주군 왕산면 구절리(현 정선군 여량면 구절리) 종량동에서 매복조가 공비 1명을 발견하여 사살하였으나 나머지는 발견하지 못하였다.

(8) 평창군 진부면 상원사 출현

1968년 11월 29일 21:30경 평창군 진부면 동산리 상원사에 공비 20~30명이 출현하여 쌀 3가마와 승복 다수를 약탈하고 여승 1명을 납치, 도주한 사건이 발생하였다. 11월 30일 08:00에 제11사단은 사단 수색중대와 제13연대 제1대대(-)를 오대산 북쪽 광원리와 달둔동으로 출동시켜 북상 도주로를 차단하였다. 08:45에는 제3중대를 상원사에 투입하여 공비를 추격 중 14:20에 공비 1명을 사살했고, 18:40에 1명을 추가로 사살하였다.

12월 1일 11:10에는 전날 교전에서 부상을 입고 도주하다 숨진 공비 사체 1구를 발견했고 13:00에는 상원사에서 납치되었던 여승 사체를 발견하였다. 제3중대는 공비를 추격하여 총 3명을 사살하였으나 교전 과정에서 5명이 전사하고 7명이 부상을 당하였다.

(9) 명주군 왕산면 중동 출현

11월 30일 노추산 서쪽 하단 명주군 왕산면 구절리(현 정선군 여량면 구절리) 종량동에서 매복조가 공비 1명을 발견하여 사살하였으나 1명은 도주했었다. 계속된 도주 공비 추적 중 제9연대 9중대 매복조가 12월 3일 왕산면 구절리 중동에서 공비 1명을 추가로 사살하였다.

(10) 양양군 서면 공수전리 출현

1968년 12월 4일 06:00경 양양군 서면 공수전리 산야골에 거주하는 주민이 밥과 김치를 도난당한 사실을 신고하였다. 인근에서 작전 중이던 3개 부대(제32연대 제3대대 12중대, 제125공병대대, 동해안방어사령부 5분전투대기소대)가 즉각 출동하여 부근을 수색하였다. 12월 6일 20:30경 매복조가 공비 1명을 발견하고 생포하였다.

(11) 홍천군 내면 신배령 출현

1968년 12월 6일 18:40경 홍천군 내면 신배령에서 제11사단 수색중대가 매복작전 중 공비 1명을 사살하였다.

(12) 명주군 왕산면 석두봉 출현

1968년 12월 6일 01:40경 수 미상의 공비가 명주군 왕산면 목계리 석두봉(995고지) 정상 부근에 위치한 제9연대 8중대 중대지휘소(분침호)에 수류탄을 투척하고 사격을 가하여 음어와 군수품이 소실되었다.

(13) 명주군 왕산면 목계리 출현

1968년 12월 10일 01:30경 명주군 왕산면 목계리 마지내골에서 제9연대 제2중대 1소대가 매복작전 중 공비 2명이 접근하는 것을 발견하고 1명을 사살하였다.

(14) 명주군 연곡면 전후재 출현

1968년 12월 12일 06:00경 명주군 연곡면 삼산리 전후재에서 제13연대 제6중대 화기소대가 매복작전 중 공비 1명을 사살하였다.

(15) 평창군 도암면 수하리 출현

1968년 12월 16일 01:00경 평창군 도암면(현 대관령면) 수하리 외판집에 공비 김익풍이 출현하였다가 신고를 받고 출동한 경찰과 예비군이 포위하자 투항하였다. 김익풍은 동료 김진국과 12월 12일쯤 이 부근에 도착하여 밥이나 식량을 절취해 연명하며 생존해 왔다고 밝혔다. 김익풍은 12월 14일 22:00경 동료 김진국이 물에 빠져 동상이 걸리고 고열에 신음소리를 내며 빈사 상태에 빠지자 자신이 안락사를 시켰다고 밝혀 김진국의 사체도 발굴하였다.

(16) 명주군 연곡면 장천동 출현

1968년 12월 17일 18:00경 명주군 연곡면 삼산리 장천동에서 제9연대 8중대 3소대가 매복작전 중 공비 1명을 사살하였다.

(17) 인제군 기린면 진동리 출현

1968년 12월 18일 20:15경 인제군 기린면 진동리 번위터에서 수 미상의 공비가 출현하여 제2사단 제17연대 10중대 매복조와 교전 후 도주하였다. 22:00경에는 방동리에서 제9중대 매복조가 공비 1명을 발견하고 사격하였으나 도주하였다. 12월 19일 12:15에는 진동리에서 기린면 예비군중대 13소대가 신고를 받고 출동하여 공비 1명을 사살하고 공비에게 살해된 민간인 사체 1구를 발견하였다. 12월 19일 16:15에는 제11중대가 방동리 912고지에서 공비 은거지를 발견하고 집중사격하여 공비 8명 중 6명을 사살하였고 아군은 1명이 복부 관통상을 입었다. 19:00에는 여기서 도주한 공비 2명을 발견하고 교전하여 1명을 사살하였고, 12월 20일 17:50경 나머지 공비 1명도 사살하였다.

(18) 명주군 왕산면 마지내골 출현

1968년 12월 19일 22:05경 명주군 왕산면 목계리 마지내골 최용순(48세) 씨 집에 공비 7~8명이 출현하여 식량과 의복을 약탈하고 입당원서를 쓰게 하고 기념사진을 찍은 후 동상이나 부상을 입은 것으로 추정되는 공비 3명을 남겨두고 이동하였다. 최용순은 남은 공비 3명을 안심시킨 뒤 다락방에 은신시키고 12월 20일 04:00경 목계리 구하동 예비군초소에 신고하였다. 신고를 접수한 제11사단은 인근의 제9연대 3중대 1소대를 즉각 출동시키고 배속부대인 해병 제5연대 제2대대 5중대를 출동시켰다. 해병 제5중대장은 왕산면 예비군중대 3소대와 경찰 소대, 제9연대 3중대 1소대를 통합 지휘하여 08:00경부터 최용순의 집을 포위하고 투항을 권유하였으나 불응하여 08:30경 3명 모두 사살하였다.

(19) 명주군 왕산면 들미재 출현

1968년 12월 20일 08:50경부터 전날 최용순 씨 집에 출현했다가 도주한 공비를 소탕하기 위한 추격이 시작되었다. 작전에는 해병 제5연대 수색중대와 제5중대 및 제109군견대가 투입되었다. 추격대가 들미재 능선을 따라 수색하던 중 12:30경 군견이 인근에 공비가 있다는 징후를 포착하였다. 추격대는 13:00경 공비 은거지를 발견하였으며 16:00까지 교전하여 공비 8명을 모두 사살하였으나 아군도 1명이 전사하고 2명이 부상을 당했다.

(20) 양양군 서면 백암골 출현

1968년 12월 22일 06:00경 양양군 서면 백암골에 공비 3명이 출현하여 식량과 의복을 약탈하였다고 주민이 신고하였다. 신고를 접수하고 인근에 배치된 제2사단 제32연대 병력들이 출동하여 08:00부터 소탕작전을 벌여 15:17에 공비 5명을 모두 사살하였다. 아군도 교전 과정에서 2명이 전사하고 1명이 부상하였다.

(21) 고성군 간성읍 장신리 출현

1968년 12월 22일 16:00경 고성군 간성읍 장신리 제12사단 제37연대 3대대 본부 탄약고 경계병이 계곡을 따라 올라오는 괴한 1명을 발견하고 보고하였다. 경계병의 보고에 따라 5분대기조가 즉각 출동하여 16:18경 도주하는 공비를 사살하였다.

4) 작전 결과 및 영향

공비 소탕 결과 아군의 전과는 〈표 20〉에서와 같이 총 무장공비 120명 중 107명을 사살하고 7명(자수 3명 포함)을 생포하였으나 6명은 도주한 것으로 판단하였다.

〈표 20〉 울진·삼척 공비 침투사건 전과 현황

구 분	계	사살	생포	구 분	계	사살	생포
총 계	114	107	7	12사단	1	1	
36사단	4	3	1	공수단	18	17	1
38사단	4	4		해병대	16	16	
11사단	21	21		유격대	1	1	
2사단	22	20	2	경찰	3	3	
32사단	4	4		예비군	20	17	3

아군 피해는 전사 및 순직자는 82명(미군 4명, 민간인 사망자 이승복 어린이 등 30명 포함), 부상자 67명(미군 1명, 민간인 9명 포함), 피랍 1명으로 집계되었다.[127] 이 중 미군들의 피해는 미군이 운용한 헬기 추락으로 인한 피해로 알려져 있다.

울진·삼척 공비 침투사건의 영향은 다음과 같이 다섯 가지로 요약할 수 있다.

---

127 국방군사연구소,《대비정규전사 II (1961~1980)》(1998). p.58.

첫째, 1968년 4월 1일부로 창설된 향토예비군의 조직과 전투력 강화의 기회가 되었다.

둘째, 적의 능력을 현실적으로 고려한 '대통령훈령 제24호, 대비정규전능력 강화책(1968. 12. 20.)'을 발령하는 등 대비태세를 발전시켰다.

셋째, 취약 지역에 대한 통신대책과 전술도로 및 간도(샛길) 개설에 대한 필요성이 제기되고 이를 추진하는 계기가 되었다.

넷째, 산간 지역 독립가옥과 화전민에 대한 집단화계획의 필요성이 제기되고 이를 추진하는 계기가 되었다.

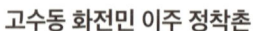

다섯째, 안보 및 반공의식이 강화되었다. *(11월 3일 공비들이 최초로 출현한 마을인 울진군 북면 고수동은 화전민 마을이었다. 사료에는 덕구리 고수동이라고 기록되어 있으나 현지 주민들은 주인리에 속한다고 증언한다. 사진은 주인리에 위치한 고수동 화전민 정착촌으로 공비 침투사건 이후 독가촌 집단화계획에 의해 산 아래에 새로 마련된 마을이다. 사진 속 일자형 집 한 채는 가운데를 벽으로 막아 2가구씩 8가구가 입주하였으며, 현재는 당시 입주한 화전민은 다른 곳으로 이사하여 주인이 모두 바뀐 상태이다.)*

마. 기타 내륙 지역 침투사건

1) 동해안 침투간첩 진양군 출현

1966년 5월 17일 경남 진양군(1995년 진주시 통합) 금사면 장사리에 무장간첩 3명이 출현하여 경찰과 군 병력이 출동하여 2명을 사살하고 1명을 생포한 사건이다. 확인 결과 이 마을에 살던 정상규가 6·25전쟁 중 북한 의용군에 징집되었다가 북한군 정찰국에서 특수교육을 받은 뒤 동조자 포섭과 대동 월북을 위해 동료 2명과 함께 5월 12일 경북 영일군(현 포항시 남구) 지행면(현 장기면) 계원리 해안으로 침투한 것으로 밝혀졌다. 작전 과정에서 경찰 1명이 전사하고 경찰 1명과 민간인 1명이 부상을 당하였다.

2) 면목동-비암리 공비 출현

1966년 9월 1일 서울시 면목동 면목지서에서 보초를 서던 순경이 접근하는 괴한 3명을 발견하고 수하하자 권총을 발사하며 도주한 사건이 발생하였다. 추격하던 경찰은 망원렌즈, 단도, 필름, 쌍안경 등이 들어있는 배낭을 발견하였다. 이에 군경은 즉각 작전을 전개했으나 행방을 찾지 못하였다. 이후 9월 13일 양주군 광적면 비암리에서 군 매복조가 매복장소로 이동 중 공비와 조우하여 교전이 벌어졌다. 소대장이 잔여 소대원을 이끌고 즉각 합세하여 공비 2명을 사살하였으나 1명은 도주하였다. 아군은 2명이 부상하였고 기관단총 1정, 수류탄 3발 등을 노획하였다.

3) 강릉 보현사 공비 출현

1967년 8월 10일 강원도 명주군(현 강릉시) 성산면 보광리 보현사에 공비 1명이 출현하였다는 신고를 받은 제11사단 제20연대는 제4중대를 즉각 출동시키고 이어서 4개 중대를 출동시켜 포위망을 형성하였다. 출동한 편의대가 수색작전 중 공비의 기습으로 2명이 전사하고 1명이 부상하였으나 제4중대 병력이 공비 1명을 발견하여 교전 끝에 사살하였다.

4) 정선 가목리 공비 출현

1969년 6월 8일 삼척군 북평읍(현 동해시) 천곡동 해안으로 침투하는 공비 4명을 해안경계부대가 발견하였다. 이 중 1명을 현장에서 사살하고 1명은 익사하였으나 2명이 도주하였다. 해안경계부대는 즉각 추격하여 1명을 생포하였으나 1명은 계속 내륙으로 도주해 버리고 말았다. 이후 1969년 6월 30일 삼척군 북평읍 달방동 외딴집에 괴한 1명이 침입하여 밥을 훔쳐 먹고 보리쌀 4되와 콩 1되를 훔쳐갔다는 신고가 접수되었다. 이에 육군은 3개의 유격대대와 기동타격대 등을 투입하여 소탕작전을 전개하였으나 성과가 없어 작전을 종료하였다.

1969년 7월 7일부터 21일까지 동해안경비사령부는 3명 1개 조로 총 10개 조의 편의대를 운용하여 공비 소탕작전을 전개하였다. 이 중 안호철 중사가 지휘하는 편의대 1개

조가 7월 9일 저녁 현 정선군 임계면 가목리에서 공비 1명을 발견하였으나 오발로 인하여 사살하지 못하고 작전을 종결하였다.

5) 양주 진중리 공비 출현

1969년 10월 12일 경기도 양주군 와부면 진중리(현 남양주시 조안면 진중리)에 공비 5명이 출현하였다. 최초 발견한 주민이 마을 예비군을 통해 인근 보안부대 거점에 신고하였다. 보안부대에서는 제32사단 제97연대에 통보하여 원점 일대와 인근 예봉산을 중심으로 수색작전을 전개하였다. 이어서 제1군에서는 제1사단 제11연대와 제15연대를 투입하여 46번 도로를 중심으로 차단작전을 전개하였다. 그러나 작전을 통해 공비들의 활동으로 추정되는 흔적은 다수 발견하였으나 공비들의 행방을 찾아내지는 못하였다.

10월 18일 문산 지역에 주둔하던 미 제2사단에서 임진강변을 수색 중 익사한 공비 사체 2구를 발견하여 수습하였다. 그런데 이들 사체 주머니에서 와부면 예봉산 일대에서 숙영한 기록이 있는 수첩을 발견함으로써 이들이 와부면 진중리에 출현했던 공비로 임진강을 통한 복귀 중 익사한 것으로 추정하였다.

3. 1971~1980년 내륙 지역 침투

가. 침투 사례와 공작원 활동

이 기간에 북한이 지상이나 해상으로 침투한 후 내륙 지역까지 종심 깊게 침투함으로써 아군이 수행한 내륙 지역 대침투작전은 총 6회가 있었다. 이를 침투 지역별로 구분하면 북한의 지상 침투로 인한 내륙 지역 작전을 1회, 해상 및 해안 침투로 인한 내륙 지역 작전을 5회 수행하였다. 이 중에서 1975년 4월 '동래 침투사건'과 1975년 6월 '광주-임실 침투사건'에서는 침투한 공비를 모두 사살하거나 생포하였으나 나머지 4건의 작전에서는 침투한 공비를 소탕하지 못했다.

적이 지상이나 해상 및 해안을 통해 내륙 지역까지 침투하게 되면 이를 소탕하는 것은 매우 어려워진다. 내륙 지역은 작전 지역이 광범위한 데 비해 작전 가용 병력은 부족하여 작전 기간이 장기화하는 특징이 있다. 더구나 내륙 지역은 교통의 발달과 민간인 거주 지역이 밀집하여 작전 수행에 많은 어려움이 있다. 따라서 아군은 공비들이 내륙 지역으로 진출하기 이전에 그들이 침투하는 현장(전방 비무장지대, 해상 및 해안)에서 이를 조기에 발견하고 격멸하는 것이 대단히 중요하다.

이 시기에 공비는 통상 지상 및 해상 침투에 성공하여 내륙 지역에서 활동 시에는 비트를 설치하거나 자연동굴이나 바위틈 등을 은거지로 이용하고, 아군에게 노출 시에는 시내로 잠입하여 여관을 이용하기도 하였다. 또한, 도피 간에는 아군 수색 병력의 뒤를 따라 은밀하게 이동하거나 내륙으로 더 깊숙이 잠적하려 하였다. 도피에 필요한 음식물은 상점에서 구매하거나 농가나 농경지에서 절취하는 등 합법과 비합법적인 행동을 병행하였다.

정찰 활동 시에는 아군의 시설로부터 1~3km까지 근접하여 사진 촬영과 스케치를 하거나 필요시에는 그곳에 비트를 구축하고 장시간 정찰하였다. 정찰 활동이나 도주 중에 민간인과 조우하면 '광천 침투사건'의 경우에는 무성무기를 이용하여 무자비하게 살해하였으며, '대구 침투사건'이나 '동래 침투사건'의 경우에는 훈련 중인 군인이나 민간인으로 위장하여 위기를 모면하였다.

나. 춘성군 신북면 침투사건

1971년 8월 19일 강원도 춘성군 신북면(현 춘천시 신북읍)에 위치한 하사관교육대 후문에서 경계근무 후 복귀하던 후보생 2명이 공비 2명을 발견함으로써 작전을 전개하였으나 공비 소탕에는 실패하였다. 이 사건은 1971년 8월 19일 23:30경 경계 중이던 후보생들이 후문 급수장 부근에서 기어가는 괴한들을 발견하여 수하하자 괴한들이 총을 겨누었다가 사격은 하지 않고 그대로 도주하였다. 후보생들은 후문 경계병과 합세하여 도주 방향으로 사격하였으나 공비들은 이미 어둠 속으로 사라진 뒤였다. 아군이 이들을 추격하던 중 공비들이 유기한 소련제 기관단총 1정과 실탄 30발을 노획하였다.

이후 아군의 계속된 수색작전에도 불구하고 공비들을 발견하지 못했고 11월 28일 10:00경 비무장지대 수색 병력이 북한강 북단의 철책선 장애물지대에서 배낭 2개를 발견함으로써 공비들이 복귀한 것으로 판단하고 작전을 종료하였다. 이 사건에서 공비들은 북한강 수중 침투 중에 무전기를 유실하였으나 복귀하지 않고 임무 수행을 계속하다가 아군에게 발각되자 복귀한 것으로 분석되었다.

다. 부산 동래 침투사건

1975년 4월 27일 부산시 동래구 석대동(현 해운대구 반송1동)[128] 뒷산에서 주민이 비트에 은거하던 괴한 2명을 발견하고 신고하였고, 작전 결과 현지에서 1명을 생포하고 이후 서울로 도주한 1명을 검거한 사건이다. 이 사건에서 침투하여 활동한 간첩은 2명(김득영, 박복순)이었으나 최초 4월 11일 양산군 기장면 서암 해안(ED204962)에 상륙한 것은 안내원 2명을 포함하여 4명이었다.

간첩들이 석대동 뒷산에서 주민에게 발견된 것은 4월 27일이나 침투한 시점은 4월 11일(음력 2월 30일, 금요일) 23:00경이었다. 이들은 북한 노동당 연락부 소속으로 임무는 기존에 구축된 지하당을 토대로 통일혁명당의 서울, 부산, 대구 지도부를 결성하는 것과

---

[128] 석대동은 원래 동래구 관할이었으나, 1978년 1월 동래구의 반여동 및 반송동, 석대동 등 6개 동이 해운대구로 편입되었다. 1998년 9월 석대동은 반송1동으로 통합되었다. 석대(石坮)라는 지명은 돌로 쌓은 높은 곳이나 넓은 반석이 있다는 의미로 석대천이 아름답고 주변 경관이 좋아 과거에는 풍류를 즐길 만한 좋은 반석이나 대(坮)가 있었던 데서 유래하였다고 추정된다.

각종 정보를 수집하고 서울, 부산, 대구 등지에 활동거점을 구축하는 것이었다.

간첩 김득영 일당은 4월 3일 평양 보통강초대소를 나와서 평양역을 통해 열차로 원산항으로 이동하였고, 4월 7일 간첩선에 승선하여 약 3시간 남진하였으나 기관고장으로 귀항하였다가 4월 10일 20:00경 다시 간첩선을 타고 원산항을 출항하여 공해상으로 남하하였다. 4월 11일 18:00에 간첩선으로부터 자선을 내려 공작원 2명, 안내원 2명, 자선 승조원 2명이 승선하고 한동안 서남방으로 항해하였다. 22:00경 기장면 연화리 서암마을 해안으로부터 약 1km 해상에 도착하여 공작원 2명과 안내원 2명은 소형 고무보트로 갈아타고 해안 약 500m까지 접근하였다. 22:30에 이곳에서 안내원 2명과 수영으로 서암마을 부근 해안에 23:00경 상륙하였다.

4월 27일 석대동에서 간첩 은거지를 발견했다는 주민 신고를 접수한 석대동지서에서는 예비군 중대장과 현장을 확인하고 이를 상부에 보고했다. 상황을 접수한 제2관구사령부에서는 경비교육단[129] 병력과 제39사단 제119연대를 출동시켜 소탕작전을 전개하였다. 4월 29일 새벽 경비교육단 병력이 운봉마을 부근에서 산에서 내려오는 간첩 1명(김득영)을 생포하였으나 1명은 멀리 도주한 것으로 판단하고 5월 2일 작전을 종료하였다. 이때 부산에서 서울로 도주한 간첩 박복순은 5월 3일 서울 도봉구 우이동 여관에 투숙하던 중 경찰에 의해 검거되었다.

라. 광주-임실 침투사건

1975년 6월 28일 광주시 서구 동운동(현 북구 동림동)[130] 죽림마을 뒷산에서 은거 중인 공비 2명을 민간인이 신고하여 1명은 사살하고 1명은 도주하였으나, 7월 29일 전북 임실에서 도주한 공비를 발견하고 추적 끝에 8월 1일 사살한 사건이다.

공비들의 침투일시는 1975년 6월 15일(음력 5월 6일) 23:00로 추정되었다. 침투장소

---

[129] 부산 지역 향토사단의 전신이다.
[130] 당시의 광주시 서구 동운동은 원래 동림동과 운암동이 1957년에 합쳐진 것으로 죽림마을은 동림동에 속하였다. 동운동은 1980년 서구에서 북구로 편입되었으며, 그 후에 인구증가와 도시개발로 인하여 동운1동부터 동운3동까지로 분동되었고, 1997년에는 동명을 동림동과 운암동으로 개칭하면서 동림동이란 명칭을 되찾아 오늘에 이르고 있다.

는 공비들의 휴대지도를 근거로 보성만 율포 해안인 것으로 판단되었다. 침투규모는 최초 발견인원이 2명인 점과 비트가 2인용이라는 사실로 2명으로 판단하였고, 소속은 공비가 아군 복장을 착용하였고 군인으로 가장하여 군사시설[131]에 대한 사진 촬영과 스케치를 하는 등 정찰 활동을 한 점으로 보아 인민무력부 정찰국 소속으로 보인다. 이들의 임무는 전라남·북도 지역의 군사시설 정찰이었으며, 나주 유도탄기지와 광주 비행장, 상무대, 무등산 통신시설 등을 정찰한 것으로 밝혀졌다. 이들의 활동으로 인민무력부 예하 공작원들도 2군 후방 지역에서 군사시설 정찰 활동을 수행한다는 것이 최초로 확인되었다.[132] 공비들은 군사시설에 근접한 지역에 비트를 구축하고 사진 촬영과 스케치를 하였다. 실제로 공비로부터 노획한 필름은 총 39통에 달했으며, 군사시설을 스케치한 것도 5매나 되었다. 비트 구축장소는 상무대는 2km, 광주 비행장은 3km, 나주 유도탄기지는 1.5km까지 접근하여 정찰한 것으로 확인되었다.

최초 신고를 받고 출동한 경찰은 공비를 추격하여 광산군 비아면 월봉마을(현 광산구 첨단2동) 98고지에서 2차에 걸친 교전 끝에 공비 1명을 사살했으나 1명은 도주하였다. 교전 과정에서 경찰 4명이 전사하고 4명이 부상하였다. 여기서 도주한 공비는 함평, 고창, 정읍을 경유하여 도주했으나 7월 29일 임실군 신평면 원천리 신평지서 앞에서 발견되었고 군경의 추격으로 8월 1일 완주군 상관면 죽림리 신촌마을 부근에서 사살되었다. 소탕작전은 34일 동안 계속되었으며 참가 병력은 〈표 21〉과 같이 약 23만 6천여 명에 달하였다.

〈표 21〉 광주-임실 공비 소탕작전 참가 병력

(단위 : 명)

작전 지역(기간)	계	군	경	예비군
광주 지역 (06.28.~07.29.)	226,935	17,783	32,371	176,081
임실 지역 (07.29.~08.01.)	8,771	1,480	1,084	6,207

---

[131] 노획품 분석 결과 나주의 유도탄기지, 송정리 비행장, 상무대, 무등산 통신시설 등에 대한 정찰을 실시하였다.
[132] 1971년 8월 19일 전방군단 후방 지역에서 인민무력부 소속 공비가 정찰 활동을 한 바가 있었으나 이후 이번 사건 발생까지는 다시 시도되지 않았다. 더구나 제2군 지역에 대한 군사정찰은 처음 있는 일이었다.

마. 청양 침투사건

이 사건은 1977년 8월 29일 충남 청양군 적곡면(현 장평면) 미당리에서 6·25전쟁 당시 의용군에 입대하였다가 행방불명되었던 김환동 등 간첩 2명이 출현한 것을 주민이 신고하여 작전을 전개한 사건이다. 작전은 군과 경찰 및 예비군이 투입되어 10월 4일까지 진행되었으나 공비는 발견하지 못하였고 일부 지역에서 몇 가지 유기물만 발견하고 종료되었다.

1977년 8월 29일 23:45경 청양군 적곡면 미당리 이순근의 집에 6·25전쟁 전 옆집에 살다가 의용군에 입대한 뒤 그동안 나타나지 않았던 간첩 김환동과 동료 1명이 나타났다. 이순근은 김환동이 돌아가자 8월 30일 05:10에 미당지서에 이를 신고하였다. 신고를 받고 군과 경찰이 출동하여 조사한 결과 간첩이 틀림없다고 판단하고 소탕작전을 전개하였다. 이후 군과 경찰의 예상도주로 차단과 봉쇄에도 불구하고 김환동 일행은 발견되지 않았다. 해상에서도 해군함정과 해경정이 해상을 봉쇄하였으나 간첩선 접근이나 도주 흔적을 발견하지 못하였다.

이후 9월 17일 보령군 오천면 영보리에서 북한제 라이터와 수류탄 등을 습득함으로써 작전 지역이 보령 지역으로 전환되었다. 9월 24일에는 영보리 가승구지 해안 약 3km 지점에서 김환동 일행의 취사 흔적을 발견하였고, 9월 25일에는 가승구지 해안 약 1.5km 지점에서 비트와 유기물을 발견하였다. 이후에도 작전을 계속하였으나 성과가 없어 10월 4일 이들이 이미 가승구지 일대 해안을 통해 서해상으로 복귀한 것으로 판단하여 작전을 종료하였다.

바. 광천 침투공비 한강 복귀사건

이 사건은 1978년 11월 7일 충남 홍성군 광천읍[133] 소암리 말봉산에서 화목을 채취하던 부녀자 2명이 무장공비에게 무참히 살해됨으로써 시작되었다. 이후 아군의 대대적인

---

[133] 광천은 홍성군 남부에 위치한 읍이다. 원래는 결성군에 속하였으나 1914년 결성군과 홍성군이 통합되었다. 남동부에 오서산(791m), 북서부에 지기산(321m)이 위치하며 두 산 사이에 읍의 중앙부를 상정천이 북에서 남으로 흐르며, 오서산에서 발원한 광천천과 합쳐져서 옹암리를 통해 천수만으로 흘러든다.

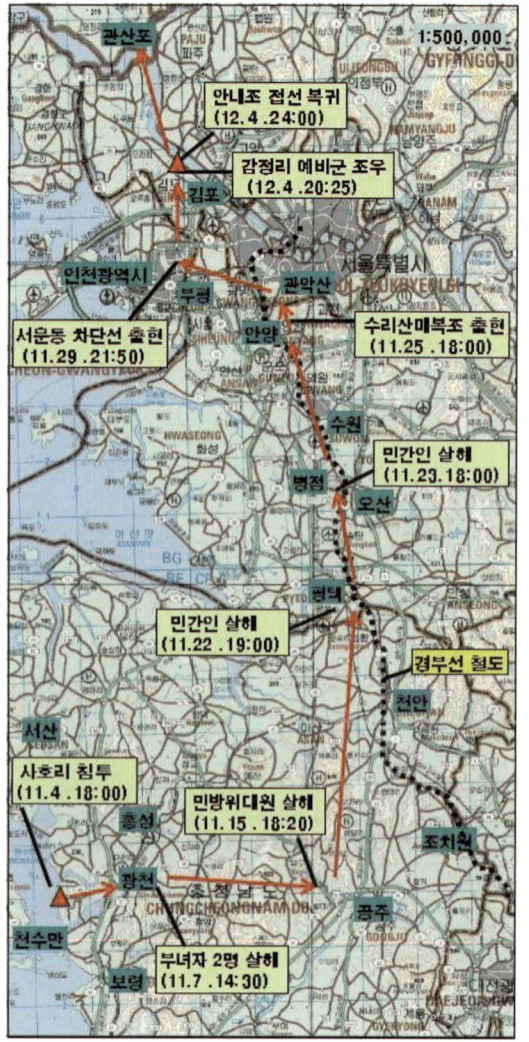

<그림 11> 광천 공비 침투 및 활동 경로

소탕작전에도 불구하고 11월 15일 공주, 11월 23일 오산에서 계속 조우한 민간인을 살해하고 도주한 공비들은 12월 4일 경기도 김포에서 한강을 이용하여 수중으로 유유히 복귀함으로써 아군의 대침투작전 역사에 뼈아픈 교훈을 남긴 사건이다.

공비는 3명 1개 조의 북한 노동당 조사부 소속으로 판단되며, 침투수단은 해주연락소 소속의 소형 쾌속정인 것으로 추정된다. 침투일시는 11월 4일(음력 10월 4일)의 무월광기를 이용하여 충남 홍성군 천북면 사호리 해안 일대로 침투한 것으로 추정된다. 이들의 임무는 주요 군사시설 정찰[134], 사회혼란 조성 등으로 판단하였으며, 필름을 110통이나 휴대한 것은 장기적인 군사시설 정찰활동을 하고자 한 것으로 분석하였다.

공비들은 사호리 해안으로 침투에 성공하자 인근 봉화산에서 1차 숙영하였다. 다음날에는 신덕리 부근에서 2차 숙영을 하였고, 이어서 지기산 일대를 정찰하면서 계속 이동하여 광천읍 소암리 말봉산까지 침투하여 여기서 지기산 군사기지에 대한 사진 촬영을 한 것으로 보인다. 그리고 이곳에서 나무하던 마을 주민(아주머니 2명)과 조우하자 단도로 살해하고 도주하였으며, 황급히 도주하느라 배낭과 필름을 유기하였다. 통상 후방 지역에서 활동하는 공비들은 비상복귀 장소를 상륙지점이나 해안가에 선정하여 복귀하는 것이 원칙이나 이 공비들은 장거리 육상복귀를 시도하였다. 이후 공비들은 내륙으로 약 230km를 이동하면서 기간 중

---

134 이들로부터 노획한 장비와 물자 중 사용한 필름에는 광천 지기산 322고지에 위치한 미군 44-1대대 통신중계소 및 마을, 도로 등을 촬영한 것으로 확인되었으며, 기타 필름 110통과 카메라 등을 근거로 판단하였다.

14회나 상부에 활동사항을 보고 하였고, 북한으로부터 지령을 수신하면서 이동한 것으로 밝혀졌다. *(필자는 당시 제37사단 신병교육대에서 소대장으로 복무하던 중 공비들의 내륙 이동을 차단하기 위해 잠정전투소대를 지휘하여 안성과 진천 경계 지역에서 작전을 수행하였다.)*

공비들은 주로 도보로 이동하였으나 화물열차를 몰래 이용하기도 하였다. 이들은 소지한 공작금으로 상점에서 식량을 구입하거나 필요시 절취하여 취식하였고, 화물열차를 이용하여 북상하는 등 합법적인 활동과 반합법적인 활동을 병행하였다. 숙영도 비트[135]를 구축하거나 아군이 구축한 진지를 이용하기도 하고, 아군의 접근이 어려운 벼랑이나 농경지 볏짚 속 등 여러 형태의 장소를 융통성 있게 이용하였다. 때에 따라서는 마른 나뭇가지를 이용하여 취사도 하였다. 아군의 차단과 봉쇄에도 공비들은 한발 먼저 빠져나갔다. 안양 수리산에서는 매복하던 특전사 병력들과 조우하였으나 아군의 조치 부실로 도주하였고, 인천 서운동 작전교 부근에서는 차단선에 배치된 병사들의 조치 부실로 도주하였으며, 김포 감정리 구두물 마을 예비군초소에서도 수하에 불응하고 도주하였다. 이후 공비 3명은 김포 감바위 인근 89고지 비트에 은거하며 북한의 지령을 수신하고 한강변으로 수중 침투한 안내원 2명과 접선한 뒤 잠수복으로 갈아입고 이들의 안내를 받아 복귀하였다.

이 작전은 1978년 11월 7일부터 12월 23일까지 47일간이나 계속되었고, 작전에 투입된 병력은 무려 연인원 145만여 명에 달하였다. 공비들이 최종 은거하였던 감바위 남쪽 89고지 비트에서는 공비들이 유기한 수첩이 발견되었고 이 수첩을 통해 공비들의 행적이 비교적 상세하게 드러남으로써 이후 작전에 실패한 장병들의 처벌과 사례 교육에 활용되기도 하였다.

사. 대구 침투사건

이 사건은 1978년 11월 17일 대구 비행장 부근인 대구시 동구 둔산동[136] 옻골 뒷산

---

[135] 비트(Bit)란 적의 관측, 추적, 수색 등으로부터 자신의 신체 및 행동을 단기간 숨기거나 은신시키기 위한 비밀장소를 말한다.

[136] 둔산동은 법정동으로 현 행정구역은 해안동에 속한다. 1940년 동촌면 둔산동이었다가 1963년 대구시 동촌출장

320고지 일명 새바위에 출현한 공비 3명을 고등학생들이 발견하고 신고함으로써 시작되었다. 이후 1979년 1월 10일까지 장기간 소탕작전을 실시하였으나 공비들을 발견하지 못한 채 작전을 종료한 사건이다. 이 사건은 '광천 침투사건'이 진행되는 기간에 발생하여 제2군은 2개 지역에서 내륙 지역 대침투작전을 동시에 수행함으로써 작전 병력 투입과 운용에 어려움을 겪었다.

이들은 3명 1개 조의 노동당 연락부 소속 정찰조로 판단되며[137] 침투일시는 11월 4일에서 6일 사이에 경북 영덕과 감포 사이의 해안으로 상륙한 것으로 추정된다. 이들의 임무는 군 비행장을 관측하기 용이한 곳에 비트를 구축하고 숙영하였으며, 카메라와 망원렌즈를 사용하여 촬영을 하고 있었던 점으로 보아 대구를 중심으로 경상북도 일원에 대한 주요 군사시설 정찰 활동으로 분석되었다.

아군은 공비들이 동쪽으로 도주하여 해상을 통해 복귀하거나 북쪽으로 도주하여 육상을 통해 복귀할 것으로 판단하고 작전하였으나 공비 3명의 흔적조차 발견하지 못하였다. 이 작전은 11월 17일부터 12월 28일까지 수행하다가 대부분 종료되었으나 제5관구사령부 예하부대는 해안 지역을 중심으로 다음해 1월 10일까지도 작전을 계속하는 등 연인원 약 160만여 명이 작전에 참가하였다. *(추후 다대포에서 생포된 간첩 전충남의 진술에 의하면 이들은 아군의 판단과 달리 동쪽이 아닌 남쪽으로 도주하였다고 하며, 이후 남해안 모처에서 원산연락소에서 파견한 안내조와 접선하여 무사히 복귀하였다고 전해진다.)*

소 둔산동으로, 1981년 동구 둔산동, 1985년 부동과 통합하여 둔산·부동, 1999년 방촌동 일부와 신평동까지를 통합하여 해안동으로 행정구역 명칭이 변경되었다. 둔산동이란 지명은 조선시대 군영지가 소재하여 붙여진 이름이다.

[137] 같은 노동당 소속 공비 중에도 같은 시기에 광천 지역에 침투한 공비는 조우한 민간인들을 무자비하게 살해하여 노동당 조사부 소속으로 추정되며, 대구에 침투한 공비는 조우한 학생들을 살해하지 않고 은밀히 도주한 점으로 보아 노동당 연락부 소속으로 추정된다.

4. 1981년 이후 내륙 지역 침투

가. 침투 사례와 공작원 특징

1981년 이후 북한군이 내륙 지역까지 침투하여 활동한 사례는 다음과 같다.

〈표 22〉 내륙 지역 침투 사례(1981년 이후)

구분	침투 시기	주요 침투 지역 및 내륙 지역 활동
1	1984년 9월	남해군 상남 해안 침투간첩 대구 침투 및 활동
2	1985년 10월	남해안 불상 해안 침투간첩 보문산 무인함 설치
3	1988년 초	거제 침투간첩 김명욱 등 전국 활동
4	1989년 2월	거제 침투간첩 윤택림 대동 복귀
5	1990년 2~12월	간첩 김낙중 지원조 강화도 침투 및 활동(4회)
6	1990년 5월	제주 침투간첩 김동식 서울 침투 활동
7	1990년 10월	간첩 이선실·황인오 강화 입북, 복귀(2회 침투)
8	1991년 5월	주사파 김영환·조유식 강화에서 입북
9	1991년 6월	주사파 김영환·조유식 제주 서귀포로 복귀
10	1991년 10월	간첩 김낙중 지원조 강화로 침투 및 활동
11	1992년 3월	간첩 김동식 제주 보목동 침투 및 활동
12	1995년 9월	간첩 김동식 제주 온평리 침투 후 활동
13	1996년 9월	강릉 잠수함 침투 정찰조 내륙 침투 및 도주 활동
14	1997년 1월	불상 해안 최순호외 1명 침투 후 이한영 암살
15	1997년 8월	거제도 갈곶리 해안 부부간첩 침투 및 활동

* 국방부, 《국방백서》 수록 사례 종합

기간 중 북한은 〈표 23〉에서와 같이 총 19회[138]의 내륙 침투를 통하여 간첩 활동이나 특수공작을 하였으며, 이 중 아군은 2회에 한해 내륙 지역 대침투작전을 수행하였다. 이 19회의 내륙 지역 침투는 모두 해상 및 해안 침투에 이은 내륙 지역 침투였다.

내륙 지역 침투 사례 19회 중 9회는 남해(거제도 3회, 제주도 4회, 남해도 1회, 불상 1

---

[138] 대표적인 내륙 지역 침투 사례를 종합한 것일 뿐 전체적인 지상과 해상 침투 횟수를 의미하는 것은 아니다.

회 등)를 통한 원거리 해상 침투였고, 8회는 소형 쾌속선을 이용한 서해 당야 침투로 주로 강화도 하일리와 건평리 지역으로 침투하였다. 1회는 동해상을 통한 잠수함 침투에 이은 정찰조의 내륙 지역 침투 및 활동이었고, 1회는 불상 해안을 통한 특수공작원 순호조[139]의 침투 및 활동이었다.

〈표 23〉 내륙 지역 침투 횟수와 작전 현황

(단위 : 회)

구분	계	동해	서해	남해	불상
침투 횟수	19	1	8	9	1
작전 횟수	2	1		1	

내륙 지역은 작전 지역이 광범위하고 인구 밀집 지역이 산재하며, 교통망의 발달, 유동인구의 과다 등으로 전투력 운용 및 작전 수행에 많은 제한을 받게 된다. 또한, 책임 지역은 광범위하나 작전 가용요소는 제한된다는 특징이 있다. 1981년 이후 북한은 통상 침투에 성공한 후 내륙 지역에서의 활동은 정교하게 위조된 주민등록증을 활용하여 일반 시민들과 동일하게 생활하면서 활동하였다. 특히, 이들이 사용하던 주민등록증은 실제 남한에 거주하는 사람의 인적사항을 그대로 도용하여 경찰 검문도 이상 없이 통과할 정도였다.

1990년대 내륙 지역에 침투한 공작원들은 대한민국 국민으로 의심받지 않고 생활하기 위해 철저한 '이남화 교육'[140]을 받고 남파되었다. 1995년 부여 작전에서 생포된 간첩 김동식의 경우에는 도시의 여인숙에서 장기 투숙하였고, 공작 활동을 위해 대중교통으로 전국을 마음대로 이동하거나 여관에 투숙하면서 대한민국의 일반 도시민과 거의 같은 수준으로 생활하였다.

---

[139] 1997년 1월 특수공작원 최순호 외 1명이 불상 해안으로 침투하여 1997년 2월 15일 귀순자 이한영 씨를 암살하고 복귀하였다.

[140] 남한에 침투하여 간첩으로 활동할 때 남한 국민들과 동일한 언어와 생활습관 및 의식주 생활, 각종 편의시설 사용 요령 등을 숙달하도록 가르치는 교육이다. 이 교육을 보다 효과적으로 하고자 북한은 1970년대 말 대한민국이나 일본에서 젊은 학생들을 납치하여 교관으로 삼았다. 북한에서는 '적구화 교육'이라고 한다.

나. 부여 무장간첩 침투사건

1995년 10월 24일 제주도를 통해 침투하여 활동 중이던 간첩 2명이 부여 정각사에 출현하여 경찰과 교전하고 도주하는 것을 군경이 추격하여 1명은 생포하고 1명은 사살한 사건이다. 이때 출현한 간첩들은 9월 2일 제주도 보목동 해안으로 침투하여 운동권과 재야인사들을 찾아다니며 동조자 포섭 활동과 고정간첩 접선 활동 등의 공작을 하고 있었던 것으로 밝혀졌다.

이들은 1995년 9월 2일 24:00경 제주도 성산읍 온평리 해안으로 침투하였다. 이들로부터 노획한 통신문건과 생포간첩 진술내용을 종합한 결과 이들은 북한 노동당 사회문화부(이후 대외연락부로 명칭 변경) 소속의 2명 1개 조 남파간첩이다. 이들의 임무는 고정간

〈그림 12〉 부여 간첩 침투 경로 및 활동

첩 접선과 대동 복귀, 재야와 학생운동권에서 동조자를 포섭하는 것이었다. 김동식의 침투 후 활동과 진술을 토대로 분석한 결과 이들은 젊은 층의 재야 및 학원가 운동권 출신들을 집중 포섭하여 남한 내의 변혁운동과 친북 통일운동의 중추세력으로 양성하는 지하당을 구축하려 하였다.

10월 24일 정각사에 간첩이 출현하여 도주하자 부여경찰서 기동타격대가 출동하여 정각사 동쪽 도주로를 차단하였고, 산에서 내려오는 간첩과 교전하였다. 여기서 경찰은 총상을 입은 북한 노동당 사회문화부 소속의 간첩 조장 김동식을 생포하였으나 경찰 2명이 전사하고 1명이 중상을 입는 등의 피해를 입었다. 도주하던 간첩 박광남은 10월 27일 제2봉쇄선에서 군 수색 병력에게 발견되어 사살되었다. *(필자는 당시 모처에서 특공대대장으로 복무 중 출동명령을 받고 대대를 지휘하여 즉각 현장에 출동하였으며 제2봉쇄*

부여작전 경찰 충혼탑

선을 점령함으로써 박광남의 도주를 차단하였다.)

군경은 이 사건에서 간첩이 휴대한 장비 및 물자를 다수 노획하였으며, 생포된 간첩 김동식의 진술로 무인함 5개소를 발굴하는 성과를 거두었다. 주요 노획장비 및 물자로는 벨기에제 브로닝 권총 3정과 실탄 44발, 만년필형 독총 2개를 비롯하여 무인함과 숙소로 사용하던 여인숙에서 수거한 것을 포함하여 총 250종 686점에 달하였다.

이번 사건을 통하여 몇 가지 특징적인 간첩들의 활동양상과 침투전술을 확인할 수 있었다.

첫째, 북한 공작원들이 신세대 공작원으로 세대교체가 단행되고 있음을 알 수 있었다. 북한은 신세대 공작원 선발을 위하여 신념과 사상이 투철하여 변절가능성이 낮은 혁명 유자녀를 공작원으로 선발하였다.

둘째, 완벽한 '이남화 교육'이 실시되고 있다는 점이다. 월북자 또는 납북된 강사와의 합숙훈련을 통한 1인 밀착교육으로 남한의 서울, 경기를 중심으로 하는 표준어와 충청도, 경상도, 전라도 사투리 구사능력을 숙달시켰다.[141]

셋째, 정교하게 위조된 주민등록증을 사용한다는 점이다. 이번 사건에서 이들은 간첩 1명당 2장의 위조된 주민등록증을 사용하였으며, 실제 남한 내에 거주하는 인원의 인적사항을 그대로 도용하였다. 위조된 주민등록증은 실제로 경찰의 불심검문에도 무사 통과될 수 있도록 정교하게 위조되어 있었다.

넷째, 거액의 공작금과 공작장비의 현지조달이다. 김동식 일당은 2개월간의 단기공작 임무를 수행하는 공작원임에도 불구하고 한화 4백만 원과 미화 6만5천 달러 등 거액의 공작금을 휴대하였다. 그리고 백화점과 남대문시장 등지에서 지령수신용 중파라디오, 정보수집용 카메라 등의 공작 장비와 의류 등 각종 생필품을 현지 조달하였다.

다섯째, 수 개의 무인함을 설치하였다. 과거에는 무전기 분실 등에 대비하기 위해 1~2

---

[141] 김동식은 1995년 7월 이남화 교육을 담당하던 선생으로부터 "경기 소재 전문대를 졸업하고 처와 딸을 데리고 월북한 박○○(1992년 2월 월북)도 이남화 교육 강사로 일한다."는 말을 들었다고 진술하였다.

개 정도의 무인함을 설치하고 장비를 은닉하였다. 그러나 이번 생포된 간첩 김동식은 국내 고첩에게 간첩장비를 전달할 목적으로 식별이 용이한 묘지의 망부석 주위 등 총 7개소에 무인함을 설치하고 권총, 무전기 등을 은닉하였다.

여섯째, 독총 및 고속송신기 등 최신장비를 사용하였다. 특히 이번에 북한이 최초로 '만년필형 독총'을 개발하여 사용하고 있는 것으로 확인되었다. 이것은 길이 13.5cm로 내부에 뇌관과 화약이 장착되어 있고 청산가리보다 독성이 5배나 강한 '브롬화 네오스티그민'이라는 독극물이 내장된 탄알이 들어있었다.

전향한 김동식의 저서

간첩 김동식은 후일 운동권 출신 인사들과 접촉하여 노동당에 가입시키기 위한 활동을 전개하였고, 과거부터 불교계에 침투하여 스님으로 활동하던 남파공작원을 만나 대동 월북하기 위해 침투하였다고 진술하였다. 또한, 김동식은 자신이 포섭하려고 접촉했던 인사 들은 자신이 북에서 왔다고 밝혀도 "아무도 나를 신고하지 않았다."고 하였다. 이후 자신이 쓴 책의 제목도 같은 제목을 사용하기도 하였으며, 《북한 대남전략의 실체》란 책도 저술하는 등 전향하여 활발한 활동을 하고 있는 것으로 알려졌다.

다. 강릉 잠수함 침투사건

1) 상황 및 배경

1996년 9월 18일 군사 정찰을 위해 강릉시 강동면 안인진리 해안에 침투했던 북한 잠수함이 좌초되어 승조원들이 육상 복귀 과정에서 아군에게 모두 섬멸된 사건이다. 이 사건은 1996년 9월 18일 강릉시 강동면 안인진리 대포동 50m 해상에서 좌초한 북한 잠수함을 해당 지역 해안경계병과 민간인 택시기사가 거의 동시에 발견하고 신고한 때부터

11월 5일까지 총 49일간이나 진행되었다. *(필자는 당시 모처에서 특공대대장으로 복무 중 강원과 경계 지역인 경북, 충북 지역에서 수차례 차단작전을 수행한 바 있다.)*

이때 침투한 공비는 인민무력부 총참모부 정찰국 소속으로 공작원 3명은 정찰국 직속이었고, 잠수함 승조원들은 정찰국 직속의 22전대 소속이었다. 침투인원은 총 26명으로 이 중 잠수함 승조원 19명, 안내조 2명, 공작원(정찰조) 3명이었고 이들의 활동을 지도하기 위해 정찰국 해상처장(대좌)과 해상부처장(상좌)이 함께 동승하였다. 이들의 계급별 분포는 다음과 같았다.

〈표 24〉 강릉 잠수함 침투 인원 계급별 분포

계	대좌	상좌	중좌	소좌	대위	상위	중위	소위	미상
26	1	1	2	2	5	5	2	5	3 (정찰조)

해상 침투는 9월 14일 05:00에 함남 퇴조항(낙원기지)을 출발하여 공해상으로 우회 기동한 뒤 강릉 해안으로 침투하였으며, 잠수함을 이용하여 해안으로 직접 침투하는 전술을 사용하였다. 이들은 9월 15일 19:00경 최초 대포동 해안에 도착하여 21:00경 정찰조를 침투시킨 것으로 추정되며 9월 17일 20:30경 정찰조를 복귀시키기 위해 다시 접근하였다가 좌초된 것으로 추정된다. 잠수함이 좌초되자 23:50경 함내에 기물을 소각 및 파괴하고 육상 복귀를 강행하고자 9월 18일 01:00경 해안으로 상륙하였다.

침투목적과 임무는 유사시 대규모 무력 도발을 위한 사전 전투 정찰로 분석되었다. 이들은 비행장, 항만, 레이더기지 등 주요 군사시설을 정탐하고, 차후 중대한 대규모 도발을 시도하기 위한 계획 수립과 가능성을 타진하며, 잠수함을 이용한 수중 침투방법 시험 및 침투 여건을 확인하고자 한 것으로 판단된다. 특히, 잠수함 함장은 중좌이나 해상처장(대좌)과 부처장(상좌)이 침투 지도를 위해 잠수함에 탑승했던 것은 그만큼 임무가 중요했을 것이란 추정이 가능하다.

침투에 사용한 잠수함은 북한 해군이 분류한 배수량 290t 이하의 상어급 잠수함[142]으

---

142 잠수함은 수중 톤수로 구분하여 150톤 이상이면 잠수함, 이하면 잠수정으로 부른다. 북한의 잠수함은 R급(1,800톤) 및 W급(1,355톤) 잠수함과 상어급(290톤) 잠수함 및 유고급(70톤) 잠수정으로 편성되어 있다.

로 침투한 잠수함의 형태와 모습은 그림과 같으며, 잠수함은 침투현장 부근의 안인진리 평화안보공원에 전시되어 있다.

강릉 지역 침투 잠수함 형태

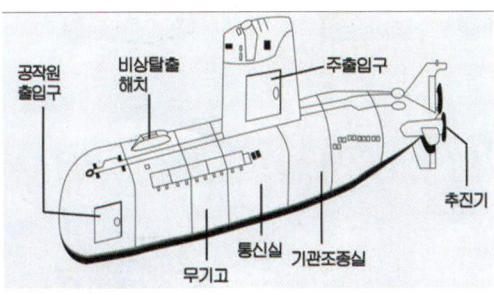

2) 상륙한 공비 소탕 경과

잠수함을 버리고 상륙한 이들은 태백산맥을 따라 북상하여 복귀하고자 하였다. 그러나 이들은 상륙 후 청학산에 오른 뒤 무기도 부족하고 체력도 복귀하기엔 역부족이며 생포되면 기밀이 누설될 것이란 판단하에 상급자인 해상처장과 부처장 및 동료 승조원까지 총 11명을 총으로 쏴서 살해하였다.

아군은 최초 9월 18일부터 10월 2일까지 안인진리 대포동 해안에서 좌초된 잠수함을 발견하고 침투 해안과 칠성산을 중심으로 강릉 원점 지역 작전을 수행하였다. 그러던 중 10월 3일부터 10월 9일까지 고성 노인산 지역에서 북한과 통신 교신이 이루어졌다는 첩보에 따라 대부분 병력을 노인산 지역에 투입하였다. 그러나 이때 정찰조는 9월 23일 야간에 이미 강릉 원점 지역 작전권에서 남쪽인 삽당령 방향으로 포위망을 벗어났으며, 9월 24일 서쪽인 왕산면 용수골을 거쳐 10월 3일에는 용평스키장으로 도주한 상태였다.

아군이 정찰조가 벗어난 강릉 원점 지역 작전을 계속하면서 대부분 주력을 고성 노인산 지역에 집중하고 있을 때인 10월 8일 정찰조는 오대산 탑동리에서 버섯 채취에 나섰던 마을 주민 3명을 살해하면서 기도가 노출되었다. 따라서 아군은 10월 9일부터 11월 3일까지 오대산을 포위하고 오대산지구 소탕작전을 전개하였다. 그러나 정찰조는 오대산 지구에 봉쇄망이 완전히 구축되기도 전인 10월 9일 저녁에 이미 오대산 북서쪽 월둔골에서 아군의 차단선을 벗어나 현리 방향으로 북상 도주한 상태였다.

<그림 13> 강릉 침투공비 이동로 및 작전 지역

이후 이들은 10월 16일 인제군 남면 가로리 고개에서 도로를 횡단하다 민간인에게 발각되어 한때 위기를 맞았으나 신고를 받고 출동한 군경이 군축교 일대를 수색한 뒤 "고랭지 채소 작업인부 또는 버섯이나 도토리 채취자"로 판단된다고 하며 작전을 종결하였다. 공비들은 가로리 고개에서 도주할 때도 북쪽으로 가지 않고 일단 남쪽으로 도주하여 현장을 벗어난 뒤 서쪽인 신남을 거쳐 양구대교 아래에서 소양호를 도하한 뒤 양구 장막골로 이동하였다. 여기서 공병대대 병사 표종욱 일병을 납치하여 살해하고 다시 동쪽인 인제 원대리 방향으로 이동하였다.

이후 향로봉을 목표로 방향을 잡고 북상하던 정찰조 2명은 11월 4일 민간인 통제선 북쪽인 산머리곡산에서 거점 전투진지 보강작업을 하던 아군에게 발각되었다. 여기서도 일단 남쪽으로 도주하던 정찰조는 인제군 북면 용대리 연화동에서 아군 제703특공연대 병력들에게 발각되어 1명이 중상을 입자 더 이상 도주를 포기하였다. 이후 도로에 노출된 아군을 향해 사격하며 끝까지 저항함으로써 아군에게 많은 피해를 입히고 특전사 장선용 상사에 의해 사살되었다.

3) 공비 출현 지역과 교전 결과

가) 청학산 사체 발견

1996년 9월 18일 16:00경 항공정찰 결과 청학산에서 공비 사체를 발견하고 보고하였으며, 16:50경 지상에서도 수색작전부대가 접근하여 사체 11구를 확인하였다. 사체 10구는 청학산 정상 방향, 1구는 반대 방향으로 누워있었고 권총과 AK소총으로 사살된 참혹한 상태였다. 이는 공작원들(정찰조 또는 안내조)이 생포되었을 때 기밀이 누설될 것을 우려하여 살해한 것으로 추정되었다. 여기에는 해상처장(대좌), 부처장(상좌), 정치지도원(소좌)도 포함되어 있었으나 함장과 부함장은 보이지 않았다.

나) 강릉시 강동면 모전리 출현

1996년 9월 18일 16:00경 강동면 모전리 홍사근 씨 집에 승조원 이광수 상위가 들어왔다. 수상한 자가 들어와 남편과 대화하는 것을 들은 부인이 공비라고 눈치 채고 전화로 파출소에 신고하였다. 이에 인근에 있던 경찰관 2명이 출동하여 16:43경 이광수 상위를 생포하였다.

다) 강릉시 강동면 단경골 출현

1996년 9월 19일 09:30경 강릉시 강동면 언별리 단경골에서 송이 채취를 위해 산에 올랐던 주민이 수상한 자들이 있다는 제보를 하여 인근에 있던 군 수색조가 출동하여 승조원 3명을 사살하였다.

라) 강릉시 왕산면 칠성산 출현

1996년 9월 19일 강릉시 왕산면 목계리 칠성산에서 특전사 병력들이 은거 중인 공비 3명을 발견하고 투항을 권유했으나 불응하여 모두 사살하였다.

마) 강릉시 강동면 오이골 출현

1996년 9월 19일 16:40경 제68사단 병력들이 강릉시 강동면 오이골 일대를 수색 중 공비 1명을 발견하고 교전 끝에 사살하였다. 사살된 자는 정찰조 조장으로 확인되었으며 최초 공비의 수류탄 공격에 아군 1명이 부상하였다.

바) 강릉시 왕산면 칠성산 출현

1996년 9월 21일 09:30경 특전사 수색조가 칠성산 952고지에 헬기로 투입된 후 982고지 방향으로 이동하던 중 공비와 조우하여 이병희 중사가 전사하였다. 이에 제2사단 공중강습특수임무부대가 칠성산 동측 내부차단선을 점령하여 작전 중 20:45경 공비 1명(전투원 김윤호 대위)을 사살하였다. 이때 아군 1명이 전사하고 3명이 부상하였다. 9월 22일 06:15경 인접 칠성선 서측 내부차단선을 점령한 제11사단 병력들이 공비 1명(함장 정용구 중좌)을 사살하였으나 1명이 전사하였다.

사) 강릉시 성산면 보광리 출현

1996년 9월 28일 06:40경 강릉시 성산면 보광리 260고지에서 제102여단 매복조가 공비 1명(부함장 유림 소좌)을 발견하고 사살하였다.

아) 강릉시 왕산면 석우동 출현

1996년 9월 30일 15:00경 특전사 병력들이 칠성산에서 왕산면 목계리 방향으로 하향식 정밀 수색을 이어가던 중 석우동 하천변 옥수숫대 속에 은거해 있던 공비 1명(기관장 만일춘 중좌)을 사살하였다.

자) 인제군 남면 남전리 출현

1996년 10월 16일 17:30경 인제군 남면 남전리 가로리 고개에서 신남중학교 교사 조백송(35세) 씨가 인제 방향으로 차를 타고 가던 중 거동이 수상한 자 2명이 고개를 횡단하여 이동하는 것을 보고 신고하였다. 이에 인제경찰서와 인근 군부대에서 출동하여 수색하고 현장 분석을 한 후 신고자가 본 것은 고랭지 채소작업 인부나 도토리 채취자일 가능성이 농후하다고 판단하여 대공용의점이 없는 것으로 분석하고 작전을 종료하고 말았다.

차) 양구군 양구읍 장막골 출현

1996년 10월 22일 16:00경 양구 장막골 소총 사격장 인근에서 제2사단 공병대대 표종욱 일병이 싸리 채취 작업 중에 공비에게 납치되어 살해되었다. 그러나 부대는 22:30에 현지 이탈로 보고하였고, 이후 사단은 10월 28일까지 수색에서 아무 흔적을 발견하지 못하였다. *(후에 연화동에서 사살된 공비 1명이 표종욱 일병의 야전상의를 착용한 사실이 밝혀져 재수색을 통해 11월 6일 09:45경 표 일병의 사체를 발견하였다.)*

카) 인제군 서화면 산머리곡산 출현

1996년 11월 4일 15:20 향로봉 남쪽 약 4km 지점인 인제군 서화면 산머리곡산 1,062 고지에서 동계 거점전투진지 보강 작업을 하던 제12사단 고승진 병장이 우체통진지에서 나오는 공비들을 발견하였다. 공비들이 권총을 겨누었으나 깜짝 놀란 고승진 병장은 "공비다!"라고 소리치며 동료들이 있는 곳으로 달려갔다. 이때 공비의 권총은 다행히 고장으로 불발된 것으로 보인다. 이에 군단은 즉각 출동한 병력들과 가용한 부대로 봉쇄선을 점령하고 일부는 내부 수색을 하도록 명하였다. 여기서 도주한 정찰조 2명은 또다시 이번에도 북으로 도주하지 않고 남쪽으로 신속히 이탈을 시도했다.

타) 인제군 북면 용대리 연화동 출현

남쪽으로 도주한 정찰조 2명은 11월 5일 04:28경 인제군 북면 용대리 연화동에서 봉쇄선에 배치되어 있던 제703특공연대 병력에게 발견되었다. 연화동 계곡 입구 통나무집에 배치된 병사들이 수하를 하자 공비들은 태연하게 아군으로 위장하여 통과하려 했으나 이를 눈치 챈 병사들의 사격에 의해 1명이 중상을 입었다. 정찰조 2명 중 1명이 중상을 입자 부상자를 부축하여 인근 어둠 속에 숨은 공비들은 도주를 포기하였다. 이들은 인근에 숨어서 현장 확인 차 출동한 합신조와 증원 병력을 향해 무차별 사격을 시도하여 많은 인명피해(기무부대장 오영안 대령 등 3명 전사, 군견 1두 전사, 군단 정보장교 이종갑 소령 등 17명 부상)가 발생하였다. 결국 11월 5일 10:00경 특전사 장선용 상사가 독단으로 하천을 따라 올라가 머리가 노출되어 있던 공비 1명을 사살하고 누워있던 1명은 확인 사살함으로써 작전이 종료되었다.

4) 작전 결과

연화동 전적비(정찰조 사살장소)

작전 결과 아군은 소탕작전을 통해 대한민국 영토에 침투한 26명 중 1명을 생포하고 13명을 사살하였으며, 11명은 사체로 발견되었고 1명(소위 이철진)은 상륙 과정에서 해상으로 실종된 것으로 추정하였다. 그러나 작전간 아군도 12명이 전사하고 27명이 부상하였으며, 민간인과 경찰도 4명이 사망하고 예비군도 1명이 사망하는 등 많은 인명피해가 발생하였다. 작전에는 28개 부대가 참가하였고, 작전 참가 병력은 연인원으로 군 114만 명, 경찰 8만 명, 예비군 28만 명 등 총 150만여 명에 달하였다.

5) 강릉 잠수함 침투 및 도발의 특징

강릉 잠수함 침투 및 도발의 특징을 요약하면 다음과 같다.

첫째, 공격용 잠수함을 동원한 무력 도발 행위이다. 북한이 공격용 전력인 잠수함을 동원하여 우리 해상과 해안을 직접 침투한 행위는 정규전에 준하는 명백한 무력 도발 행위이다.

둘째, 중무장 및 아군을 가장한 특수요원의 직접 침략이다. 전원이 아군으로 위장한 얼룩무늬 군복 및 민간복을 착용하였고, RPG-7 대전차로켓과 대전차수류탄 및 AK소총 등으로 중무장하였다. 국제관례에 따르면 중화기로 무장한 특수요원 침투는 직접 침략에 해당한다.

셋째, 전면 남침이나 무력 도발을 겨냥한 특정목표 대상의 전투 정찰 행위이다. 공비들의 휴대지도에 강릉 비행장 활주로와 동해고속도로를 표기한 것, 영동화력발전소와 강릉 해안 일대를 정밀 촬영한 필름을 소지한 것 등을 보아서 전면전이나 무력 도발을 겨냥한 중요시설과 침투로에 대한 정밀 정찰 행위로 판단된다.

넷째, 특수임무를 띠고 남파된 대규모 무장공비다. 이번 침투요원들은 단순간첩이 아니고 무장공비로서 1·21사태(31명), 울진·삼척 무장공비 침투사건(120명) 이후 최대 규모의 무장공비 침투사건으로 기록되었다. 또한, 침투공비 전원이 인민무력부 정찰국 특수부대 소속의 군관으로 전투편제를 유지하여 침투하였다.

다섯째, 침투한 공비들의 잔인성과 만행이다. 이들은 도주능력이 부족하고 생포된다면 핵심기밀이 누설될 수 있다고 판단되는 동료 11명의 머리를 총으로 2~3발씩 쏴서 살해하는 잔인성을 보였다. 그리고 도주하던 정찰조는 조우하는 남한의 선량한 주민들과 비무장 군인을 둔기로 가격하거나 단검으로 찌르는 등 무자비하게 살해하는 만행을 저질렀다.

한편, 북한은 사건이 발생하자 처음에는 유엔군 사령부의 대북 항의문 접수조차 거부하면서 자기들과는 무관한 일이라고 주장하였다. 그러다가 잠수함 침투 사실이 국제적 비난에 직면하자 9월 28일에는 뒤늦게 인민무력부 대변인 성명을 발표하고 "소형 잠수함이 정상훈련 중 기관고장으로 표류하다가 강릉 해안에 좌초한 것"이라고 변명하면서 "잠수함과 승무원 즉각 송환"을 요구하였다. 북한은 이후 이러한 주장을 되풀이하면서 남측이 계속 소탕작전에 나설 경우에 즉각 보복하겠다고 위협하였다.

그러나 북한의 주장은 아래와 같은 이유로 모두 허구에 불과하다.
첫째, 소형 잠수함으로 정상훈련 중이었다면 당연히 북한군 복장을 착용해야 했을 것인데 이들은 모두 민간복 내지는 아군 복장으로 위장하고 있었다.
둘째, 기관고장으로 좌초했다는 주장에 대해서도 기관고장이 일어나면 침몰에 대비하여 수면 위로 부상해야 함에도 수중으로 해안에 접근하다 좌초했다.
셋째, 만약 표류했다면 동해안 조류의 특성으로 북쪽으로 흘러가야 했으나 NLL 남쪽 90km까지 남하했으며, 국제적으로 통용되는 위급 구조신호도 전혀 없었다.
넷째, 정찰조들이 육지에 상륙하여 강릉 비행장 등의 중요시설을 촬영하고 요도까지 작성하는 등의 정찰행위를 했던 사실은 목적을 가지고 침투했다는 사실을 물증으로 보여주고 있다.
다섯째, 적대 의도가 없었다면 증거 인멸을 위해 잠수함 내부를 소각할 필요도 없었을 것이고, 부득이 육지에 상륙해서도 지휘관의 인솔하에 투항 또는 구조 요청을 기다려야 했을 것이다. 그러나 이들은 분산 도주를 기도하였고 정찰조는 도주 간에 무고한 양민과 비무장 군인을 무참히 살해하였다.

5. 우회 침투

가. 개요

우회 침투는 북한이 양성한 간첩이나 특수공작원을 지상이나 해상을 통해 직접 침투시키지 않고 해외를 통해 침투시키거나 탈북자를 가장하여 침투시키는 것을 말한다. 2001년 이후 북한은 직접적인 지상 침투와 해상 침투를 거의 시도하지 않고 있다. 북한의 직접적인 지상 침투와 해상 침투가 현저히 감소한 것은 우리 군의 감시장비와 경계시설 강화 등 경계태세가 강화된 측면도 없지는 않겠으나 북한의 전략이 변화한 측면이 더 크다.

나. 탈북자 가장 우회 침투

북한은 최근 직접 침투를 거의 하지 않는 대신 우회 침투를 많이 시도하고 있다. 북은 1980년대에 해외를 통한 우회 침투를 몇 차례 시도했었으나 2000년대 이후에는 주로 탈북자를 가장한 우회 침투를 하고 있는 것으로 밝혀졌다. 국방백서에 따르면 2006년 이후 주요 탈북자를 가장한 우회 침투는 〈표 25〉에서와 같다.

〈표 25〉 2000년대 이후 탈북자 가장 침투 사례

일시	탈북자 가장 침투 사례
2008.	○ 침투 여간첩 원정화 검거사건
2010.	○ 침투 여간첩 김미화 검거사건
2010.04.21.	○ 황장엽 암살 목적 침투 동명관, 김명호 검거사건
2011.09.06.	○ 독침테러 목적 침투간첩 안모 검거사건
2012.02.14.	○ 보위부 지령 탈북 군관 출신 검거사건
2012.06.01.	○ 보위부 소속 공작원 이경애 검거사건
2013.03.04.	○ 정찰총국 소속 여간첩 검거사건
2013.06.25.	○ 보위부 소속 간첩 ○○○ 등 7명 검거사건
2013.07.15.	○ 보위부 소속 간첩 ○○○ 검거사건

다. 신분 세탁 해외 우회 침투

1) 국적 세탁 간첩사건(무하마드 깐수)

1996년 7월 조선족 출신으로 외교관으로 활동하다 1963년 북한에 귀화하여 간첩이 된 정수일이 검거되었다. 1984년 4월 간첩 정수일은 필리핀 태생에 레바논 국적의 '무하마드 깐수'란 이름으로 국적을 세탁하여 입국하였다. 그는 연세대 어학당에서 한국어를 배우고 단국대에서 박사학위를 받았으며, 이슬람문화에 대한 박식함과 유창한 아랍어로 단국대 사학과에서 대학교수로 활동하다 검거되었다. 그러나 그동안의 학술적 성과와 간첩행위를 적극적으로 하지 않은 점 등을 인정받아 사면 복권되었다.

2) 직파 간첩사건(정경학)

2006년 7월 북한 직파 간첩 정경학이 필리핀에서 한국으로 우회 침투했다. 당시 국정원은 노동당 35호실 소속 공작원 정경학을 검거하였다고 발표하였다. 정경학은 김정일정치대학 출신으로 미국계 태국인 신분으로 위장하여 침투했었다. 정경학은 1996년부터 10년간 경북 울진원자력발전소, 용산 미8군부대 등 주요시설을 촬영하고 각종 정보를 수집하여 북한에 전달하다 검거되었으며 징역 10년을 선고받았다.

3) 스님 위장 직파 간첩사건

2019년 7월 24일 공안당국에 따르면 국정원과 경찰은 북한에서 직파한 간첩 용의자 40대 남성 A씨를 검거해 조사 중이라고 밝혔다. 당국은 A씨가 북한의 대남 및 해외공작을 총괄하는 정찰총국 소속으로 파악하고 있다고 하였다. 보도에 따르면 이 직파간첩은 2018년부터 2019년 6월까지 북측 지령을 받아 국내에서 불교계에 잠입하려고 스님행세를 하며 활동했다고 한다. 당국은 A씨로부터 북측의 지령, 수집한 정보를 전달하기 위해 부여받은 암호 등을 파악했다. A씨는 수년 전 한국에 들어왔다가 출국한 뒤 지난해 서아시아에 위치한 제3국에서 국적을 세탁하여 제주도를 통해 다시 국내에 잠입한 것으로 알려졌다.

제6장

국지도발

---

1. 접적 지역 국지도발

2. 해상 국지도발

3. 공중 국지도발

4. 폭탄 테러 및 인명 살상

5. 미사일 및 핵무기 개발과 도발

6. 비군사적 도발

1. 접적 지역 국지도발

가. 1961년 이전 접적 지역 도발

1) 중부전선 아군 경계초소 피습사건

1956년 4월 10일 02:00경 5~8명의 북한군이 중부전선의 군사분계선을 넘어 남하하여 02:30에 아군 경계초소를 기습하였다. 이들은 초소 전방 30m 지점에 도착하여 03:30까지 산발적인 사격을 가해왔으나 아군의 대응사격으로 퇴각하였다.

2) 유엔군 순찰대 총격사건

1957년 3월 27일 군사분계선 남쪽 비무장지대에서 순찰 활동을 하던 유엔군 순찰대에 북한군이 기관총 사격을 가해왔다. 이 사격으로 아군 인명 피해는 없었으나 북한군이 발사한 예광탄이 풀숲에 떨어져 산불이 발생하였다. 산불은 북한 지역으로 번졌으며 40여 발의 지뢰 폭발음이 청취되었다.

3) 중동부전선 초소 피습사건

1958년 7월 8일 펀치볼 북방 중동부전선 비무장지대에서 북한군 1명이 아군 경계초소를 습격하여 1명이 사망하고 1명이 부상을 당하였다. 북한군 병사는 절벽을 기어올라 수류탄을 투척하였으며 아군 대응사격에 사살되었다.

4) 접경 지역 민간인 살해사건

1958년 12월 8일 북한 경무원(아군의 군사경찰에 해당함) 5명에 의해 장단군 진서면 조산리에 거주하는 민간인 이대성이 납치되어 판문점 남방 130m 지점에서 사체로 발견되었다. 이 사건은 그동안 북한 경무원들이 이대성에게 정보원 역할을 시켜왔으나 최근 이 씨가 이를 거부하자 납치하여 살해한 것으로 조사되었다.

5) 중서부전선 비무장지대 교전사건

1959년 6월 4일부터 6월 5일 이틀간 북한군 25명이 4차례에 걸쳐 군사분계선을 넘어와 아군과 교전한 사건이다.

첫 번째는 6월 4일 02:40에 철원 서북방 6km 지점에서 북한군 20명이 군사분계선을 넘어와 아군과 교전하였다. 이 교전에서 아군은 북한군 1명을 사살하고 권총 1정과 수류탄 2발을 노획하였으나 아군도 1명이 전사하고 1명이 부상을 당하였다.

두 번째는 6월 4일 05:07에 동두천 서북방 15km 지점에서 북한군 2명을 발견하고 교전하였으나 도주하였다.

세 번째는 6월 4일 16:20경 철원 서북방 10km 지점에서 군사분계선을 넘어온 북한군 2명을 아군이 발견하여 교전 끝에 1명을 사살하였으나 1명은 도주하였다.

네 번째는 6월 5일 01:20경 동두천 서북방 20km 지점에서 군사분계선을 넘어온 북한군 1명을 발견하여 교전하였으나 도주하였다.

6) 중서부전선 아군 초소 총격사건

1959년 6월 10일 04:00경 동두천 북방 지역 비무장지대에서 북한군 2명이 아군 초소에 총격을 가하여 초병 1명이 중상을 입었다.

7) 비무장지대 순찰조 피습사건

1960년 3월 7일 19:00경 중서부전선 전방관측소 부근에서 3명의 병사가 순찰하던 중 군사분계선 남방 약 700m 지점에서 북한군의 총격을 받아 사망하였다.

나. 1961~1970년 접적 지역 도발

1) 비무장지대 작업 병력 피습사건

1962년 7월 14일 중부전선 비무장지대에서 북한군 7명이 제초 작업을 하던 아군에게 총격을 가하여 1명이 부상을 당하였다. 이어서 9월 6일 18:00경 화천 동북방 비무장지대에서 아군 순찰대 17명이 도로보수 작업을 하던 중 군사분계선을 약 300m 정도 넘어온 북한군 3명이 또 아군을 공격하였다. 이에 아군의 즉각 대응사격으로 아군은 북한군 3명을 모두 사살하였으며 아군도 1명이 부상을 당하였다. 그러자 북한군은 20:10경 10여 명이 군사분계선을 넘어와 사체를 회수하려고 하였으나 아군은 군사정전위원회 확인을 위해 사체 회수를 거부하였다.

2) 유엔군 감시초소 피습사건

1962년 11월 20일 20:30경 비무장지대 유엔군 감시초소에 북한군이 수류탄 공격을 가해 미 제1기갑사단 소속의 미군 1명이 사망하고 1명이 부상을 당하였다. 이 초소는 판문점에서 북동쪽으로 약 11km 떨어진 곳으로 북한군이 은밀히 침투하여 소련제 F1 수류탄을 투척하였다. 수류탄은 총 5발이 투척되었으나 3발은 초소 밖에서 폭발하였고 2발은 초소에 떨어졌으며 이 중 1발은 불발되었다.

이 사건은 정전 이후 미군이 배치된 감시초소에 북한군이 가한 최초의 공격이었다. 유엔군은 군사정전위원회에서 수류탄 안전핀과 파편 등을 제시하며 "은밀하게 감행된 이 공격은 아군의 공격을 받지 않았음에도 경고 없이 기습적으로 발생하였다."고 강력히 항의하였다.

3) 군사분계선 침범 교전사건

1963년 3월 19일 08:15에 중서부전선에서 북한군 20명이 군사분계선을 넘어와 작전 중이던 아군에게 사격을 가했다. 아군도 응사하여 약 40분간 교전이 벌어졌으나 아군의 피해는 없었으며 북한군도 복귀하여 피해는 발생하지 않았다.

4) 순찰 미군 피습사건

1963년 7월 29일 05:30경 서부전선 군사분계선을 넘어온 수 미상의 북한군이 지프차를 타고 순찰 중인 미군을 습격하였다. 이 사건으로 미 제1기갑사단 소속 미군 2명이 사망하고 1명이 부상을 당하였다.

5) 미군 경계 병력 피습사건

1963년 8월 3일 서부전선 비무장지대에서 경계 중인 미 제1기갑사단 제9기병연대 경계 병력이 군사분계선을 넘어온 북한 정찰대의 습격을 받았다. 이 미군과 북한군의 교전은 약 2시간 동안 벌어졌고 아군의 피해는 없었으나 북한군은 2명이 전사한 것으로 추정된다.

6) 미군 전초기지 피습사건

1963년 8월 5일 서부전선 비무장지대 미군 전초기지에서 북한군 징찰대 7명이 군사분계선을 넘어와 수류탄을 던지고 자동화기로 사격을 가해왔다. 미군 스코트 대위 외 12명의 장병들은 약 2시간 동안 교전하여 공비를 격퇴하였고 3명이 부상을 당하였다.

7) 비무장지대 남방 미군 피습사건

1964년 10월 18일 비무장지대 남쪽 아군 지역에서 꿩 사냥을 하던 미 제1기갑사단 소속 테스트 상사 등 4명이 꿩을 향해 엽총 2발을 발사하자 군복을 착용한 무장공비 3명이 수류탄 2발을 던지고 북쪽으로 도주했다. 수류탄 한 발은 불발이 되었으나 한 발이 폭발하여 테벨 중사가 팔과 다리에 중상을 입었고 사냥개도 죽고 말았다.

8) 미군 시설 피습사건

1965년 10월 12일 미 제2사단 제23연대 제2대대 A중대 영내에 공비 3명이 출현하여 막사에 수류탄을 투척하고 도주하여 많은 피해가 발생하였다. 1966년 10월 11일에는 미 제2사단 제23연대 제2대대 유류고에 공비 4명이 침투하여 수류탄을 투척하고 도주하였다.

9) 국군 초병 피습사건

1966년 6월 4일 파주군 월롱면 내포리 임진강변 초소에서 문진수 일병이 초소 근무 중 가슴에 총을 맞고 예리한 칼에 찔려 숨진 채 발견되었다. 수색 결과 약 1.5km 떨어진 곳에서 소련제 탄피가 발견되는 등 북한군 소행으로 조사되었다.

10) 비무장지대 미군 순찰대 피습사건

1966년 11월 2일 03:15경 미 제2사단 지역 비무장지대에서 미군 순찰대가 군사분계선 800m 남쪽에 매복해 있던 북한군으로부터 기습을 받아 7명(미군 6명, 카투사 1명)이 사망하고 미군 1명이 부상을 당하였다.

11) 판문점 부근 비무장지대 교전사건

1967년 4월 5일 13:43경 판문점 동쪽 2km 지점 비무장지대 안에서 유엔군 순찰대가 군사분계선을 넘어오는 북한군과 교전하였다. 순찰대는 566GP 북쪽에 조명지뢰를 매설하고 GP로 복귀하던 중 북한군 7~8명을 발견하고 25분간 교전하였으며, 이때 군사분계선 북방 북한군 잠복초소에서도 아군을 향해 지원사격이 이어졌다. 북한군은 증거를 없애고자 군사분계선 남쪽에 있는 사체 3구를 야음을 이용하여 군사분계선 이북으로 옮기려 하였으나 아군의 저지로 실패하였다.

12) 중동부전선 비무장지대 교전사건

1967년 4월 12일 23:05경 화천 북방 비무장지대를 경비 중이던 아군 정찰대가 북한군 4명이 군사분계선 0813 표지판 부근을 400m 정도 넘어온 것을 발견하였다. 정찰대가 경고사격을 하자 북한군 60여 명이 군사분계선을 넘어와 아군에게 사격을 가하면서 약 2시간 동안 교전하였다. 이 교전 중 아군은 사단 포병을 동원하여 포 사격을 가해 정찰대를 엄호하고 침투한 북한군을 응징하였다. 교전 결과 아군 1명이 전사하고 3명이 부상하였으며 북한군도 상당한 피해를 입은 것으로 추정된다.

13) 서부전선 미군 초소 피습사건

1967년 4월 14일 21:35경 서부전선 비무장지대 미 제2사단 전방초소 부근에 북한군 2명이 침투하여 수류탄을 투척하고 도주하였다. 4월 15일 새벽에는 미 제23연대 제1대대 전방초소 4개소에 북한군 2~3명씩 총 10여 명이 접근하여 수류탄을 투척하고 도주하였으나 아군 피해 없이 격퇴하였다.

14) 서부전선 미군 전초기지 교전사건

1967년 4월 28일 01:00경 미 제23연대 전초기지에 7명의 북한군이 침투하여 약 40분간 교전하였으나 인명 피해는 없었다. 미군은 북한군의 빈번한 침투와 습격에 대비하여 비무장지대 내에 중장비와 중화기를 배치하여 전초기지 방어태세를 강화하였다.

15) 동부전선 아군 막사 피습사건

1967년 7월 5일 01:45경 양구군 동면 사태리 남방한계선 남방 약 1km 지점의 아군 전방대대 막사에 북한군 9명(추정)이 목책을 뚫고 침투하였다. 북한군은 막사 3동(대대장실, 본부중대 내무반, 8중대 내무반)에 수류탄 7발을 투척하고 외곽초소 2개소에도 각 1발씩 수류탄을 투척하고 도주하였다. 북한군의 기습으로 아군은 최초 전사 1명에 부상 12명으로 보고되었으나 이후 7명이 전사하고 1명이 중상을 입었다고 수정되었다.

16) 비무장지대 남방 미군 초소 피습사건

1967년 7월 16일 02:20경 비무장지대 남쪽 270m 지점 미 제2사단 전방초소에 수 미상의 북한군이 기습해 왔다. 이들은 아군 벙커에 수류탄을 투척하고 자동화기 사격을 가한 뒤 도주하였다. 이 초소에는 4명이 근무 중이었고 교전 결과 북한군 1명을 사살했으나 미군 3명이 사망하고 카투사 1명이 부상을 당하였다.

17) 서부전선 미군 트럭 피습사건

1967년 8월 10일 11:45경 서부전선 임진강 북쪽 비무장지대에 수 미상의 북한군이 침투하여 근무를 마치고 점심식사를 위해 막사로 돌아가는 미군 트럭을 기습하였다. 북한군은 도로 옆에 매복해 있다가 지나가는 트럭에 수류탄을 던지고 자동화기로 사격을 가했다. 이 사건으로 미 제2사단 지역에서 근무하던 미 제7사단 소속의 미군 3명이 사망하고 카투사 2명을 포함하여 모두 17명이 부상을 당했다.

18) 지뢰매설 및 유인살상 기도사건

1967년 8월 8일 양구 북방 GOP 6초소 부근에 사전 침투한 북한군이 지뢰를 매설하여 유인살상을 시도하였다. 이 사건은 사전 침투한 공비들이 6초소 후방의 도로에 지뢰를 매설해 두고 6초소에 사격을 가하여 긴급 출동하던 아군 증원 병력 탑승차량을 폭파시킨 것이다. 이 사건으로 차량이 대파되었으며 1명이 전사하고 8명이 부상을 당하였다. 10월 23일 인접한 308GP에서도 이와 유사한 유인살상 기도사건이 발생하였다.

19) 미군 공병대 막사 피습사건

1967년 8월 28일 16:55경 서부전선 비무장지대 남쪽 2.3km 지점에 위치한 판문점지원사령부 소속 미 제76건설공병대의 동북쪽 200m에 위치한 식당막사에 북한군 9~10명이 침투하여 자동화기를 난사하며 기습하였다. 북한군의 기습으로 저녁식사를 위해 식당에 줄지어 서있던 병력 3명(미군 2명, 카투사 1명)이 사망하고 26명(미군 14명, 카투사 9명, 민간 종업원 4명)이 부상을 당하였다.

20) 중동부전선 비무장지대 수색대 교전

1967년 11월 10일 10:30 중동부전선 철원 지역 비무장지대에서 북한군 2개 분대가 군사분계선을 넘어오는 것을 아군 수색대가 발견하고 교전하였다. 아군은 사단 포병을 동원하여 100여 발의 포탄을 발사하여 북한군을 격퇴하였으며 아군 1명이 전사하였다.

21) 무장공비 도주 지원 견제공격

1968년 1월 25일 04:20경 북한군 10여 명이 군사분계선을 넘어 미군 전초기지를 공격했다. 이 공격은 청와대 기습을 위해 서울로 침투했다 분산 도주하고 있는 무장공비의 도주를 지원하기 위한 견제공격으로 추정되었다. 이날 교전은 14:30까지 산발적으로 이어졌으며 아군은 북한군 3명을 사살하고 7명에게 부상을 입혔다. 아군은 3명(미군 1명, 카투사 2명)이 전사하고 9명(미군 8명, 카투사 1명)이 부상을 당하였다.

22) 판문점 인근 보초교대 차량 피습

1968년 4월 14일 판문점 남방 800m 지점에서 보초교대 차 운행하던 미군 5/4톤 차량을 수 미상의 북한군이 기습공격하였다. 북한군은 미리 길 양쪽에 매복해 있다가 보초교대지점으로 향하던 차량을 공격하여 4명(미군 2명, 카투사 2명)이 사망하고 미군 2명이 부상을 당하였다.

23) 비무장지대 수색 병력 피습

1968년 4월 17일 연천군 왕징면 고왕리 군사분계선 남쪽 300m 지점 비무장지대에서 수색작전 중이던 아군 수색팀(10명)을 매복해 있던 북한군 20여 명이 기습공격하였다. 이 사건으로 아군은 3명이 전사하고 3명이 부상하였으며, 1명이 행방불명되었다.

24) 비무장지대 미군 순찰대 피습

1968년 4월 19일 서부전선 비무장지대에서 군사분계선을 침범한 수 미상의 북한군이 미군 순찰대를 기습공격하였으나 즉각 응사하여 격퇴하였다. 이 사건으로 북한군은 2명이 부상했고, 미군은 1명이 부상하고 따발총 1정을 노획하였다.

25) 유엔 공동감시위원회 조사팀 총격

1968년 4월 20일 15:30경 유엔 공동감시위원회 조사팀(3명)이 4월 19일 교전사건을 조사하기 위해 군사분계선 표지판 435번 앞에서 공산 측 감시위원회 조사팀을 기다리던 중 북한군의 위협사격을 받아 철수하였다. 이에 앞서 08:30경부터 13:00 사이에 공동경비구역 남쪽 6km 지점과 판문점 접근로 4km 지점에서 두 차례 자동화기 공격이 있었다. 이 도발행위로 미군 1명과 북한군 2명이 부상을 당하였다.

26) 비무장지대 미군 순찰대 피습 및 교전

1968년 4월 21일 서부전선 비무장지대에서 북한군 5~8명이 군사분계선을 침범하여 미 제2사단 순찰대를 공격하였다. 순찰대는 즉각 응사하며 교전하여 북한군 3명을 사살했으나 미군 1명이 사망하고 3명이 부상을 당하였다.

27) 비무장지대 총격 도발

1968년 4월 26일 02:00~04:00 사이에 서부전선 비무장지대에서 북한군이 파상적인 총격 도발을 가해왔으며 미 제2사단 전초기지에서도 대응사격을 가하였다.

28) 서부전선 미군 순찰대 피습

1968년 7월 30일 00:30경 서부전선 비무장지대에서 미군 순찰대가 수 미상의 북한군으로부터 기습공격을 받고 20분간 교전하였다. 북한군의 기습으로 미군 2명이 전사하고 2명이 부상을 당하였다.

29) 비무장지대 1일 3개소 침투 및 교전

1968년 8월 4일 04:30경 양구군 방산면 비무장지대에서 아군 매복조가 침투하는 수 미상의 북한군을 발견했으나 조기사격으로 1명만 사살하는 데 그쳤다.
1968년 8월 4일 04:50경 철원군 근동면 북정령 부근 비무장지대에서 아군 매복조가 작전을 마치고 철수하던 중 매복해 있던 수 미상 북한군의 기습사격을 받아 선두에서 이동하던 1명이 전사하고 2명이 중상을 입었다.
1968년 8월 4일 연천군 장남면 비무장지대에서 군사분계선을 침범하여 은거하던 북한군 5명을 사계청소 병력과 수색 병력이 협력하여 모두 사살하였으나 아군도 1명이 전사하고 2명이 부상을 당하였다.

30) 판문점 부근 미군 순찰대 피습

1968년 8월 5일 14:40경 판문점 공동경비구역 동남방 약 1.6km 군사분계선 남쪽 200m 지점에서 순찰 중이던 미 제2사단 순찰대가 5명의 북한군으로부터 기습공격을 받았다. 순찰대는 즉각 응사하며 추격하여 북한군 1명을 사살하였으나 미군 2명과 카투사 2명이 전사하였다.

31) GP 보급로 지뢰 및 TNT 매설

1968년 10월 9일 13:00경 철원군 원남면 633고지 비무장지대 GP 보급로에 북한군이 은밀 침투하여 지뢰와 TNT를 매설하였으나 이를 인지하지 못한 아군 GP 보급차량이 운행하다 폭발물이 터져 차량이 폭파되고 아군 4명이 부상을 당하였다.

32) GP 보급로 대전차 지뢰 매설

1968년 10월 23일 철원군 근남면 바조봉 전방 비무장지대에서 GP 부식추진 병력 1개 분대가 도로정찰을 하던 중 매설된 대전차지뢰 2발을 발견하였다. 정찰대가 매설된 지뢰를 제거하던 중 지뢰 주변에 TNT로 만들어진 부비트랩이 폭발하여 아군 정찰대 1명이 전사하였다.

33) GP 부식추진조 피습

1968년 11월 8일 철원군 원남면 진현리 비무장지대 북정령에서 GP 부식추진조가 수 미상 북한군으로부터 기습공격을 받았다. 북한군은 부식추진조가 접근하자 사전에 매설한 TNT 폭발물 3개를 동시 폭파시킴으로써 아군 3명이 전사하고 6명이 부상을 당하였다. 아군은 사건 현장에서 북한군이 유기한 목함지뢰 1발과 유선 500m를 수거하였다.

34) 군사정전위원회 중 총격 도발

1969년 3월 11일 판문점에서 군사정전위원회 제285차 본회의가 열리고 있는 가운데 12:38경 미 제2사단 지역 비무장지대에서 수 미상의 북한군이 미군 순찰대에 총격을 가해왔다. 미군 순찰대도 즉각 응사하여 북한군을 격퇴하였으며 군사정전위원회 유엔군 수석대표는 이에 대해 강력하게 항의하였으나 북한은 오히려 '포커스 레티나 훈련'[143]으로 미군이 도발하고 있다고 생트집을 잡았다.

---

143 포커스 레티나(FOCUS RETINA) 훈련은 1969년 3월 한반도 공동방위를 위해 최초로 대규모 실 병력을 투입하여 실시한 한미연합훈련이다. 이때 미 본토에서 제82공정사단 병력 2,500여 명이 C-141 대형 수송기로 한반도에 투입되고 한국 공수특전단 600명과 여주 일대에 공수낙하하며 연합훈련을 진행했다.

35) 서부전선 비무장지대 총격 도발

'포커스 레티나 훈련' 5일 차인 1969년 3월 14일 08:30경 서부전선 미 제2사단 지역 전방초소에 수 미상의 북한군이 침투하여 경기관총으로 총격을 가해왔다. 미군도 즉각 응사하며 약 2시간 동안 산발적인 교전이 이어졌다.

36) 비무장지대 미군 작업 병력 피격

1969년 3월 15일 15:15경 미 제2사단 전방 비무장지대에서 군사분계선 표지판 교체 작업을 하던 미군 17명에게 북한군이 기습사격을 가해 미군 1명이 숨지고 3명이 부상을 당하였다. 이때 부상병 후송에 나섰던 미군헬기가 원인 불상 추락하여 부상병과 승무원 등 7명이 사망하는 사고가 발생하였다.

37) 동부전선 비무장지대 총격 도발

1969년 3월 26일 07:45경 북한은 동부전선 비무장지대에서 아군 GP에 기관총 800여 발의 총격을 가해왔다. 이어서 14:05에 다시 약 10분간에 걸쳐 수십 발의 총격 도발을 자행하였다. 북한의 총격 도발에 아군도 즉각 대응사격을 하였으며 인명 피해는 발생하지 않았다.

38) 서부전선 비무장지대 총격 도발

1969년 4월 7일 04:30경 북한은 서부전선 비무장지대에서 아군 전방초소에 직사포와 기관포 등 중화기를 동원하여 공격을 가해왔다. 이에 아군도 대응사격을 가하며 10:00까지 약 5시간 동안 산발적인 GP 교전이 이어졌으나 인명 피해는 없었다.

39) 서부전선 미군 차량 피습

1969년 10월 18일 10:20경 서부전선 비무장지대 남쪽에서 미군 4명이 감시초소 장비 점검을 마치고 차량으로 복귀하던 중 매복해 있던 공비들의 기습공격을 받아 4명 모두 사망하였다.

40) 임진강 강변 마을 총격사건

1970년 12월 5일 00:00부터 08:05까지 북한군이 임진강 하류에 위치한 파주군 탄현면 만우리, 낙하리, 오금리, 문지리, 성동리, 대동리 등 6개 마을에 기관총과 자동화기로 무차별 사격을 가해왔다. 이들 마을 주민들은 614가구 2,200여 명으로 한밤중 북한군의 총격에 놀라 대피하는 소동이 벌어졌다. 이 밖에 아군 부대에도 600여 발을 집중사격하여 병사 1명이 중상을 입었다.

북한군은 이날 열릴 예정이던 군사정전위원회 제309차 본회의를 앞두고 있던 시점에서 유엔군에게 심리적 압박을 가하기 위해 도발한 것으로 분석되었다. 이 지역에서는 북한군이 1970년 6월 3일부터 12월 5일까지 총 21회에 걸쳐 빈번하게 기관총 사격을 가하는 도발을 자행하였다.

나. 1971~1980년 접적 지역 도발

1) 군사분계선 작업 병력 피습사건

1973년 3월 7일 유엔군 사령부 승인을 받아 철원 지역 군사분계선 표지판 보수 작업을 실시하던 아군 병력을 북한군 559GP에서 기습하여 전사상자가 발생하였다. 아군이 전사상자를 구출하려 하자 북한군이 계속 사격을 가함으로 이에 화가 난 사단장(준장 박정인)[144]이 북한군 GP와 병력배치선에 포병사격을 가하면서 전사상자를 구출하였다.

당시 아군은 1973년 2월 27일 유엔군 사령부에 춘계 DMZ 표지판 보수 작업계획을 보고하였다. 이어서 2월 28일에는 유엔군 사령부에서 승인 지시가 내려져 군단의 작업일은 3월 7일과 8일로 결정되었다. 따라서 2월 27일 유엔군 사령부에 의해 북측에 춘계 DMZ 표지판 보수 작업계획이 통보된 상태에서 1973년 3월 7일 계획된 춘계 DMZ 표지

---

[144] 박정인 장군은 함경남도 신흥군에서 태어나 자유를 찾아 1947년 월남하였고 1948년 육사 6기로 임관하였다. 1971년 경기 남서부 지역에서 사단장으로 재직 중 '실미도 사건'에서 책임 지역 경계 문제로 보직에서 해임되었다. 이후 창설부대인 울산지역경비사령관 임무 수행 후 1973년 재차 전방 사단장으로 재직 중 위 사건이 발생했다. 박 장군은 확전을 우려한 상급지휘관의 만류에도 불구하고 북한군 병력배치선과 GP에 포병사격을 가하여 응징하면서 사상자를 구출하였으나 확전 가능성 문제로 또다시 보직에서 해임되었다. '풍운의 별'이라 불리며 군인으로서의 부하 사랑, 충성심과 용기, 소신과 책임감 등에 있어 후배 군인들의 존경을 받고 있다.

판 보수 작업을 개시하였다. 문제의 0654번은 연대 수색중대에서 표지판 교체 작업을 위해 수색중대장 외 4명의 병력과 심리전장교(대위) 및 심리전요원(중사)이 투입되었다.[145]

이들은 계획된 시간에 백덕리 GP를 출발하여 13:07경 군사분계선 0654번 표지판 위치에 도착한 후 표지판을 세우고 표지판이 잘 보이도록 사계청소를 하고 있었다. 3월 7일 13:21경 표지판으로부터 서남방으로 20m 이격된 곳에서 심리전장교 황 대위가 카메라로 표지판을 2회 촬영하는 순간 북한군이 559GP에서 AK소총 2발의 사격을 가해왔다. 이 최초 사격에 황 대위는 작전병력들에게 겁내지 말 것을 지시하면서 재차 촬영을 하는 순간에 북한군 GP에서 AK소총 4발의 조준사격이 가해졌다. 이때 황 대위는 두부와 좌측 어깨에 각각 관통상을 입었고, 심리전요원 김 중사는 차고 있던 권총과 좌측 하퇴부에 각 1발씩 명중되면서 그 자리에 쓰러졌다. 이에 아군 GP에서 대응사격을 하며 부상자를 구출하려 하였으나 북한군 GP에서 감제되는 곳이어서 현장 접근이 곤란하였다.

사격 중인 사단 포병

상황이 발생하자 사단장은 각종 소화기 응사와 함께 박격포와 포병까지 동원하여 포격을 가하면서 사상자를 구출하라고 명하였다. 따라서 상황은 양측의 교전으로 확대되었고 이 과정에서 서희수 병장이 추가로 전사하였다. 사단은 14:15부터 연막탄 17발과 백린연막탄 57발을 북한군 GP와 병력배치 지역에 사격하였다.[146] 그리고 사상자를 구출하려 하였으나 북한군의 감제와 사격으로 병력 투입이 곤란하였다. 18:30에 다시 백색연막탄 3발을 사격하여 연막차장을 실시한 후 구출하려 하였으나 이것도 북한군의 사격으로 실패하였다. 그러나 사단은 야음을 이용하여 특공대 6명을 편성하여 사고지점에 투

---

145 사단 기록에는 당시 수색중대장은 대위 오세범, 심리전 장교는 대위 황정복, 심리전 요원은 중사 김윤동으로 기록되어 있다.

146 사격발수에 대해서 제3사단 포병연대의 '3·7작전 약사보고' 자료에는 HC탄(백색연막탄) 17발, WP탄(백린연막탄) 57발 등 74발로 정리되어 있다. 그러나 일부에선 HC탄이 아닌 HE탄(고폭탄)이란 설이 있다.

입하였고, 19:37에 사상자 구출에 성공하면서 현장 상황은 종료되었다.

2) 미군 헬기 피격사건

북한은 1974년 5월 9일 한강과 임진강이 합류하는 지점의 동남방 상공을 비행하던 미군 헬기 2대에 약 100여 발의 총격을 가해왔다. 북한군은 17:35부터 18:15까지 약 40분 동안 네 차례나 사격하였다. 미군 헬기는 17:35경 최초 3발의 사격을 받았고 되돌아 나오던 중 다시 6발의 사격을 받아 아군 지역에 비상 착륙하였다. 이후 곧 다시 이륙하여 비행하던 중 18:10경 10여 발의 사격을 받았고, 18:15경 100여 발의 사격을 받았다. 이 북한군의 네 차례 사격으로도 다행히 조종사와 기체는 아무 이상이 없었다. 그러나 파주군 탄현면 만우리 420번지에 거주하는 우종성 씨가 북한군의 총탄에 오른쪽 다리를 맞아 부상을 당하였다.

3) 판문점 도끼만행사건

1976년 8월 18일 10:45경 판문점 공동경비구역 안에서 북한 경비병 약 30명이 도끼와 곡괭이 등을 휘두르며 유엔군을 공격한 사건이다. 북한 경비병들은 노무자들의 작업을 감독하던 유엔군 측 장교와 비무장 경비병들을 무차별 폭행하였다. 유엔군 사령부 발표에 의하면 이날 3명의 유엔군 장교와 수명의 경비병들이 한국 노무단 노동자 5명을 인솔하여 유엔군 측 3경비초소로부터 35~40야드 떨어진 곳의 미루나무 나뭇가지를 치고 있을 때 북한군 장교 2명과 수명의 경비병들이 나타나 작업 중단을 요구하였다.

고의로 습격하는 북한군

그러나 유엔군이 작업을 계속하자 이어서 약 30명의 북한군이 차량으로 증원되었으며, 이때 북한군 장교가 "저놈들을 죽여라!"고 소리치자 북한군 경비병들이 달려들어 곡괭이와 도끼로 마구 폭행하였다. 이 습격으로 미군 장교 2명이 살해되고, 카투사 5명과 미군 4명이 부상하고 차량 3대가 파괴되었다. 사망자는 중대장 보니파스 대위와 소대장 바레트 중위였다. 이 공동경비구역은 판문점 회담장을 중심으로 한 직경 800m 지역으로 양측이 각 30명 내의 병력을 배치하도록 휴전협정에 규정되어 있고 신변안전을 보장하게 되어 있었지만 소용이 없었다. 북한은 의도적으로 긴장 조성을 위해 이러한 습격을 해놓고도 유엔과 한국이 이에 대한 응징을 경고하자 적반하장으로 평양방송을 통해 전 군에 전투태세 명령을 하달하는 쇼를 벌였다.

유엔의 이름으로 임무를 수행하는 미군 장교가 도끼에 맞아 죽었다는 참담한 사건으로 미국은 자존심에 큰 상처를 입었다. 미국은 8월 22일 07:00에 '폴 번연(Paul Bunyan) 작전'으로 명명된 문제의 미루나무 절단작전을 전개하였다. 이를 위해 전투기와 B-52전략폭격기가 한반도 상공에 대기하고 항공모함 미드웨이호가 동해상에 대기하는 가운데 작전이 시행되었다. 미루나무 절단작전에는 한국군 공수특전단 병력도 일부 투입되어 작업 병력을 근접 엄호하

미군의 미루나무 절단작전

였다. 결국 문제의 미루나무는 절단되었으나 미국의 응징과 보복에는 한계가 있었다.

이 사건은 김일성이 미군과 한국군의 북침 위협을 선전함으로써 내부적으로 김정일을 후계자로 지목한 데 따른 권력 투쟁과 정치권 내부의 불만, 외채 상환능력과 식량 부족 등의 경제파탄으로 인한 주민 불만을 잠재우기 위해 의도적으로 벌인 사건이었다. 결국 김일성은 미국의 계속된 군사력 투입 시위와 국제적인 비난에 직면하게 되자 이 사건에 대한 유감 표명과 재발 방지를 약속하고 판문점 공동경비구역을 남과 북으로 분할하여 경비한다는 데 합의하는 선에서 사건이 일단락되었다.

4) 기타 접적 지역 도발사건

이 밖에도 북한은 접적 지역에서 도발을 계속하였다. 특히, 한강하구 일대에서는 빈번

하게 총격사건이 벌어졌다. 1971년부터 1972년에도 이러한 한강하구 일대에서의 총격 도발은 계속되었다. 이때의 북한군 도발을 국방부에서는 "군사분계선 일대에서 1971년 12월 6일 이후부터 1972년 2월 말까지 약 3개월 동안에 102차례에 걸쳐 11,140발의 총포탄을 쏘아대는 도발행위를 감행하였다."[147]고 기록하고 있다.

비무장지대와 판문점 공동경비구역 내에서의 도발도 계속하였다. 1975년 6월 30일 16:20경에는 군사정전위원회 제364차 본회의 종료직전에 회담장 밖에 앉아있는 미군 장교에게 북한 기자가 야유하자 이를 제지하려던 헨더슨 소령을 북한 경비병들이 구타하여 부상을 입혔다. 1975년 8월에는 대성동 마을 부근 군사분계선 남방 50m 지점에서 북한군 2명이 대성동 마을 주민을 소총으로 위협해 납북하였다. 1976년 4월 7일에는 중동부 전선 비무장지대에서 북방한계선 남쪽 250m 지점까지 북한군 탱크가 4시간 동안이나 침범하기도 하였다.

다. 1981년 이후 접적 지역 도발

1) 화천 북방 GP 교전

한동안 잠잠하던 북한은 1980년대 초반에 들어와서 다시 접적 지역에서 총격 도발을 시도하였다. 1982년 4월 21일 화천 북방 북한군 GP에서 선제사격이 시작되었고 아군 GP에서도 대응사격을 시작하였다. 이 GP 교전은 피아 4개 GP로 확대되었다. 북한군은 직사화기 800여 발과 비반충포 4발, 박격포 2발을 사격한 것으로 추정된다. 아군은 대구경화기의 사격은 자제하고 직사화기 7,600발을 사격하며 대응하였다.

2) 철원 북방 GP 교전

1982년 5월 17일 철원 북방 비무장지대에서 아군 수색대가 군사분계선 남방 400m 지점을 수색 중 지뢰 폭발로 2명이 부상을 당하였다. 이때 북한군 5개 GP에서 아군을 향해 사격하였고, 아군도 이에 대응하여 사격하므로 GP 간 교전으로 확대되었다.

---

147 국방부 군사편찬연구소, 《군사분계선과 남북한 갈등》(2011). P.143.

3) 연천 북방 총격

1983년 10월 22일 연천 북방 북한군 268GP에서 아군 2개 GP를 향해 자동화기로 45발의 사격이 가해졌다. 아군 GP에서도 즉각 경고방송을 2회 실시하고 대응사격을 하였으나 더 이상 확대되지는 않았다.

4) GP 대면작전 병력 총격

1984년 6월 11일 김화 북방 아군 GP에서 대면작전 중 북한군 GP장을 호출해도 응답이 없자 "김일성, 김정일이 대화의 자유도 안주냐?"고 하자 북한군은 아군 GP를 향해 AK소총으로 4발을 사격하였다.

5) GP 심리전 방송 중 총격

1984년 7월 21일 연천 북방 아군 GP에서 통상적인 심리전 방송을 하던 중 북한군이 아군 GP로 고사총 5발을 사격하였다. 이에 아군도 경고방송과 함께 11발로 응사하였다.

6) 판문점 소련인 귀순자 총격사건

1984년 11월 23일 11:10경 판문점 공동경비구역 북측 지역을 견학하기 위해 판문점에 진입한 소련인 바실리 마토조크(Vassili Matauzok)가 견학단체에서 이탈하여 군사분계선을 넘어 망명하자 북한 경비병들이 총격을 가하며 추격한 사건이다. 이 사건은 1984년 11월 23일 11:43경 마토조크가 유엔사 경비병들에게 도움을 요청하며 T-3 건물과 유엔사 공동일직장교 건물 사이의 군사분계선을 넘어 남하하기 시작하면서 발생하였다. 현장에서 이 광경을 목격한 북한 경비병들이 "무슨 짓이야! 서! 저놈 잡아라!"하고 외치며 권총을 뽑아들고 2발을 쏘며 추격하였다. 이때 유엔사 경비병 중 한 명이 보고를 위해 지휘소 및 막사에 위치한 큐폴라초소로 뛰어들었고, 한 명은 마토조크와 계속 남쪽으로 달려갔다.

11:45경 권총과 AK소총으로 무장한 북한 경비병 9~11명이 회담장과 유엔사 초소 사이로 군사분계선을 넘어와 자유의 집을 지나 남쪽으로 이동하였다. 이후 추가로 북한군

이 증원되어 유엔사 지역에 북한군은 17명으로 늘어났다. 이때 공동경비구역 헬기장 주변에는 유엔사 경비병인 장명기 일병과 Burgoyne 이병이 헬기장 주변에서 작업하는 민간인 근로자 경호를 위해 배치되어 있었다. 이 두 명의 병사는 상황을 인지하고 북한 경비병들이 마토조크를 쫓지 못하게 권총으로 대응사격을 하였다. 급히 이동하느라 마토조크와 함께 이동하던 병사가 마토조크와 떨어지게 되자 마토조크는 썬큰 가든 남쪽에 있는 늪지대 숲속에 숨었다.

11:49경 유엔사 공동경비대의 기동타격대가 출동하였고, 11:57경에는 북한군 2초소의 사격에 대응하여 유엔군 경비병들도 사격을 시작하면서 교전 양상으로 확대되었다. 11:59경 북한군 측 공동일직장교가 사격 중지를 요청하면서 유엔사 공동경비대도 사격을 중지하였다. 그리고 이어서 유엔사 기동타격대가 망명자를 발견하여 남쪽으로 후송하였다. 12:08에 북한군 병사들은 북한군 측 부상자를 수습하여 군사분계선 북쪽으로 돌아갔으며 돌아가는 북한군 병사들을 관찰한 결과 모두 AK소총으로 무장한 상태였다.

12:45경에 아군 측도 피해를 확인한 결과 장명기 일병이 헬기장 부근에서 사망한 것을 확인하였고, 북한군도 박철 중위가 사망한 것으로 발표하였다. 이 사건에 대해 북한은 유엔사가 마토조크를 납치하여 발생한 일이라고 주장하였다. 그러나 사건 종료 후 조사 결과 우발적인 충돌이었지만 북한군 초소에서 귀순을 저지하고자 무차별 사격을 가하면서 집단으로 군사분계선을 넘어와 추격한 것은 명백한 정전협정 위반으로 밝혀졌다. 그리고 마토조크는 소련인 기자로서 자의에 의해 정치적인 망명을 감행한 것으로 확인되었다. 이 교전으로 북한군은 3명이 사망하고 1명이 부상하였으며, 아군도 1명이 전사하고 1명이 부상을 당하였다. *(이때 전사한 장명기 일병에게는 일계급 특진과 함께 화랑무공훈장이 추서되었다. 미 육군은 동성훈장을 추서하였고 현장에 추모비를 세웠다.)*

고 장명기 일병 추모비

7) 인제 북방 총격 도발

1986년 8월 5일 인제 북방 북한군 2개 GP에서 아군 4개 GP로 230여 발의 총격을 가하여 아군도 약 7분간 600여 발로 응사하였다.

8) 철원 GP 총격 및 교전

1997년 7월 16일 북한군이 주간에 군사분계선을 침범하므로 아군 GP에서 정전협정 규정에 의해 이를 경고하였으나 북한군이 오히려 아군 GP에 총격 도발을 가해와 GP 교전으로 확대되었다. 이 사건은 1990년대에 아군이 비무장지대 내에서 북한군의 군사분계선 침범을 적극적으로 경고 및 격퇴하고 북한군 GP의 총격 도발을 분쇄한 사례이다.

이 사건의 특징은 시계가 양호한 주간에 북한군 다수 병력이 군사분계선 푯말을 확인하고도 군사분계선을 침범하였다는 것이다. 특히 아군의 3차에 걸친 경고방송과 2차례 경고사격에도 불구하고 이를 계속 무시한 채 남하한 것은 의도적이고도 계획적인 도발행위였다. 또한, 군사분계선을 침범한 북한군에 대하여 아군이 조준사격을 가하자 즉각 우리 GP에 대응사격을 실시한 것은 우리의 대비태세를 시험하기 위한 예견된 행동으로 판단된다. 이 도발사건에서 아군은 군사분계선을 침범한 북한군에게 교전규칙에 따라 즉각 경고방송과 경고사격을 실시하였다. 교전 과정에서 아군은 단 한 명의 인명 피해도 발생하지 않았으며 아군 GP에 경미한 시설물과 장비 피해가 발생하였다.

9) 연천 지역 고사총 도발

2014년 10월 10일 연천 지역에서 민간단체가 대북전단이 들어있는 고무풍선을 부양하였고, 이 풍선이 비무장지대 북한 상공으로 날아들자 북한군이 여기에 고사총을 사격하는 도발을 감행한 사건이다. 이 고사총 도발은 공중사격으로 지상에는 흔적이 발생하지 않으므로 북한군의 사격을 뒤늦게 인지한 아군은 정전협정규정에 의해 대응사격을 실시함으로써 북한군의 추가 도발을 분쇄하였다. 북한은 우리 민간단체가 부양하는 대북전단에 체제 유지의 위협을 느껴 매우 민감한 반응을 보였으며, 2014년 9월 21일에는 이후 대북전단 살포시 "살포 지역을 포함하여 타격하겠다."고 위협해 오고 있었다.

도발 경위는 2014년 10월 10일 14:06에 민간단체인 '북한동포 직접돕기운동' 대북풍

선단장(이민복) 등이 연천군 중면 합수리에서 전단 132만 장이 들어있는 고무풍선 23개를 부양하였다. (이날 11:00에는 파주시 통일동산에서도 '자유북한운동연합'이란 민간단체가 대북전단 20만 장을 부양하였다.) 14:30경 풍선은 비무장지대 상공으로 진입하였다. 15:55경 태풍전망대 북쪽에서 총성 7발을 청취하였으며, 16:08에는 6발 정도를 추가 청취하였다. 그러나 이때 아군은 아군 지역에 피탄이 형성되지 않으므로 북한군이 고사총 도발을 하고 있는지 파악하지 못하고 있었다.

이날 16:38에 중면사무소 직원이 면사무소 주변에 떨어진 고사총 탄두와 피탄지를 발견하여 신고하였고, 16:51에 군부대에서 출동하여 이를 확인하였다. 17:15에는 사단의 동쪽 비무장지대에서도 총성 청취와 낙탄음이 식별되었다. 따라서 사단은 17:15에 최초 총성이 발생했던 지역의 북한군 GP에 대해 경고방송을 실시하고 K-6기관포로 30발의 대응사격을 실시하였다. 17:42과 17:46에도 아군 2개 GP에서 총성 청취 지역의 정면에 위치한 북한군 GP에 대해 경고방송과 위협사격(각 K-6기관포 34발과 10발)을 가하였다. 이에 대해 북한군 17:53에 최초 총성이 발생했던 북한군 GP에서 아군 측 상공으로 수발의 개인화기 사격을 가해왔다. 이에 아군도 다시 18:03에 아군 GP에서 경고방송과 함께 개인화기인 K-2소총으로 8발을 북한군 GP 상공으로 사격하였으며 더 이상의 확전이나 피해는 발생하지 않았다.

이 사건은 북한이 우리 정부에 대북전단 살포 중지를 줄기차게 요구해 왔으며, 중지하지 않으면 원점을 타격하겠다고 위협해 왔으나 이에 대한 조치가 없자 부양된 고무풍선에 직접사격을 가하여 격추하려 한 것으로 보인다. 북한의 고무풍선에 대한 고사총 도발은 처음 있는 일로 아군은 처음에는 지상에 피탄 흔적이 확인되지 않아 도발여부를 판단하지 못하고 있었다. 이후 중면사무소에 낙탄 사실을 확인한 이후에서야 대응사격을 실시하였다. 따라서 북한이 총격 도발을 개시한 시간부터 1시간 47분이 경과한 이후에 최초 대응사격이 이루어졌다.

10) 파주 지역 군사분계선 침범과 총격 도발

2014년 10월 19일 군사분계선에 근접하여 미상 활동을 하던 북한군 병력 일부가 10월 19일 군사분계선을 의도적으로 침범하여 아군 GP에서 교전규칙에 따라 경고사격을 가하자 북한군이 아군 GP에 총격 도발을 하였다. 이에 아군이 경고사격을 하자 북한군은 아군 GP에 총격 도발을 가한 뒤 철수하였다. 이 사건은 북한군의 군사분계선 침범과 총격 도발에 대해 아군이 교전규칙에 의거 적극 대응한 사건이다.

이 사건은 북한이 10월 18일 파주와 김화 지역에서 의도적으로 군사분계선에 근접하여 미상 활동을 실시하여 전선 지역의 긴장을 고조시킨 뒤에 발생하였다. 북한은 10월 18일 침범했던 파주 지역에서 10월 19일에도 아군의 지속적인 6차 경고방송에도 불구하고 10명을 군사분계선까지 남하시켰고 이 중 2명은 군사분계선을 의도적으로 침범하였다. 이에 아군이 교전규칙에 의거 경고사격을 실시하자 북한군은 기다렸다는 듯이 아군 GP에 소총과 14.5mm 고사총까지 동원하여 총격 도발을 감행했다. *(이 사건에서 아군은 군사분계선 침범을 절대로 용인하지 않겠다는 결연한 태도를 견지하여 교전규칙대로 단호하게 대응함으로써 북한군을 격퇴시키고 추가 도발의지를 분쇄하였다.)*

11) 파주 지역 지뢰 도발

2015년 8월 4일 파주 지역 비무장지대 군사분계선 남쪽에서 평소와 같이 DMZ 수색작전을 실시하던 아군 병력이 추진철책 소통문을 통과하던 중 북한군이 은밀히 설치해 놓은 목함지뢰가 폭발하면서 아군 수색 병력 2명이 다리가 절단되는 중상을 입었다. 이 사건은 과거 1960년대 후반 북한군이 많이 사용하던 도발 방법으로 군사분계선을 은밀히 침투하여 아군의 이동통로에 지뢰를 매설함으로써 아군을 공격하던 습격전술의 하나이다. 이번 도발은 긴장 조성을 위해 치밀하게 준비되고 계획된 도발로 아군 수색 병력 2명(하사 김정원·하재헌)이 다리가 절단되는 중상을 입었으나 신속한 응급 처치와 헬기 후송으로 모두 생명을 보존할 수 있었다. 사건 경위는 다음과 같다.

2015년 8월 4일 07:28경 제1사단 수색대대 DMZ 수색팀(8명)이 평소와 같이 DMZ 내부 수색작전을 위해 추진철책 소통문에 도착하였다. 이들은 07:35에 소통문을 개방하고 수색조장인 김정원 하사가 먼저 소통문 북쪽으로 진입했고, 바로 뒤를 따르던 하재헌 하사가 소통문 북쪽에 매설된 목함지뢰 폭발로 중상을 입고 쓰러졌다. 곧바로 수색팀장인 중사 정교성과 의무병(상병 박준호)이 달려가 지혈을 하였다. 07:40경 김정원 하사와 동반수색 중이던 주임원사(원사 박선일)가 환자를 들고 소통문을 나오는 순간 이번에는 다리 부분을 들고 뒤에서 나오던 김정원 하사가 소통문 남쪽에 매설된 지뢰를 밟아 폭발하면서 중상을 당했다.

수색팀이 위치한 곳에서 폭발음이 청취되자 곧바로 GP 고가초소와 통문초소에서 인터컴을 이용하여 상황을 보고하였다. 07:39경 수색팀 무전병이 GOP 대대로 무전보고를 하였으나 수신하지 못하자 GP 상황병이 고속지령대를 통해 "실제 상황! DMZ 작전간 부비트랩 폭발로 다리절단 환자 발생!"이라고 전파하였다. 이때 TOD 관측병이 사고 장소인 소통문을 촬영하려 하였으나 불가하여 GOP 대대로 전화해서 레이더 운용병에게 TOD로 소통문 관측을 요청하였다. 이 전화로 소통문 남쪽에 매설된 2차 폭발장면이 TOD에 그대로 촬영되었다.

8월 4일 13:40부터 17:25까지 육군중앙수사단 주관으로 폭발현장에 대한 1차 조사가 실시되어 소통문 남쪽 폭발구덩이(82×74×26cm)를 확인하고, 목함지뢰에 사용되는 공이 및 공이용수철과 나무파편 등 24점을 채증하였다. 수사단은 또한 12:10에 부상자 피복류(방탄복 등 8점)를 국과수에 정밀감정을 의뢰하였다. 8월 5일 09:55부터 14:13까지 중앙합동조사단 주관으로 2차 조사가 실시되어 소통문 북쪽 폭발구덩이(90×119×19cm)를 확인하고 공이용수철 2개 등 14점을 채증하였다. 8월 6일에는 09:00부터 21:40까지 중앙합동조사단(국방부 전비태세검열단 등 9명)의 조사가 실시되어 폭발물 잔해를 분석하고 유실지뢰 가능성이나 의도적 매설 가능성 등을 중점 조사하였다.

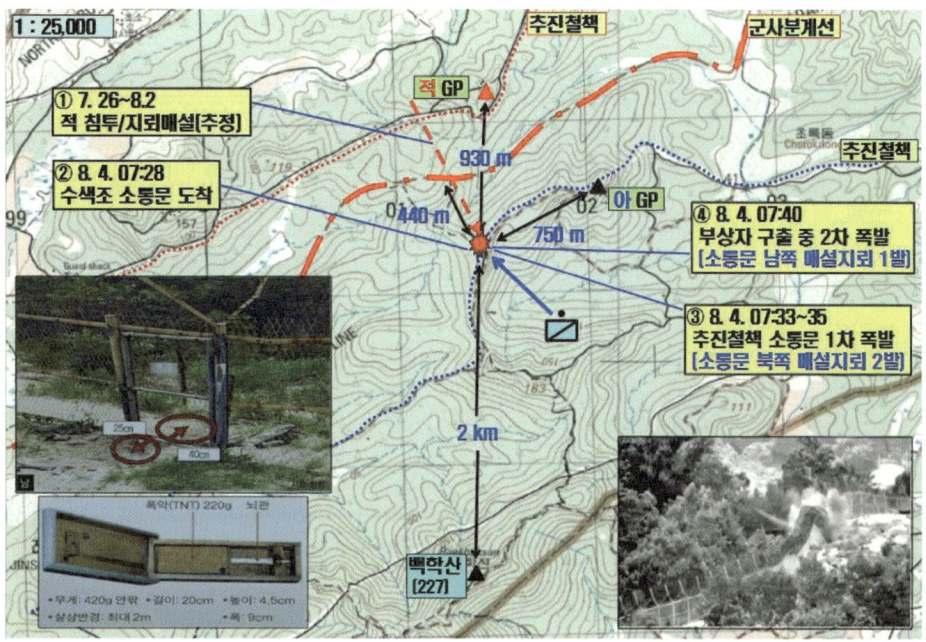

〈그림 14〉 파주 지역 지뢰 도발

* 합동참모본부 발표 및 《국방백서》 참고

조사 결과는 북한군의 군사분계선 침범과 지뢰매설 등 명백한 군사도발로 판명되었다. 북한군은 7월 26일에서 8월 2일 사이에 은밀히 침투하여 해당 소통문 남쪽에 1발과 북쪽에 2발의 목함지뢰를 매설한 것으로 분석되었다. 국방부는 8월 10일 10:30에 조사 결과를 발표하고 경고성명을 발표하였다.

> ※ 조사 결과 북한 군사 도발의 증거
> ○ 공이, 공이용수철 등 채증물 43점이 북한제 목함지뢰와 명확히 일치
> ○ 남고북저형 지형으로 유실지뢰 가능성 희박(추진철책 소통문 남·북에 의도적으로 지뢰 매설)
> ○ 피복류 조사 결과 TNT 화약성분(목함지뢰 성분) 검출

이 사건은 북한이 아주 치밀하게 계획하고 준비하여 시행한 의도적인 도발이면서도 도발 주체는 불분명하게 하려고 하였다. 그러나 지뢰가 유실될 수 없는 지역에 목함지뢰를 매설하였고, 사전 침투하지 않고는 아군이 주기적으로 통과하는 소통문에 지뢰를 매설할 수 없다는 점에서 북한군의 소행임이 명백하다. 이 사건은 북한이 과거 1960년대 중·후반에 사용하던 재래식 도발방법을 다시 사용한 것이다. 1960년대에는 보다 적극적으로 지뢰매설 후 유인살상을 기도하거나 지뢰나 폭발물을 설치하고 매복해 있다가 아군이 접근하면 폭파시키고 도주하기도 하였다.

〈표 26〉 1960년대 유사 도발 사례

시기	장소	유사 도발 사례	결과
1967.08.08.	양구 건솔리	○ 사전 침투 후 6초소 증원로 지뢰 매설, 6초소 교전상황을 조성 유인살상 기도	전사 1명 부상 8명
1967.10.23.	양구 308GP	○ 사전 침투 후 GP 증원로에 지뢰 매설, GP 교전상황 조성 유인살상 기도	지뢰 3발 노획
1968.10.09.	적근산 전방	○ 사전 침투 후 GP 보급로에 지뢰 매설, 보급차량 복귀 간 지뢰 폭발 기도	부상 4명 차량 반파
1968.10.23.	바조봉 전방	○ 사전 침투 후 GP 보급로에 지뢰 매설, 도로정찰조가 대전차지뢰 발견·제거 (제거 간 부비트랩 TNT 폭발)	전사 1명
1968.11.08.	북정령	○ 사전 침투 후 GP 보급로에 TNT 설치, 부식추진조 이동 간 기습	전사 3명 부상 6명

이처럼 과거 북한의 접적 지역 도발은 우리의 상상을 초월하는 수준이었다. 그러나 우리가 방심하고 과거에 있었던 북한의 도발을 잊어버리는 순간 유사한 도발은 재개될 수

있다는 것을 보여주는 사례이다. *(사건 발생 초기 대다수 국민들은 지뢰 폭발 지점이 철책과 같이 정밀하게 경계하는 곳인 줄 알고 북한이 사전 침투하여 지뢰를 매설하고 갔음에도 군이 이를 발견하지 못한 것은 경계를 소홀히 해서가 아니냐고 비판하였다. 그러다가 곧 철책이 아니라 비무장지대 내의 추진철책이라는 점과 아군의 경계체제를 이해하고, 폭발 장면이 공개되고 나서는 우리 장병들의 의연한 태도와 신속한 대응조치를 칭찬하고 격려하는 분위기로 반전되었다. 이 사건은 작전부대의 의연한 대응조치와 신속한 응급 처치 및 신속한 환자 후송으로 추가 피해를 방지하고 장병들의 생명을 보전하였다는 점에서 높이 평가되고 있다. 그리고 북한의 지뢰 도발이 명백해짐에 따라 정부는 이를 역이용하여 대북심리전을 재개하였고 이후 협상의 주도권을 장악하였다.)*

12) 연천 지역 포격 도발

2015년 8월 4일 파주 지역 지뢰 도발로 인해 8월 10일부터 접적 지역에서 우리의 대북심리전 수단인 확성기방송이 재개되자 북한은 민감하게 반응하기 시작했다. 2015년 8월 20일 연천 지역에서 북한은 14.5mm 고사총 1발과 76.2mm 평사포 3발로 포격 도발을 감행하였다. 이에 아군은 즉각 MDL 북방의 북한 지역에 155mm 자주포 29발의 대응사격을 실시하여 강력한 경고와 함께 추가 도발의지를 분쇄하는 조치를 취했다.

2015년 8월 20일 15:53에 연천 북방의 아군 대포병탐지레이더(ARTHUR-K)가 미상 궤적을 탐지하였다. 이때는 경로켓 1발을 북한군이 아군 쪽으로 사격한 것으로 판단하였으나 이어서 14.5mm 고사총으로 잠정 판단하였다. 아군의 북한 고사총 도발이 발생한 전방부대에서는 합참까지 신속하게 도발 상황을 보고하고, 경계태세 발령과 화력 대기수준을 격상시키며 감시를 강화하였다. 16:12경 임진강 필승교 북방 초소에서 미상 폭음을 3회 청취한 데 이어서 16:14경에는 필승교 TOD에서 DMZ 내에서 발생한 미상 연기를 추가 관측하였다. 16:24에 아군은 북한군이 76.2mm 평사포로 3발의 포격 도발을 실시한 것으로 평가하고 대응사격 준비지침을 하달하였다.

아군은 대기포병인 155mm 자주포대대로 하여금 북한군 도발 지역의 군사분계선 북쪽 지역에 대응사격을 명하였다. 북한군 포탄이 군사분계선 남방 약 710m 지점에 떨어진 점을 고려하여 아군 측 GP·GOP에서 사격효과 및 확인·채증이 용이한 군사분계선 북방 500m 지점을 표적으로 선정하였다. 그리고 주민 대피 등 안전조치에 필요한 최소한의 시간을 고려하여 군사분계선 이북 지역에 대한 대응사격에 들어갔다. 이에 따라 사격 임무를 부여받은 아군 포병대대는 17:04~17:09에 155mm 자주포로 29발을 사격하여 북한의 도발에 강력히 경고하였다.

 이번 북한의 포격 도발은 대북 확성기방송을 중지하라고 위협하는 중에 발생하였으나 아군에게 직접적인 물리적 피해를 주지 않았다. 따라서 도발을 통해 무엇을 노렸는지도 정확하게 파악하기 어려운 불확실한 도발이었다. 따라서 아군도 북한군에게 물리적 피해를 주지 않는 곳에 대응사격 표적을 선정하였으나 평사포 3발보다 거의 10배를 사격함으로써 강력히 경고한 것으로 평가된다. *(이 사건으로 우리 군은 강력하고 단호한 대응사격을 통해 남북 군사관계의 주도권을 장악함으로써 이어서 개최된 '남북 고위당국자 회담'에서 유리한 위치에서 협상을 주도하였다. 결국 북한은 '8·25 남북 공동보도문'에서 DMZ 지뢰 도발에 대해 유감을 표명하고 남북관계 개선에 합의하였다. 그리고 국민들의 확고한 안보의식이야말로 북한을 주눅들게 한다는 사실을 여실히 보여주었다. 이번 북한의 도발로 긴장이 고조되자 우리 장병들은 앞다투어 전역을 연기하였으며, 예비역들은 불러만 주면 즉각 달려가겠다고 자원하였다. 여기에 20대 젊은이들의 80%가 전쟁이 나면 참전하겠다고 응답하였다는 설문조사가 발표되는 등 국민들의 단합된 힘이 표출됨으로써 북한이 유감 표명을 하지 않을 수 없도록 만들었다.)*

13) 판문점 귀순병사 총격사건

 북한은 2017년 11월 13일 판문점 공동경비구역 북측 초소에서 북한군 하전사 오청성이 군사분계선을 넘어 남측으로 귀순을 시도하자 무차별 총격을 가했다. 북한의 무차별 총격으로 귀순병사 오청성은 심각한 부상을 입고 의식불명 상태로 아주대학교병원으로 긴급 후송되었다. 후송된 병사는 이국종 아주대학교 외상외과 교수팀이 응급수술을 시도하였다. 이후 몇 차례 추가 수술을 통해 오청성은 건강을 회복하였다.

 당시 북한군 병력의 추격 및 총격행위는 분명한 정전협정 위반이었다. 추후 CCTV를 통해 확인한 결과 북한군이 공동경비구역의 군사분계선을 넘고 총격을 가하여 두 번이나 정전협정을 위반한 사실이 확인되었다.

14) 중부전선 아군 GP 총격사건

2020년 5월 13일 07:41경 중부전선 아군 GP에 근무하던 장병들이 총탄이 관측소 외벽에 부딪히면서 생긴 불꽃과 진동을 먼저 느낀 몇 초 뒤 총성을 청취했다. 피격 사실을 인지한 GP는 즉시 대대 지휘통제실에 상황을 보고함과 동시에 비상을 발령하여 7시 45분 GP 장병은 전원 전투진지를 점령하였다. 당시 이곳에는 안개가 자욱하게 깔려 앞이 잘 보이지 않는 상태였다. 이 때문에 총탄이 어디서 발사됐는지는 피격 당시 바로 확인할 수가 없었다. 관측소 현장에 투입된 부 GP장이 외벽에 탄흔을 확인한 시간은 7시 51분이었으며 피탄 흔적을 보고받은 GOP 대대장은 7시 56분 곧바로 대응사격을 지시했다.

GP에서는 가장 빨리 사격할 수 있는 K3 기관총으로 대응사격을 시작했다. 이때가 8시 13분이었다. 처음 충격음을 들은 뒤 32분, 피탄 흔적을 발견한 지 22분 만이었다. 첫 사격 직후 또 하나의 탄흔과 바닥에 떨어진 탄두를 통해 북한이 14.5미리 고사총을 사격했음을 확인한 우리 군은 8시 18분에 비례성의 원칙에 따라 같은 종류인 K6 기관총 10여 발을 다시 발사했다.

합참은 "북한군이 고사총으로 우리 GP를 맞혔기 때문에 우리도 조준해서 사격했다."고 발표하였다. 이어서 9시 35분에는 남북 장성급 군사회담 수석대표 명의로 항의의 뜻을 담은 전통문을 전달했다. 이 총격 도발은 아군의 대응사격에 대해 북한군이 전혀 대응하지 않음으로써 북한이 의도적으로 도발한 것인지 단순한 오발이었는지는 명확히 밝혀지지 않았다.

2. 해상 국지도발

가. 1960년 이전 해상 도발

1) 연평도 근해 조기잡이 어선 공격사건

1955년 5월 10일 북한은 연평도 근해에서 대한민국의 조기잡이 어선단을 공격하여 1척이 침몰하고 4척이 행방불명되었으며 인명 피해도 30명(사망 6, 중상 9, 행불 15)이 발생했다. 이후에도 북한은 동해와 서해의 어로한계선 일대에서 조기잡이와 명태잡이를 하던 우리 어선과 어민들을 공격하거나 납북하는 사건이 종종 발생하여[148] 해군함정과 경찰들이 어로작업을 경비해야만 하였다. 따라서 해상경계선 일대에서는 항상 긴장상태가 계속되었다.

2) 유엔군 소속 선박 납북사건

1955년 6월 5일 북한 공작원 이춘식과 이춘식에게 포섭된 강학선 등 3명은 인천 용현동 해안에 정박 중인 유엔군 소속의 소형 선박 1척을 납북하였다. 이들은 화물 운송을 구실로 선박에 탑승하여 선원 2명을 감금한 뒤 자신들이 배를 몰아 황해도 불당포로 납북하였다. 이들 중 이춘식은 북한에 잔류하고 강학선 등 3명은 밀봉교육을 받고 8월 12일 인천항으로 침투하여 활동하다가 9월 12일 검거되었다.

3) 연평도 근해 선박 납북사건

1957년 4월 16일 연평도에서 어로작업을 감독하던 12톤급 선박 1척(선원 5명)이 북한 경비정에 의해 피랍되었다. 해군참모총장은 북한의 해적행위에 분노를 금할 수 없으며 어선 보호를 위해 강력히 대응할 것이라고 경고하였다.

---

[148] 이어서 연평도 근해에서 1957년 4월 1척, 1957년 8월 4척, 1959년 8월 7척, 1960년 8월 4척을 납북하였다. 동해에서는 고성에서 1957년 11월 9일 명태잡이 어선 8척과 선원 47명을 납북하였다.

4) 거진 해상 어선 납북사건

1957년 11월 9일 명태잡이에 나선 어선 8척(선원 47명)이 거진 동방 해상 12마일 지점에서 북한 경비정 3척에 의해 피랍되었다. 끌려가던 어선 8척 중에서 어성호 1척은 탈출하여 무사히 귀환하였다.

5) 연평도 근해 어선 납북사건

1958년 4월 29일 연평도 근해에서 북한 경비정이 조기잡이를 하던 어선 다복호를 납북하였다. 북한은 납북 어부를 해주 지역에 감금하고 북한에 거주하는 다복호 선장 김창현의 가족을 동원해 귀순을 요구하였다. 그러나 이들이 귀순을 거부하고 남쪽으로 돌려보내 줄 것 요구하자 학살하는 만행을 저질렀다.

6) 동해 거진 해상 교전사건

1958년 11월 7일 15:30경 동해 고성 앞바다에서 명태잡이를 하던 우리 어선 금극호와 신성호 등 2척과 선원 11명이 북한 무장선에 의해 납북되었다.

7) 고성 부근 해상 어선 납북사건

1958년 12월 6일 동해 고성 부근 해상에서 조업 중이던 창성호 등 어선 6척과 선원 36명이 북한 경비정에게 납북되었다.

8) 서해 NLL 인근 어선 납북사건

1959년 8월 8일 서해 NLL 인근 해상에서 새우잡이를 하던 어선 7척(대창호, 창성호, 신길호 등)과 선원 19명이 북한 무장선박에 의해 납북되었다.

9) 소청도 근해 교전사건

1959년 8월 18일 10:33경 서해에서 경비 중이던 거문함이 소청도 남동쪽 16마일(비압도 남서쪽 5마일) 해상에서 북한 경비정을 포착하였다. 11:52경 북한 경비정이 선제사격을 가함으로써 거문함도 응사를 시작하여 약 20분간 교전이 벌어졌고 북한 경비정은 비압도 후방으로 도주하였다.

10) 고성 앞바다 어선 납북사건

1959년 11월 13일 동해 고성 앞바다에서 명태잡이를 하던 어선 2척(용진호, 신영호)과 선원 18명이 북한 경비정에게 납북되었다. 11월 14일에도 북한 경비정에 의해 명태잡이 어선 흥신호와 선원 6명이 납북되었다.

11) 동해 북한 어뢰정 격퇴사건

1960년 5월 4일 동해를 경비 중이던 해군 호위구축함 PF66함이 NLL을 넘어온 북한 어뢰정 3척으로부터 40미리 기관포와 5발의 어뢰 공격을 받았으나 즉각적인 반격을 가해 격퇴시켰다.

12) 동해 거진 해상 교전사건

1960년 7월 30일 07:35경 동해 거진 동방 4마일 해상에서 북한 경비정이 해상을 경비하던 아군 PF72함에 선제사격을 해 4명이 부상을 입었다. 아군 함정도 즉각 응사하여 5분간 해상교전을 벌였으며 07:40경 북한 경비정을 격침시켰다. 구조된 북한 경비정 승조원 2명은 8월 8일 본인들의 의사에 따라 유엔군 사령부를 통해 북한으로 돌려보냈다.

13) 연평도 근해 어선 납북사건

1960년 8월 3일 연평도 근해에서 새우잡이를 하던 어선 4척이 북한 경비정에 의해 납북되었다.

14) 서해 순위도 해상 교전사건

1960년 12월 19일 새벽 인천 서북방 순위도 남방에서 경비 중이던 우리 해군 603호정이 북한 무장선 수척을 발견하고 교전 끝에 한 척을 나포했다. 나포된 무장선에는 승조원 18명과 반미사상을 선동하는 전단이 잔뜩 실려있었다.

나. 1961~1970년 해상 도발

1) 서해 백령도 근해 교전사건

1961년 3월 14일 10:50경 서해 백령도 동북방 2.5마일 해상에서 경비 중이던 우리 해군 LSM613정이 북한 해안포 60여 발의 포격을 받았으나 즉각 대응사격으로 반격하였다.

2) 동해 거진 해상 어선 납북사건

1961년 4월 7일 10:40경 동해 거진 동방 해상에서 북한 전투함정 2척과 어뢰정 6척이 남하하여 경비 중이던 우리 해군함정을 공격하면서 교전이 벌어졌다. 북한 함정들은 민간 어선도 마구 공격하여 어선 3척이 불에 타고 격침되었다. 우리 경비함정이 북한 대형 전투함정과 교전하는 사이에 북한 어뢰정들이 어선단에 접근하여 어선 6척과 선원 43명을 납북하였다.

3) 동해 거진 해상 교전사건

1961년 4월 12일 새벽 동해 거진 앞바다에서 야음을 이용하여 북한 어뢰정 6척이 남하하여 우리 해군함정과 교전한 후 북쪽으로 도주하였다. 짙은 안개로 북한군의 피해 상황은 확인되지 않았다.

4) 성진호 선원 피랍사건

1961년 5월 14일 전남 영광군 위도와 전북 부안군 비안도 중간 해상에서 북한 무장선박이 항해 중이던 성진호에 접근하였다. 무장선박에서 괴한들이 따발총과 수류탄으로 위협하며 성진호에 올라와 선원 중 조부갑(28세) 씨를 납치한 뒤 북쪽으로 사라졌다.

5) 연평도 근해 교전사건

1962년 12월 23일 11:30경 연평도 근해에 북한 경비정 2척이 출현하여 우리 경비정인 PT보트를 향해 선제공격을 가해왔다. 이에 우리 측 경비정과 교전이 벌어졌으며 이 교전에서 해군 장병 3명이 전사하고 3명이 부상하는 피해를 보았으나 북한 측의 피해는 밝혀지지 않았다.

6) 서해 어선 납북사건

1964년 3월 20일 04:05경 조기잡이를 위해 백령도 근해에 출항했던 보성1호와 보성2호가 어로작업을 마치고 인천으로 회항하던 중 북한 경비정 224호에 의해 피랍되었다. 두 보성호는 각각 70톤급의 저인망어선으로 전남 고흥의 남일수산주식회사 소속이며 3월 1일 출항한 것으로 알려졌다. 두 척의 어선은 출항 이후 흑산도와 어청도 부근에서 조기잡이를 하고 이후 백령도까지 진출하였다. 이들은 약 2천 상자의 조기를 싣고 귀항하는 중에 피랍되었으며, 예인되어 가는 중에도 무전으로 구조신호를 보냈으나 구출하지 못하였다. 두 선박의 승무원은 선장을 비롯해 모두 26명이었다.

이처럼 1960년대 북한은 해상에서 직접적인 침투 이외에도 우리의 순수한 민간어선과 어민들을 불법 납치하는 사건을 빈번하게 저질렀다. 1961년부터 1970년까지 북한이 대한민국의 어선을 강제로 납북한 사건은 〈표 27〉에서와 같이 총 319척에 2,234명이나 되었으며 1970년의 통계에 의하면 이 중 287척에 1,937명이 귀환하고 32척 297명은 돌아오지 못하였다.

〈표 27〉 1960년대 어선 납북 현황

구분	납북		귀환		미귀환	
	선박(척)	인원(명)	선박(척)	인원(명)	선박(척)	인원(명)
현황	319	2,234	287	1,937	32	297

7) 동해 북한 무장선박 교전사건

1966년 7월 29일 18:50경 동해 해상경계선 남쪽 4마일 저진 해상으로부터 약 7마일 떨어진 해상에서 북한 무장선박과 우리 해군함정 간에 교전이 발생하였다. 이 해상은 북위 38도 33분, 동경 128도 33분 지점으로 우리 측 영해이다. 이곳에서 어선단 보호임무를 수행하던 해군 PCS202함(함장 권영배 소령)은 북한 100톤급 무장선박 9척이 접근하여 우리 어선단에 기관포 사격을 하는 것을 발견하고 즉각 출동하여 교전하였다.

약 18분간 실시된 교전에서 북한 선박 1척이 대파하자 북한 선박들은 이를 예인하여 도주하였다. 조사 결과 북한 무장선박은 약 600발 이상의 사격을 하였고 아군은 40밀리 기관포와 20밀리 기관포로 약 400발을 사격한 것으로 추산되었다. 교전에 의해 북한은 선박 1척이 대파되었고, 우리 202함은 마스트 등 30여 곳에 경미한 피탄 자국이 발생하였으며 병사 4명이 가벼운 부상을 입었다.

8) 동해 해군 당포함 피격사건

1967년 1월 19일 오후에 북한군은 강원도 고성 동해안 휴전선 근해에서 명태잡이 어선들을 보호하기 위해 출동한 해군 당포함(PCE-56)을 집중포격으로 격침시켰다. 사건의 발단은 1월 19일 13:30경 북한의 수원단 동쪽 6마일 해상에서 나타난 북한 함정 2척이 명태 어군을 따라 해상경계선을 넘나들던 우리 측 어선 70여 척을 납북하려 하였다. 이에 13:50경 당포함이 우리 어선을 남하시키고자 해상경계선을 넘어 수원단 남동쪽 4~5마일 해상에 이르자 북한이 사전 경고 없이 동굴진지에 배치된 해안포로 발포를 시작하였다.

거진의 당포함 충혼비

북한의 육상 해안포대의 집중사격은 약 20분간 200여 발에 달했다. 당포함도 이에 대응사격을 실시하고 긴급 출동한 PCE-53함도 3인치 포로 응사하였으나 당포함이 피격되었다. 당포함은 14:34에 북위 38도 39분 45초, 동경 128도 26분 47초에서 침몰하고 말았다. 이 사건으로 당포함 승무원 79명 중에서 39명(장교 2명, 부사관 및 병 37명)이 전사하였으며, 부상자도 30명(중상 14명, 경상

16명)이나 발생하였다.

9) 미 정보함 프에블로호 피랍사건

1968년 1월 23일 14:00경 동해 공해상에서 미 해군 정보함 프에블로호가 북한에 의해 피랍되었다. 이 함정은 북한 해안에서 40km 떨어진 공해상(북위 39도 25분, 동경 127도 54분)에서 임무 수행하던 중 북한군에 의해 납북되었다. 북한은 4척의 함정과 전투기 2대를 동원하여 프에블로호를 납치하여 원산항으로 끌고 갔다. 이 함정은 1월 23일 정오경 북한 초계정으로부터 국적 확인 요구를 받고 미국이라고 답했으나 "정지하라. 그렇지 않으면 발포하겠다."고 위협하였다. 그러나 프에블로호가 "우리는 공해상에 있다."고 답하며 이를 거절하자 약 1시간 후 3척의 초계정과 2대의 MiG기가 출동하여 포위한 채로 무장한 북한 군인들이 승선하였다. 프에블로호는 "14:32에 무력에 의해 원산항으로 끌려간다. 마지막 교신이다."라는 보고를 끝으로 북한 지역으로 끌려갔다.

이 사건으로 핵 항모 엔터프라이즈호와 3척의 구축함이 원산만 부근으로 출동하고, 해·공군 예비역 14,600명에게 동원령이 내려졌으며 항공기 372대가 출동태세를 갖추는 등 한반도에 긴장이 고조되었다. 미군은 북한이 공해상에서 함정을 납치하였다고 주장했고, 북한은 영해를 침범하였기에 나포하였다고 주장하였다. 북한은 나포지점을 북위 39도 17분, 동경 127도 46분이라고 주장하며 함정을 돌려보내지 않았다.

결국 미국은 북한 영해 침범을 시인하고 사과하며, 다시는 영해를 침범하지 않는다는 것을 약속한다는 북한 측 제안문서에 서명했다. 이와 같이 미국이 양보한 것은 반전 여론으로 인해 베트남에서 철수를 고려하고 있던 시기여서 한반도에서의 군사적 긴장상태를 원치 않았기 때문이었다. 결국 30여 차례 유엔군과 북한군의 회담으로 피랍된 지 325일 만인 1968년 12월 23일 판문점을 통해 승무원(82명과 사체 1구)들만 송환이 이루어졌다. 이후 북한은 주민들에게 이 사건을 과대 포장하여 김일성이 미국을 상대로 승리한 사건이라고 선전하였으며, 평양 대동강 강변에 프에블로호를 전시하여 정치적 선전 도구로 이용하고 있다.

10) 십이동파도 주민 납북사건

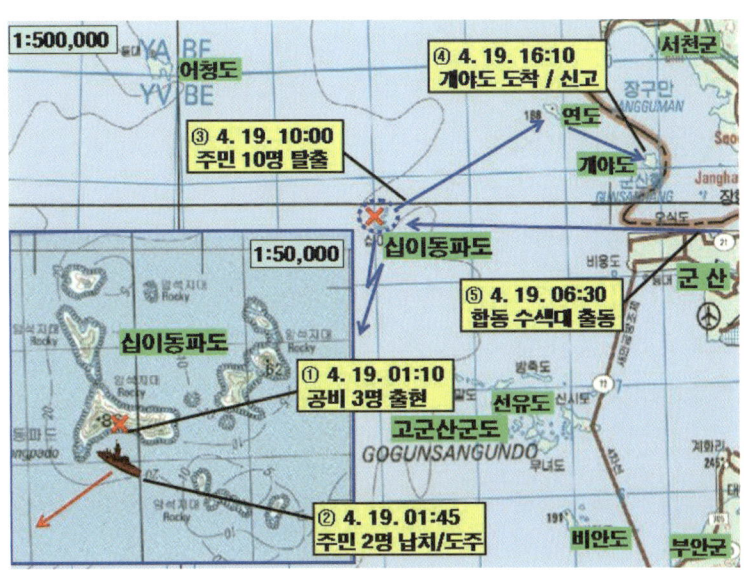

<그림 15> 십이동파도 주민 납북사건

　1969년 4월 19일 전북 옥구군 미면(현 군산시 옥도면)[149] 십이동파도[150]에 공비 3명이 출현하여 주민을 납북하는 사건이 발생하였다. 1969년 4월 19일 01:10경 전북 옥구군 미면 십이동파도 서도에 북한군 복장의 공비 3명이 출현하였다. 당시 십이동파도에는 서도에만 어부 2세대(안만학, 한영도) 12명이 거주하고 있었다. 공비 1명은 안만학 씨의 집에 침입하여 "우리는 북반부 김일성 수령이 보내서 왔으니 놀라지 말라."고 하였고 2명은 아랫집인 한영도의 집에 침입하여 한영도의 가족들을 안만학의 집으로 집결시켰다. 그리고 이들은 "우리는 남반부의 비행장과 대포 등을 정찰하기 위해서 왔다."고 설명하며 북한체제 선전과 함께 쌀을 나누어 준 다음 과자와 담배 등을 권하였다.

　잠시 후 공비들은 아이들만 남겨두고 모두 북한으로 가자고 하였고, 가족들이 애원하며 아이들만 두고 섬을 떠날 수는 없다고 애원하자, "10일이면 돌아올 것이다. 신고하면 전 가족을 몰살하겠다."고 위협하며 세대주 2명을 납치하여 해안으로 이동하였다. 안만

---

[149]　본래 옥구군 미면에 속하였으나 1986년 미면 일부가 미성읍으로 승격되면서 나머지 지역이 옥도면이 되었다가 1989년 오식도, 비응도 등이 군산시에 편입되었고 1995년 군산시와 옥구군이 통합되어 군산시 옥도면이 되었다.
[150]　십이동파도는 군산 서쪽 약 47km에 위치한 12개의 작은 섬이다. 현재는 무인도로 자연보호를 위한 특별관리 지역으로 보호를 받고 있다.

학의 처가 멀리서 몰래 뒤따라가 보니 공비들은 01:45경 해안에서 플래시로 약 200m 전방 해상에 정박 중인 간첩선에 신호를 보냈고 이내 나타난 고무보트를 타고 사라졌다. *(이러한 외딴 섬에서의 주민 납북사건이 이어지자 정부는 한때 5가구 이하가 거주하는 외딴 섬의 주민을 강제로 이주시키는 정책을 펴기도 했다.)*

11) 해군 방송선 피랍사건

1970년 6월 5일 연평도 서쪽 공해상에서 20명이 타고 있던 해군 방송선 I-2정이 북한에 의해 피랍되었다. 북한은 아군의 비무장 방송선을 납북하고도 6월 9일 군사정전위원회 제302차 회의에서 오히려 해군 방송선이 무장간첩선이었고 북한 영해에 침투하여 활동하였다고 주장하며 억지를 부렸다.

I-2정은 정상적인 어로작업을 확인 감독하고 있었음에도 북한이 6월 5일 아침 안개가 낀 상태에서 접근하여 나포해 간 것이다. 북한 해안경비정이 출현하여 I-2정을 납북한 장소는 북위 37도 40분, 동경 125도 41분으로 북한의 가장 가까운 육지로부터 4해리 이상 이격된 곳으로 틀림없는 공해였다. 그러나 북한은 아무 경고 없이 공해상에 있는 선박을 공격하여 선박과 해군 승무원 20명을 납북하였다.

12) 동검도 주민 납북사건

1970년 9월 22일 경기도 강화군 길상면 동검도[151]에 공비가 출현하여 주민 1명을 납치하고 도주한 사건이 발생하였다. 1970년 9월 22일 23:40경 강화군 길상면 동검도 김태희(43세)의 집에 6·25전쟁 당시에 실종되었던 외사촌 배숙자(38세)가 공작원 2명을 대동하고 출현하였다. 배숙자는 "일본에서 밀수를 하고 있는데 지금 인천으로 간다."고 하면서 김태희에게 인천까지 안내를 부탁하였다. 그러나 김태희는 이미 배숙자가 나타난 순간부터 배숙자 일행이 간첩일 것이라고 생각하고 있었으므로 이를 정중히 거절하였다. 그러자 배숙자는 안색이 돌변하여 취침 중이던 외숙부 김창선(64세)을 깨워 위협한 후 동행을 요구했다.

---

151   동쪽의 검문소라는 뜻으로 붙여진 이름이다. 과거 삼남지방에서 한양으로 이동하려면 필히 거쳐야 하는 염하수로 입구에 위치하여 한양으로 가는 모든 선박을 검문하였다고 전한다.

배숙자는 김창선을 데려가면서 외사촌 김태희에게 현금 20만 원을 주고 앞으로 조심해서 사용하라고 하였다. 배숙자 일행은 김창선을 데리고 뒷산을 넘어 해안에 대기 중이던 간첩선을 타고 사라졌다. 김태희는 눈앞에서 자신의 부친이 강제로 납북됨에도 불구하고 간첩들의 기세에 눌려 차마 저항하지 못하였다. 김태희는 공작선이 사라지고 난 후에야 9월 23일 01:30경 낚싯배를 타고 강화도로 건너가 선박초소에 이 사실을 신고하였다.

다. 1971~1980년 해상 도발

1) 홍어잡이 어선 오대양호 납북사건

북한은 1972년 12월 28일 서해에서 홍어잡이를 하던 쌍끌이 어선 오대양 61호와 62호를 납북하였다. 당시 이들 배에는 거제도 농소마을에 살던 어부 14명을 포함하여 26명이 승선하고 있었다. 가족들은 납북사실을 한참 후에 알게 되었고 농소마을 같은 경우는 마을의 가장들이 통째로 사라지는 참사가 빚어졌다. *(이때 납북된 어부 전욱표 씨가 2013년 8월 제3국을 통해 탈북에 성공하여 41년 만에 귀국하였고, 정건묵 씨는 2015년 10월 24일 이산가족 상봉을 통해 43년 만에 어머니를 만났다. 그리고 이 두 분을 통해 북한에 납북된 어부들이 송환되지 못한 채 살고 있다는 사실이 널리 알려졌다.)*

2) 서해 NLL 침범 및 무력화 시도

1973년 10월부터 11월까지 북한 경비정 60여 척이 48회에 걸쳐 NLL(Northern Limit Line)을 침범함으로써 북한이 최초로 NLL의 실효성을 무력화시키려 하였다. 북한이 의도적으로 서해5도[152] 지역에서 NLL을 집중 침범한 이 사건을 군에서는 '서해사태'로 부르기도 한다.

---

152 서해 북한과 근접한 대한민국 영토에 위치한 옹진군의 백령도, 대청도, 소청도, 연평도와 강화군의 우도를 합해서 서해5도로 부른다. 최근에 일부 민간에서는 사람이 살지 않는 우도 대신 소연평도를 포함해서 서해5도로 부르기도 한다.

<그림 16> 서해 북방한계선(NLL)

* 국방부, 《2010 국방백서》 참고

> **TIP ▶▶ NLL(Northern Limit Line)이란?**
>
> NLL(Northern Limit Line)은 해상에서 남북 간 군사력을 분리시킴으로써 정전협정을 안정적으로 관리하기 위한 해상경계선이다. NLL은 1953년 8월 30일 유엔군 사령관이 유엔군 측 해·공군의 해상초계 활동 범위를 한정하기 위해 동·서해에 설정하였다. 동해는 지상 군사분계선(MDL)의 연장선을 기준으로 설정하였고, 서해는 서해5도와 북한 지역과의 중간선을 기준으로 한강하구부터 12개의 좌표를 연결하여 설정하였다.
>
> NLL은 1953년 유엔군이 설정한 이래 현재까지 남북의 실질적인 해상경계선으로 지켜져 왔으며 NLL 이남 해역은 대한민국이 실효적으로 통제하는 관할 수역이다. 북한은 NLL 설정 당시 해군력이 괴멸되어 한반도 해역을 유엔군이 장악함에 따라 이 선 이북에서의 안전한 항행이 가능해진 당시로선 자신들에게 유익한 선이었다. 그러다가 북한은 어느 정도 해군력이 복원되자 이제는 자신들에게 불리하게 그어진 NLL을 무력화하려고 시도하고 있는 것이다.
>
> 1999년 9월에는 자신들이 일방적으로 선정한 '서해 해상분계선'을 발표하였으며, 2000년 3월에는 일방적으로 '서해5도 통항질서'란 것을 발표하면서 백령도 지역과 연평도 지역을 오갈 수 있는 '통항로 수로'란 것을 선포하기도 하였다.

3) 수원32·33호 격침 및 납북사건

1974년 2월 15일 10:15경 백령도 서쪽 48km 공해상에서 어로작업 중이던 수원 32호와 33호에 함포사격을 가해 수원 32호는 격침되고 33호는 납북되었다. 이 사건으로 수원 32호 승무원 12명은 모두 실종되었다. 이처럼 비인도적인 어선과 선원 납북사건으로 인하여 아직도 가족과 헤어져 살아야 하는 이산가족이 존재하며 납북피해자 단체에서는 북한에 끌려가 돌아오지 못하고 있는 납북자를 약 500여 명으로 추산하고 있다.

4) 해경 경비정 피격사건

1974년 6월 28일 10:30경 북한은 동해 거진 동쪽 25마일 해상에서 어로작업을 보호하던 200톤급의 해경 경비정 863호를 공격하여 격침시켰다. 해경정 863호는 속초기지 소속으로 시속 20노트의 당시에는 신형 경비정이었고 28명의 승무원이 승선하고 있었다. 해경정 863호는 6월 28일 08:10경 어선들을 보호하는 임무를 수행하던 중 "북한 경비정 3척에 의해 포위되었다." 그리고 이어서 "교전 중!"이라는 보고 후 통신이 끊겼다. 아군은 즉각 함정과 공군기를 출동시켰으나 사고 발생 해상의 구름이 낮고 해무가 짙어 구조가 불가능하였다. 이때 승무원 28명 중 8명은 전사하였고 18명은 실종되었으며, 2명은 포로가 된 것으로 알려졌다.

북한은 6월 28일 오전 북한 중앙통신을 통해 해상 군사분계선 부근에서 한국 경비정 한 척을 침몰시키고 수명의 승무원을 사로잡았다고 보도하였으나 몇 명의 승무원이 포로가 되었는지 밝히지 않았다. 우리는 유엔 한국대표부를 통해 "이번 사건을 사과하고 생존자와 사망자 유해를 송환하라."는 내용의 성명을 발표하였으나 북한은 이에 응하지 않았다.

5) 섬 지역 해변 학생 납북사건

1977~1978년 여름 북한은 해상으로 은밀히 침투하여 해안에서 캠핑 중이던 우리 학생들을 납치해 갔다. 나중에 납치가 확인된 인원만 해도 5명이나 된다. 당시 우리는 잘 모르고 있었지만 1970년대 북한 공작원들은 한국과 일본의 도서나 해안 지역에 은밀히 침투하여 어린 학생들을 납치하여 북한으로 끌고 갔다. 그리고 이들 중에서 적당한 사람

을 선발하여 간첩들에게 남한사회의 실상이나 언어, 생활 습관 등을 교육하는 일명 '이남화 교육'의 강사로 삼았다. 일본에서 납치한 학생들은 간첩들에게 일본어 교육을 담당하는 강사로 이용한 것으로 밝혀졌다.

이 같은 충격적인 사실이 처음 밝혀진 것은 1980년 6월 보령 해안으로 침투하다가 아군에게 발각되어 격렬비열도에서 격침된 간첩선 선장 김광현을 통해서였다. 생포된 김광현의 조사에서 본인이 간첩선 갑판장으로 근무할 때인 1978년 8월 우리 해안에 침투하여 고등학생들을 납치하였다고 증언하였다. 실제로 1978년 8월 6일 군산 앞바다 선유도 해수욕장에 공작원들이 침투하여 고등학생(군산고 1학년 김영남)을 납치하였으며, 8월 10일에는 신안군 흑산면 홍도 해수욕장에 침투하여 고등학생 2명(천안상고 3학년 홍건표 외 1명)을 납치하였다는 충격적인 증언을 한 것이다. 1년 전인 1977년 8월경에도 홍도 해수욕장에서 학생 2명이 납치되었는데 이를 포함하면 확인된 것만 5명에 이른다. 경찰을 통해 이러한 사실을 확인한 결과 해당 지역에서 캠핑을 하다가 사라진 학생들은 실종 처리된 것으로 밝혀졌다. (이 고등학생 납치사건은 2006년 6월 28일 금강산에서 기막힌 모자 상봉이 벌어지면서 다시 수면 위로 떠올랐다. 1978년 8월 6일 선유도에서 납치되어 북한에 끌려갔던 당시 16세의 고교생 김영남이 남북 이산가족 상봉행사를 통해 남한에 살고 있던 모친을 만난 것이었다. 여기에 추가하여 김영남을 통해 더 기막힌 사실이 밝혀졌다. 김영남은 북한에서 일본 여성인 메구미 씨와 결혼하였는데 이 메구미 씨는 13살 때인 1977년 일본 니카타 현에서 북한 공작원들에게 납치되었던 것으로 밝혀졌다. 메구미 씨는 안타깝게도 1994년 고향을 그리다가 우울증으로 자살하였다고 전해진다. 이처럼 북한은 공작원 양성을 위해 남한과 일본의 어린 학생들까지도 납치하여 이용하는 반인륜적인 짓을 서슴지 않았다.)

6) 초등학교 교사 납북사건

1978년 4월 2일 초등학교 교사 서재석이 북한에 의해 납치되었다. 서재석 교사는 당시 목포교육대학을 졸업하고 3월 18일 완도군 노화면 넙도초등학교 소장구도 분교에 부임하여 근무하고 있었다. 북한 공작원 3명은 4월 2일 01:00경 학교 안으로 침입하여 중앙정보부 요원이라 속이고 내실에 거주하던 서재석을 해안에 대기 중이던 소형 보트에 태우고 해상으로 이동했다. 여기서 대기하던 간첩선으로 옮겨 태운 뒤 4월 3일 북한 남포항으로 끌고 갔다. 당시 소장구도에서는 서 교사가 사라지자 경찰에 신고했으나 경찰은 서 교사가 평소 폐결핵약을 복용했다는 점을 들어 비관하여 바다에 투신했거나 산책 중 실족사했을 것으로 추정하고 수사를 중단하였다.

서 교사를 납북한 북한은 서 교사를 평양 근교 대성산 초대소로 끌고 가서 4월 4일부터 4월 23일까지 사상교육과 밀봉교육[153]을 시켰다. 그리고 곧바로 4월 28일 부산 일대의 군사정보를 수집하여 보고하라는 임무를 부여하고 안내원과 함께 해상을 통해 고흥군 도화면 가화리 장사골 해안으로 침투시켰다. 서 교사는 침투 즉시 안내원들의 눈을 피해 도화리 이장을 만나 신고를 부탁한 뒤 출동한 경찰에 자수하였다.

7) 민간어선 납북사건

1972년 12월 서해에서 오대양 62·66호를 북한 경비정이 납북한 후 잠잠한 듯 보이던 북한의 민간어선 납북사건은 1980년에 들어서도 계속되었다.

〈표 28〉 1980년 피랍 어선

선명	납북 일시	귀환 일시
해왕 6·7호	1980.01.26.	1980.11.12.
태창 2호	1980.12.02.	1981.08.04.

라. 1981년 이후 해상 도발

1) 민간어선 납북 및 피격사건

북한 민간어선 납북 및 피격사건은 1981년 이후에도 계속되었으며 주요 사건은 다음과 같다.

---

153 간첩이나 특수요원 양성을 위해 특정 장소에서 외부와 접촉을 금하고 비밀리에 행하는 교육

<표 29> 민간어선 납북사건(1981년 이후)

선명	납북 일시	귀환 일시	비고
제1공영호	1981.06.11.	1981.12. 18.	
제2동주호 제12광남호	1985.02.05.	1985.03.01.	
제27동진호	1987.01.15.	미귀환	선원 12명
제31진영호(피격)	1987.10.07.		사망 11명
제37·38태양호	1989.01.28.	1989.02.12.	선원 21명
삼진호 납북기도	1989.05.04.		납북 실패
명성 2호	1989.05.07.	1989.05.23.	선원 4명
남해 006호	1991.02.05.	1991.02.28.	선원 17명
제86우성호	1995.05.30.	1995.12.16.	

* 국방부, 《군사정전위원회 편람》 등을 종합한 결과임.

이 중 1987년 1월 15일 납북된 제27동진호는 아직도 선원 12명이 귀환하지 못하고 있다. 여수 선적의 저인망어선인 제27동진호는 백령도 서북방 28마일 공해상에서 북한 경비정에게 납북되었다. 대한적십자사의 송환 요청에 대해 긍정적인 회신을 보내던 북한은 때마침 발생한 김만철 씨 일가족 귀순사건으로 태도가 돌변하였다. 김만철 씨 일가족을 돌려보내지 않으면 송환도 없다는 것이었다. 지금까지 납북된 동진호 선원 12명은 돌아오지 못하고 있으며 이 중 6명만이 이산가족 상봉행사를 통해 한 차례 만남을 가졌고, 6명은 생사조차 알지 못하고 있는 실정이다.

2) 서해 NLL 침범 및 무력화 시도

1970년대 이후 계속 NLL을 무력화하려고 위협하던 북한은 1989년 10월 14일 연평도 서남방에서 북한 경비정 1척이 NLL을 침범한 데 이어서 1991년 4월 13일과 1993년 6월 21일에도 북한 경비정 1척이 백령도 근해에서 NLL을 침범해 왔다. 1996년에는 보다 적극적으로 NLL을 침범하기 시작했다. 1996년 5월 23일에는 백령도 서북방에서 경비정 5척으로 1.1마일가량 침범하였고, 1996년 6월 14일에는 연평도 서남방에서 경비정 3척으로 NLL을 4마일이나 침범하는 등 점차 집단화·조직화하려는 조짐을 보이기 시작했다. 그러더니 1997년 6월 5일에는 급기야 북한 경비정 1척이 아군 함정에 중화기로 3회에 걸쳐 사격까지 가하기에 이르렀다. 그리고 1999년 6월 15일 '제1연평해전'을 일으키고, 1999년 9월 2일 '서해 해상 군사분계선'을 일방적으로 발표하였다. 그리고 2000년 3

월 23일에는 '서해 5개 도서 통항질서'를 발표하면서 우리 측이 5개 도서에 출입할 때는 북측의 승인을 받을 것을 요구하는 억지 주장을 폈다.

3) 제1연평해전

1999년 6월 15일 연평도 서남방 8마일, NLL 남방 4.3마일 해상에서 북한 경비정의 기습적인 선제사격에 대해 우리 해군함정이 대응사격을 실시한 해전이다. 북한은 6월 7일부터 15일까지 다수의 어선과 경비정이 연평도 서남방 NLL을 여러 차례 침범했고 우리 해군은 무력을 사용하지 않고 밀어내기로 퇴거를 시도하였다. 그러나 6월 15일 09:28경에는 북한 경비정이 선제사격을 가해왔고 우리 해군함정들이 즉각 대응사격으로 이를 격퇴시켰다. 참가전력은 우리 해군이 고속정 8척과 초계함 2척이고, 북한 해군은 경비정 7척(이 중 1척은 구잠함)과 어뢰정 3척이었다.

도발 경과는 먼저 북한 경비정 3척이 1999년 6월 7일부터 연평도 서남방 서해 NLL을 침범해 들어왔다. 이들은 연평도 서방에서 어로작업 중인 15척의 북한 어선 중 4척이 NLL을 침범하자 북한 어선을 보호한다는 구실로 NLL을 침범하였다. 이에 아군 고속정 편대가 긴급 출동하여 퇴각할 것을 요구하였고 20:30경 북한 경비정 2척은 퇴각하였으나 1척은 잔류하였다. 6월 8일에는 북한 경비정 1척이 NLL을 침범하여 잔류하던 경비정과 합류하였고, 북한 어선 15척 중 10척이 NLL 남방 1.5km까지 침범하여 조업하였다. 이날 06:45과 15:05에도 북한 경비정 각 1척이 추가로 NLL을 침범하여 총 4척이 NLL 남쪽 9km까지 침범하였다. 이에 따라 우리 해군은 고속정 10척을 투입하여 시위 기동과 북한 경비정의 선수에 대한 항로를 차단하며 퇴각할 것을 요구하였다. 23:55경 대치 상태를 유지하던 북한 경비정과 어선들이 모두 퇴각하였다.

6월 9일 05:40경 등산곶 남방과 개머리 근처에서 활동 중이던 경비정 8척 중 7척이 06:20에 NLL 남방 4km까지 침범하여 우리 고속정 12척이 시위기동을 실시하고 초계함 2척은 완충구역 남단 3.2km 지점에서 지원태세를 유지하였다. 이 상황에서 06:35에 북한 경비정(PCS-685)이 우리 고속정 참수리-328호정에 충돌공격을 실시하여 좌현 현측에 경미한 손상이 발생함으로써 최초의 남북 함정 간 충돌상황이 발생했다. 이후 나머지 경비정 7척은 NLL 남방 0.5~3km 지점에서 계속 저속으로 6월 10일 04:50까지 활동하였다.

6월 10일 06:00경 북한 경비정 4척이 NLL 남방 0.5~3km 침범하여 배회하다 11:00경에는 7~8km까지 침범하였다. 13:15에는 추가로 2척이 침범하여 아군은 고속정 8척과 초계함 2척을 투입하여 이들을 퇴각시켰다. 20:50경 북한 경비정 1척이 추가로 NLL 2km 지점까지 침범하였다가 퇴각하여 먼저 퇴각했던 4척과 합류, 5척이 NLL 북쪽 3km 지점에서 활동하였다. 북한 어선은 이날 약 20척이 NLL 부근에서 조업하였고 이 중 4척이 NLL 남방 1.8km 지점까지 침범하여 조업하고 17:50경 퇴각하였다.

6월 11일에도 03:50경 북한 경비정 5척 중 4척이 NLL을 침범하여 남하함으로써 아군도 고속정 10척을 투입하여 시위기동을 하였다. 09:30경 북한 경비정 2척이 추가로 NLL을 침범하였다. 이에 따라 아군은 대응전력을 초계함 1척과 고속정 2개 편대를 묶어 2개 단대를 편성하여 대응하도록 하였다. 17:40경 NLL을 7km나 침범한 북한 경비정 6척 중 4척이 아군 고속정에 충돌공격을 시도하였고 아군 고속정은 '후미 충돌에 의한 밀어내기 작전'으로 맞대응하였다. 그 결과 북한 측은 구잠함(PCS, 420톤급) 1척과 대형 경비정(PCF, 215톤급) 2척과 중형 경비정(PC, 155톤급) 1척의 선체가 손상되었다. 아군은 고속정 4척(327호, 297호, 336호, 351호)이 함수 부분에 경미한 손상을 입었다. 북한 경비정들은 23:40에서야 NLL 이북으로 모두 퇴각하였다.

6월 12일에도 10:15경 북한 경비정 4척이 최대 7.5km까지 NLL을 침범해 왔다. 14:45에는 2척이 추가 침투하여 6척이 되었다. 아군은 초계함 2척과 고속정 8척이 출동하여 대치하였으며 북한 경비정은 다시 충돌공격을 시도하다 실패하고 17:45경 퇴각하였다. 이 중 4척은 20:00경에도 재침범하였다가 퇴각하였다. 6월 13일 05:00경에는 북한 어선 8척이 NLL을 1.5km 침범하여 조업하였으며, 북한 경비정 4척이 06:10경 NLL 남방 2~2.5km까지 침범하였다가 퇴각하였다. 09:45경 북한 경비정 5척이 NLL 남방 9km까지 재침범함으로써 아군 초계함 2척과 고속정 8척이 출동하여 대치하였다. 17:30에는 등산곶 서쪽 순위도 해상에서 3척의 소형 함정이 기동하는 것이 포착되었는데 북한의 신흥급 어뢰정으로 판단되었다. 이 어뢰정들은 NLL을 침범한 뒤 동쪽으로 고속기동을 하다가 북상하며 퇴각하였고 북한 경비정 7척도 19:15경 모두 퇴각하였다.

6월 14일 06:00경에는 NLL 북방에서 활동하던 북한 경비정 8척 중 2척이 NLL 남방 3km까지 침범하였고 16:15에는 추가로 3척이 침범하여 총 5척이 최대 7km까지 침범하였다. 북한 경비정들은 아군 고속정에 다시 충돌공격을 시도하였으나 아군 고속정은 신속한 기동으로 회피하거나 포위기동을 실시하여 이들을 압박하며 대치하였다. 더구나 진해에서 출동한 구조함 1척이 밀어내기 작전을 위해 진입하자 북한군은 충돌공격을 포기하고 조업 중인 북한 어선군에 합류하였다가 18:50경 퇴각하였다.

6월 15일 06:10에도 북한 어선 20척이 연평도 서쪽 15km 지점에서 NLL 남쪽 2km까지 침범하여 조업하였다. 이때 북한 경비정 3척이 어선군에 합류하여 NLL을 침범하였다. 08:40경 북한 경비정 4척이 추가로 남하하여 NLL을 침범하였다. 이에 우리 해군은 NLL 남쪽 5km 해상에서 서쪽에 23전대(초계함 1척, 고속정 2개 편대 4척), 8km 동쪽에 25전대(초계함 1척, 고속정 2개 편대 4척)를 배치하였고 후방에 고속정 1개 편대로 지원태세를 유지하였다. 08:55에는 어선군 속에 있던 북한 경비정 3척이 어선군에서 빠져나와 23전대 고속정에 충돌공격을 시도하였다. 이어서 서쪽에서 내려온 북한 경비정 4척도 합류하여 총 7척으로 우리 23전대 고속정에 충돌공격을 감행하였다. 이에 아군은 신속한 회피기동과 후미 충돌에 의한 밀어내기 작전으로 맞대응하였다. 23전대 지역에서 북한 경비정 7척과 혼전 상황이 전개되자 동쪽의 25전대가 이를 지원하기 위해 서쪽으로 포위기동을 시도하였다. 그러나 09:04경 개머리 방향에서 북한 어뢰정 3척이 고속으로 남하하는 것이 포착되어 25전대는 다시 북상하여 이들 어뢰정 남하를 저지하였다.

09:07부터 09:25까지 북한 경비정 7척 중 6척이 재차 아군 23전대 고속정에 충돌공격을 감행하여 아군 고속정도 이에 맞대응하였다. 그러자 09:28경에 북한 중형 경비정(PC-381)이 아군 23전대의 고속정(참수리-325호, 338호)을 향해 기습적으로 25mm와 14.5mm 기관포 및 소화기로 선제사격을 가해왔다. 이에 아군도 자위권 차원에서 즉각 대응사격을 실시하여 교전이 벌어졌다.

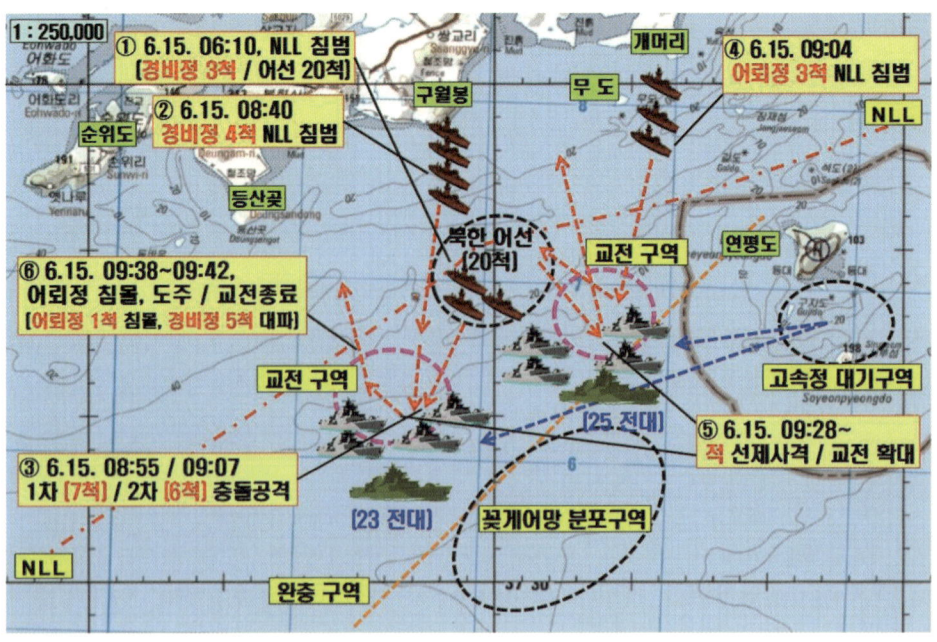

〈그림 17〉 제1연평해전

* 국방부, 《2010 국방백서》(2010) 참고

이 교전이 즉시 전 북한 경비정과 23전대 함정들의 본격적인 해전으로 확대되고 동쪽 해상에서 대치하던 북한 어뢰정과 25전대 함정들로 확산되었다. 북한 경비정과 어뢰정의 사격에 대해 아군은 초계함에서 76mm 함포로, 고속정은 40mm와 20mm포로 격파사격을 실시하여 교전은 09:42까지 14분간 계속되었다. 교전 중이던 09:38에는 북한 어뢰정 1척이 아군 함포에 명중되어 침몰하기 시작하였으며 다른 어뢰정과 경비정들도 막대한 손상을 입고 도주하기 시작하였다. 이 상황에서 아군은 얼마든지 추격과 전과 확대가 가능하였다. 그러나 북한의 지대함 미사일과 해안포 공격징후가 포착됨에 따라 아군의 안전과 확전을 방지하고, 인도적 차원에서 북한이 침몰 함정의 인명 구조와 피해 함정 예인 등의 기회를 부여하고자 완충구역 남쪽으로 모두 철수하였다.

교전 결과 아군은 경상자 9명이 발생했고 초계함 1척과 고속정 4척이 경미한 손상을 입었다. 반면 북한은 다수의 사상자가 발생했고 어뢰정 1척이 침몰하였으며, 경비정 1척이 반파되고 경비정 4척(구잠함 1척 포함)이 일부 파손되는 막대한 피해를 입었다. 이 사건은 남북 민간교류 확대와 대북지원정책이 추진되고 있는 상황에서도 북한의 대남 기본노선은 변화가 없다는 것을 증명한 사건으로 국민들의 안보의식을 고취하는 계기가 되었다. 우리 해군은 북한의 선제기습사격에 대해 교전규칙에 따라 단호하게 대응하여 북한군을 압도적으로 제압하고 격퇴시켜 군사력의 질적 우위를 입증하였으며 북한군에 대해 자신감을 갖게 되었다. *(제1연평해전에서 참패한 북한은 1999년 9월 2일 경기도와 황해도 간의 도계로부터 북한의 등산곶과 남한의 굴업도 사이의 등거리에 남서쪽으로 선을 그어 '조선 서해 해상 군사분계선'이라고 일방적으로 선포하였다. 그리고 이 선 이북은 자신들의 통제수역이라고 억지 주장을 펼쳤다. 북한은 이후 2000년 3월 23일에는 '서해 5도 통항질서'라는 것을 선포했다. 이것은 현실적으로 자신들이 선포한 '서해 해상 군사분계선' 북쪽에 서해5도가 위치함으로 이 분계선으로부터 대청도 및 백령도와 연평도에 이르는 통행수로를 명시한 것이다. 그러나 우리는 정전협정 목적과 남북기본합의서에 따라 현재의 NLL을 단호히 고수할 것을 천명하였으며 이후 NLL 수호의지와 대비태세를 더욱 강화해 나갔다.)*

4) 제2연평해전

2002년 6월 29일 연평도 서남방 15마일, 서해 북방한계선(NLL) 남방 3마일 해상에서 북한 경비정의 선제사격에 대해 우리 해군 경비함정이 대응사격을 실시한 해전이다. 6월 29일 09:54에 북한 경비정 2척이 연평도 서방에서 NLL을 침범하였고 우리 해군 고속정 편대가 출동하여 퇴거조치를 실시하자 북한 경비정이 선제 기습사격을 감행하였고 우리 해군도 즉각 대응사격을 실시하여 북한 경비정을 대파시켜 격퇴하였다. 참가 전력은 해군 고속정 2척이었고(상황 발생 후 지원세력은 초계함 2척과 고속정 4척) 북한은 경비정 2척이었다.

북한은 제1연평해전 패전 이후 수상함 전력의 열세를 만회하기 위해 화력 보강과 기만적 기동, 기습사격 등 전술을 개발하여 절치부심 보복할 기회만을 엿보고 있었다. 2002년 6월 29일 09:37에 북한 155톤급 중형 경비정(PC-388)이 육도에서 기동하였고, 09:46에 등산곶에서 북한 215톤급 대형 경비정(PCF-684)이 기동하는 것이 포착되었다. 09:54에 육도에서 출발한 중형 경비정은 NLL을 약 5.6km 침범했고, 등산곶에서 출발한 경비정은 10:01에 NLL을 약 3.3km 침범하였다.

북한 경비정이 NLL에 접근할 때부터 연평도 남방에 대기하던 아군 고속정 4척이 즉각 출동하여 교전수칙에 의해 북한 경비정과 약 1.8km 거리를 두고 차단기동을 실시하였다. 그러자 육도에서 기동한 북한 중형 경비정(PC-388)은 마침내 퇴각하였다. 그러나 등산곶에서 기동한 대형 경비정(PCF-684)은 계속 남하하여 10:23에는 NLL을 5.6km 까지 침범하였다. 이 북한 경비정에 대해 아군 고속정 232편대(참수리-357호, 358호)가 0.9km 전방에서 남하를 저지하기 위해 차단기동을 실시하였다. 이때 편대장(소령 김찬) 이 승선한 참수리-358호가 앞에 서고 357호(정장, 대위 윤영하)가 약 250m 뒤를 따라 기동했다.

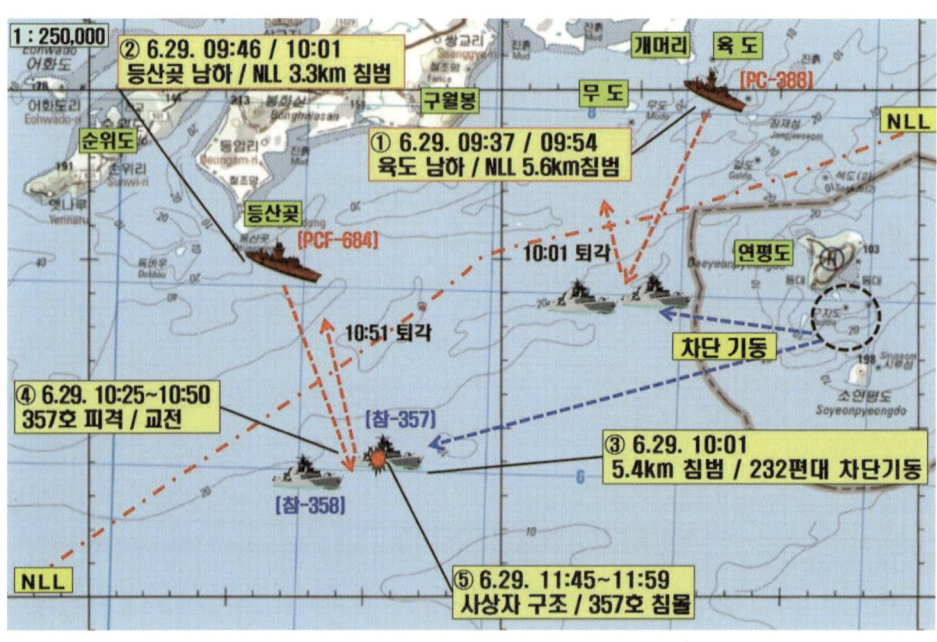

〈그림 18〉 제2연평해전

* 해군 제2함대사령부, '서해수호관 전시자료' 참고

358호정이 북한 경비정의 이동 방향을 횡으로 가로지르기 시작했고, 북한 경비정이 358호정을 지나친 순간 북한 경비정이 갑자기 속력을 줄이기 시작했다. 따라서 357호정 은 정지하는 북한 경비정과 충돌을 피하기 위해 급히 방향을 틀어 좌현이 북한 경비정에 그대로 노출되었다. 이때 두 함정의 거리는 약 150m까지 접근되어 있었다. 10:25경 참 수리-357호정의 좌현이 노출된 상태에서 갑자기 북한 경비정(PCF-684)은 85mm 함포 등으로 참수리-357호정을 기습공격하였다.

근접한 지역에서 기습을 받은 참수리-357호정은 정장(대위 윤영하)이 전사하고 많은 피해가 발생하자 부정장(중위 이희완)이 지휘권을 이어받아 교전을 계속하였다. 교전이 벌어지자 358호정은 즉시 대응사격을 하려 했으나 357호정에 가려져 곧바로 사격 통제를 할 수가 없었다. 따라서 어느 정도 거리를 두고 나서야 지원사격을 할 수 있었다.

북한 경비정은 지원사격하는 358호정은 무시하고 357호에만 집요하게 공격을 집중하였다. 10:30과 10:33에는 후방에 있던 고속정 256편대와 253편대도 기동하며 사격으로 지원하였고 10:43에는 초계함인 제천함과 진해함에서도 화력 지원에 나섰다. 교전은 약 25분간 진행되다가 10:51경 대파된 북한 경비정이 퇴각하면서 종료되었다. 11:45에 357호정의 상태를 확인하며 사상자 확인과 구조를 실시하였으나 357호정은 이미 격벽에 구멍이 뚫리는 등 선체 손상이 심하여 예인을 할 수 없었고 11:59에 침몰하였다.

퇴각하는 북한 경비정(좌)과 참수리-357호(우)

* 해군 제2함대사령부, '전우가 사수한 NLL 우리가 지킨다!'

이 해전으로 아군은 참수리 357호정이 예인되던 도중 북한군의 각종 공용화기에 의해 이미 격벽에 구멍이 뚫린 상태여서 침몰하였다. 인명 피해는 정장 윤영하 대위 등 6명이 전사하고[154] 19명이 부상하는 피해를 입었다. 북한은 선제공격을 했던 대형 경비정(PCF-684) 1척이 대파되었고 30여 명의 사상자가 발생한 것으로 추정되었다. 우리 해군은 북한군의 악의적이고 기습적인 선제공격에도 불구하고 불굴의 투지와 투혼을 발휘하여 북한의 도발을 응징함으로써 NLL을 무력화하려는 북한군 의도를 봉쇄하였다.

침몰한 357호정은 8월 5일 인양을 시작하여 침몰한 지 53일 만인 8월 21일에 인양을 완료하였다. 인양 작업 도중인 8월 9일 조타실에서 실종 처리되었던 한상국 중사의 시신을 수습하였다. 이후 해군은 현장지휘관의 재량권을 강화하는 방향으로 대응방법과 절차를 강화하였다. 현장지휘관에게 보고 없이 사격할 수 있는 권한을 부여하고, 대응절차

---

154 전사자는 정장 대위 윤영하, 조타장 중사 한상국, 병기사 하사 조천형, 병기사 하사 황도현, 내연사 하사 서후원, 의무병 상병 박동혁 등 6명이며 전원 1계급 특진과 훈장이 추서되었다.

를 5단계에서 3단계로 단순화하였다.[155]

5) 대청해전

2009년 11월 10일 대청도 동방 6NM, 서해 북방한계선(NLL) 서남방 1.2NM 해상에서 NLL을 침범한 북한 경비정을 퇴거하는 과정에서 북한 경비정의 조준사격에 대해 우리 고속정이 대응사격을 실시한 해전이다. 북한은 2009년 1월 '전면대결태세에 진입할 것'에 이어 '남북기본합의서의 서해 NLL에 관한 조항 폐기' 성명을 발표하였다. 그리고 지속적으로 서해 NLL 지역에서 긴장 조성행위를 이어갔다.

11월 10일 11:27경 북한 경비정이 서해 NLL을 침범하자 우리 해군 고속정은 대응절차에 따라 3차례 경고통신과 3발의 경고사격을 실시하였다. 그러나 북한 경비정이 50발의 조준사격을 실시하자 아군 고속정도 자위권 차원에서 즉각 대응사격을 실시하여 격퇴하였다. 최초 참가전력은 아군이 고속정 2척에 북한군이 중형 경비정 1척이었다. 교전 이후 지원전력은 아군이 고속정 4척과 초계함 1척 및 호위함 1척이고 북한의 추가 지원전력은 없었다. 해전 발생 경위와 경과는 다음과 같다.

2009년 11월 10일 09:45경 북한 어선으로 추정되는 미식별 선박 1척이 NLL 방향으로 남하하는 것이 백령도 레이더기지에서 포착되어 해군 고속정 1개 편대가 긴급 출항하였다. 10:33에 북한 월래도 경비정이 미식별 선박 방향으로 기동함에 따라 출동한 고속정 편대는 백령도 동방으로 기동하여 북한 경비정에 대응하고 1개 고속정 편대가 추가로 출동하였다.

11:22에 북한 경비정은 미식별 선박이 복귀했음에도 대청도 동방 NLL 지역으로 계속 접근하였다. 이에 아군은 호위함 1척과 초계함 2척의 지원태세를 유지하면서 고속정 편대가 북한 경비정에게 NLL 접근을 경고하였다. "귀측은 우리 해역에 과도하게 접근하였다. 즉시 북상하라!"는 경고통신을 2회 실시하였다. 그러면서 고속정 2개 편대 4척을 출동시켰다. 1개 편대는 북한 경비정이 기동하는 정면으로, 1개 편대는 후방에서 엄호하도록 배치하였다.

---

155 교전단계가 경고통신-시위기동-차단기동-경고사격-격파사격의 5단계에서 경고통신-경고사격-격파사격의 3단계로 축소되었다.

11:27에 북한 경비정이 대청도 동방 11.3km 지점에서 NLL을 침범하였다. 이에 해군은 11:28부터 11:31까지 "귀선은 우리 경고에도 침범행위를 계속하여 긴장을 고조시키고 있다. 변침하지 않을 시 사격하겠다. 이로 인해 발생하는 모든 책임은 귀선에 있음을 경고한다."는 경고통신을 다시 실시하였다. 11:32에도 "사격하겠다."는 경고통신을 1회 더 실시하였으나 북한 경비정은 계속해서 NLL을 2.2km나 침범하여 대청도 방향으로 계속 기동하였다.

11:36에 북한 경비정의 전방에서 아군 고속정 참수리-336호정이 40mm 함포를 이용하여 3발의 경고사격을 실시하였다. 그러자 11:37에 북한 경비정은 근접하여 대응기동 중이던 아군 고속정 참수리-325호정(정장, 대위 김상훈)에 대하여 약 50여 발의 직접 조준사격을 가해왔다. 이 사격으로 아군 고속정(참수리-325호) 좌현 함교에서 조타실 사이 외부격벽에 15발의 탄흔이 발생하였으나 다행히 인명 피해는 없었다. 북한 경비정의 기습사격과 동시에 아군 고속정도 대응사격을 실시하여 11:39까지 함정 간 거리 3.2km에서 약 2분간의 교전이 벌어졌다. 이때 우리 호위함과 초계함에서도 지원사격을 실시하였다. 우리 기세에 눌린 북한 경비정은 11:40에 이미 선체에 많은 손상을 입고 NLL을 이북으로 퇴각함으로써 교전은 중지되었다.

〈그림 19〉 대청해전

* 합동참모본부, 보도자료 및 《국방백서》 참고

참수리-325호와 승리의 주역들

교전 결과 아군은 인명 피해 없이 참수리-325호정이 좌현 함교와 조타실 사이 외부격벽 등에 23발의 피탄 자국이 생기는 경미한 손상을 입었다. 반면 북한은 사상자가 다수 발생한 것으로 추정되며 중형 경비정 1척이 대파된 채로 도주하였다. 북한은 대청해전 이후 2009년 11월 13일에는 "무자비한 군사적 조치가 취해질 것", 2010년 1월 15에는 "거족적인 보복성전을 개시한다." 등으로 위협을 가해왔다. 그러나 우리는 개정된 대응방법과 절차에 따라 훈련과 경계태세를 강화함으로써 북한의 도발을 효과적으로 격퇴하였다.

6) 천안함 피격사건

2010년 3월 26일 21:22에 우리 영해인 백령도 서남방 해상에서 일상적인 경비임무를 수행하던 해군 천안함(PCC-772함)이 북한 잠수정의 어뢰 공격을 받아 침몰한 사건이다. 이 공격으로 천안함은 함수와 함미로 분리되어 침몰하였고, 승조원 104명 중 46명이 전사하고 58명이 구조되었다.

천안함은 3월 16일 평택항을 출항하여 백령도 서방 경계구역에 배치되었으며 3월 25일 서해 풍랑주의보 발령으로 대청도 동남방으로 일시 이동하였다가 3월 26일 08:30경 다시 경비구역으로 복귀하여 임무 수행 중에 있었다. 3월 26일 20:00경 천안함은 백령도 연화리 서남방 2.5km 해역에서 통상적인 경계임무를 수행하고 있었다. 이때 승조원 104명 중 야간 당직근무자 29명이 함교 등에 위치하여 근무 중에 있었고 나머지 승조원들은 평상 근무복이나 간편복 차림으로 휴식 및 정비를 하고 있었다.

3월 26일 21:22경 천안함은 북한 잠수정의 어뢰 공격을 받았다. 생존자들은 엄청난 충격과 함께 "꽝! 쫘~아앙!" 하는 강력한 폭발음을 들었다. 정전과 동시에 일부 격실에 해수가 유입되며 선체가 우현으로 90도 정도 기울어졌다. 함장은 폭발 충격으로 함장실에 갇혔다가 통신장 등 4~5명의 승조원이 내려준 소화호스를 묶고 좌현 갑판으로 탈출하였다. 21:24에 함수와 함미가 분리되었고 함미가 21:28에 조류에 의해 유실되면서 먼저 침몰하였다.

21:28경 천안함 포술장은 정전으로 함내 유무선을 이용한 통신이 제한되어 휴대전화를 이용하여 함대사령부 상황장교에게 구조를 요청하였다. 함대사령부에서는 즉시 대청도 고속정 편대에 긴급 출항을 지시하고, 인천해경에 통보하여 해경함 출동을 요청하였다. 21:58에 해군 고속정 3척이 현장에 도착하여 인명 구조를 시작하고 22:15에 해경-501함이 도착했다. 구조대가 보니 함미는 이미 보이지 않았고, 함수 부분도 우현으로 90도 기울어진 상태였다. 23:13에 해양경찰과 해군 고속정 및 어업지도선에 의해 함수에 위치하던 승조원 58명은 모두 이함을 완료하였고, 23:35에 58명의 인명 구조는 모두 완료(해군 고속정 1명, 어업지도선 2명, 해경-501함 55명)되었다. 3월 27일 02:25경 함수 침몰 지역에 부표를 설치하였으나 조류에 의해 떠밀려 13:37에 완전히 사라졌다.

〈그림 20〉 천안함 피격 및 침몰 위치

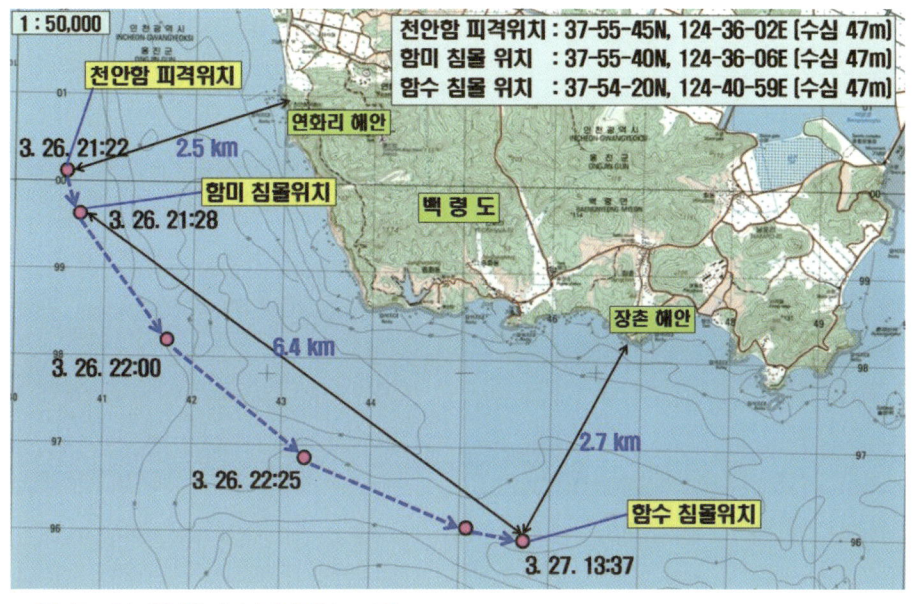

* 대한민국 정부, 《천안함 피격사건 백서》(2011) 참고

천안함 침몰 이후 실종자를 구조하기 위한 탐색구조작전은 3월 27일부터 4월 3일까지 8일간 실시되었다. 그러나 수중 시계 제한과 빠른 유속으로 지체되었으며 3월 28일 22:31에 함미를, 3월 29일 01:31에 함수를 식별하였다. 3월 30일에는 UDT 대원 한주호 준위가 구조작전 중 실신하여 후송 치료 중 사망하는 안타까운 일이 발생하였다.

<표 30> 시간대별 인명 구조 현황(03.26.)

시간	구조선박	구조인원(총 58명)
22:28	해군 고속정(참수리-322)	1명(추락자)
22:43	해경-501함 단정(1차)	포대 앞에서 12명
22:43	해경-501함 단정(2차)	포대 뒤에서 7명
23:08	어업지도선(227호)	2명
23:02	해경-501함 단정(3차)	포대 뒤에서 12명
23:20	해경-501함 단정(4차)	구명벌에서 12명
23:35	해경-501함 단정(5차)	구명벌에서 12명

4월 3일 18:07에는 함미 절단면에서 남기훈 상사의 시신을 최초로 발견하였지만 유가족들이 "실종자 생존가능성이 거의 없는데 구조대원들의 추가적인 피해 발생이 우려된다."고 판단하여 4월 3일 21:45에 구조작전 중단을 요청하였다. 해군은 4월 4일부터 함체 인양을 시작하여 4월 15일 함미를 인양하고, 4월 24일 함수를 인향하여 제2함대사령부로 이송하였다. 이후 실종자 수색 결과 함미에서 39구, 함수에서 1구 등 총 40구의 유해를 수습하였으나 6명은 산화한 것으로 판단하고 유해 수색을 종료하였다.

천안함 함체 인양과 이송

국방부는 3월 31일 민·군합동조사단을 82명으로 편성하였으며, 4월 12일 73명(외국인 24명 포함)으로 재편성하여 조사 활동을 벌였다. 조사단은 과학수사, 함정구조 및 관리, 폭발유형 분석, 정보 분석의 4개 분야로 편성하였으며, 조사를 지원할 수 있는 지원 인력도 98명(민 16명, 군 82명)을 편성하였다. 조사단은 과학적이고 객관적인 정밀 조사를 통해 침몰원인을 명확히 규명하는 데 목표를 두고 활동하였다. 조사단은 6월 30일까지 총 92일간 운용하였고 기간 중 4차례(4. 7./4. 16./4. 25./5. 20.)에 걸쳐 조사 활동에 대한 언론발표를 하였다. 6월 9일부터 17일까지 9일간은 유엔 안보리에 참석하여 조사 결과를 설명하였다.

조사단은 결정적 증거물인 북한 어뢰추진동력장치를 수거하였고, 함체 변형형태, 음파 분석, 수중폭발 시뮬레이션, 폭약성분 분석 등을 통해 천안함이 북한 어뢰 공격에 의한 수중폭발로 침몰한 것으로 결론 내렸다. 그 결과 조사단은 5월 20일 이를 공식 발표하였고, 9월 13일 다음과 같이 최종 결론을 내렸다. "천안함은 어뢰에 의한 수중폭발로 발생한 충격파와 버블효과에 의해 절단되어 침몰되었고, 폭발위치는 가스터빈실 중앙으로부터 좌현 3m, 수심 6~9m 정도이며 무기체계는 북한에서 제조사용 중인 고성능폭약 250kg 규모의 CHT-02D 어뢰로 확인되었다."

이 천안함 피격사건은 북한이 서해 NLL에서 세 번의 해전에도 불구하고 열세를 보이자 은밀하게 우리 해군함정을 직접 공격한 도발행위였다. 그러면서도 북한은 도발주체를 모호하게 만들어 아군의 보복을 회피하고자 하였다. 이번 도발은 은밀히 침투한 북한 잠수정이 CHT-02D 중어뢰를 발사하여 아군 초계함인 천안함을 침몰시킨 사건이었다. 이로 인해 해군 장병 46명이 전사하고 58명이 부상하였으며, 구조 과정에서 UDT대원으로 활동하던 한주호 준위가 순직하였다. *(중간조사 결과 발표 이후 정부는 5월 24일 대통령이 대국민 담화를 발표하여 북한의 도발에 대해 엄중히 경고하고, 유엔 안보리에 회부하여 책임을 묻겠다고 하였다. 이에 따라 대내적으로는 북한과의 선박 운항 중단 등 남북교류 협력 중단 조치가 취해졌고, 대북심리전을 재개하였다. 대외적으로도 7월 9일 유엔 안보리 의장성명이 채택되었고, 7월 21일에는 한미 외교·국방장관이 참가하는 2+2회의가 최초로 개최되었다. 군사적으로도 미국과 연합해상훈련, 연합대잠수함전훈련 등을 실시하여 북한의 도발에 대비하였다. 조사가 완료되었음에도 천안함 피격사건이 북한의 소행이 아니라는 주장과 선동이 난무하자 정부는 2011년 상세한 내용을 담은 《천안함 피격사건 백서》를 발간하였다.)*

결정적 증거인 북한 어뢰추진체

7) 연평도 포격 도발

2010년 11월 23일 14:34경 북한군이 연평도에 170 여발의 포사격을 자행하여 우리 해병대 연평부대가 K-9자주포로 대응사격을 실시하였다. 북한은 무방비 상태의 민간인 거주 지역도 무차별포격을 가하는 불법적이고 비인도적인 만행을 저질렀다. 이 도발로 해병대원 2명이 전사하고 민간인 2명이 사망하였다.

북한은 NLL 인근에서 해안포 발사 등 긴장 분위기를 조성하더니 2010년 11월 23일 NLL 이남에서 우리 군이 호국훈련 기간에 실시하려는 해상사격훈련을 구실로 포격 도발을 자행했다. 최초 11월 23일 08:20경 북한은 우리 군이 이날 실시할 예정인 사격훈련과 관련하여 북측 영해로 사격할 경우 좌시하지 않겠다는 팩스 전통문을 도라산역에 위치한 서해지구 군 통신운영단으로 보내왔다. 이에 우리 군은 통상적인 사격훈련으로 우리 영해에서 실시되므로 예정대로 진행하겠다고 답신하였다. 그리고 과거와 같이 예정대로 10:30부터 연평도 서남쪽 해상에서 포사격훈련을 진행했다.

포사격훈련이 마무리될 무렵인 14:34경 갑자기 북쪽에서 포성이 들리더니 포탄이 연평부대 K-9자주포부대로 날아들기 시작했다. 연평도 북쪽 10km 떨어진 무도 해안포기지에서 연평도 K-9자주포부대를 정조준하여 해안포 및 방사포 도발을 감행한 것이다. 북한군의 포격에 일단 대피하였던 해병대원들은 포격이 시작되고 13분 뒤인 14:47에 대응사격을 시작했다. 북한이 14:34부터 14:55분까지 사격한 방사포와 해안포 150여 발 중 60여 발은 군부대와 민가 지역에 떨어졌고 90여 발은 해상에 낙하하였다.

북한의 첫 포격 도발은 20여 분 동안 이어지다 14:55경 잠잠해졌으나 15:10부터 15:41까지 다시 포격을 가해왔다. 이때는 무도에서 2km 떨어진 개머리 해안포기지에서 연평부대 지휘소와 레이더기지 일대에 20발의 포격을 가해왔다. 이에 아군도 K-9자주포로 계속 대응사격을 실시하였다. 추후 합참에서는 북한은 1차에 약 150발, 2차에 20발 등 총 170여 발을 사격하였으며 이 중 약 90발은 해상에 낙하한 것으로 분석하였다. 아군의 대응사격은 K-9자주포 4대로 1차 대응사격은 무도에 위치한 북한군 막사를 목표로 50발, 2차 대응사격은 무도와 개머리에 30발을 사격하였다.

아군은 북한군의 포격 도발이 개시되자 KF-16 전투기 2대에 이어 F-15K 전투기 4

대와 KF-16 전투기 2대를 추가로 출격시켰다. 14:50에 경계태세 1급을 발령하였으며, 15:50에 북한에 전통문을 발송하여 현 상황을 엄중히 경고하고 도발행위 중단을 촉구하였다. 북한의 포격 도발 당시 북한 전투기 2대가 초계 비행 중이었으나 아군의 F-15K 전투기 4대, KF-16 전투기 2대가 출격하자 철수하였다. 해군은 가용한 함정을 연평도 인근으로 긴급 출동시켰으며, 북한 미사일 사거리를 고려하여 교전 지역으로부터 40~60km 지점에서 대기하였다. 16:17에 연평도 주민 약 1,600명은 방공호로 모두 대피하였다.

<그림 21> 연평도 포격 도발

* 합동참모본부, 보도자료 참고

북한의 도발 세력은 개머리 및 무도 일대의 방사포와 해안포 다수가 참가하였고, 아군은 해병대 연평부대의 K-9자주포가 대응사격을 하였다. 이 사건으로 인명피해는 4명(민간인 2명, 해병대 2명)이 사망하고 20명(민간인 4명, 해병대 16명)이 중경상을 입었다. 또한, 연평도 내의 건물 133동(전소 및 완파 33동, 반파 9동, 일부파손 91동)이 피해를 입었다. 북측의 피해는 무도 지역 막사가 파손된 것으로 추정되며 사상자도 다수 발생했을 것으로 추정된다. *(이 사건에서 포탄이 빗발치는 상황에서도 해병대원들이 신속하게 포상으로 이동하여 대응사격을 실시하였고, 일부 병사는 방탄모 위장포가 화염에 불타고 있음에도 아랑곳하지 않고 대응사격을 실시하는 모습이 방송되어 군에 대한 신뢰감을 높여*

주었다. 그러나 북한은 연평도 포격 도발 이후 그 책임을 우리 측에 떠넘기려 하였다. 우리 정부는 '연평도 포격 도발에 대한 담화문'을 발표하여 북한의 연평도 포격 도발을 반인륜적 범죄로 규정했다. 이후 서북도서방위사령부를 창설하고 서해5도 방위를 위한 합동전력을 보강하는 등 전투력과 대비태세를 한층 강화하였다.)

8) 연평도 해상 해안포 사격

2010년 11월 28일 북한이 연평도 포격 도발 이후 한미연합해상훈련을 빌미로 20여 차례에 걸쳐 해상으로 해안포를 발사하여 연평도 일대에 공습경보가 발령되었다.

9) 서해 NLL 이남 해상 사격

2014년 3월 31일 북한이 훈련을 빌미로 서해5도 지역 해상으로 각종 포 500여 발을 사격하였다. 이 중 100여 발이 NLL 이남으로 떨어져 연평도와 대청도, 백령도 일대에 공습경보가 발령되었다.

10) 연평도 근해 해군함정 피격사건

2014년 5월 22일 북한이 연평도 근해 NLL 이남에서 초계 임무를 수행하던 해군 고속정에 방사포로 위협사격을 가해왔다. 함정에 명중되지는 않았으나 연평도와 대청도, 백령도 일대에 공습경보가 발령되었다.

11) 창린도 해안포 사격

2019년 11월 25일 북한은 '9·19 군사합의'[156]에 의해 서해 완충구역[157]에서의 사격을

---

[156] 2018년 9월 9일 남북 정상이 평양에서 '평양공동선언'을 채택하고 군사분야 합의서를 부속합의서로 채택하였다. 정식명칭은 '역사적인 판문점선언 이행을 위한 군사분야 합의서'이다. 여기에는 비무장지대 비무장화와 서해 평화수역 조성, 군사당국자회담 정례화 등의 후속조치가 명기되었다.

[157] 9·19합의에 의해 2018년 11월 1일부터 쌍방은 군사분계선 일대에서의 각종 군사연습을 중지하기로 했다. 지상은 군사분계선 5km 이내에서 포병사격과 연대급 이상 야외기동훈련을 중지하고 해상 완충구역에서의 포사격과 해상기동훈련을 중지하기로 했다. 해상 완충구역은 서해는 남측 덕적도부터 북측 초도 이남까지로, 동해는 속초시부터 통천군 이남까지로 정했다.

창린도 해안포 진지 방문 김정은

전면금지하고 있음에도 불구하고 서해5도 인근 지역인 창린도에서 해안포 사격훈련을 했다고 발표하였다. 특히, 김정은이 직접 창린도를 방문하여 해안포 사격을 지시했다는 북한 조선중앙통신 발표와 보도가 있을 때까지 우리 국민들에게는 이러한 사실이 공개되지 않아 여러 가지 억측을 불러왔다. 창린도는 서해 NLL 북방에 위치한 섬으로 소청도에서 33.4km, 백령도에서 약 40km 떨어진 곳이다.

북한이 공개한 사진을 보면 76.2밀리 또는 122밀리 견인 평사포로 추정되는데 포사격 장면이 담긴 영상이나 사진은 공개하지 않았다. 그러나 이번 북한이 해안포 사격을 했다고 보도한 창린도에서의 북한군 사격은 언제, 어느 방향으로, 몇 발을 사격했는지, 사거리는 어느 정도였는지 등에 대한 군의 발표가 없어 정확하게 알려지지 않았다. *(이에 대해 11월 25일 최현수 국방부 대변인은 "북한 언론에서 밝힌 서해 완충구역 일대에서의 해안포 사격훈련 관련 사항에 대해 유감스럽게 생각한다."라며 "북에서 언급한 해안포 사격훈련은 지난 2018년 9월 남북 당국이 합의하고 이행해 온 '9·19 군사합의'를 위반한 것"이라고 밝혔다.)*

12) 어로 작업 단속선 등 NLL 침범

북한 어선들이 NLL을 침범하여 조업하는 행위는 종종 벌어지고 있으며 우리 군은 이들을 NLL 이북으로 퇴거시키고 있다.

2014년 12월 5일 북한 단속정이 서해 연평도 서방에서 NLL을 침범하였고 12월 19일에는 동해 독도 동방에서 미상 철선이 NLL을 침범하였다.

2015년 4월 21일, 5월 16일, 6월 11일부터 30일까지 6회에 걸쳐 북한 경비정이나 단속정이 서해에서 NLL을 침범하였다. 이어서 8월에 1회, 9월 2회, 10월과 11월 각 1회, 12월에 2회 침범하였다.

2016년에는 서해에서 2월 2회, 4월 1회, 5월에 1회 NLL을 침범하였고, 6월 8일에는 동해 거진 동방 해상에서 NLL을 침범하였다.

   2019년 7월 27일 북한의 소형 목선 1척이 동해에서 NLL을 침범하여 깊숙이 남하해 들어옴으로써 우리 해군이 출동하여 이 소형 목선과 승선원 3명을 우리 기지로 예인하였다. 그리고 조사 결과 이들이 귀순 의도가 없으며 항로 착오로 인한 것으로 판단하고 북으로 송환하였다.

   2019년 9월 26일 19:33경에도 서해 연평도 서방 약 8.8km 해상에서 북한군 어로 작업 단속선인 3톤급 목선이 서해 NLL을 약 3.1km 침범하였다. 이에 우리 군은 10여 발의 경고사격을 통해 선박을 정지시키고 확인한 결과 기관고장으로 판단되어 북측에 인계하였다.

   2019년 11월 27일 06:40경에도 백령도 서북방 NLL 이남에서 북측 선박 1척이 남하하는 것을 발견하고 우리 군이 출동하였다. 우리 군은 이 미상 선박을 추적하여 12:30경 소청도 남방 해상에서 접촉하고 경고통신과 경고사격을 통해 확인한 결과 북한 상선으로 확인하여 원해로 퇴거 조치하였다.

13) 해상 완충구역과 MDL 이남 해상사격

   북한은 최근 9·19군사합의에 의한 해상 완충구역에서 합의를 위반하고 무력 도발을 계속하고 있다. 2022년 10월 14일에는 하루 전날 MDL 이남 5km 밖에 있는 담터사격장에서 한국군과 미군이 연합으로 MLRS 사격을 한 것을 빌미로 동·서해 완충구역에서 방사포와 해안포를 해상으로 다량 사격했다. 2022년 10월 18일에도 황해도 장산곶과 강원도 장전에서 서해와 동해 완충구역으로 방사포 사격을 했고, 10월 19일에는 황해도 연안 일대 및 10월 24일 황해도 장산곶 일대에서 서해 완충구역으로 연달아 포병사격을 했다.

   2022년 11월 2일에는 북한이 탄도미사일을 발사했는데 이 중 1발이 동해 NLL 이남 26km 지점인 속초 동방 57km 지점에 낙하였고, 강원도 고성 일대에서 해상으로 100여 발의 방사포 사격을 함으로써 합의를 위반했다. 11월 3일에도 동해 강원 금강 일대에서 동해상으로 포병사격을 했다. 2022년 12월 5일에는 강원도 금강과 장전 일대에서 방사포 45발을 해상 완충구역 내로 사격했고, 서해에서는 장산곶 일대에서 방사포 85발을 사격했다. 이어서 12월 6일에도 동해에서 방사포 90여 발, 서해에선 방사포 10여 발의 사격을 함으로써 합의 위반은 물론 해상 도발을 자행하였다.

3. 공중 국지도발

가. 공중 도발과 도발의 진화

　공중 도발은 북한이 특정임무를 수행하기 위해 공중으로 우리 영역에 위해를 가하는 행위이다. 북한군은 지대공미사일 또는 공중 전력을 이용하여 아군의 영공, 항공기, 특정 지역 및 인원·장비·시설 등에 위해를 가하려 할 것이다. 북한군의 예상되는 공중 도발 양상은 아군 영공 침범, 아군 항공기 공격, 특정 지역 및 인원·장비·시설에 대한 공격, 귀순을 가장한 영공 침범 및 공격, 아군 항공기 납북 등을 가정할 수 있다. 그리고 레저 인구 증가와 기구의 발전에 따라 행글라이더, 열기구, 패러글라이딩 등을 통한 영공 침투 후 주요시설 파괴나 요인 암살 등의 테러도 예상해 볼 수 있다.

　북한은 최근 세계적인 무인기 개발과 진화 및 발전추세에 편승하여 무인기에 의한 공중 침투 및 정찰을 시도하고 있으며 무인기에 의한 테러 및 기습공격 등으로 발전할 경우 매우 큰 위협이 될 것이다. 북한은 이러한 공중 국지도발 방법 중 한 가지 또는 다수의 방법을 동시에 사용하여 도발 목적을 달성하려고 할 것으로 예상되고 있다. 실제로 2000년대 이후 공중 도발 사례는 소형 무인기의 영공 침투와 정찰 활동이 새롭게 시도되었다. 2014년 3월 24일 파주시 조리읍, 3월 31일에는 백령도, 4월 6일에는 삼척 청옥산에서 추락한 무인기가 발견된 것이다. 북한이 그동안 무인기를 침투시켜 청와대 상공까지 촬영했음에도 이를 발견하지 못한 것이다. 9월 15일에는 백령도 서방 해저에서도 추락한 무인기 동체가 추가 발견되었다. 2015년 8월에도 북한은 소형 무인기로 화천 전방 군사분계선(MDL) 지역을 정찰하였으며 이 중 8월 22일 2회, 8월 23일 1회, 8월 24일 2회나 MDL을 침범하였다.

　소형 무인기에 의한 도발은 최근에도 계속되었다. 2016년 1월 13일에도 문산 전방에서 소형 무인기가 MDL을 침범하였으며, 2017년 6월 9일 인제에서 발견된 무인기는 경북 성주에 배치된 사드포대까지 500km 이상을 비행함으로써 더욱 진화한 것으로 보인다. 이러한 소형 무인기는 후방 지역까지 침투하였으나 아군의 대공감시망에 포착되지 않았고 복귀하는 도중에 추락한 것을 발견한 것이었다. 만약 소형 무인기가 정찰용이 아니라 고성능폭약이나 폭탄, 생화학무기 등을 탑재하여 테러나 공격용으로 사용된다면 대량 인명 피해 등의 끔찍한 결과를 초래할 수도 있는 심각한 위협이 되고 있다.

나. 1970년 이전 공중 도발

1) 서해 상공 공군 연습기 피격사건

1956년 11월 7일 북한 MiG-15기 2대가 해상항법훈련을 위해 서해 상공을 비행하던 공군 F-51 무스탕 연습기 2대를 공격하여 1대는 불시착하고 1대는 실종되었다. 조종사 백창현 중령의 연습기는 20여 발의 탄환을 맞고도 아군 기지로 불시착하였으나 김재열 중위의 연습기는 귀환하지 못했으며 해상 수색에도 불구하고 흔적을 찾지 못하였다.

2) 비무장지대 상공 시위 비행

1957년 6월 24일 09시부터 10시까지 중부전선 김화와 철원 사이의 남방한계선 상공까지 북한 공군의 MiG기 19대가 4차에 걸쳐 파상적으로 시위 비행을 자행하여 아군을 위협하였다.

3) KNA 여객기 납북사건

1958년 2월 16일 부산 수영 비행장을 출발하여 서울로 향하던 KNA(대한국민항공사) 여객기 '창랑호'가 북한 간첩 강○○의 조종을 받는 괴한 7명에 의해 북한 순안 비행장으로 피랍되었다. 여객기에는 국회의원 1명을 포함한 28명의 승객과 미군 장교 1명, 승무원 3명이 탑승하고 있었다. 조사 결과 북한 지령에 따라 간첩 강○○의 지시에 의해 대구에서 김택선과 김형이 주동이 되어 비행기로 월북할 것을 모의하였고, 계획이 수립된 후 북한 공작원 김순기와 최관호가 이들과 합류하였다. 이들은 포섭된 자들의 가족들을 포함하여 7명이 승객을 가장하고 탑승하여 여객기를 납북하였다. 이 사건은 북한이 저지른 첫 번째 민간항공기 납북사건으로 국제사회의 비난이 거세지자 북한은 여객기를 압류하고 승객 중 납치와 관련된 자 8명을 제외한 나머지 탑승객을 모두 돌려보냈다.

4) 미 공군기 피격사건

1958년 3월 6일 미 공군 F-86 전투기가 동해안 상공을 비행 중 북한군의 지상 포화로 격추되었다. 조종사 레온 파이퍼 대위는 기체가 피격되자 본능적으로 낙하산으로 탈출하였으나 북한 지역에 떨어져 억류되었다. 조종사 레온 대위는 7일간 북한의 심문을 받고 3월 18일 무사히 귀환하였다.

5) 공군 수송기 납북 기도사건

1958년 4월 10일 북한의 지령을 받은 공군 기상대 소속 최정일 대위가 대구기지를 출발하여 서울로 향하던 공군 C-46 수송기를 평택 상공에서 납북하려다 미수에 그쳤다. 최 대위는 평안도 출신으로 공군 창설 당시부터 병사로 입대한 자이며 공군기를 납북하라는 지령을 받고 치밀한 계획하에 탑승한 것으로 보인다. 동 수송기는 당일 진해에서 거행되는 해군 및 공군사관학교 졸업식에 참석할 기자들과 내빈을 태우기 위해 대구기지에서 이륙하여 서울로 가던 중이었다. 최 대위는 조종실에 침입하여 권총으로 통신사 김상호 하사를 살해하고 김 하사의 권총까지 탈취하여 권총 2정으로 조종사 등 승무원을 위협하며 북으로 갈 것을 요구하였다. 그러나 조종사 김갑규 대위가 범인의 팔을 잡으며 박치기와 함께 달려들어 격투를 벌이고 여기에 정비사 천병훈 중사가 힘을 합하여 제압하였다. 이 과정에서 조종사는 왼팔에 관통상을 입었고 정비사는 오른쪽 이마에 총상을 입었다. 이때 부조종사 최병린 중위는 자동비행장치를 가동하여 수송기의 추락을 방지하였고, 이후 조종사를 대신하여 평택기지에 수송기를 무사히 착륙시켰다.

6) 공군 전투기 피습사건

1961년 4월 21일 훈련비행을 위해 군산에서 이륙한 F-86 세이버 전투기가 북한군 MIG기 3대의 공격을 받았으나 무사히 귀환하였다.

7) 평택 고무풍선 폭발사건

1963년 3월 13일 11시경 경기도 평택군 진위면 마산리 446번지 전현국(31세) 씨 집 마당에 북한에서 날려 보낸 고무풍선에 매달린 폭발물이 터져 전 씨 등 주민 4명이 중경상을 입었다.

8) 미군 헬기 강제 불시착사건

1963년 3월 19일 휴전선 지역을 비행 중이던 미군 H-23 헬기가 휴전선 인근 한강하구 근처에서 북한군의 사격을 받고 불시착하였다. 북한군은 헬기가 월경하여 사격했고 기체 일부가 파손되었다고만 발표하였다. 헬기에는 미군 장교 2명이 탑승하고 있었고 비무장지대 남쪽을 정찰비행하던 중 항로 착오로 월경한 것으로 조사되었다.

9) 공군 F-86D 전투기 피격사건

1964년 11월 14일 14시경 훈련비행 중이던 공군 제10전투비행단 소속 F-86 전투기 1대가 서부전선 상공에서 북한군의 불법 대공포 집중공격을 받고 추락하였다. 조종사는 낙하산으로 탈출한 것으로 보이나 생사는 확인되지 않았다.

10) 비무장지대 상공 L-19기 피격사건

1965년 5월 18일 제25사단 소속의 L-19기가 비행 중 비무장지대 상공에서 북한군의 집중포화에 격추되었다. 격추된 기체는 북한 측에 떨어졌고 조종사 임승상 중위는 순직하였다. 이 사건은 조종사가 뜻하지 않은 항로 착오나 기상 이변으로 비행금지선을 넘어 비행하다 격추된 사건으로 북한은 부서진 기체와 참혹한 조종사 사체를 정치적인 목적으로 이용하였다. 북한은 정전위원회에서 "유엔이 정전협정을 위반한 것을 시인하고 다시 재발하지 않는다는 확인서에 서명하면 유해를 인도하겠다."고 주장하였다.

11) 미 EC-121기 피격사건

1969년 4월 15일 북한은 미 해군 소속의 정찰기인 EC-121기를 동해상에서 격추시켰다. 이 정찰기는 일본에 기지를 둔 정찰기로 승무원 31명이 탑승하여 정찰임무를 수행하던 중이었다. 격추된 정찰기는 4월 15일 07:00에 기지를 이륙했고 북한 해안에서 80km 떨어진 해상에서 북한 MiG기 2대의 공격을 받은 것으로 알려졌다. 미국은 대형 수송기와 급유기 등 36대의 항공기를 동원하여 청진 동남방 해상에서 수색과 구조 활동을 벌였으나 생존자는 없는 것으로 확인되었다.

12) KAL기 납북사건

1969년 12월 11일 12:25 강릉발 서울행 대한항공 소속 YS-11기가 대관령 상공에서 납북되었다. YS-11기에는 승객 47명과 승무원 4명 등 51명이 타고 있었다. 비행기를 납북한 것은 고정간첩 조창희로 범인은 객석 앞자리에 앉아 기회를 엿보다가 비행기가 대관령 상공에 이르자 갑자기 조종실로 들어가 조종사를 위협하여 북한으로 가자고 하였다. 북한의 유도에 의해 비행기는 동해로 북상하여 함경남도 함흥시 인근의 선덕 비행장에 착륙하였다. 강제 납북되었음에도 북한은 납북된 다음날 착륙지점을 밝히지도 않고 조종사(정: 유병하, 부: 최석만)들이 자진 월북하였다고 발표하였다. 그리고 12월 20일 조작된 조종사 기자회견을 방송하였다.

이 사건은 북한이 사주한 두 번째 민간항공기 납북사건으로 북한은 이를 체제 선전과 정치적 목적으로 이용하였다. 그러다가 국제적십자사와 우리의 인도적 송환요구가 빗발치자 1970년 2월 14일 판문점을 통해 탑승자 51명 중 39명만을 송환하였다. 송환된 사람들은 저들이 납북된 승객들에게 성분 조사와 공산주의 세뇌교육을 하였으며 고문을 가하기도 하였다고 폭로하였다. 그리고 납치범 조창희를 제외한 미송환자 11명은 북한의 부당한 처사에 맞서서 고문을 받고 강제 억류되어 있다고 하였으나 이후에도 송환되지 못하였다.

다. 1971년 이후 공중 도발

1) KAL기 납북 미수사건

1971년 1월 23일 13:07분경 속초를 떠나 서울로 향하던 승무원 5명과 승객 55명이 탑승한 대한항공 F-27기가 납치되었으나 기장의 기지로 동해안 최전방에 불시착하는 사건이 발생하였다. 이륙 30분 만에 납치범 김상태가 수류탄을 들고 승무원을 위협하여 월북을 강요하였다. 범인의 비행기 폭파 위협에 이강흔 기장은 북으로 간다고 하고 동쪽으로 방향을 돌리고 비행기의 납치를 알렸다. 이후 공군기가 출동하여 항공기의 월북을 막으려고 경고사격을 시작하였다. 공군기의 경고사격에 범인의 이목이 집중되는 순간 그때까지 공범 여부를 확인하며 범인 검거 기회만을 노리던 최천일 항공보안관이 권총으로 범인을 사살하는 데 성공하였다.

그러나 이때 범인의 손에서 벗어난 폭발물이 떨어졌고 승객과 항공기의 안전을 위해 육군항공 중령 출신이었던 수습조종사 전명세 씨가 몸으로 폭발물을 덮쳤다. 기장은 한쪽 눈에 파편으로 인한 부상을 입었으나 14:20경 고성군 현내면 초도리 해안 모래밭에 항공기를 불시착하여 가까스로 납북을 모면했다. 전명세 씨는 한쪽 다리와 손이 절단되어 후송되었으나 결국 순직하여 보국훈장이 수여되고 기장으로 추서되었다. 이 사건으로 사제폭발물이 터져 승무원 1명이 사망하고 승객 5명이 중상을 입었으며 11명이 경상을 입었다. *(납치범 김상태의 사망으로 명확한 원인과 배경이 밝혀지지 않았으나 범인의 큰 형이 6·25전쟁 직전에 월북한 것으로 인해 북한의 사주가 있었을 것이라고 추정되었지만 확실치 않다.)*

2) 미군 헬기 피격사건

1974년 5월 9일 한강하구 상공을 비행하던 미군 헬기 2대가 17:35부터 18:15까지 북한군으로부터 4회에 걸쳐 100여 발의 사격을 받았다. 이 사격으로 헬기는 무사했으나 파주군 탄현면 만우리 420번지 우종성(36세) 씨가 우측 허벅지에 유탄을 맞아 부상을 당하였다.

3) KAL기 대공포 피격사건

1974년 7월 18일 22:50경 김포 북방 한강하구 남쪽 1km 조강리 상공 3,500피트를 비행하던 대한항공 보잉707 여객기가 북한군 고사포진지로부터 30여 발의 대공포사격을 받았다. 이 여객기는 김포공항을 이륙하여 하와이로 가던 중이었는데 안양 상공을 지날 때 고장이 발견되어 김포로 되돌아오던 중이었던 것으로 밝혀졌다.

4) 대형 기구 공중 부양사건

1975년 2월 8일 대간첩대책본부장(류병현 중장)은 북한이 비닐로 된 대형 기구를 공중에 부양시켜 다목적 용도로 사용할 수 있는 시험을 하고 있다고 발표했다. 강원도에서 발견된 이 대형 기구는 직경 3m, 높이 6m 크기로 고래 모양에 알루미늄 골격을 갖추고 있었고 20~30kg의 물체를 운반할 수 있는 능력이 있다고 조사되었다. 북한이 그동안 주로 고무풍선을 이용한 불온전단을 살포해 왔으나 처음으로 잘 조립된 대형 기구를 날려 보낸 것이었다. 따라서 이 기구를 개량하면 공비를 침투시킬 수도 있고, 생물학 및 화학 작용제나 폭발물을 운반할 수도 있을 것으로 분석되었다.

5) 북한 공군 백령도 시위 비행사건

1975년 3월 24일 8시부터 13시 사이에 북한 공군 고성능 전투기 30대가 백령도 주변을 시위 비행하며 아군을 위협하였다. 이 중 6대는 공해 상공이긴 하나 우리 작전 해역 상공을 50마일까지 깊숙이 침범해 왔다. 우리 공군기들이 대응 출격하자 북한 공군기는 그제야 북한 지역으로 복귀하였다.

6) 동해 대형 기구 부양사건

1975년 9월 27일 동해 해상에서 대형 기구에 매달린 북한 특수부대원 사체가 일본 측 해상에서 발견되었다. 이 사건으로 북한이 대형 기구를 이용한 공중 침투 방법을 개발하고 훈련하고 있다는 사실이 알려졌다. 일본 해상보안청에서도 이 대형 기구에 의한 북한의 공중 침투에 관심을 촉구하였다.

7) 미군 CH-47 헬기 피격사건

1977년 7월 14일 미군 CH-47 헬기 1대가 북한군 지상포화에 의해 격추되어 승무원 3명이 사망하고 1명이 부상을 당하였다. 동 헬기는 유엔군 OP 건설용 자재를 싣고 가던 중 항로 착오로 비무장지대로 들어가게 되자 한국군으로부터 경고사격을 받고 북한 지역에 비상 착륙한 상태에서 조사를 받은 후 이륙 허가를 받아 복귀하던 중이었다. 북한은 피격사건 발생 57시간 만인 7월 16일 미군 사체와 생존자를 송환하였다.

라. 1981년 이후 공중 도발

1) 2014년 무인기 침투 및 정찰사건

가) 북한의 무인기 도발과 인지 경위

2014년 3월 24일부터 4월 6일까지 우리 영공을 침범했다 복귀하던 북한의 소형 무인기 3대가 연이어 추락한 상태로 발견되었다. 최초 발견은 3월 24일 파주에서, 3월 31일에는 백령도, 4월 6일에는 삼척에서 각 1대의 소형 무인기가 발견되었다. 이 무인기들은 한미 공동조사팀의 조사 결과 발진지점과 복귀지점이 모두 북한 지역임이 드러났고, 수거한 비행 기록과 촬영된 사진을 통해서도 우리 군사시설을 정찰한 것이 확인되었다. 따라서 이는 정전협정과 남북불가침 합의를 위반한 북한의 명백한 군사 도발이다.

〈그림 22〉 무인기 침투 도발

*《국방일보》(2014.05.09.)

2014년 3월 24일 파주시 조리읍 봉일천 지역에서 삼각형 모양의 무인기가 발견되었다. 이 무인기를 조사한 관계기관은 북한이 대남 군사정찰 목적으로 발진시킨 것으로 판단하고 추가조사를 벌이고 있었다. 조사에 참여한 기관들은 무인기가 서울 상공에 침투하여 청와대와 경복궁 등을 촬영한 사진을 보고 경악했다. 북한의 무인기가 대한민국의 심장부 서울 청와대 상공까지 촬영하고 돌아가는데도 아무도 모르고 있었고 저지하지 못했다는 것은 심각한 문제가 아닐 수 없었다. 침투 과정에서 발견한 것이 아니라 추락

상태로 발견된 것이라 지금까지 몇 회나 침투와 정찰을 하고 갔는지 알 수 없었다.

관계기관이 충격에 빠져있을 때 두 번째 무인기가 발견되었다. 3월 31일 16:00경 백령도 사곶 해안 교회 인근에 떨어진 무인기를 주민들이 발견하였다. 이 무인기는 북한이 3월 31일 12:15부터 15:30까지 서해 NLL 지역 7개소에서 해상사격을 실시한 이후 발견되었다. 이 무인기는 백령도와 대청도를 지그재그로 오가며 아군의 대응태세를 정찰한 것으로 조사되었다. 4월 3일에는 강원도 정선 산간에서 심마니가 방송을 통해 무인기를 처음 보고 "작년 10월 4일경 강원도 정선 산간 지역에서 최근 파주에서 발견된 것과 유사한 소형 무인기를 목격했다."고 신고하였다. 이에 따라 군은 현장을 수색하여 4월 6일 11:40경 삼척시 하장면 청옥산 지역에서 추락한 무인기를 발견하였다.

나) 국방부 중간 조사 결과 발표

국방부는 북한 무인기 침투 및 정찰이 어제오늘 일이 아니라는 문제의 심각성을 인식하고 정밀 조사에 들어가 4월 11일 중간 조사 결과를 발표하였다. 조사 결과 북한 소행으로 확실시되는 정황근거가 다수 식별되었다.

첫째, 촬영된 사진 판독 결과, 파주에서 발견된 소형 무인기는 1번 국도를 따라 북→남 → 북 방향으로, 백령도에서 발견된 소형 무인기는 소청도 → 대청도 방향으로 다수의 군사시설이 포함된 상공을 이동하면서 촬영하였다.

둘째, 연료통 크기와 엔진 배기량, 촬영된 사진을 감안 시 항속거리가 최저 180여 km에서 최고 300여 km 정도이며, 당시 기상조건과 왕복거리 등을 고려할 때 북한이 아닌 중국·일본 등 주변국에서의 발진은 사실상 불가능한 것으로 판단된다.

셋째, 무인기의 위장도색 색상과 패턴이 북한의 2012년 김일성 생일 사열식 방송(2012.04.15.)과 2013년 김정은의 1501 군부대 방문 보도사진(2013.03.25)에서 공개되었던 것과 매우 유사하였다.

넷째, 국내 민간에서 운용하고 있는 소형 무인기나 우리 군이 도입·운영 중인 UAV 형태와는 전혀 다르고, 제작 방식·제원·도색·세부운영체제 등도 다른 형태이다. 국내 민간에서는 파주·백령도 소형 무인기와 같은 고가의 금형 틀을 사용하거나 전자회로 기판을 나무 판넬(파주 추락 무인기)에 부착하는 방식은 사용하지 않는다.

다섯째, 무인기를 이륙시키려면 발사대와 추가적인 장비가 필요함에도 파주 및 백령도, 대청·소청도 등 남한 어디에도 목격자나 신고자가 없었음은 발진기지가 북한임을 입증해 준다.

여섯째, 지문감식 의뢰 결과도 파주·백령도 소형 무인기에서 국내에는 등록되지 않은 지문이 각각 6점 발견되었다.

다) 한미 과학조사전담팀 편성 추가 조사

이러한 정황근거를 볼 때 북한의 소행이 확실시되나, 보다 명백히 규명할 수 있는 증거를 확보하기 위해서는 과학·기술적 조사가 추가로 필요한 상황이었다. 조사 결과 소형 무인기에서는 한국·미국·일본·중국·체코 등 여러 국가의 부품 등이 확인되어 보다 정밀하고 다각적인 분석이 요구되었다. 이를 위해 관련부처 및 미군 측과 협의하여 국방과학연구소 UAV 사업단장을 팀장으로 분야별 전문가들이 참가하는 한미 과학조사전담팀을 구성하여 중앙합동정보조사팀과 함께 추가 분석과 조사 활동에 들어갔다. 전담팀은 촬영된 사진과 CPU의 내장 데이터 분석, 비행경로 검증 등의 기술 분석을 통해 소형 무인기의 발진지점을 포함하여 추가적인 증거를 밝혀내는 데 주력하였다.

국방부는 2014년 5월 8일 한미 과학조사전담팀이 그동안 조사한 내용을 발표하였다. 조사팀은 최근 발견된 소형 무인기 3대의 비행경로를 분석하여 북한의 소행임을 입증할 수 있는 명백한 과학적 증거(Smoking Gun)로서 3대 모두 발진지점과 복귀지점이 북한 지역임을 확인하였다.

라) 파주 무인기 조사 결과

파주에서 3월 24일 발견된 소형 무인기는 발진지점과 복귀지점이 개성 북서쪽 약 5km 지점임을 확인하였고, 비행계획과 사진 촬영경로가 일치하였다. 파주 무인기는 개성을 출발해 파주와 서울을 거쳐 다시 개성으로 돌아가는 비행계획을 가지고 있었고 우리 지역에서 설정된 비행고도는 약 2.5km인 것으로 확인되었다. 낙하산을 펼친 채 떨어진 파주 무인기는 발사대를 이용해 이륙하고 십자형 낙하산을 펼쳐 착륙하는 방식으로 운용되었고 일본제인 캐논 디지털일안반사식(DSLR) 카메라 550D를 장착하고

〈그림 23〉 파주 무인기 침투 경로

* 국방부, '소형 무인기 과학기술 조사 결과'(2014.05.08.)

있었다. 고해상도 사진 전송능력은 없지만 비행명령과 비행자료 전송은 가능한 것으로 파악되었고 근거리 수동조종은 불가능하나 미리 입력한 항로점을 따라 자동비행하도록 만들어진 것으로 확인되었다.

이 무인기에는 5184×3456픽셀 해상도의 사진 193매가 촬영돼 있었다. 이 중 초반 15매는 비행 전 사전점검 과정에서 촬영된 것으로 추정되었고, 이후 178매는 비행 중 촬영된 것으로 확인되었다. 사진 촬영지점은 파주~고양~서울~고양 등으로 비행계획 경로와 정확하게 일치했다. 전체 항로점을 연결한 총 비행예정 거리는 133km, 출발지점에서 가장 먼 지점까지의 거리는 64km인 것으로 확인되었다. 비행계획상 고도명령은 2.5km지만 사진 분석 결과 실제 고도는 약 2km에서 1km로 계속 낮아졌다. 이로 미뤄볼 때 엔진 비정상에 의한 지속적인 고도 침하로 비상절차에 따라 낙하산이 펴진 것으로 추정된다.

마) 삼척 무인기 조사 결과

삼척에서 4월 6일 발견된 소형 무인기는 발진지점과 복귀지점이 평강 동쪽 약 17km 지점임을 확인하였다. 이 무인기는 사진자료가 없어 비행계획과 사진 촬영경로의 일치 여부는 확인하지 못하였다. 그러나 비행조정 컴퓨터의 플래시 메모리에서 비행계획 파일을 추출할 수 있었다. 비행계획 파일에는 위도·경도·고도·임무모드 등 29개 항로점 자료가 담겨있었다. 이를 분석한 결과 발진지점과 복귀지점의 좌표는 모두 평강 동쪽 17km 지점이었고 총 비행계획은 150km, 출발지점으로부터 가장 멀리 떨어진 비행계획 지점까지의 거리는 60km인 것으로 확인되었다.

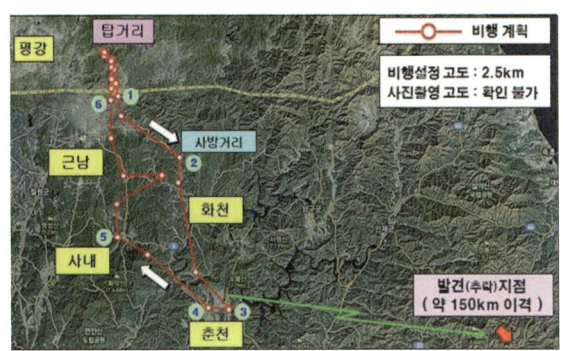

〈그림 24〉 삼척 무인기 침투 경로

* 국방부, '소형 무인기 과학기술 조사 결과'(2014.05.08.)

고도는 2.5km 상공에서 화천·춘천·사내면·근남면 등 주요 지역 상공을 비행하며 비무장지대(DMZ) 남쪽의 우리 지역에서부터 촬영을 시작해 DMZ 북방까지 촬영하도록 설정되어 있었다. 그러나 삼척 무인기는 계획된 비행경로 상에 있는 춘천으로부터 남동쪽으로 약 150km 떨어진 지점인 삼척 청옥산에서 발견되었다. 따라서 이 무인기는 방향조

정기능을 상실한 채 비행하다 추락한 것으로 추정되었다.

바) 백령도 무인기 조사 결과

3월 31일 백령도에서 나무에 충돌해 추락한 무인기는 발진과 복귀지점은 해주 남동쪽 약 27㎞ 지점(초암동)으로 드러났고 비행계획과 촬영된 사진을 분석한 결과, 사진 촬영 지점과 비행계획이 일치하는 것으로 확인되었다. 백령도 무인기는 오일 혼합 휘발유를 사용하는 4행정 엔진으로 파주나 삼척 무인기에 비해 가장 기술적으로 앞선 것으로 분석되었다. 동체의 크기가 가로 2.46m, 세로 1.83m로 더 커졌지만 무게는 12.7㎏으로 줄었다. 장착된 카메라도 성능이 향상된 니콘의 디지털일안반사식(DSLR) 카메라 D800이 장착되었다.

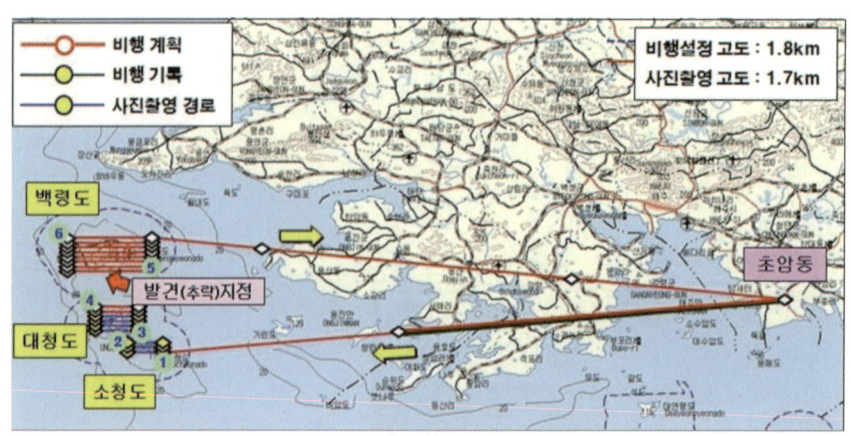

〈그림 25〉 백령도 무인기 침투 경로

* 국방부, '소형 무인기 과학기술 조사 결과'(2014.05.08.)

촬영된 사진의 해상도는 7360×4912픽셀로 총 119매가 촬영되었다. 이 중 초반 19매는 풀밭·발사대 추정물체 등의 사진으로 비행 전 점검 과정에서 촬영된 것으로 추정되며, 이후 100매는 비행 중 촬영된 것으로 소청도 남서쪽에서 시작해 좌우로 왕복하며 북상하여 대청도 북단까지 촬영되었다. 이 무인기에서는 비행계획, 장치설정, 비행기록 등 3개가 추출되었다. 이를 분석한 결과 비행속도는 시속 90㎞, 고도는 약 1.7㎞로 일정하게 비행한 것으로 분석되었다. 특히, 발사 후 13분부터 엔진 정지 직전까지 1.7㎞의 고도를 유지한 것으로 분석되었으나 연료 부족으로 엔진이 정지되면서 추락한 것으로 평가되었다. *(북한의 소형 무인기 침투를 계기로 우리 군은 이를 북한의 새로운 도발위협으로 인식하고 현행 방공작전태세 보완과 대응전력 보강을 추진하기로 하였다. 이에 따라 수도*

권 지역과 전군 차원의 방공무기 전력 보강이 이루어질 것으로 보이나 소형 무인기를 탐지할 수 있는 대상 장비의 성능을 확인하고 이를 선정하기는 쉽지 않은 것이 현실이다. 더구나 소형 무인기를 탐지·식별·타격하는 통합체계를 구축하기까지는 장기간이 소요될 것으로 보인다.)

2) 화천 지역 무인기 MDL 침범

2015년 8월 22일부터 24일 사이에 북한군 소형 무인기 1대가 강원도 화천 북방 MDL을 침범하였다. 8월 22일 2회 침범했고 8월 23일 1회, 8월 24일에도 2회 침범하였다. 이 사건은 북한이 비무장지대에서 자체 개발한 소형 무인기를 이용하여 훈련 및 정찰 활동을 한 것으로 보인다.

3) 문산 지역 무인기 MDL 침범

2016년 1월 13일 북한군 소형 무인기가 경기도 문산 북방 MDL을 1회 침범하여 훈련 및 정찰 활동을 하였다.

4) 인제 무인기 침투 및 정찰사건

〈그림 26〉 인제 무인기 침투 경로

* 국방부, 보도자료 '인제 소형 무인기 조사 결과' 참고 작성

2017년 6월 9일 강원도 인제군에서 경상북도 성주에 위치한 우리 사드기지를 정찰하고 복귀하던 무인기 1대가 추락한 채로 또 발견된 사건이다. 우리 군은 중앙합동정보조사팀과 국방과학연구소에서 발견된 무인기를 대상으로 과학적 조사를 진행하였다. 그 결과 이 무인기가 2017년 5월 2일 북한 금강군에서 발진하여 군사분계선을 통과한 뒤 사드가 배치된 성주기지에서 회항한 후 인제군 남면에서 추락한

것을 확인하였다. 총 비행시간은 약 5시간 30분이었고, 비행기록은 소형 무인기에서 확인된 사진 촬영경로와 일치하였다. 비행경로는 성주기지와 우리 전방 지역 군사정보를 수집하도록 계획되었고, 실제 550여 장의 촬영 및 저장된 사진을 확인하였다. 이번 북한의 무인기 침투 도발은 우리가 성주에 사드를 배치하자 사드기지에 대한 정보를 수집하기 위해 침투한 것으로 보인다.

이번에 침투한 무인기는 2014년 침투했던 무인기들보다 성능이 월등하게 향상된 상태로 북한 무인기의 발전속도를 유추해 볼 수 있었다. 우선 무인기의 외형도 더 커지고 엔진도 싱글(1기통) 엔진에서 신형 트윈(2기통) 엔진을 장착하여 체공시간과 비행거리가 대폭 늘어났다. 2014년 파주 무인기는 133km를 비행하고 삼척 무인기는 150km를 비행한 것에 비해 인제 무인기의 계획된 비행거리는 540km 이상이었으며, 실제 추락지점까지의 비행거리도 약 490km에 달하였다.

특히, 무인기에 장착된 카메라도 기존에는 일제 니콘 디지털일안반사식(DSLR)에서 일제 소니 디지털일안투과식(DSLT) 카메라를 장착하였다. 디지털일안투과식(DSLT)은 크기가 작고 고속 연속촬영능력이 우수하여 분석 결과 사드기지 전경 및 발사대와 탐지레이더, 교전통제소 등을 분명하게 식별할 수 있는 수준의 사진이 찍혀있었다. 따라서 북한이 GPS에 의해 사드포대에 대한 정확한 위치를 식별하고, 배치상황 등을 파악하여 필요시 기습타격을 준비하기 위한 계획된 도발로 판단된다. *(2017년 6월 9일 강원도 인제군에서 추락한 무인기 발견으로 북한의 무인기 발전추세를 예측하고 평가하는 기회가 되었다. 그러나 레이더에도 탐지되지 않고 북한이 2014년 이후 중단하였던 무인기 침투 및 도발을 재개하였다는 것은 우리 안보에 심각한 위협이 되고 있다.)*

5) 전투기 대규모 시위 비행

북한은 2022년 10월 8일 전투기 150여 대를 동원하여 대규모 공중 무력시위를 하였다. 북한 총참모부는 동해에 진입한 미 항공모함과 한미연합해군훈련을 문제 삼으며 전투기 150대로 '대규모 항공 공격 종합훈련'을 시행하였다고 발표하였다. 북한은 2022년 11월 4일에도 전투기 180여 대를 동원하여 대규모 무력시위를 이어갔다. 이번에는 한미연합공중훈련인 '비질런트 스톰' 훈련을 문제 삼았다. 이에 아군은 최신 F-35A 전투기 등 최신 기종 80여 대로 대응하였다.

6) 북한 소형 무인기 서울 북방 출현사건

2022년 12월 26일 10:25부터 북한 소형 무인기 5대가 군사분계선을 넘어 서울 북방 경기도 김포시와 파주시 및 강화도 인근에서 발견되었다. 이 중 1대는 한강하구를 통해 침투하여 서울 은평구와 성북구 일대를 정찰하고 복귀했으며, 나머지 4대는 교란용으로 보인다.

마. 항공기 귀순 및 비상착륙사건

1) 개요

적성국가의 항공기 귀순과 비상착륙은 짧은 시간에 쌍방의 긴장이 극도로 고조되고 국가안보에 일촉즉발의 위기로 다가오거나 때로는 불시에 경보가 발령되어 국민 실생활에 큰 영향을 주기도 한다. 또한, 지금까지는 귀순을 가장한 침투와 도발은 없었으나 향후 하나의 도발수단이 될 수도 있다고 본다. 따라서 항공기를 이용한 귀순이나 비상착륙 사건의 경우 일단은 북한의 도발 행위로 보고 초기대응을 해야만 함으로 침투 및 도발사에 포함하였다. 북한 항공기 귀순은 7차례 정도가 있었으나 유독 1980년대에는 중국(당시에는 중국과 정식 외교관계가 없었고 '중공'이라 불렀음) 항공기의 귀순과 불시착도 빈번하게 발생하였다.

2) 1981년 이전 항공기 귀순사건

가) 이건순 중위 귀순사건
비행기를 몰고 귀순한 최초 사례는 1950년 4월 28일 24세의 이건순 중위가 IL-10을 몰고 김해 비행장에 착륙한 것이다. 이 중위는 1946년 북한군에 입대하였으나 대부분의 가족이 이미 월남해 있었기에 기회를 노리다 함경남도 연포 비행장을 이륙하여 북한 공군기의 추격을 뿌리치고 귀순에 성공하였다.

나) 노금석 상위 귀순사건
1953년 9월 21일에는 당시 21세의 노금석 상위가 MiG-15기에 백기를 단 채 평안남도 순안 비행장을 이륙하여 유엔 공군의 엄호를 받아 김해 비행장에 착륙하여 귀순함으로써 세계를 놀라게 했다. 그가 몰고 온 MiG-15기는 최초로 '철의 장막'을 뚫고 서방세계로 들어온 것으로 소련 전투기 기술이 온전히 서방세계에 알려지게 되었다.

다) 이운용 상위 귀순사건

1955년 6월 21일에는 북한 항공사령부 독립연대 868군부대 소속의 이운용 상위와 이인선 소위가 소련제 야크-18훈련기를 몰고 서울 여의도 공항에 착륙하여 귀순했다. 이들은 이날 서해 해주 앞바다에 있는 초도까지 연락 임무를 띠고 평양 운수리 비행장을 이륙하여 운항하던 중 조종사 이운용 상위가 항법사 이인선 소위를 설득하여 귀순했다고 알려졌다.

라) 정낙현 소위 귀순사건

1960년 8월 3일에는 24세 정낙현 소위가 MiG-15기를 몰고 귀순해 왔다. 정 소위는 북한 공군 제2사단 제26연대 소속의 책임비행사로 북한체제와 공산주의에 염증을 느껴 자유를 찾고자 귀순하였다고 한다. 그는 당일 4대의 동료 조종사들과 편대 비행을 하며 훈련을 하던 중 기회를 포착하여 동료들을 따돌리고 속초 대포리 비행장에 착륙하였다.

마) 박순국 소좌 귀순사건

1970년 12월 3일에는 북한 공군 824군부대 소속의 33세 박순국 소좌가 MiG-15기를 몰고 강원도 고성군 거진읍 송죽리 해안 모래밭에 불시착했다. 박 소좌는 원산에서 이륙하여 훈련비행 중 갑자기 닥친 악천후로 인해 비행장을 찾지 못하고 헤매다가 연료가 바닥나 송죽리 해안에 불시착한 것으로 알려졌다. 박 소좌는 헬기를 이용해서 여의도 공군기지로 이동하여 관계 당국의 보호를 받던 중 심경의 변화로 귀순을 결심하였다.

3) 1981년 이후 항공기 귀순사건

가) 이웅평 대위 귀순사건

1983년 2월 25일 이웅평 대위가 당시 북한의 최신예 전투기인 MiG-19기를 몰고 귀순하였고, 이때 인천과 수도권에 경계경보가 발령되었다. 1983년 2월 25일 10:58 갑자기 민방위 경보 사이렌이 울리며 "여기는 민방위 본부입니다. 지금 서울, 인천, 경기도 지역에 경계경보를 발령합니다. 국민 여러분 이것은 실제상황입니다."라는 경보가 방송되었고 이후 정오가 되어서 이웅평 대위의 귀순상황이었다는 사실이 알려졌다. 이 대위는 인민들이 죽을 고생을 하며 일해도 먹고사는 문제가 해결되지 않는 북한체제에 대한 회의를 품고 기회를 엿보던 중 이날 훈련비행을 하다가 마침 빈틈이 생겨 자유를 찾아 귀순했다고 증언하였다. 이 대위는 동료 조종사를 따돌리고 기수를 남으로 돌려 북한군 레이더 탐지를 피하고자 50m 상공으로 초저공 비행을 하면서 수원 비행장에 착륙하였다.

나) 이철수 대위 귀순사건

1996년 5월 23일에는 역시 북한 공군 제1사단 제57연대 2대대 책임비행사인 이철수 대위가 MiG-19기를 몰고 수원 비행장에 착륙하여 귀순하였다. 이 대위도 북한체제에 대한 환멸과 인사 불이익으로 인해 자유를 찾아 귀순한 것으로 밝혀졌다. 이 대위의 귀순으로 인해 인천과 경기 지역에 경계경보가 울렸으나 적시에 발령되지 못하고 9분이나 지연되었다. 당시 이 대위는 백두산 권총을 차고 있었는데 북한 김정일이 체코제 명품 9mm 권총인 CZ-75를 선물로 받고 마음에 들자 모방하여 생산하라고 지시하여 탄생한 권총으로 알려져 있다.

> **TIP ▶▶ 1980년대 중국 항공기 귀순 및 비상착륙사건**
>
> ○ 1982년 10월 16일 중국 F-6(MiG-19) 전투기 서울기지 착륙
>   (조종사 오영근 귀순)
> ○ 1983년 5월 5일에 중국 BAe TRIDENT 민항기 춘천 비행장 불시착
>   (항공기 및 승객 중국 반환, 6명의 납치범은 징역형 후 대만 인도)
> ○ 1983년 8월 7일에 중국의 F-7(MiG-21) 전투기 서울기지 착륙
>   (조종사 손천근 귀순)
> ○ 1985년 2월 5일 중국 H-5(IL-28) 폭격기 익산 제방 불시착
>   (조종사 소천윤·통신사 유서의 귀순, 항법사 손부충 사망)
> ○ 1986년 2월 21일 중국 RF-6(MiG-19) 정찰기 수원기지 착륙
>   (조종사 진보충 귀순)
> ○ 1986년 10월 24일 중국 F-6(MiG-19) 전투기 청주기지 착륙
>   (조종사 정채전 귀순)

4. 폭탄 테러 및 인명 살상

가. 1970년 이전 폭탄 테러 및 인명 살상

1) 파주 나무꾼 살해사건

1959년 9월 5일 경기도 파주군 파평면 이천리 뒷산에서 나무를 하던 박상준 씨가 무장공비에게 살해당하는 사건이 발생하였다. 박 씨 부인의 진술에 의하면 멀리서 보니 나무를 하던 남편을 부근 참호에서 나온 공비 2명이 총으로 쏘고 도주하였다고 한다. 조사 결과 부근 비트에서 은거하며 휴식을 취하던 공비들이 박 씨에게 발각되자 살해하고 도주한 것으로 밝혀졌으며 비트에서 공비 휴대품이 다량 발견되었다.

2) 이동 군인 습격 및 살해사건

1960년 3월 9일 중서부전선 전방관측소 부근에서 중대본부로 연락 차 이동하던 우리 군인 3명이 수 미상의 무장공비들의 습격을 받아 모두 사망하였다.

3) 도봉산 민간인 생매장사건

1961년 9월 5일 10:00경 양주군 장흥면 도봉산 북쪽 쇳골에서 버섯을 따러 집을 나선 강도연 군이 무장공비에 의해 생매장되는 사건이 발생하였다. 공비들은 산에서 강 군을 만나자 무려 7시간 동안 강 군을 결박하고 위협하여 양주군 내 부대 위치와 주민 동향을 묻고 북한 정권을 선전하였다. 이후 강군을 회유하여 납북하려 했으나 강 군의 저항으로 실패하자 단도로 찌르고 돌로 머리를 내리쳐 쓰러뜨린 후 생매장하고 도주하였다. 강 군은 의식을 회복하여 3km 정도 떨어진 우이동까지 기어오다 주민에게 발견되어 목숨을 건졌다.

4) 양주군 남면 국군 병력 피습사건

1964년 9월 19일 23:19경 양주군 남면 부대 극장에서 영화 구경을 마치고 부대로 복귀하던 비무장 군인 4명이 무장공비 3명으로부터 총격을 받아 모두 중상을 입었다.

5) 양양군 서면 군인 피습사건

1964년 9월 22일 새벽 양양군 서면 오색리 군부대 주둔지에서 경계 근무 중이던 군인 2명이 무장공비 5명으로부터 기습을 받아 1명이 사망하고 1명이 중상을 입었다.

6) 청도 침투공비 민간인 살해사건

1967년 6월 14일 경북 청도군 운문면 생금비리 마을 외딴집인 정두표 씨의 집에 공비 2명이 출현하였다. 이들은 성 씨를 위협하여 자신들의 조장에게 안내하였으며, 공비 조장은 북한 정권 선전과 남한 정부 비방을 한 뒤 정 씨에게 보리쌀 구입을 요구하였다. 6월 15일 정씨가 보리쌀을 구입해서 건네주자 공비들은 재차 부식과 군복을 구입해 줄 것을 요구함으로 정 씨는 자신과 가족들의 안위를 무릅쓰고 6월 16일 부식 구입을 하러 간 틈을 이용해 운문지서에 이 사실을 신고하였다. 군 토벌대가 움직이자 공비들이 이 사실을 눈치 챌 위험이 있었음에도 정 씨는 용감하게 토벌대에 앞서 6월 16일 21:00에 공비들과 약속했던 접선지점으로 이동하였으나 공비들에게 살해당하고 말았다.[158]

7) 영월 침투공비 민간인 살해사건

1967년 6월 25일 영월군 상동면 덕구리 고심골 외딴집인 서동업 씨의 집에 공비 4명이 출현하였다. 공비들은 서 씨의 가족들을 인질로 잡고 부상당한 공비 2명은 집 안에 기거하고 나머지 2명은 집 밖에 호를 파고 경계하였다. 6월 26일에는 서 씨의 동생에게 아군 배치상태를 파악하게 하고, 6월 28일에는 서 씨에게 부식 구입을 요구하였다. 서 씨가 부식 구입을 위해 마을로 내려와 자경대장에게 이를 신고하고 상황을 살피려고 집으로 돌아오자 이를 눈치 챈 공비들은 서 씨를 살해하였다.

---

[158] 당시 제2군사령부에서는 고 정두표 씨의 애국심과 희생정신을 기리기 위해 공병부대로 하여금 청도군 화양읍 범곡2리 529-3에 새로이 집을 지어주고 이사를 하게 하였으나 현재는 도시개발로 자동차정비소와 세차장으로 변했다.

8) 경원선 철로 폭파사건

1967년 9월 5일 20:25경 포천군 청산면 초성리 초성역 남방 500m 지점의 경원선 철로 레일 밑에 매몰된 TNT가 폭발하여 달리던 열차 5량 중 3량이 탈선하였다. 이 열차는 서울역을 출발하여 신탄리로 가는 경원선 311호 열차로 승객 400여 명을 태우고 초성역 진입 직전 급커브를 돌던 무렵 기관사(오경섭, 39세)가 50m 전방에서 도화선이 타들어 가는 불꽃을 발견하고 급브레이크를 밟아 아슬아슬하게 열차 전복을 모면하였다. 현장에는 레일이 60m가량 끊기거나 휘어졌고 300여 개의 침목이 흩어졌으며, 폭발지점에는 폭 2.5m에 깊이 50cm의 구덩이가 생겼다. 조사 결과 북한 공작원이 폭발물을 설치하고 하천 건너 약 200m 지점 마차산 밑 동굴까지 전기선과 배터리를 연결해 두는 등 치밀하게 폭파 준비를 한 사실을 확인하였다.

9) 경의선 철로 폭파사건

경원선 철로 폭파와 동일한 수법으로 1967년 9월 13일에는 경의선 파주 운정역에서도 테러가 발생하였다. 이번에는 화물열차를 대상으로 하였다. 이 사건으로 화물열차 17량 중 8량이 탈선하였고 이 중 2량이 대파되었으나 다행히 인명 피해는 없었다. 조사 결과 공작원들은 군수품을 수송하는 1181 화물열차를 노렸던 것으로 분석되었으나 폭발물을 설치한 공작원은 검거하지 못하였다.

10) 1·21 침투공비 민간인 학살

1968년 1월 21일 서울에 침투한 무장공비 31명은 청와대 습격 기도가 좌절되자 무고한 시민을 살해하였다. 1월 21일 22:15경 청운중학교 앞에서 청와대 방향으로 침투하던 공비들은 검문하던 종로경찰서장을 살해한 후 총소리를 듣고 달려오는 수경사 병력과 교전이 벌어졌다. 이때 마침 다가오는 버스(서울 1813호)를 향해 수류탄을 투척하고 기관단총을 난사하여 버스 승객인 청운중학교 학생과 회사원 1명을 살해하였고 운전기사와 안내양에게 부상을 입혔다.

이후 분산 도주하던 공비들은 23:35경 홍제동에서도 조우한 시민 1명을 살해하였고, 지나가는 버스 3대(서울 1234호, 1100호, 1500호)에 기관단총을 난사하고 수류탄을 투척하여 시민 1명과 운전기사 및 순경 1명에게 부상을 입혔다. 소탕작전이 끝난 시점에서 공비들에 의해 희생된 민간인은 사망 5명에 중상 1명으로 집계되었다.

11) 정선선 남천철교 폭파 기도사건

1968년 8월 5일 01:25경 강원도 정선군 남면 별어곡역 북방 400m 지점에 위치한 남천 제3철교에 설치된 폭발물을 별어곡역 직원 장효덕(48세) 씨가 순찰 중에 발견하였다. 이 폭발물은 철교 3개소에 1m 간격으로 설치되어 있었으며 북한 공작원들은 02:02에 별어곡역에 도착할 서울발 정선행 509열차 폭파를 노린 것으로 분석되었다. 역무원의 순찰로 폭발물을 사전에 제거함으로써 북한의 기도를 좌절시켰으나 폭발물을 설치한 공작원은 검거하지 못하였다.

12) 울진·삼척 침투공비 민간인 학살

1968년 11월 3일 울진군 북면 주인리 화전민 마을인 고수동에 처음 나타난 공비들은 이곳에서 타지에 살다가 제사를 위해 마을을 방문한 전병두(32세) 씨와 북면우체국 우편배달부 강태희 씨를 대검으로 무참히 살해하였다.

11월 14일에는 삼척군 하장면 산골짜기 외딴집에 사는 최찬석(80세) 노인 집에 공비들이 출현하여 며느리와 손자 등 세 식구를 무참히 살해하였다.

11월 19~20일에는 평창군 미탄면 수정리 고영일(60세) 씨 집에 수 미상 공비가 출현하여 부인과 며느리, 손녀 2명을 포함하여 일가족 5명을 무참히 살해하고 소 1마리와 닭 10마리 등을 잡아먹거나 약탈하였다.

11월 25일에는 강원도 영월군 중동면 녹전리 쥐골 우태봉 씨의 집에 공비 4명이 침입하여 우 씨의 모친과 동생 및 장녀 등 3명을 살해하고 처 안분남 여인에게 중상을 입힌 뒤 닭과 돼지를 잡아먹은 후 도주하였다.

11월 29일에는 오대산 상원사에 공비들이 침입하여 승려들을 한 방에 가두고 옷가지와 식량을 약탈한 뒤 여승 1명과 학생 1명을 납치하여 도주하였다. 며칠 후 납치된 승려는 살해된 채로 발견되었고 학생은 공비들에게 끌려다니다 가까스로 탈출하였다.

12월 9일 18:00경에는 평창군 진부면 노동리 이석우(37세) 씨 집에 공비 7~8명이 침입하여 이 씨의 부인 주대하(34세) 씨에게 밥을 지으라고 강요한 뒤 장남 학관(15세), 차남 승복(9세), 삼남 승수(7세), 장녀 승자(4세) 등 자녀 4명을 방에 모아놓고 북한체제를 선전하기 시작하였다. 이때 이승복 군이 학교에서 배운 대로 "나는 공산당이 싫어요!"라고 외치자 공비들이 일가족 5명을 마당으로 끌어내서 칼로 찌르고 돌로 내리쳐 무참히 학살하였다. 이 중 장남 학관 군만 찔린 곳이 급소를 피해 천우신조로 살아났다. 이석우 씨는 이웃의 이사를 도우러 갔다가 뒤늦게 집에 돌아오던 중 공비들에게 붙잡혔으나 필사적으로 탈출하여 신고하였다.

공비가 침입한 이승복 생가와 이승복 어린이 동상

울진·삼척지구에 침투한 공비는 총 120명이었고, 이들의 만행으로 소탕작전이 끝났을 때 우리 측 민간인 피해는 사망자만 30명에 달하였으며, 중상자도 9명이 발생하였고 1명이 피랍되었으나 살해된 것으로 추정되었다.

13) 국립묘지 현충문 폭파사건

파괴된 현충문 지붕

1970년 6월 22일 03:50경 정부요인을 암살할 목적으로 국립묘지에 침투한 공비 3명이 현충문에 폭발물을 설치하다가 폭발하여 1명은 폭사하고 잔당 2명은 도주한 사건이 발생하였다.

침투한 공비들은 서해안으로 침투한 것으로 보이며 현충문에 폭발물을 설치하던 중 폭발물이 터져 공비 1명이 현장에서 폭사하였다. 사체로 발견된 공비는 6월 25일 국립묘지를 참배하러 올 것으로 예상되는 정부요인을 암살하기 위해 현충문 지붕에 폭발물을 설치하다가 조작 실수로 인하여 폭사한 것으로 보인다. 나머지 2명의 공비는 주변을 경계하다가 폭발물이 터지자 신속히 도주하였다. 공비가 설치하려던 폭발물은 일명 '방향탄'이라고 하여 아군의 크레모아와 유사한 것으로 1967년 4월경 북한 군사과학연구소 이승기 박사팀이 개발한 것으로 알려졌다. 이들의 임무는 요인 암살과 민심 교란이었으며, 대략 6월 11일경 시흥 군자만 지역으로 침투한 것으로 추정된다.[159]

이에 따라 6월 22일부터 군·경·예비군은 국립묘지와 관악산, 김포반도 일대에서 일명 '박쥐작전'이란 명칭으로 공비 소탕작전을 실시하였으나 공비들을 발견하지는 못하였다. 다만 7월 8일 수색 병력이 사당동에서 해당 공비들의 것으로 추정되는 비트[160]를 발견하였으며, 비트에서 AK소총 1정과 실탄 158발 등 많은 장비와 물자를 노획하였다.

북한은 국립묘지에서 도주한 공비 2명을 복귀시키고자 1970년 6월 28일 경기도 시흥군 군자만을 통해 간첩선을 침투시켰다. 이때 침투하던 간첩선은 육군 경비정 번개 33호에 의해 발견되었고, 아군은 지·해·공 합동작전을 통하여 이 간첩선을 나포하였으며 영흥도로 상륙하여 도주한 공비 6명은 인천에서 출동한 경찰과 예비군에 의해 모두 사살되었다. 그러나 정작 국립묘지에 침투했던 공비 2명은 행방을 확인하지 못하고 작전을 종료하였다. *(북한에 의한 이 국립묘지 폭파사건은 당시에는 실패하였으나 13년 후인 1983년에 똑같은 방법을 재사용하여 미얀마 아웅산 묘지 폭파사건을 일으켰다. 북한은 이 아웅산 묘지 폭파로 미얀마를 방문 중이던 우리 정부요인들을 무참히 살해하였다. 당시 묘지 건물 천장에 원격조종 폭탄을 설치하였다가 요인들이 집결할 때를 맞춰 폭발시키고자 한 수법은 장소만 다를 뿐 국립묘지 현충문 폭파사건의 복사판이었다.)*

---

159 공비 통신망이 군자만 내측 원정리 일대에서 6월 11일 1회 나타난 적이 있었다는 사실을 기초로 추정하였다.
160 비트(Bit)란 적의 관측, 추적, 수색 등으로부터 자신의 신체 및 행동을 단기간 숨기거나 은신시키기 위한 비밀장소이다. 형태는 반신형비트, 갱도식(L자형)비트, 단지식(항아리형)비트, 자연비트 등으로 구분되며, 적은 상황과 가용시간, 임무, 주변환경 등을 고려하여 굴설한다.

나. 1971~1980년 폭탄 테러 및 인명 살상

1) 김포 침투공비 인질극

1971년 9월 17일 염하수로[161]를 통해 침투한 공비 4명이 김포군 양촌면 학현리에서 아군에게 발각되어 교전하며 도주하였다. 공비들은 검단면 금곡리 좌동마을 민가 지역으로 도주하였으며 민가에 들어가 주민을 인질로 잡고 저항하였다. 이들은 주민 양홍규(36세) 씨를 살해하였으며 교전 과정에서 주민 3명이 사망하고 민가 3동이 전소되었다.

2) 박정희 대통령 저격사건

육영수 여사 장례식

1974년 8월 15일 장충동 국립극장에서 거행된 8·15 경축식에서 귀빈을 가장하여 잠입한 재일교포 문세광이 경축사를 하던 박 대통령을 권총으로 저격하는 사건이 발생하였다. 1층 뒤쪽에 있던 문세광은 10:20경 좌석에서 갑자기 일어나 앞으로 달려가 박 대통령을 저격했는데 1탄은 불발, 2탄은 연설대 우측에 맞았고, 3탄이 단상에 앉아있던 영부인 육영수 여사의 두부에 맞았다. 범인 체포 뒤 육영수 여사는 서울대병원으로 긴급 이송되었고 박 대통령은 경축사를 계속하였다. 불과 22초 사이에 벌어진 이 사건으로 육영수 여사는 5시간에 걸친 수술에도 불구하고 유명을 달리하였다.

수사본부는 8월 17일 밤 저격범 문세광이 북한의 지령을 받고 박 대통령을 저격하였다고 발표하였다. 문세광은 북한과 일본을 오가는 만경봉호에 승선하고 있는 40세 정도의 북한 공작원(앞머리가 벗겨지고 마른 체격)과 조총련 오사카 서지부 정치부장 김호룡(46세)의 지시에 따라 움직여 왔다고 자백하였다. 문세광은 1973년 11월 초순 김호룡으

---

161   강화도와 김포반도 사이에 있는 바다 수로

로부터 "1974년 3월 1일 3·1절 기념식에서 박 대통령을 암살하라."는 지령을 받았고 거사 자금으로 두 차례에 걸쳐 130만 엔을 받았다. 문세광은 이후 홍콩에서 무기를 구매하려 하였으나 실패하여 3·1절에 암살 시도를 하지 못했다고 한다. 이후 1974년 5월 5일 오사카 항구에 정박한 만경봉호의 북한 공작원으로부터 8·15행사에서 박 대통령을 저격하라는 지령을 재차 받았다고 한다. 이후 문세광은 오사카 소재 파출소에서 권총 2정을 절취하여 저격에 사용한 것으로 드러났다.

이 사건에 배후 인물로 조총련계 김호룡과 일본인 요시이 유키오와 요시이 미키코 부부가 관련되어 있다는 사실이 밝혀졌다. 따라서 한때 일본과 외교적 마찰이 발생하였으나 일본 집권여당인 자민당 부총재가 다나카 수상의 친서를 가지고 내한하여 애도와 유감의 뜻을 표명함으로써 일단락되었다. 문세광은 1974년 12월 사형이 확징되어 교수형을 받았다.

3) 광천 침투공비 민간인 학살

1978년 11월 7일 광천 지역에 침투한 무장공비 3명이 홍성군 광천읍 소암리 말봉산에서 나무를 하던 차태순(41세) 씨와 이정순(30세) 씨를 단도로 무참히 살해하였다. 여기서 도주한 공비들은 11월 15일 공주군 사곡면 신영리 마상골에서 예비군초소에 근무 지원을 나가던 민방위대원 이재화(39세) 씨를 역시 단도로 살해하였다. 11월 23일에는 경기도 오산읍 양산리에서 나무를 해서 우마차에 싣고 집으로 가던 송재섭(19세) 씨를 단도로 살해하고 점퍼와 바지를 탈취하는 등 민간인 5명을 학살하였다.

다. 1981년 이후 폭탄 테러 및 인명 살상

1) 미얀마 아웅산 묘소 폭파사건

북한은 1983년 10월 9일 미얀마를 국빈 방문 중이던 전두환 대통령 일행의 아웅산 묘소 참배시간에 맞춰 폭탄 테러를 자행했다. 북한 특수공작원들은 아웅산 묘지 건물 천장에 원격조종폭탄을 미리 설치한 뒤 폭파시켜 서석준 부총리 등 우리 일행 17명과 미얀마 인사 4명을 사망케 하고 46명에게 부상을 입혔다.

북한 특수공작원 3명(대위 강민철, 대위 신기철, 소좌 진○○)은 북한군 소장 강창수로부터 "대한민국 대통령 전두환이 랑군에 있는 아웅산 묘소에 도착할 때 폭탄을 폭파시켜 암살하라."는 임무를 부여받고 1983년 9월 9일 '동건 애국호'를 타고 원산을 출발하여 9월 22일경 랑군(현 양곤)[162]에 도착하였다. 이들은 북한 대사관이 임대한 건물인 북한 대사 손창휘와 3등서기관 김용삼의 숙소(주소: 랑군시 알론구역 트리엑타 154-A)에서 숨어 지내며 아웅산 묘소를 답사하고 공작을 준비하였다.

　10월 7일 새벽 3시경 이들은 아웅산 묘소 남쪽 현관의 천장에 폭발물을 설치하였다. 이 폭발물은 원격조종장치로 작동되는 형태로 주요 인사들의 참배시간은 방송을 통해 알았다고 한다. 일당은 10월 9일 아침 아웅산 묘소 부근에 위치한 위자야극장으로 가서 한국 대통령이 자동차로 현장에 도착했을 때 공작조장 진○○이 스위치를 눌러 폭탄을 폭파시켰다. 이 폭발로 우리 측 서석준 부총리와 정부요인, 기자, 경호원 등 17명이 사망했고, 미얀마 인사도 4명이 사망했다. 그리고 46명이나 부상을 당했지만 대통령 내외는 현장에 도착하기 전으로 화를 면하였다. *(공작조장 진○○ 소좌는 대통령이 탑승한 차량이 도착하면 원격조종폭탄을 폭파하기로 되어있었으나, 시간이 되었고 마침 차량이 한 대 도착하고 이어서 진혼나팔 소리가 들리자 대통령이 도착한 것으로 오판하여 폭탄의 스위치를 누른 것이었다. 실제 전두환 대통령은 미얀마 측의 안내차량이 고장 나서 차량을 대체하는 바람에 출발시간이 다소 지체되었다고 하며 진혼나팔 소리는 예행연습을 한 것이었다고 한다.)*

아웅산 묘지 폭발 전(좌)·후(우)

　이들은 폭파 이후 공작조장과 조원 2명이 서로 헤어져 복귀를 위한 접선장소로 도주하다가 생포 또는 사살되었다. 10월 10일 랑군강 지류인 파쭌다웅강에서 흙탕물 속을 헤

162　국가 명칭과 같이 수도의 명칭도 '랑군(Rangoon)'에서 '양곤(Yangon)'으로 개명했다.

엄쳐 가는 공작조장을 주민들이 발견하고 나오라고 하자 강에서 나와 수류탄을 꺼내 위협하다 격투가 벌어지자 수류탄을 터뜨려 중상을 입은 상태로 생포되었다. 이때 공작조장은 우측 팔목이 절단되고 눈과 배에 파편상을 입었다.

도주하던 공작원들은 10월 11일 06:00경 강둑에서 주민에게 고기잡이배를 불러 건너편까지 태워줄 것을 요청하였다. 이에 주민이 배에 태워 도강시켜 준 다음 경찰에 신고하였다. 이에 미얀마 군인 4명이 출동하여 이들을 인근 건물로 연행하여 조사하려 하였으나 권총을 발사하고 수류탄을 투척하며 도주하였다. 여기서 공작원 신기철이 미얀마 군인에게 사살되었다. 공작원 강민철은 계속 도주하다가 10월 12일 06:20경 강변에서 주민에게 다시 발견되어 미얀마 군대가 출동하여 생포를 시도하였으나 수류탄을 터뜨려 미얀마 군인 3명이 사망하고 강민철은 왼쪽 팔목이 절단된 상태로 생포되었다. 중상을 입고 생포된 범인 2명은 1983년 12월 9일 미얀마 랑군지구 재판소에서 사형을 선고받고 최고재판소에 상고하였으나 1990년 11월 2일 기각되었다.

북한이 미얀마를 국빈 방문 중이던 전두환 대통령 일행을 암살하여 대한민국의 사회 혼란을 기도한 아웅산 묘지 폭파사건은 수행원들과 현지인 등 많은 인명을 살상하였다. 현지에서 순직한 사람은 우리 측이 17명에 미얀마 측이 4명으로 총 21명이었으며, 부상한 사람은 우리가 14명에 미얀마 측이 32명 등 총 46명이었다. *(이 사건으로 북한 정권과 우호관계를 맺고 있던 미얀마는 북한과 외교관계를 단절하는 등 국제관계에서 북한의 고립은 더욱 심화하였고, 수단과 방법을 가리지 않는 북한 정권의 악랄한 테러에 대해 국제적인 비난이 쏟아졌다. 국내에서는 희생자 합동장례식과 궐기대회 등을 통해 북한 정권을 거세게 비난했으나 우리의 희생에 상응하는 응징을 하지는 못하였다. 이 사건은 북한이 1970년 6월 동작동 국립묘지에서 시도했다가 실패한 테러와 목표, 수단과 방법 등이 동일한 사건으로 충격을 주었다. 1970년 6월 22일 북한 공작원 3명이 서울 동작동 국립묘지 현충문 천장에 폭발물을 설치하다 사고로 1명이 현장에서 폭사하고 2명은 도주한 사건이 있었다. 아웅산 묘지 폭파사건은 국내에서 한 번 사용했던 도발 방법을 해외에서 똑같이 반복한 것으로 북한의 도발은 우리가 망각할 때 또다시 되풀이된다는 사실을 여실히 보여주는 사례이다.)*

〈표 31〉 아웅산 묘지 폭파사건 순직자 명단

순직자	직책	순직자	직책
서석준	부총리 겸 경제기획원장관	이범석	외무부장관
김동휘	상공부장관	서상철	동력자원부장관
함병춘	대통령 비서실장	심상우	민정당 총재 비서실장
김재익	대통령 경제수석 비서관	하동선	해외 경제협력위 기획단장
김용환	과학기술처 차관	이계철	주 미얀마 대사
이재관	대통령 비서관	강인희	농수산부 차관
민병선	대통령 주치의	이중현	기자
정태진 한경희	경호원	이기욱	재무부 차관 (미군 후송, 10.13 순직)

2) 대구 침투간첩 주민 살해사건

1984년 9월 24일 북한 노동당 연락부 소속의 간첩 1명이 대구 시내에서 미상의 공작 활동을 시도하던 중 활동이 여의치 못하자 주민 2명을 살해하고 1명에게는 중상을 입힌 뒤 자신은 음독자살하였다. 이 사건은 9월 21일 남해군 서면 상남리 해안으로 침투하던 간첩이 민간인 신고로 쫓기게 되자 공작 장비나 물품을 챙기지 못한 채 내륙으로 침투하였고, 이후 임무 수행에 어려움을 겪자 극단의 선택을 한 것으로 판단된다.

자살한 간첩은 북한 노동당 연락부 또는 특수부대 소속 공작원으로 추정되었다. 이 간첩은 소음기가 달린 권총과 독약을 휴대하였고, 요대 버클에서도 고성능 TNT 20g을 장전한 자폭용 폭약을 휴대하였다. 따라서 공작임무는 특정인 살해와 테러 등 사회혼란 조성 등으로 판단된다. 그러나 남해도 침투 과정에서 우발상황이 발생하여 동료들과 헤어진 채로 침투 목적지인 대구까지 도착한 것으로 보인다. 이후 대구에서는 기본 통신문건과 송수신기를 휴대한 다른 동료와 연결이 되지 않고 공작금과 위장증명서도 없어 복귀하거나 임무 수행을 할 수 없게 되자 극단적인 선택을 한 것으로 보인다. 실제 ○○식당에서의 행동과 금고를 뒤져 현금 14,082원과 토큰 등을 절취한 것 등으로 봤을 때 극단적인 압박감과 스트레스에 시달린 것으로 추정된다.

시내 중심가에서 돌발적으로 발생한 이 사건은 해안경계에 실패하여 내륙으로 침투한 간첩이 벌인 난동으로 주민 2명(식당 여주인, 여종업원)이 살해되고 1명(미용실 여주인)이 중상을 입었으며, 사건을 일으킨 간첩은 독약 앰플을 이용하여 음독자살하였다. 이 독약의 형태와 성분은 북한 공작원들이 사용하는 것으로 1983년 4월 간첩 정해권이 대구에서 체포될 때 사용한 것과 동일한 것이었다. 이 독약 앰플은 1987년 대한항공 858기를 폭파한 공작원 김승일과 김현희가 사용한 것과도 형태와 크기, 성분 등이 동일하였다.

3) 김포공항 국제선청사 폭파사건

북한은 '서울 아시안게임' 6일 전인 1986년 9월 14일 김포공항 국제선 청사에서 폭탄테러를 자행하였다. 이 테러사건은 북한이 '서울 아시안게임'의 성공적 개최를 방해하고자 국제테러조직을 사주하여 벌인 사건이었다. 이 사건으로 김포공항 국제선 청사의 버스와 택시 승강장 바로 옆에서 폭탄이 터져 5명이 숨지고 33명이 중경상을 입었다.

1986년 9월 14일 15:12경 김포공항 국제선 청사 5번 게이트와 6번 게이트 사이 스테인리스 쓰레기통에서 미상 폭발물이 터져 5명이 숨지고 33명이 부상하는 사고가 발생했다. 폭발물이 터진 쓰레기통은 윗부분이 뜯겨 나갔으며 그 옆에 커피 자판기는 검게 타 버렸고, 대형 유리창 11장과 근처 형광등 20여 개가 파손되었다.

김포공항 테러 현장

사건현장을 조사한 경찰은 건전지 2개와 전깃줄, 철제신관, 테이프 등 폭발물과 관련된 파편 30여 점을 수거했고, 범인들이 5번 게이트와 6번 게이트의 인도와 횡단보도 쪽으로 파편이 비산하도록 폭파 각도를 계산하여 폭발물을 설치한 것으로 추정했다. 폭발에 사용된 폭약은 C-4로 국내에서 민수용으로 사용하는 것은 없으며, 북한이 1983년 아웅산 묘소 폭파사건에서도 동일한 폭약을 사용한 바가 있어 북한 소행의 테러로 판단하였으나 구체적 증거가 없었다.

경찰은 폭발물 위력이 수류탄 7개와 맞먹는 것으로 시한장치나 원격조종장치가 부착된 폭발물로 추정했다. 폭탄 위력이 더 많은 사상자를 낼 수도 있었으나 공항관리공단 직원인 유주환 씨가 마침 폭발물의 폭심에서 가장 가까운 곳에서 천장 보수작업을 하다가 폭발을 몸으로 막는 형국의 변을 당함으로써 주변 사람의 피해가 줄어들었다. 유주환 씨는 하반신이 거의 없어진 상태에 무려 90여 개의 파편이 그의 몸에 박히는 참혹한 변을 당했다. 공항 당국은 즉시 1층 대합실 일부를 폐쇄하였으나 아시안게임을 코앞에 두고 외국선수단과 임원들이 속속 입국하는 상황에서 공항 기능 유지가 우선되었기에 사건현장을 보존하지 못하였고 수사는 미궁에 빠지고 말았다.

사건의 전모가 비교적 구체적으로 드러난 것은 2009년 스위스 베른의 신문기자인 '무라타 노부히코'가 구 동독의 정보기관인 '슈타지'의 이슬람 테러조직에 관한 조사 자료를 열람하면서 알려지기 시작했다. '슈타지' 22국 소속의 프란츠 대령이 조사한 보고서에 의하면 이슬람권에서 가장 잔인한 테러의 대가로 알려진 '아부니달'이란 자가 "나는 북한의 청부를 받고 김포공항 테러를 했다."고 자백하였다는 것이다. '아부니달'은 팔레스타인 민족해방운동의 간부로 활약하면서 조직이 커지자 테러리스트를 양성하여 'SAS'라는 범죄조직을 구성하고 무기와 마약밀매, 청부살인, 납치, 청부테러 등을 자행하던 자였다.

당시 '아부니달'은 '오사마 빈 라덴'이 등장하기 전까지 이슬람권에서 가장 유명하고 세력이 큰 테러조직의 수장이었다. 동독 비밀정보기관인 '슈타지'가 이슬람테러단을 조사한 것은 당시 동독은 이슬람테러단을 지원하긴 했으나 동독이 테러기지로 사용되는 것은 용납하지 않았다. 따라서 동구권에서 활동하려면 '슈타지'의 도움이 절실히 필요했던 '아부니달'은 동독이 자신을 비밀리에 조사하자 루마니아와 북한이 연계된 김포공항 테러사건의 전모를 털어놓을 수밖에 없었다. *(이 보고서에 따르면 '아부니달'은 1985년 말경 'SAS' 북한지부를 통해 김포공항 테러를 청부받고 조직 내 2인자인 '술레이만 삼린'에게 테러를 지시하였다. '삼린'은 폭탄제조기술자인 '아부 이브라힘'에게 폭탄제조를 시켰고, '이브라힘'은 폭탄을 제조한 뒤 동거녀인 서독 적군파 출신의 '프레데리케 크라베'에게 폭탄 설치 임무를 맡겼다. '크라베'는 루마니아 정보기관을 통해 영국인으로 가장한 위조여권을 만들었고, 김포공항에 입국하여 시한폭탄을 쓰레기통에 넣고 홍콩으로 출국했다. 테러가 성공하자 북한은 스위스에서 오스트리아 빈에 있는 '아부니달'의 비밀계좌로 500만 달러를 송금했다. 테러 관련자들은 그 후 서방의 추적을 피해 이라크로 거처를 옮겨 생*

활하였다고 전해지나 이후 이라크에서 시리아로 이동한 것으로 알려져 있다.)

북한은 1986년 9월 20일부터 10월 5일까지 개최되는 '서울 아시안게임'을 방해할 목적으로 아부니달이 지휘하는 이슬람 테러조직을 사주하여 김포공항 테러를 자행함으로써 무고한 국민의 생명을 5명이나 앗아가고 33명에게 중경상을 입혔다. 이슬람 테러조직은 공항검색대의 엑스레이 투시기도 무사통과하는 사제폭탄을 제조하고 영국인 위조여권을 준비하는 등의 치밀한 계획과 준비로 테러를 성공시켰다. 그럼에도 불구하고 '서울 아시안게임'은 27개국 3,345명의 선수가 참가하여 성대하게 개최되었고 성공적으로 마무리되었다.

4) 대한항공 858기 폭파사건

북한은 1987년 11월 29일 바그다드에서 국내로 들어오던 대한항공 858기에 폭발물을 설치하여 폭파시키는 항공기 테러를 자행하였다. 이 테러사건으로 대한항공 858기는 미얀마 안다만 상공을 지나던 중 공중 폭발하여 탑승자 115명 전원이 사망하였다. 이 사건은 북한 김정일의 직접 지령을 받은 특수공작원 김승일과 김현희가 일본인 부녀로 위장하여 저지른 만행으로 밝혀졌다.

본래 김승일(70세)은 노동당 조사부 소속으로 장기간 해외공작을 담당하던 특수공작원이며 일어·중국어·러시아어·영어 등 4개 국어에 능통하고 전자분야의 전문기술을 보유하고 있었다. 김현희는 역시 노동당 조사부 소속의 특수공작원으로 1980년 2월 평양외국어대학 2학년 재학 중에 공작원으로 선발되었다. 김현희는 일본인 여자로부터 언어와 생활습관 등을 비롯한 일본인화 교육을 받았다. 이들은 1984년 7월부터 자본주의 적응을 위해 부녀로 위장하여 해외여행과 해외체류 실습을 하는 등 공작준비를 하고 있었다. 김현희의 경우 일본어와 중국어를 집중적으로 교육받는 등 7년 8개월 동안 해외 공작원으로서의 전문교육과 외국인화 교육을 받았을 정도였다.

1987년 10월 7일 북한 김정일은 노동당 중앙위원회 조사부장을 통해 특수공작원 2명(김승일, 김현희)에게 친필 공작지령을 내렸다. 지령의 요지는 "남조선 측의 두 개의 조선 책동과 올림픽 단독개최 책동을 막기 위해 대한항공기 1대를 폭파하기로 결정하였다. 시기적으로 중요한 이 과업은 세계 모든 국가들의 올림픽 참가 의사에 찬물을 끼얹게 될 것이며 남조선 괴뢰정권은 치명적인 타격을 받게 될 것이다. 따라서 반드시 성사시켜야 하고 절대 비밀이 보장되어야 한다."는 것이었다.

폭파지령을 받은 이들은 10월 7일부터 11월 10일까지 약 1개월 동안 평양 동북리 초대소에서 특수훈련을 통해 항공기 폭파방법을 교육받는 등 테러공작을 준비하였다. 이때 여행자들이 일상적으로 사용하는 소형 라디오와 술병으로 위장된 시한폭탄을 기내에 장치하여 원인불명의 항공기 폭발사고로 위장함으로써 증거가 남지 않도록 연습하였다.

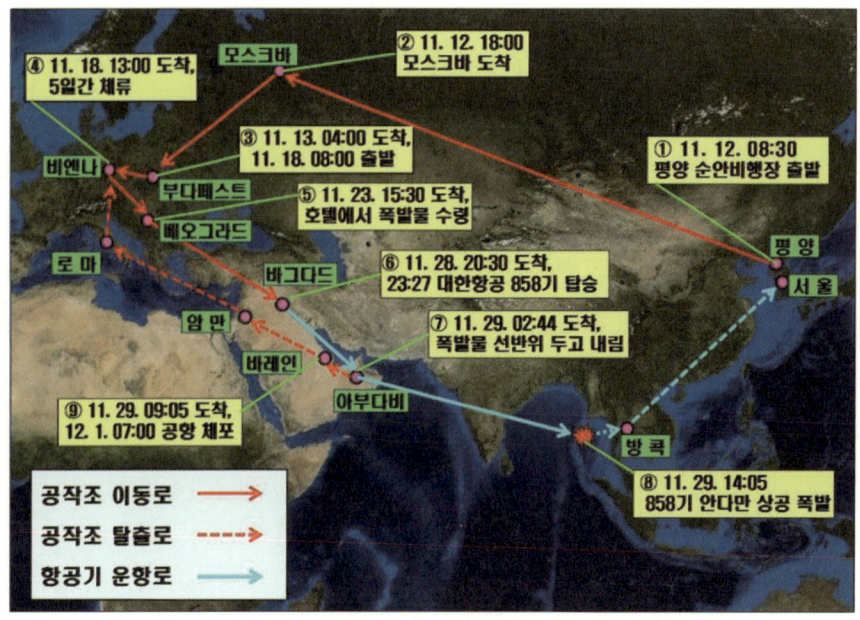

〈그림 27〉 대한항공 858기 폭탄 테러 과정

이들은 여기서 구체적인 행동계획을 지시받았다. 우선 노동당 조사부의 최 과장이란 인물의 인솔하에 평양을 출발하여 모스크바와 부다페스트, 비엔나 등을 경유하여 유고슬라비아의 베오그라드에 도착했다. 여기서 최 과장으로부터 폭발물을 수령하여 바그다드발 서울행 대한항공 비행기에 탑승하도록 지시받았다. 이어서 폭발물을 기내에 놓아두고 중간기착지인 아부다비 공항에서 내려 비엔나로 탈출한 뒤 최 과장과 합류하여 평양으로 귀환하라는 구체적인 행동지령을 받았다. 이들은 평양 출발 2일 전인 11월 10일 노동당 중앙위원회 조사부장으로부터 1987년 11월 28일 23:30 바그다드발 서울행 대한항공 858기를 폭파하라는 최종지령을 받았다. 그리고 11월 12일 06:00경 김정일 사진 앞에서 충성 맹세문을 낭독하고 선서한 뒤 김현희는 김옥화 명의의 북한 여권을 받고 조장 김승일과 함께 최 과장 인솔하에 평양을 출발하였다.

이들은 초대소에서 교육받은 대로 모스크바를 경유하여 11월 13일 부다페스트에 도착한 뒤 북한 대사관 직원의 안내로 아지트에서 6일간 대기하다 11월 18일 18:00경 북한 대사관 승용차로 비엔나로 이동하였다. 이들은 이동하는 차량에서 북한 여권을 반납하고 김승일은 '하찌야 신이치', 김현희는 '하찌야 마유미'로 위장한 일본 여권을 받았다. 비엔나에서는 위조여권대로 일본인 부녀로 가장하고 '아파크링' 호텔 603호에 5일간 투숙하였다. 11월 19일 김승일이 오스트리아 항공사에서 대한항공 858기에 탑승하기 위한 항공권(비엔나-베오그라드-바그다드-아부다비-바레인행)을 구입하고, 11월 20일에는 '알리탈리아' 항공사에서 임무 수행 후 복귀할 항공권(바레인-암만-로마행)을 구입했다.

11월 23일 14:25에 오스트리아 항공편으로 비엔나를 출발, 15:30에 유고슬라비아의 베오그라드에 도착하고 '메트로폴리탄' 호텔에 투숙하였다. 여기서 김승일은 임무 수행 후 최 과장과 다시 합류하기 위한 이동경로인 로마발 비엔나행 항공권을 오스트리아 항공사에서 구입하였다. 범인들은 11월 27일 19:00경 별도의 경로로 베오그라드에 도착한 최 과장에게 일제 '파나소닉' 라디오로 위장한 시한폭탄과 술병으로 위장한 액체폭발물을 넘겨받았다. 그리고 이들은 11월 28일 바그다드행 비행기에 탑승하였다. 11월 28일 20:30경 바그다드공항에 도착한 범인들은 공항에 대기하다가 23:27에 바그다드발 서울행 대한항공 858기에 탑승하였다.

11월 29일 02:44에 범인들은 폭발물을 좌석번호 '7B'와 '7C' 선반 위에 그대로 남겨놓은 채 중간기착지인 아랍에미리트의 아부다비공항에서 내렸다. 대한항공 858기는 폭발물이 실려있는 것을 인지하지 못하고 방콕을 향해 계속 운항하였다. 대한항공 858기는 한국시간 11월 29일 14:01분에 미얀마 안다만 해역 상공에서 랑군 관제소에 "정시 방콕 도착 예정, 시간과 위치 정상!"이란 최후교신을 한 뒤 14:05경 공중 폭파되어 탑승자 115명 전원이 산화하였다. 858기가 실종되자 정부와 대한항공은 제반 정황을 분석한 결과 테러에 의해 공중 폭파되었을 가능성이 높다고 판단하고, 아랍에미리트 주재 대사관과 대한항공 지사에 긴급지시하여 아부다비공항에서 내린 외국인 탑승자 명단을 확인하여 일본인 2명을 용의자로 지목하였다.

용의자로 지목한 이유는 통상 일본인 여행객들은 입국신고서에 성만을 기재하는 것과 달리 이들은 '신이찌', '마유미'라고 이름만을 기재하였고, 비엔나와 베오그라드 등 북한의 해외공작 거점을 여행하였으며, 목적지인 바레인은 베오그라드에서 암만을 경유 바레인으로 직행하는 것이 편리함에도 3시간 내지 6시간씩 공항 내에서 통과 여객으로 대기하면서까지 바그다드와 아부다비를 경유하는 대한항공을 이용하였다는 점 등이었다. 따라서 바레인 주재 우리 공관은 이들이 소지한 여권을 현지 일본 대사관에 긴급 확인 요청하였고, 그 결과 위조여권임이 밝혀졌다.

12월 1일 07:45경 바레인 당국이 공항에서 출국하려는 이들을 연행 조사하는 과정에서 범인들은 갑자기 음독자살을 기도하였다. 조사를 받던 조장 김승일이 "이렇게 된 이상 살아야 고생만 할 것이니 담배를 깨물자!"고 해서 이들은 교육받은 대로 담배에 은닉된 독약 앰플을 깨물어 음독하였고, 공항 인근 병원으로 이송 중 김승일은 사망하고 김현희는 12월 3일 의식을 회복했다. 우리 정부는 외교적 노력을 기울여 12월 15일 범인 김현희를 서울로 압송하고 음독 후유증 치료와 함께 조사에 착수하였다. 조사 과정에서 처음에는 허위진술로 일관하던 김현희는 심경의 변화를 일으켜 12월 23일 17:00경부터 순순히 범행을 모두 자백하였다.

김현희의 자백을 바탕으로 7년 8개월의 공작원훈련 과정이 공개되었는데 이 과정에서 해외 적응훈련 1년 7개월과 외국인화 교육이 2년 동안이나 시행되었음이 밝혀졌다. (그런데 김현희의 일본인화 교육을 담당하던 교관 이은혜는 일본인이었으며 일본 이름은 다구치 야에코로 일본 경찰에서 실종 처리한 인물이었음이 드러났다. 실제로 다구치 야에코는 1978년 일본 해안에서 북한 특수공작원들에게 납치되었던 것으로 밝혀져 국제사회에 충격을 주었다. 북한은 1977년과 1978년 대한민국의 홍도와 선유도 해수욕장에 침투하여 남한 고등학생들을 납치하였고, 일본 해안에 침투하여 일본인 소녀와 젊은 여성들을 납치하였다. 이들은 모두 북한이 간첩양성기관인 초대소에서 이남화교육과 일본인화교육을 담당할 교관을 충원할 목적으로 납치한 것임이 만천하에 드러난 것이다. 공작원 양성을 위해 해외에서 젊은 학생들을 납치하는 만행까지 저지르고 있는 북한 정권의 실체를 보여주는 대표적인 사례이다.)

북한의 천인공노할 항공기 테러로 승객 95명과 승무원 20명 등 탑승자 115명 전원이 희생되었다. 사건 발생 15일 만인 12월 13일 미얀마 양곤 동남쪽 해상에서 대한항공 항공기용 구명보트 등 부유물 7점이 발견되었다. 북한은 이 사건이 누구의 소행인지 규명되지 않도록 완전범죄로 꾸미려 하였다. 그래서 7년이 넘는 장기교육과 훈련을 통하여 정예공작원을 양성하고, 남녀 1조(부녀관계로 위장)로 편성하여 해외여행 실습까지 수차례 시키는 등 치밀한 계획하에 범행을 준비하고 시도하였다.

북한은 1988년 서울 올림픽 참가신청 마감을 약 50일 앞두고 서울행 항공기를 폭파함으로써 서울 올림픽의 안전문제를 여론화하여 올림픽을 위축시키고 궁극적으로는 올림픽이 열리지 못하게 방해하려 하였다. 특별히 대한항공 858기를 표적으로 삼은 것은 중동에 진출한 근로자들을 대거 희생시켜 서민과 노동자들로 하여금 대정부 불신과 저들이 말하는 '계급 투쟁'을 선동하려고 획책하였다.

희생자 합동 위령제(좌)와 김현희 기자회견(우)

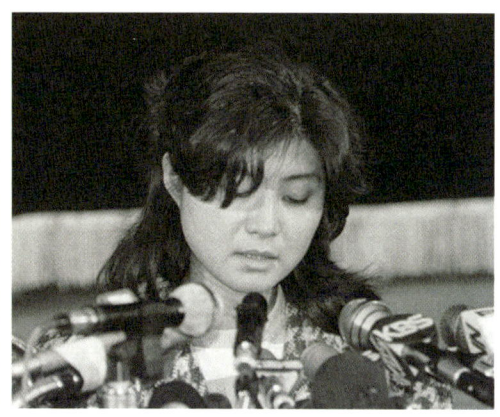

이 사건으로 국제사회는 북한의 항공기 테러란 반인륜적 행위에 대해 사과와 재발방지를 촉구하고 나섰다. 미국은 1988년 1월 21일 북한을 테러국으로 지정하였고, 이로 인해 북한은 국제사회에서의 고립이 더욱 심화되었다. 그리고 북한이 항공기 폭탄 테러까지 자행하며 그토록 방해하려 했던 서울 올림픽은 1988년 9월 17일부터 10월 2일까지 159개국 8,391명의 선수가 참가하여 성대히 개최되었고 대한민국의 위상은 크게 높아졌다. *(냉전 상황이 격화되어 1980년 모스크바 올림픽은 미국이 보이콧하여 21개 종목에 80개국 5,179명이 참가했고, 1984년 로스앤젤레스 올림픽은 소련이 보이콧하여 21개 종목에 140개국 6,829명이 참가했다. 그러나 서울 올림픽은 보이콧 없이 동서 양 진영이 모두 참가한 지구촌 축제였다.)*

5) 강릉 잠수함 침투 공비 학살사건

1996년 9월 18일 강릉 안인진리로 침투한 북한 잠수함에서 육지로 상륙하여 도주한 공비(정찰조)는 청학산에서 잠수함 승조원과 승선지도원인 해상처장(대좌)과 해상부처장(상좌)을 포함하여 총 11명을 소총과 권총으로 살해하였다. 이는 무기나 체력이 부족하여 독자적인 생존이나 도주가 어렵다고 판단한 인원들로 이들이 아군에게 생포되면 기밀이 누설될 것이 염려되어 미리 살해한 것으로 분석되었다.

여기서 도주한 정찰조 2명은 10월 8일 평창군 진부면 탑동리에서 버섯 채취를 위해 입산한 주민 3명을 무참히 살해하였다. 이 중 정우교(여 67세) 씨는 저항능력이 없는 할머니임에도 둔기로 살해되었으며, 이영모(남 45세) 씨는 참나무 앞에서 두부에 총을 맞았고, 김용수(남, 45세) 씨는 공비에게서 도망치다 뒤에서 총을 맞고 살해되었다. 이어서 공비들은 10월 20일 양구대교 부근에서 소양호를 도하하여 양구 장막골로 이동한 뒤 10월 22일 비무장으로 싸리나무 채취 작업을 하던 사단 공병대대 표종욱 일병을 납치하여 살해하였다.

6) 귀순자 이한영 암살사건

북한은 1997년 2월 15일 대한민국에 귀순하여 정착한 이한영 씨를 경기도 성남시 분당구 서현동 자택 앞에서 권총으로 저격하여 암살하였다. 이한영 씨는 중상을 입고 병원으로 후송되었으나 열흘 후 사망하였다. 이 사건은 군경이 대공용의점이 있다고 판단하고 합동작전을 전개하였으나 단서를 찾지 못하고 미제로 남았다. 그러다가 1997년 10월 27일 울산에서 검거된 부부간첩단(최정남, 강연정)으로부터 "이한영 씨 암살은 북한 사회문화부 소속 특수공작원 일당의 소행이었다."는 진술을 받아냄으로써 사건의 진상이 모두 밝혀졌다.

암살된 이한영은 모친(성혜랑)의 언니가 김정일의 전처 성혜림으로 알려졌다. 이한영은 한때 성혜랑과 김일성 가의 15호 관저에 살만큼 위세를 떨쳤다. 이한영은 제네바에서 외국어 강습소에 다니던 중 1982년 귀순하였다. 1996년 2월 김정일의 전처 성혜림의 망명사건으로 남한에 살고 있던 이한영의 존재가 노출되었다. 이한영은 1996년 6월 SBS TV에 출연하여 김정일의 사생활을 폭로하면서 개인신상이 드러났다. 그는 1996년 6월

《대동강 로얄 패밀리 서울잠행 14년》이란 책을 발간하여 김정일 치부를 폭로함으로써 김일성-김정일로 이어지는 세습체계의 당위성과 김일성 신격화를 고조시키던 북한 지도부의 입장을 난처하게 만들어 테러 대상이 된 것으로 보인다.

살해된 이한영은 1997년 2월 15일 21:52경 자신의 거처(분당구 서현동 ○○아파트 ○○○○호) 앞 복도에서 괴한 2명의 총격을 받고 쓰러졌으며 괴한들은 계단을 통해 도주했다. 이 같은 상황을 현관문 비디오폰으로 이웃 주민 박○○과 남○○이 동시에 목격하고 복도에 나와 보니 이한영이 피를 흘리며 쓰러져 있었다. 당시 이한영은 쓰러진 채로 "간첩… 간첩!" 하며 손짓을 하고 있어 박○○이 112와 119에 신고하였다. 22:00경 서현파출소장과 경관 4명이 현장에 도착하니 구급대가 부상한 이한영을 들것에 실어 내려오고 있었다. 후송을 지시하고 현장에 가보니 복도에 탄피 2개와 이한영의 가방 등이 떨어져 있었다.

목격자들은 21:45경 엘리베이터 문이 열리는 소리가 나면서 "악! 왜 이래!" 하는 소리와 남자 1명의 다급한 비명소리 및 벽에 부딪치고 쓰러지는 소리를 들었다고 한다. 목격자들은 두려움에 문을 걸고 비디오폰을 켜보니까 남자 1명이 까만색 권총을 겨누고 있고, 1명은 이한영을 폭행하는 모습이 잠깐 보였으며 곧바로 2명이 계단으로 뛰어 달아났다고 하였다. 잠시 후 목격자들이 밖에 나와 보니 이한영이 쓰러져 신음하고 있었으며 총소리는 듣지 못했다고 진술하였다.

22:26경 분당경찰서는 비상을 발령하고 임시검문소 9개소에 18명을 배치하고 검문검색을 하였다. 22:40경에는 인접 경찰서와 지역 군부대에도 상황을 통보하였다. 2월 16일 00:00경에는 경기지방경찰청 차장을 본부장으로 수사본부가 구성되었고, 01:00부터 03:00까지 합신조가 출동하여 현장 분석과 주변을 조사했다. 그 결과 범행에 사용한 총기가 간첩들이 사용하는 소음기를 장착한 벨기에제 브로닝 권총이고, 목격자 남○○이 쓰러져 있는 이한영에게 "누가 그랬냐?"고 묻자 이한영이 "간첩!"이라고 손짓하였다는 것을 보아 북한의 소행으로 판단하였다. 따라서 군경은 2월 16일 03:00부로 "진돗개 하나"를 발령하고 간첩 소탕작전에 돌입하였으나 도주 흔적을 포착하지 못하였다. 이후 계속된 수사에서 각 수사기관은 북한 공작원에 의한 이한영 테러사건으로 규정하고 장기 수사체제에 돌입하여 다양한 수사를 진행하였으나 이후 뚜렷한 성과를 거두지 못하였다.

그러던 중 1997년 10월 27일 울산에서 검거한 부부간첩(최정남·강연정)으로부터 이한영 암살사건은 북한 사회문화부 소속 테러전문요원인 '최순호'와 또 다른 20대 남자 등 2명으로 구성된 특수공작조의 테러라는 것이 밝혀졌다. 이 공작조는 일명 '순호조'라고도 불리며 사건 1개월 전에 남파되어 테러를 자행하였고, 귀환 후에는 영웅 칭호를 받고 향후 재남파에 대비하여 얼굴 성형수술까지 받았다고 진술하였다. 또한, 부부간첩이 남파 전에 공작지도부로부터 "'순호조'가 남한에서 활동할 때 심부름센터를 이용해 탄로가 났을 것이므로 이번에는 심부름센터를 이용하지 말라."는 지시까지 받았다고 한다. 그리고 "활동 간 비상시에는 '순호조'가 귀환하기 전에 신림동에 매몰해 둔 공작 장비를 발굴하여 사용하라."는 교육도 받았다고 증언하였다.

이 사건은 북한 귀순자가 최고 권력자인 김정일과 관련된 권력층 치부를 폭로하자 보복 테러를 자행한 사건이었다. 북한은 이 사건을 통해 이한영을 암살한 것은 물론, 귀순자들에게도 향후 북한 최고 권력층에 대한 치부를 폭로하면 이와 같이 보복을 당한다는 무언의 경고를 보낸 것으로 보인다.

이한영은 최고 권력자 김정일 측근에서 생활하다 귀순하여 이름까지 바꾸고 숨어 살았으나 권력층 치부를 폭로하는 TV 출연과 책 발간 등으로 스스로 신분을 노출함으로써 테러의 표적이 되었다. 그러나 이 사건은 저명한 귀순자에 대한 북한의 첫 번째 테러 희생자라는 점에서 그동안 우리 정부의 귀순자 신변 보호와 테러대비태세를 보완하는 계기가 되기도 하였다. 이 사건 이후에도 북한은 공작원을 침투시켜 황장엽 씨를 비롯한 주요 탈북 인사들에 대한 암살을 시도하였으나 우리 당국에 의해 사전에 적발되어 모두 실패하였다.

7) 금강산 관광객 총격 살해사건

이 사건은 2008년 7월 11일 금강산 관광을 갔던 민간인 여성 박왕자 씨(53세)가 북한군이 쏜 총에 맞아 숨진 사건이다. 7월 11일 새벽 금강산 숙소에서 박 씨는 해변을 산책하다가 군사통제선을 넘었다는 이유로 북한군이 발사한 2발의 총을 맞고 숨졌다. 당시 박 씨에 대한 사격이 북한군 상부 지시에 의한 것인지, 경비병 개인의 판단이나 실수에 의한 것인지는 북한의 비협조적인 태도로 확인하지 못했다.

금강산 관광은 현대그룹에서 추진한 대북사업으로 1998년 11월 18일 해상을 통한 첫 관광을 시작으로 2003년 9월에는 육로관광이 시작되었고 2007년에는 내금강 지역으로 관광 지역도 확대되었다. 2007년 12월 15일에는 개성관광도 시작되었다. 그러나 2008년 7월 11일 북한군 총격으로 관광객이 사망하면서 7월 12일 전면 중단되었다. 중단될 때까지 금강산을 찾은 우리 관광객은 175만 명에 달했다.

이 사건은 남북의 합의에 의해 관광이 허용된 평화지대에서 비무장 관광객이 관광 도중에 총격을 받고 사망한 황망한 사건이다. 그럼에도 북한은 지금까지 명확한 진상이나 조사 결과도 내놓지 않고 있으며 진정성 있는 사과조차 하지 않고 있다. 심지어 당시 북한의 금강산사업 담당기관인 '명승지 종합개발 지도국'은 사건 하루 뒤 담화문을 통해 "책임은 전적으로 남측에 있다. 남측이 올바로 사과하고 재발방지 대책을 세울 때까지 남측 관광객을 받지 않는 조치를 취할 것"이란 적반하장의 반응을 보였다. 이러한 북한의 무성의하고 안하무인격의 태도와 피해자에 대한 책임 있는 사과가 없어 금강산 관광은 이후 완전히 중단된 상태에 있다.

8) 황장엽 암살 기도사건

2010년 4월 21일 국가정보원은 전 북한 노동당 비서[163] 씨를 암살하기 위해 북한에서 탈북자로 가장하여 침투한 북한군 소좌이며 특수공작원인 동명관(36)과 김명호(36)를 검거하였다고 발표하였다. 인민무력부 정찰국(현 정찰총국) 전투원 출신으로 치밀한 잠입훈련과 군사교육을 받은 이들은 몇 차례 신분 위장과 잠입훈련 끝에 한국에 들어왔으나 국가정보원의 합동신문 과정에서 신분이 드러났다.

동명관과 김명호는 북한군 소좌로 각각 함북 화대군과 함남 함흥시에서 태어났다. 동명관은 1992년 군사학교인 길주물리전문학교를, 김명호는 함흥시 회상물리전문학교를 졸업했다. 그해 9월 나란히 인민무력부 정찰국 전투원으로 선발돼 산하 훈련소에서 기초 군사훈련을 받았다. 동명관과 김명호는 1998년 나란히 조선노동당에 입당하였고 동

---

[163] 황장엽 1923년 평안남도 강동군에서 출생하였으며, 김일성종합대학을 졸업한 이후 소련의 모스크바대학에서 철학박사 학위를 취득하였다. 귀국 후 조선로동당 선전선동부 차장, 김일성종합대학 총장, 조선로동당 국제담당 비서를 역임하였다. 김일성 주체사상 정립에 기여한 인물로 알려졌으며 김일성 사후 북한 내 사상투쟁, 정치투쟁이 진행되는 도중인 1997년 한국으로 망명하였으며, 한국에서 저술 및 강연을 통해 반북 활동을 전개하다 2010년 10월 10일 사망하였다.

명관은 2006년 김명호는 2004년부터 공작원으로 임명되어 특수교육을 받았다. 2009년 11월 21일 동명관과 김명호는 정찰총국장인 상장 김영철(64)과 만찬을 하며 "남조선에 침투해 황장엽 전 비서를 제거하라!"는 지령을 받았다. 이후 중국으로 건너가 탈북 브로커의 안내를 받아 태국 방콕을 경유, 2019년 2월 4일과 1월 29일 각각 인천공항을 통해 국내에 들어왔다.

그러나 동명관과 김명호는 탈북자 심사 및 수용시설인 '중앙합동신문센터'에 수용되어 심사받는 과정에서 신원사항 및 학력, 경력, 탈북 경위 등에 대한 신문관의 집중 추궁을 받았다. 다른 탈북자들과 달리 체격이 좋고 기존 대북 정보와는 다른 진술을 했기 때문이었다. 이들은 위장한 인적사항과 같은 지역 출신의 탈북자와 대질신문 과정에서 신원과 학력, 경력이 거짓으로 밝혀지자 결국 "북한 정찰총국 소속 대남공작원으로서 황장엽 씨 처단 등의 임무를 부여받고 국내에 입국했다."고 자백함으로써 전모가 밝혀졌다.

황장엽 암살 기도사건은 이번뿐만이 아니고 몇 건이 더 있었던 것으로 알려져 있다. 이 가운데 2009년 11월부터 2010년 10월까지 황장엽 암살을 기도하던 박○○이 이를 사주한 김○○과 함께 검거된 사건도 있었다. 당시 김○○은 중국의 한 조직으로부터 암살 사주와 자금을 지원받은 것으로 알려졌다. 이들은 CCTV에 노출되지 않게 외국인을 고용하거나 대포차를 이용하여 교통사고를 내거나 흉기로 찔러 살해할 계획을 세우고 이를 추진하던 중 검거되었다. 이 사건으로 사주한 김○○은 필로폰 제조혐의를 포함해 징역 9년, 김○○으로부터 2천5백만 원을 선수금으로 받고 암살을 준비하던 박○○은 2016년 항고심에서 징역 5년을 선고받았다.

9) 김정남 암살사건

북한이 김정은의 이복형인 김정남(47)을 말레이시아에서 암살한 사건이다. 북한은 2017년 2월 13일 말레이시아 쿠알라룸푸르 국제공항에서 마카오로 출국하려고 공항에 왔던 김정남을 암살했다. 김정남은 아버지 김정일과 어머니 성혜림 사이에서 태어났으며, 김정남의 동생으로는 김정철과 김정은 및 김여정 자매가 있다. 김정남은 김정은이 후계자로 지정되자 해외에 체류해 왔으며 북한의 3대 세습체제에 비판적인 시각을 가지고 있어 김정은 정권에 위협이 될 것으로 판단하여 제거한 것으로 보인다.

범행 과정은 사전포섭한 외국인 여성 2명에게 화학무기로 사용되는 신경작용제 VX를 김정남의 얼굴에 바르고 도주하는 테러로 자행되었다. 김정남은 의식을 유지한 채로 고통을 호소하다가 곧 의무실에서 의식을 잃었고 병원으로 이송되던 구급차 안에서 사망했다. 김정남을 공격한 두 여성은 말레이시아 경찰에 체포되었다. 이들은 인도네시아 국적의 20대 여성 시티 아이샤와 베트남 국적의 20대 여성 도안티흐엉으로 밝혀졌다. 그러나 이들을 사주한 것으로 알려진 북한인 이재남(59), 이지현(35), 홍종학(36), 오종길(57) 등의 용의자 4명은 사건 직후 출국해 북한으로 도주함으로써 정확한 사건의 실체를 밝힐 수 없게 되었다. 두 여성은 경찰 조사에서 보수를 받고 "몰래카메라 방송을 촬영하는 것으로 알고 연기를 했다."고 주장하여 이후 석방되었다.

이후 알려진 비에 따르면 북한인 홍종학과 이지현은 자폭테러조로 외국인 여성들이 실패할 경우에 대비하여 폭탄을 지니고 대기하고 있었던 것으로 알려져 있다. 김정남 암살사건은 외국인을 고용하여 테러 주체로 위장하고 화학무기 제조에 사용되는 화학작용제를 사용하는 등 북한 정권이 직접 개입하여 기획한 반인륜적 테러사건이다.

10) 서해 표류 민간인 학살사건

2020년 9월 24일 국방부가 서해 북방한계선(NLL) 인근 해상에서 어업지도 업무를 하다 돌연 실종된 해양수산부 소속 공무원이 북한 측의 총격을 받고 숨졌다고 밝혔다. 어업지도선인 '무궁화 10호'에 승선하여 서해상으로 어업지도를 나갔던 해양수산부 소속 공무원 이대준(47) 씨는 9월 21일 오전 11시 30분경 연평도 인근 해상의 배 위에서 사라졌다. 이때부터 해상에 머물렀을 것으로 추정되는 이 씨는 22일 오후 3시 30분쯤 북한 해역에서 북측 수상사업소 선박에 의해 발견되었다. 그러나 이 씨는 구조되지 못하고 그대로 바다 위에 있었다.

어업지도선 무궁화 10호

이 씨는 그 뒤로도 6시간을 해상에 방치되었다가 북측으로부터 밤 9시 40분께 피격되어 살해된 것으로 판단된다. 국방부 발표에 의하면 북측은 이 씨의 시신에 기름을 부어 불태우고 이 씨의 시신은 수습하지 않고 바다에 유기하는 만행을 저지른 것으로 알려졌다. 이유가 어떠하든 해상에서 표류하고 있는 비무장 상태의 민간인을 구조하지 않고 살해 후 시신을 유기한 것은 비인도적인 만행이다. 유엔해양법 협약(제98조)은 모든 국가는 자국 선박에 심각한 위협이 되지 않는 한 "바다에서 조난 위험에 빠진 어떤 인명에도 도움을 제공해야 한다." 그리고 "곤경에 처한 사람에게는 가능한 즉각적인 구조를 진행해야 한다."고 명시되어 있다. 따라서 북한의 행위는 명백한 국제법 위반이며 우리 국민을 바다 위에서 사살한 것은 명백한 도발 행위이다.

유엔은 북한의 해양수산부 공무원 사살을 "국제인권법 위반"으로 규정하고 경위 파악을 촉구했다. '토마스 오헤아 퀸타나' 유엔 북한인권 특별보고관은 10월 30일 자유아시아 방송에 "신종 코로나바이러스 감염증으로 인한 위기 상황이라고 해도 '발견 즉시 사살' 정책은 정당화될 수 없다."며 "이는 국제인권법 위반 행위이며, 북한 당국은 이 정책을 즉각 중단해야 한다."고 촉구했다. 청와대도 이에 대해 "충격적인 사건으로 매우 유감스럽다."며 "어떤 이유로도 용납될 수 없다."고 밝혔다. 그리고 "북한은 이번 사건에 대한 모든 책임을 지고, 그 진상을 명명백백히 밝히는 한편, 책임자를 엄중 처벌해야 한다."는 성명을 발표하였다.

그러나 이에 대해 북한은 처음에는 9월 25일 조선노동당 중앙위원회 통일전선부 명의의 통지문을 보내 김정은 동지도 "우리 측 수역에서 불미스런 일이 발생하여 문재인 대통령과 남녘 동포들에게 커다란 실망감을 준 데 대해 미안하게 생각한다."며 사과 의사를 표명하였다. 그러나 이후 이번 사건은 "남측이 자기 측 주민을 제대로 관리 통제하지 못해 일어난 사건!"이라며 책임을 한국 정부에 전가했다.

5. 미사일 및 핵무기 개발과 도발

가. 북한의 미사일 및 핵무기 개발

1) 미사일 개발

1980년대에 북한은 무력 남침을 위해 김일성이 소련을 수차 방문하여 무기를 도입하는 등 재래식 전력의 육성을 계속하였다. 그러나 남북의 국력 격차가 점점 더 벌어지고, 한미연합 전력에 대해 재래식 전력의 질적인 우위를 점하는 데는 한계가 있음을 인식하고 본격적으로 비대칭전력의 육성에 나서기 시작하였다.

이후 북한은 비대칭전력의 핵심을 핵과 미사일에 두고 이 두 가지 전력을 개발하는 데 주력해 왔다. 북한은 절대적 영향력을 행사하던 김일성이 1994년에 사망하고, 김일성 사후 3년여 동안 김정일이 국방위원장과 인민군 최고사령관 직위로 북한을 통치하는 비정상적인 군부 의존적 위기관리체제를 거치게 되었다.[164] 그리고 북한은 모든 정책 목표를 '주체사상'[165]을 더욱 공고히 하는 데 주력하면서 공산권의 몰락에도 불구하고 '우리식 사회주의'를 계속 고수하면서 핵과 미사일 개발에 매진하였다.

북한은 핵탄두 개발과 핵탄두의 장거리 투발 수단인 미사일 개발에 사활을 걸고 이를 완성하기 위해 노력해 왔다. 북한의 미사일 연구 개발은 내부적으로 은밀하게 1970년대부터 시작하였으나 미사일 개발이 본격화한 것은 1980년대이다. 북한은 1970년대 이집트에서 도입한 소련제 스커드 미사일[166]을 역설계 방식으로 개발하였으며, 1983년 미사일 생산 공장을 건설하고 1984년 4월 자체 생산한 스커드 B 미사일을 최초로 시험발사하였다. 이후 1988년에 사거리 300km의 스커드 B 미사일을 작전 배치하였고, 스커드 B

---

[164] 북한은 이 시기에 김일성 사망으로 인한 권력의 구심점 상실, 그리고 심각한 경제난과 외교적 고립에도 불구하고 김일성을 '영원한 주석'으로 추대하여 그 권위와 후광을 활용하는 '유훈통치'를 3년여 동안 실시하였다.

[165] 주체사상은 김일성이 마르크스, 레닌주의와 유교사상을 섞어서 내놓은 정치철학으로 표면적으로는 인간이 모든 것의 주인이며 모든 것을 결정한다는 인본주의를 이론적 기초로 내세운다. 1967년 12월 최고인민회의에서 김일성은 주체사상에 입각한 대외정책의 기본방침으로 정치에서의 자주, 경제에서의 자립, 국방에서의 자위를 중심내용으로 제시하고 이를 통해 김일성 지배체제를 한층 강화하는 수단으로 삼았다.

[166] 스커드 미사일은 구소련에 의해 개발된 지상전투지원용 미사일 시리즈 이름이다. 사거리는 300~500km이다. 북한에서는 스커드 B를 화성 5호, 스커드 C를 화성 6호라고 부른다. 미국에서는 스커드 B를 KN-03, 스커드 C를 KN-04로 호칭한다.

미사일의 탄두 중량을 985kg에서 500kg으로 줄이고 사거리를 500km로 늘린 스커드 C 미사일도 생산하여 작전 배치하기 시작하였다. 이어서 장거리탄도미사일 개발도 추진하여 1990년 5월에는 노동 미사일[167]을 최초로 시험발사하였으며, 1998년 8월 31일에는 '광명성 1호' 위성의 시험발사라고 주장하면서 대륙간탄도미사일인 대포동 1호 미사일을 발사하기에 이르렀다.

〈표 32〉 북한의 미사일 개발 일지

일자	개발 일지
1984.04.	○ 스커드 B 미사일 최초 시험발사
1986.05.	○ 스커드 C 미사일 시험발사
1988.?.	○ 스커드 B/C 작전 배치
1990.05.	○ 노동 미사일 최초 시험발사
1991.06.	○ 스커드 C 미사일 발사
1993.05.29.	○ 노동 미사일 시험발사
1998.	○ 노동 미사일 작전 배치
1998.08.31.	○ 대포동 1호 미사일 시험발사(북측: 위성 발사 주장)
1999.09.24.	○ 미사일 시험발사 유예 선언 2001년 5월 김정일 2003년까지 한시적 유예 확인
2006.07.05.	○ 대포동 2호 미사일 시험발사(1단 로켓 분리 실패) - 노동 및 스커드 미사일 동시 발사

2) 핵무기 개발

북한은 1950년대 후반 핵 개발의 토대를 구축하고자 소련과의 원자력 협력을 통해 영변 지역에 농축우라늄을 원료로 사용하는 IRT-200 원자로 건설을 추진하여 1965년부터 가동하기 시작하였다. 1970년대에는 원자력 개발에 대비하여 대대적으로 전문인력을 양성하였고, 1980년대에는 본격적인 핵 개발 계획을 수립하여 추진하기 시작한 것으로 알려져 있다. 1980년대 북한은 영변 핵시설의 5MW급 원자로를 가동한 후 폐연료봉 재처리를 통해 핵물질을 확보하였고, 이를 기반으로 2006년부터 핵실험을 추진하기 시작하였다.

---

[167] 노동 미사일은 소련의 R-21 미사일을 개량한 것으로 추정되는 미사일로 사거리는 1,300~1,800km이다. 북한에서는 노동 미사일을 화성 7호라 부르고 미국에서는 KN-05라 부른다.

북한은 1985년 핵확산금지조약(NPT)에 가입하였다가 핵무기 개발을 본격화한 이후인 1993년 NPT 탈퇴를 선언하여 1차 핵 위기가 찾아왔다. 그러나 북미 간에 1994년 10월 제네바합의를 통해 NPT 탈퇴를 유보하고 1994년 11월 1일 핵 활동 동결을 선언하는 등 시간 끌기에 돌입하였다. 이후 북한에 대한 경수로 건설 및 중유 제공 등을 합의하에 추진했으나 당사국들의 이해관계가 상충되어 이행이 순조롭지 못하게 되었다. 그리고 미국의 부시 대통령이 9·11테러의 영향과 북한의 우라늄 핵개발 프로그램을 인지하고 2002년 1월 북한을 '악의 축'으로 지정하면서 북미관계는 결국 파국을 맞았다. 그러자 북한은 2002년 12월 12일 핵 동결 해제를 발표했으며 2003년 1월에는 NPT 탈퇴를 선언하였다.

북한은 2005년 2월 10일에 핵무기 보유를 공식 천명하였으며, 5월 11일에는 영변원자로에서 폐연료봉 8,000개를 인출하겠다고 발표하였다. 동북아에 핵 위기가 현실화하자 2005년 9월 19일 베이징에서 6자회담[168] 당사국이 모여서 '9·19공동선언'을 채택하였다.

> **TIP ▶▶ 9·19공동선언의 요지**
>
> 북한이 핵무기를 포기하는 대가로 북한의 안전을 보장하고 에너지를 지원한다는 것을 주요 내용으로 하며, 북한은 모든 핵무기와 현존하는 핵 프로그램을 포기하기로 약속했고, 이른 시일 내에 핵확산금지조약(NPT)과 국제원자력기구(IAEA)로 복귀할 것을 약속했다.

그러나 북한은 처음부터 이를 지킬 생각이 없었다. 북한은 이미 내부적으로 핵무기 보유 의지가 굳건하였고 절대 포기할 수 없다는 전략을 채택하고 있었기에 6자회담을 통해 국제사회의 제재를 일정 기간 회피하면서 핵무기 개발을 위한 시간을 확보하려 한 것이다. 그러다가 2006년에 들어와 핵실험 준비가 완료되자 한미군사연습 등을 빌미로 2006년 7월 5일 대포동 2호 미사일을 시험발사함으로써 '9·19공동선언'을 무시하는 행동을 취하여 미국과 국제사회를 자극하였다. 그러자 7월 15일 유엔 안보리 결의안이 채택되기에 이르렀고, 북한은 급기야 이를 구실로 2006년 10월 9일 풍계리에서 1차 핵실

---

[168] 북핵 문제 해결을 위해 한반도 주변의 한국, 북한, 미국, 중국, 러시아, 일본 등 6개국이 참가하는 다자회담이다. 2003년 8월부터 2007년 9월까지 여섯 번 회담이 열린 후 유명무실한 상태다.

험을 감행하기에 이르렀다.

북한의 핵 개발 경과는 다음과 같다.

〈표 33〉 북한의 핵 개발 일지

일정	개발 경과
1985.12.12.	북한 핵확산금지조약(NPT) 가입
1991.12.31.	남북 한반도 비핵화 공동선언 합의
1993.03.12.	북한 NPT 탈퇴 선언
1994.10.21.	미·북 제네바 합의
1994.11.01.	북한 핵 활동 동결 선언
2002.12.12.	북한 핵 동결 해제 발표
2003.01.10.	북한 NPT 탈퇴 선언
2005.02.10.	북한 핵무기 보유 선언
2005.05.11.	북한 영변원자로에서 폐연료봉 8,000개 인출 발표
2005.09.19.	6자회담서 9·19공동성명 채택(북 핵무기와 현존 핵 포기)
2006.10.09.	북한 1차 핵실험(풍계리 핵실험장)

나. 북한 핵 및 미사일의 진화

북한은 주체사상과 선군사상으로 대표되는 '김일성-김정일주의'를 이념적 기반으로 노동당 일당 독재체제를 고수하면서 2000년대 이후에도 한반도 적화통일이란 전략목표를 지속해서 추구하고 있다. 무엇보다도 북한은 핵무기 개발을 위해 2006년 10월 1차 핵실험을 실시한 이후 2017년 9월에 6차 핵실험까지 강행하였다. 이러한 핵실험을 통해 북한은 핵무기를 보유하였으며 핵탄두의 소형화와 경량화를 달성하는 데 주력하고 있다. 그리고 수차례 폐연료봉 재처리를 통해 핵무기 원료인 플루토늄 약 50kg 이상을 보유하고 있는 것으로 추정되며 별도로 고농축 우라늄 프로그램도 상당 수준까지 도달한 것으로 판단되고 있다.

북한은 국제사회의 반대와 제재에도 불구하고 핵능력의 고도화를 통해 대외적으로 핵보유국 지위를 확보하면서 이를 통해 세습 독재정권의 체제 유지와 생존을 보장받으려 하고 있다. 여기에 2011년 12월 김정일이 사망하고 이후 등장한 김정은 정권은 그 폭력성과 잔악성이 더욱 심화하여 더 큰 우려를 낳고 있다. 2012년 4월 공식적으로 권력 승계절차를 마무리한 김정은 정권은 약화한 당의 기능을 정상화하고 당·군·정 지도부 세대교체를 통해 권력을 공고히 하는 데 주력했다. 김정은 정권은 2013년부터 '핵·경제 병진노선'을 추구하면서 국제사회의 인권 개선노력과 경제 제재에도 불구하고 핵과 미사일을 통한 무력시위와 군사 도발을 계속하였다.

그리고 대포동 미사일을 계속 개량하여 미 대륙을 위협하는 ICBM을 시험발사하면서 핵탄두의 투발수단으로 ICBM을 개발하고 있다는 것을 만천하에 알렸다. 그리고 여기에 추가하여 IRBM(중거리탄도미사일)과 SLBM(잠수함발사탄도미사일)까지 개발하여 시험발사하고 있으며, 2017년 9월까지 핵실험도 6차까지 진행하면서 핵탄두 개량과 소형화에 매진하여 상당한 진전을 보인 것으로 알려져 있다.

결국에 북한은 ICBM 개발로 미국 본토 공격능력을 갖췄다고 자랑하면서 주한미군을 지원하는 괌 기지에 대한 타격 위협과 일본을 통과하여 태평양에 미사일을 발사하는 이른바 '태평양 작전'을 시작하였다면서 미국을 비롯한 주변국과 우리를 위협하였다. 2017년 11월 29일 화성-15형 장거리미사일 고각 발사에 성공한 뒤 김정은은 "이번 미사일 발사로 초대형 핵탄두 장착이 가능한 완결단계의 로켓 발사에 성공하였다."고 강조하면서 동시에 핵탄두를 장착하여 미국을 공격할 수 있는 능력을 갖추었다면서 "국가 핵무력 완성"을 대내외에 선포하기에 이르렀다. 따라서 북한은 핵무기 개발과 전략 미사일 개발을 완료한 것으로 보이며 핵보유국으로서의 위치를 확보하였다고 평가되고 있다.

유엔은 북한의 미사일 발사에 대해 "탄도미사일 기술을 이용한 어떠한 추가 발사도 금지"하고 미사일 활동의 전면 중단을 요구하는 유엔 안보리 결의안 1695호(2006. 7. 15)를 채택하였다. 그럼에도 북한은 미사일 개발과 시험발사를 멈추지 않고 있으며, 계속된 유엔 안보리의 대북 제재 결의안도 무시하고 최근 들어와서는 발사 빈도와 횟수를 더욱 증가시켰다. 특히, 김정은은 "미사일로 전국을 수림(樹林)화 하라!"고 지시하고 수시로 미사일 시험발사를 추진하면서 발사현장을 일일이 찾아다니며 관계자를 격려하는 등의 행보를 보여왔다.

> **TIP ▶▶ 미사일이란?**
>
> 일반적으로 미사일은 탄도미사일(Ballastic Missile)과 순항미사일(Cruise Missile)로 구분한다. 탄도미사일은 발사 후 80~1,000km까지 최대고도까지 올라갔다가 목표물을 향해 포물선을 그리며 낙하하는 미사일로 로켓엔진을 사용하며, 순항미사일은 발사 후 일정 고도(100~300m)에 이르면 곡선으로 수평 비행을 하다가 이후 목표물 주위에서 다시 고도를 낮추어 타격하는 방식으로 제트엔진을 사용한다.
>
> 탄도미사일은 사거리와 전략적 목표물 타격능력에 따라 ICBM, IRBM, SRBM으로 구분한다. ICBM(대륙간탄도미사일, Inter-Continental Ballistic Missile)은 한 대륙에서 다른 대륙까지 쏠 수 있는 초장거리미사일로 사거리가 5,500km 또는 3,500마일 이상인 탄도미사일로, 주로 핵탄두를 탑재하기 위한 것이다. 현재 개발된 ICBM은 사정거리가 보통 1만km 이상이고, 고체연료 로켓엔진과 초정밀 유도체제를 가지고 있으며 탄도의 궤적이 대기권 밖의 고고도로 발사되었다가 내려올 때 가속되어 미사일 방어망으로는 방어가 어려운 측면이 있다. ICBM은 적의 군사적, 경제적 기반을 공격하는 전략무기체계의 하나로 핵탄두를 장착하여 먼 거리에 있는 적의 시설을 공격한다. 전략핵무기 중에서도 발사 준비에 걸리는 시간이 짧고 위력적인 것이 대륙간탄도미사일의 특징이다.
>
> 전략탄도미사일 중에서 사거리가 5,500km 이내로 ICBM보다 좁은 범위를 공격하는 미사일은 'IRBM(중거리탄도미사일, Intermediate-Range Ballistic Missile)'이라고 하고, 사거리가 1,000km 이하인 것을 'SRBM(단거리탄도미사일, Short-range ballistic missile)이라 한다. 특별히 잠수함에서 발사하는 미사일은 'SLBM(잠수함발사탄도미사일, Submarine-Launched Ballistic Missile)'이라고 부른다.
>
> 순항미사일의 종류에는 공대지, 공대공, 함대지, 함대함, 잠대함, 잠대지 등 발사 주체와 용도에 따라 여러 종류가 있다. 이 중 미국이 개발하여 운용 중인 토마호크 미사일은 이라크 전쟁 등 많은 전쟁에서 많이 사용되어 유명해졌다.

유엔과 국제사회의 제재에도 불구하고 북한이 핵과 미사일 도발을 멈추지 않고 있는 이유는 대략 다음 세 가지 측면으로 요약할 수 있다.

첫째, 남북관계에서 전략적 우위를 확보와 남남갈등을 유도하기 위해서이다. 북한은 남한의 우세한 국력과 한미연합전력에 대한 열세를 만회하고, 핵사용 공갈 위협으로 남북관계에서 주도권을 확보하려고 하고 있다. 또한, 미군 철수나 사드 배치를 반대하는 세력 등을 부추겨 남남갈등을 더욱 고조시키고자 한다.

둘째, 대외적으로 미국과 협상카드화를 통한 체제 안전 보장과 경제적 보상 추구를 위해서다. 북한은 미국과 협상을 통해 핵보유국 지위는 유지하면서 핵감축을 무기로 유엔의 대북 제재 결의를 해제시키고 경제적 보상을 요구하고자 한다. 그리고 핵보유국으로서 북미관계를 정상화하고 평화협정 체결에 대한 유리한 위치를 확보하면서, 핵 공갈과 장거리탄도미사일 발사를 통해 한미관계를 이간시키려 하고 있다.

셋째, 대내적으로는 핵과 장거리미사일 개발에 대한 김정은의 치적을 선전하면서 북한 내부결속을 강화하고 독재체제를 유지하려는 속셈을 가지고 있다. 따라서 북한은 핵과 장거리미사일을 더욱 고도화하고자 주력하고 있으며 핵보유국이라는 유리한 위치에서 차후 감축 협상을 통해 실리를 챙기려는 속셈으로 정치적 목적이 달성될 때까지 유사한 도발을 이어가고 있다.

다. 핵과 미사일 도발

1) 2017년 이전 미사일 도발

북한은 1970년대부터 탄도미사일 개발에 착수하여 1980년대 중반 사거리 300km의 스커드 B와 500km의 스커드 C를 배치하였다. 북한의 미사일 종류와 명칭은 북한식 명칭이 있고, 미군은 새로운 미사일 발견 시마다 'KN'으로 시작하는 코드를 붙여 명명한다. 우리는 처음에는 북한이 미사일을 발사한 지명을 따라 노동, 대포동 등으로 불렀다가 최근에는 미국식 코드를 사용하고 있다.

〈표 34〉 북한 미사일 종류 및 제원

구분	사거리	탄두 중량(kg)	비고
스커드 B/C	300 / 500	1,000 / 700	작전 배치
스커드 ER	1000	500	작전 배치
노동	1,300	700	작전 배치
무수단	3,000 이상	650	작전 배치
대포동 2호	10,000 이상	500~1,000	시험발사
북극성 2호	1,300	650	시험발사
화성-12형	5,000	650	시험발사
화성-15형	10,000 이상	1,000	시험발사

북한은 전략군인 화성포병부대에서 운용하는 미사일에 '화성'이란 명칭을 사용하고 2016년 시험발사에 성공한 SLBM에는 '북극성'이란 명칭을 사용하고 있다. 1990년대 후반에는 사거리 1,300km의 노동 미사일을 배치했고, 2007년 사거리 3,000km 이상의 무수단 미사일을 배치한 것으로 알려졌다. 이어서 미국 본토를 목표로 하는 장거리미사일 개발을 위해 1998년 대포동 1호를 시험발사했고, 이후 이를 계속 개량 발전시키고 있다.

북한은 2012년 이후 ICBM급의 KN-08과 KN-14 등을 대외적으로 공개하였다. 그리고 2015년 5월 이후에는 잠수함발사탄도미사일(SLBM)까지 개발하여 시험발사까지 하였다. 2016년 3월 이후에는 다양한 투발능력을 과시하기 위해 미사일 탄두의 대기권 재진입 기술, 고체 로켓엔진 시험, ICBM 엔진 지상분출 시험 등을 지속하였다. 2017년에는 다양한 단거리미사일을 발사하였으며, 5월과 8월 및 9월 세 차례에 걸쳐 중장거리탄도미사일(IRBM)인 화성-12형을 발사하였다.

북한의 미사일 발사는 김정은 집권 이후에 급격하게 증가하고 있고 그 주기도 짧아지고 있으며, 미국을 겨냥한 탄도미사일 개발과 전력화에 집중하고 있다는 특징이 있다. 김정일이 집권한 기간에 미사일은 9차례에 걸쳐 16발을 발사했다. 그러나 김정은은 이보다 훨씬 많은 62발(2012년 2발, 2014년 13발, 2015년 2발, 2016년 24발, 2017년 16회 21발)을 발사하였다. 심지어 2017년 김정은이 1년간 발사한 미사일은 16회 21발로 김정일이 집권한 전체 기간에 발사한 미사일보다도 더 많았다. 특히, 2017년 5월 10일 문재인 정부가 출범하여 남북대화를 통해 문제 해결을 제의하였음에도 불구하고 이후에도 10회 12발을 발사하였다.

북한의 장거리 탄도미사일 시험발사는 1998년 8월 31일 광명성 1호 발사부터 시작되었다. 이때는 북한이 인공위성을 시험발사한다고 선전하면서 실제로는 장거리미사일을 시험하였다. 이후 2009년 2월 24일 광명성 2호, 2012년 4월 13일 광명성 3호, 2016년 2월 7일 광명성 4호를 발사하였다. 그러나 최근에는 인공위성이라 하지 않고 노골적으로 대륙간탄도미사일을 개발하고 있다고 선전하며 미국 본토까지 사격할 수 있다고 위협하였다.

2017년 5월 14일에는 사거리 2,700~5,600km의 화성-12형 중거리탄도미사일(IRBM)을 고각으로 시험발사(최고고도 2,111km, 비행거리 787km)하였다. 그리고 8월에는 '괌

화성-12형 발사

포위사격 방안'으로 미국을 위협하였고, 결국 8월 29일에는 괌을 실제 타격할 수 있다는 것을 증명하듯 화성-12형 IRBM을 정상각도로 발사(최고고도 550km, 비행거리 2,700km)하였다. 이 미사일은 지금까지 발사장소와는 다르게 인구 밀집 지역인 평양 순안 비행장에서 발사되었다.

2017년 7월 4일에는 평북 방현에서 ICBM인 화성-14형 1발을 발사(최고고도 2,802km, 비행거리 933km)하였고 북한은 사정거리가 6,400km라고 발표하였다. 7월 28일에도 자강도 무평리에서 화성-14형 1발을 발사(최고고도 3,700km, 비행거리 1,000km)하는 등 두 차례에 걸쳐 ICBM의 성능개량을 위한 시험발사를 시도하였다.

9월 15일에도 북한은 순안 비행장에서 화성-12형 IRBM으로 추정되는 미사일을 태평양으로 정상각도로 다시 발사(최고고도 770km, 비행거리 3,700km)하였다. 이번에는 언제든지 주일 미군과 괌 기지를 타격할 수 있는 능력을 과시하기 위해 평양에서 괌까지의 거리(3356.7km)를 훨씬 초과하는 사거리를 나타냈다. 자신들이 주장하던 '괌 포위사격' 능력과 '태평양 군사작전' 능력을 시현한 것이다.

2017년 11월 29일에는 화성-15형으로 불리는 ICBM을 또다시 시험발사하였다. 이 미사일은 새벽 시간에 평남 평성에서 동해로 기습 발사되었으며, 최고고도 4,475km에 950km를 비행하였다. 전문가들은 이 미사일이 사정거리 13,000km로 미국 전역을 위협할 수 있는 수준이라고 추정하고 있다. 북한은 이 미사일 발사 후에 "이번 미사일 발사로 이제 초대형 핵탄두 장착이 가능한 완결단계의 로켓 발사에 성공하였다."고 강조하였다. 그리고 이어서 북한의 김정은은 국가 핵무력 완성을 대내·외에 선포하였다. 전문가들의 평가에 의하면 미사일의 대기권 재진입기술은 여전히 의문이지만 나머지 분야에서는 대륙간탄도미사일 개발에 대체로 성공한 것으로 평가하고 있다.

<표 35> 북한 주요 미사일 도발 일지

일자	미사일 도발 내용
1998.08.31.	○ 대포동 1호 미사일 시험발사(북한 광명성 위성 주장)
2006.07.05.	○ 대포동 2호 미사일 시험발사(1단 로켓 분리 실패)
2009.02.24.	○ 대포동 2호(광명성 2호) 미사일 발사
2009.04.05.	○ 개량형 대포동 2호(광명성 2호) 미사일 발사
2012.04.13.	○ 대포동 2호(광명성 3호) 미사일 발사
2014.03.26.	○ 노동 미사일 2발 발사
2015.05.08.	○ SLBM(잠수함발사 탄도탄) 시험발사
2016.01.08.	○ SLBM(잠수함발사 탄도탄) 시험발사
2016.02.07.	○ 대포동 2호(광명성 4호) 미사일 발사
2016.04.09.	○ 동창리서 신형 ICBM 엔진 분출 시험 공개
2016.04.15.~10.20.	○ 무수단 미사일(IRBM) 6회 8발 시험발사(실패)
2017.02.12.	○ 북극성-2형(SLBM) 발사
2017.05.14.	○ 화성-12형(IRBM) 발사: 고도 2,111km/비행 787km
2017.05.21.	○ 북극성-2형(SLBM) 발사
2017.07.04.	○ 화성-14형(ICBM) 고각 발사: 고도 2,802/비행 933km
2017.07.28.	○ 화성-14형(ICBM) 고각 발사: 고도 3,700/비행 1,000km
2017.08.29.	○ 화성-12형(IRBM) 1발 발사: 고도 550/비행 2,700km
2017.09.15.	○ 화성-12형(IRBM) 발사: 고도 770/비행 3,700km
2017.11.29.	○ 화성-15형(ICBM) 고각 발사: 고도 4,475/비행 950km

2) 2018~2020년 미사일 도발

북한은 2017년 11월 화성-15형 미사일 발사에 성공하였다고 발표한 후 국가 핵무력 완성을 선포하였으며, 2018년에는 '핵·경제 병진노선'에서 '경제 집중노선'으로 전환하였다. 그리고 2018년 두 번에 걸친 남북정상회담 등 화해 무드 조성으로 미사일 도발은 잠시 중단했다가 2019년 미국과의 하노이 정상회담이 결렬된 뒤부터 다시 미사일 발사를 재개하였다. 이때부터 북한은 모든 탄도미사일 발사는 유엔 안보리 결의에 위배된다는 사실을 의식하여 탄도미사일을 발사하고도 신형유도무기를 발사했다거나 초대형 방사포를 사격했다고 거짓 발표를 일삼았다.

북한이 2019년 미사일 발사를 재개한 뒤 2020년까지의 탄도미사일 발사 도발 행위는

〈표 36〉에서와 같다.

우리 국방부에서 발간하는 《국방백서》는 2020년 4월 14일이나 7월 5일 등에 수차례 발사한 것과 같은 순항미사일 발사 행위는 탄도미사일이 아니어서 그런지 미사일 발사 일지에도 포함하지 않고 있다. 그러나 모든 미사일훈련 프로그램도 도발 행위로 간주하고 있는 유엔 안보리 결의 위반이다.

〈표 36〉 2018년 이후 미사일 도발 일지

일자	미사일 도발 내용
2019.05.04.	○ 함남 호도반도 차륜형 SRBM(북 주장, 진술유도무기) 발사
2019.05.09.	○ 평북 구성 궤도형 SRBM(북 주장, 화력타격수단) 발사
2019.07.25.	○ 함남 호도반도 차륜형 SRBM(북 주장, 전술유도무기) 발사
2019.07.31.	○ 강원 원산 미상 미사일(북 주장, 대구경조종방사포) 발사
2019.08.02.	○ 함남 영흥 미상 미사일(북 주장, 대구경조종방사포) 발사
2019.08.06.	○ 황남 과일 차륜형 SRBM(북 주장, 신형전술유도탄) 발사
2019.08.10.	○ 함남 함흥 SRBM(북 주장, 새 무기) 발사
2019.08.16.	○ 강원 통천 SRBM(북 주장, 새 무기) 발사
2019.08.24.	○ 함남 선덕 차륜형 SRBM(북 주장, 초대형 방사포) 발사
2019.09.10.	○ 평남 개천 차륜형 SRBM(북 주장, 초대형 방사포) 발사
2019.10.02.	○ 강원 문천 인근 해상 SLBM(북 주장, 북극성-3형) 발사
2019.10.31.	○ 평남 순천 차륜형 SRBM(북 주장, 초대형 방사포) 발사
2019.11.28.	○ 함남 연포 차륜형 SRBM(북 주장, 초대형 방사포) 발사
2020.03.02.	○ 강원 원산 차륜형 SRBM(북 주장, 방사탄) 발사
2020.03.09.	○ 함남 선덕 차륜형 SRBM(북 주장, 전선장거리포) 발사
2020.03.21.	○ 평북 선천 SRBM(북 주장, 전술유도무기) 발사
2020.03.29.	○ 강원 원산 궤도형 SRBM(북 주장, 초대형 방사포) 발사

* 국방부, 《2020 국방백서》 참고 재작성

2018년 두 번에 걸친 남북정상회담과 북미회담 등으로 인해 이 시기 북한은 미사일 발사를 자제하였다. 그러다가 거의 1년 6개월 만인 2019년 5월 4일 미사일 발사를 재개하였다. 5월 4일 발사한 단거리미사일은 원산 호도반도에서 발사되었으며 이 중 1발은 240여 km를 비행하였다. 이 미사일 발사를 두고 국방부와 청와대에서는 처음엔 발사체니 유도체니 하는 등 탄도미사일이란 명칭 사용을 자제함으로써 북한의 미사일 도발이 아닌 쪽으로 평가하려는 모습이 역력하였다. 이는 어떻게든 대화국면을 지속적으로 이어가려는 우리 정부의 노력이 반영된 것으로 보인다.

그런데 북한의 도발은 우리 정부의 도발 중지 바람에도 불구하고 5월 9일에도 이어졌다. 이번에는 평북 구성 지역에서 미사일 2발이 발사되어 1발은 270km, 1발은 420km 정도를 비행한 것이다. 북한은 미사일 발사 후 "대경량 다연장로켓과 전술유도무기의 운용능력을 점검하기 위한 타격훈련"이라고 보도하였다. 그러나 북한이 공개한 발사장면을 분석한 전문가들은 북한이 이론상 핵탄두를 탑재할 수 있는 보다 진보된 형태의 단거리탄도미사일을 시험발사했을 가능성에 무게를 두고 있다.

한동안 잠잠하던 북한은 2019년 7월 25일 05:34과 05:57에 또다시 미사일 2발을 발사했다. 이번에도 원산 호도 지역에서 동해로 이동식발사대를 이용하여 발사하였는데 우리 군은 처음에는 1발은 430km, 1발은 690km를 비행한 것으로 판단했다가 다음날 2발 모두 비행거리를 600km로 수정 발표하였다. 이 미사일은 북한판 이스칸데르 미사일로 알려졌으며, 일반적인 탄도미사일의 곡선 비행 궤적이 아니라 레이더 상실고도 이하에서 '풀업기동(하강단계에서 수평기동 비행)'을 함으로써 초기에 판단한 비행거리와 차이가 있었다고 하였다. 김정은은 이를 참관하고 "방어가 어려운 저고도 활공 도약형 비행체"라고 표현하며 만족해했다. 이 미사일은 최고고도 50km에서 하강하면서 18~20km에서 활강 비행한 뒤 마지막 하강단계에서 급상승하여 80~90도 각도로 표적에 내리꽂히는 궤적을 보임으로써 아군의 패트리어트 미사일과 사드 요격체계를 회피하기 위한 것으로 평가된다.

그리고 북한은 7월 31일 이번에는 원산 갈마반도 일대에서 2발을 발사하였다. 이번에 발사된 미사일은 250km를 비행하였다. 이에 대해 북한은 김정은이 "새로 개발한 신형 대구경 조종방사포 시험사격을 지도하였다."고 8월 1일 보도하여 미사일이 아닌 신형 방사포임을 주장하였다. 이어서 이틀만인 8월 2일 새벽에는 함경도 영흥 지역에서 미사일 2발을 기습적으로 또 발사하였다. 합동참모본부는 "오늘 새벽 북한이 함경남도 영흥 일대에서 2회(2시 59분, 3시 23분)에 걸쳐 동해상으로 미상 단거리발사체를 발사했다."고 밝혔다. 이어진 분석 결과 발표에서는 이 발사체가 최대속도 마하 6.9를 기록하였으며, 고도는 25km로 추정되고 비행거리는 220km로 탐지되었다고 공개했다. 이날 발사체는 이틀 전 합참이 '신형 단거리탄도미사일'(북한 매체는 '신형 대구경 조종 방사포'

라고 발표)이라고 밝힌 발사체들과 비행특성이 유사한 것으로 알려졌다. 8월 2일 발사에 대해 청와대에서는 이틀 전 합참의 발표와 유사한 신형 단거리탄도미사일로 판단된다고 발표하였다.

이어서 8월 6일에는 황해도 과일에서, 8월 10일에는 함경도 함흥에서, 8월 16일에는 강원도 통천에서 동해로 단거리미사일 각 2발을 발사하였다. 8월 6일 발사한 미사일은 약 450km, 8월 10일 발사한 미사일은 약 400km, 8월 16일 발사한 미사일은 약 230km를 비행하였다. 북한이 8월에 발사한 미사일은 8월 11일부터 20일까지 진행된 후반기 한미연합지휘소훈련에 대한 무력시위 성격이 강한 것으로 보인다. 실제로 북한은 노동신문이나 조선중앙통신을 통해 "남조선군부 호전세력은 우리의 거듭된 경고에도 불구하고 최신 무장장비 도입에 기승을 부리며 한편으론 전쟁연습 소동을 끊임없이 벌이며 정세악화를 부추겼다. 그 어리석은 행위 대가를 뼈저리게 치르게 될 것", "우리를 상대로 불장난질을 해볼 엄두도 못 내게 만드는 것이 확고한 의지다." 등으로 보도하고 있다.

북한은 한미연합훈련이 종료된 이후인 8월 24일에도 함경남도 선덕 일대에서 다시 미상의 미사일 2발을 발사하였다. 이때 발사된 미사일은 고도 97km에 비행거리는 380km에 달하였다. 이어서 9월 10일에는 평안남도 개천에서 미상의 발사체 2발을 또다시 동해상으로 발사하였다. 비행거리는 330km이었으며 이 또한 새로 개발한 신무기를 시험한 것으로 보인다. 북한은 8월 24일 발사를 두고서는 새로 개발한 초대형 방사포라고 보도했다. *(방사포는 다연장로켓으로 최근에는 미사일과 차이가 별로 없어지는 추세이다. 미사일이냐 방사포냐의 차이는 자체유도능력이 있느냐 없느냐의 차이로 구분된다. 자체유도능력이 있으면 미사일로 분류하며 모든 미사일은 기본적으로 목표를 향해 스스로 방향을 전환하는 기능이 있다. 과거의 방사포는 그것이 불가능했으나 현대의 방사포는 GPS 위성항법과 INS 관성항법 등의 유도장치를 사용함으로써 미사일과의 구분이 모호해지고 있다. 따라서 북한이 최근 발사하고 있거나 새로 개발했다는 방사포는 미사일과 큰 차이가 없는 것으로 알려져 있다.)*

북한은 2019년 8~9월의 초대형 방사포 개발 및 시험발사 성공을 대대적으로 선전한 뒤에도 10월 2일에는 강원도 원산 북방 해상에서 동해로 전략무기인 SLBM(잠수함발사탄도미사일) 1발을 발사했다. 아군의 분석에 의하면 고각으로 발사되었으며 고도는 약 910km에 비행거리는 약 450km에 달하는 것으로 평가되었다. 북한의 SLBM 발사는 우

11월 28일 초대형 방사포 사격

리가 국군의 날 기념식에서 F-35 스텔스전투기를 공개한 것에 대한 반발과 10월 6일 스웨덴에서 개최되는 북미협상을 고려한 계산된 도발이었다고 보인다.

이어서 10월 31일에는 평안남도 순천에서 초대형 방사포 2발을 동해상으로 발사하였다. 고도는 약 90km에 비행거리는 약 370km에 달했다. 북한이 8월과 9월 초대형 방사포 시험발사 때는 해안 지역에서 해상을 향해 발사하였으나 이번에는 내륙을 관통하여 해상에 낙하하도록 발사함으로써 안정성을 거의 완벽하게 확보하였다고 볼 수 있다. 또한, 9월 사격에서 3발을 발사하였으나 1발은 발사에 실패한 것으로 추정되었으며 이후 북한은 11월 28일에도 함경남도 연포에서 시험사격을 실시하여 연발사격체계를 검증(30초 간격으로 발사 성공)하는 등 초대형 방사포 시험을 성공적으로 완료하였다고 발표하였다. 이어서 12월 7일과 12월 13일에는 평안북도 철산군 동창리 자칭 '서해 위성발사장'에서 미상의 시험을 실시한 뒤 전략적으로 '중대한 시험'을 실시하였다고 또다시 발표하였다.[169]

2019년 5월에 들어와서 재개된 북한의 미사일 발사는 2017년 11월 29일 대륙간탄도미사일인 화성-15형 발사 이후 약 1년 4개월 만이다. 이는 북한이 2018년 '핵·경제 병진노선'에서 '경제 집중노선'으로 전환을 천명한 뒤 자제해 왔던 군사적 도발을 재개하였음을 의미한다. 그리고 2월 하노이 북미정상회담 결렬 이후 약 2개월 만에 대북 압박기조를 유지하는 미국과 미국의 정책을 추종하는 한국에 대한 불만을 우회적으로 표출하는 것으로 보인다. 이후 7월과 8월의 미사일 발사는 한미연합훈련 기간 동안 군사훈련에 대한 불만을 표출하면서 교착상태의 북미대화 재개를 위한 압박카드로 사용하기 위한 것으로 볼 수 있다. 그리고 이후 11월까지 계속된 미사일 발사와 12월 동창리 발사장에서의 자칭 '중대한 시험'도 미국과의 협상이 자신들의 의도대로 진행되지 않게 되자 이를 촉구하며 압박하기 위한 것으로 판단된다. *(이와 같은 일련의 미사일 발사에 대해 트럼프*

169　미국과의 협상을 압박하기 위해 북한은 12월 7일과 13일, 2회에 걸쳐 ICBM 엔진의 성능개량과 관련된 시험을 한 것으로 보인다. 북한은 어떤 시험을 했는지는 밝히지 않은 채 향후 전략무기 개발에 적용될 중대한 시험을 성공적으로 마쳤다고 발표하였다.

행정부는 대륙간탄도미사일이 아니고 미국을 직접 위협하지 않기 때문에 크게 우려할 문제가 아니라는 입장을 보였다. 미국이 유엔 결의안 위반을 알면서도 이를 문제 삼지 않은 것은 총선을 앞두고 트럼프 행정부가 북한과 정상회담을 통해 외교적 성공을 거두고 있다고 늘 선전해 왔고 이를 선거 전략으로 이용하려 했기 때문이었다. 그러나 우리 입장은 미국과 다르다. 북한의 단거리미사일 사거리 내에 있는 우리는 모든 미사일이 심각한 위협이며 도발이다. 더구나 유엔에서 북한의 모든 미사일 개발 프로그램과 미사일 관련 교육훈련을 중지하도록 결의한 유엔 안보리 결의안 위반이기도 하다.)

2020년에도 북한은 코로나사태로 국제정세가 불확실한 가운데에도 도발을 지속하였다. 2020년 3월 2일에는 원산 인근에서 초대형 방사포 2발을 발사했고 3월 9일에도 함경남도 선덕에서 미상의 발사체 3발을 발사하였다. 3월 21일에는 평북 선천에서 2발, 3월 29일에는 원산 인근에서 2발의 단거리탄도미사일을 발사하였다. 특히 3월 2일 첫 번째 미사일 발사 때 유엔에서는 당사국인 미국은 빠지고 독일, 영국, 프랑스, 벨기에, 에스토니아 등 서방 5개국만이 공동 규탄성명을 발표하는 아이러니한 현상이 벌어졌다.

또한, 4월 14일에는 강원도 문천에서 동해상으로 지대함 단거리순항미사일을 수발 발사하였고 이때 공군 전투기들도 공대지 유도탄을 발사한 것으로 알려졌다. 7월 5일에도 지대함순항미사일을 발사하는 등의 미사일 도발이 있었으나 발표조차 하지 않아 당시 일부 언론에서는 은폐 의혹까지 제기하기도 하였다.[170]

이와 같은 현상은 모든 미사일 활동을 중단하도록 한 유엔 안보리 결의 위반이 분명하지만 북한과의 평화협상을 가장 큰 치적으로 선전하고 있는 문재인 정부와 트럼프 행정부는 모든 미사일 발사가 유엔 안보리 대북 제재 결의 위반임에도 불구하고 애써 북한의 도발임을 외면하는 자세를 보였다. 아무튼 2020년 북한의 미사일 발사는 코로나사태로 인해 주변국과 미국을 자극하지 않는 선에서 단거리미사일 위주로 발사함으로써 다소 소극적인 도발을 이어갔다고 볼 수 있다.

---

170   북한의 미사일 발사에 대하여 당사자인 한국과 미국은 미사일 발사 사실은 인정하면서도 단거리미사일이라거나 북한의 통상적인 훈련이라며 굳이 유엔의 대북 제재 결의안 위반이라고 강력하게 경고하거나 대응하지 않는 모습을 보였다. 이는 북한과의 정상회담을 최고의 치적으로 선전해 온 문재인 정부와 트럼프 행정부가 북한의 모든 미사일 발사는 유엔 안보리 결의 위반이란 사실을 알면서도 모른 체한 것에서 비롯되었다.

3) 2021~2022년 미사일 도발

　북한은 2016년에 신형 고출력 미사일 엔진인 백두산 엔진 개발에 성공하여 핵탄두 탑재가 가능한 탄도미사일 개발의 기반을 구축하였다. 2017년 5월과 8월, 9월에는 IRBM급으로 평가되는 화성-12형을 시험발사하였고, 2017년 7월과 11월에 ICBM급으로 평가되는 화성-14형과 화성-15형을 시험발사하였다. 또한, 2016년 8월에는 구소련의 잠수함발사탄도미사일 기술을 활용하여 고래급 잠수함에서 잠수함발사탄도미사일(북에서는 북극성으로 호칭)을 시험발사하였으며, 2017년 이를 지상형으로 개조한 북극성-2형을 2차례 시험발사하였다.

　2019년에는 다양한 형태의 신형 고체 추진엔진을 탑재한 단거리탄도미사일(SRBM)과 플랫폼(차륜형, 궤도형)을 개발하여 여러 차례 시험발사하였고, 2019년 10월 2일에는 신형 수중사출장비를 이용하여 북극성-3형도 시험발사하였다.

　2019년에 집중된 신형 단거리미사일 발사는 핵탄두 투발능력을 갖추고 한·미의 미사일 방어체계를 뚫어내거나 회피할 수 있는 능력을 시험하고 있는 것으로 평가된다. 특히, 2019년부터 2020년 사이에 시험발사한 16회 사례를 분석해 보면 50km 이하의 저고도 비행이 11회였고, 30km 이하로 비행한 것이 4회였다. 따라서 이처럼 최대고도를 낮추어서 발사하면 레이더에 비행 궤적이 탐지될 확률을 낮출 수 있을 것이고 요격하는 데 필요한 반응시간도 많이 줄어들어 우리가 대응하기는 더욱 어려워질 것으로 보인다.

　북한은 코로나사태로 한미연합훈련이 축소되고 북한 자체적으로도 훈련을 축소하면서 2021년에는 3회의 단거리미사일 발사와 1회의 중거리탄도미사일 발사만 시도했다. 먼저 3월 25일 함남 함주에서 KN-23 단거리미사일 2발을 발사하였고, 9월 15일에는 평라선 거차역에서 석탕온천역 사이의 열차 위에서 단거리탄도미사일 2발을 발사하였다. 북한이 열차에서 미사일 발사에 성공함으로써 터널 안에서 발사 준비를 마치고 은폐해 있다가 터널 밖으로 나와서 미사일을 발사한다면 한미 정보자산이 이를 빠른 시간 안에 탐지한다는 것은 사실상 매우 제한될 수밖에 없어 새로운 위협이 되고 있다.

⟨표 37⟩ 2021~2022년 미사일 도발 일지

일자	미사일 도발 내용
2021.03.25.	○ 함남 함주 단거리탄도미사일 발사
2021.09.15.	○ 평남 양덕 단거리탄도미사일 발사
2021.09.28.	○ 자강 무평 중거리탄도미사일 발사
2021.10.19.	○ 함남 신포 잠수함 발사 탄도미사일 발사
2022.01.05.	○ 자강도 일대 중거리탄도미사일 발사
2022.01.11.	○ 자강도 일대 중거리탄도미사일 발사
2022.01.14.~01.27.	○ 단거리탄도미사일 3회 발사 (14일 평북 의주, 17일 평양 순안, 27일 함남 함흥)
2022.01.30.	○ 자강도 무평 중거리탄도미사일 발사
2022.02.27.	○ 평양 순안 대륙간탄도미사일(북 위성시험 주장) 발사
2022.03.05.	○ 평양 순안 대륙간탄도미사일(북 위성시험 주장) 발사
2022.03.16.	○ 평양 순안에서 미상 탄도미사일 발사(실패)
2022.03.24.	○ 평양 순안 대륙간탄도미사일 발사
2022.04.16.	○ 함남 함흥 단거리탄도미사일 발사
2022.05.04.	○ 평양 순안 미상 탄도미사일 발사
2022.05.07.	○ 함남 신포 잠수함발사탄도미사일 발사
2022.05.12.	○ 평양 순안 단거리탄도미사일 발사
2022.05.25.	○ 평양 순안 대륙간탄도미사일, 단거리탄도미사일 발사
2022.06.05.	○ 4개소 각 1회 단거리탄도미사일 발사 (평양 순안·평남 개천·평북 동창리·함남 함흥)
2022.09.25.~10.28.	○ 8회 8개소에서 단거리탄도미사일 발사
2022.10.04.	○ 자강 무평 중거리탄도미사일 발사
2022.11.02.~12.31.	○ 7회 10개소에서 단거리탄도미사일 발사
2022.11.03.	○ 평양 순안 대륙간탄도미사일 발사
2022.11.18.	○ 평양 순안 대륙간탄도미사일 발사
2022.12.18.	○ 평북 동창리 중거리탄도미사일(북 위성 주장) 발사

* 국방부, 《2020 국방백서》 참고 재작성

    9월 28일에는 자강도 용림군에서 극초음속미사일인 중거리탄도미사일을 발사하였다. 10월 19일에는 함남 신포 앞바다에서 KN-23 개량형 소형 SLBM 1발을 발사하였다. 그리고 이 밖에도 몇 차례 순항미사일도 발사하였다. 1월 22일에는 평북 구성에서 순항미사일 2발, 3월 21일에는 평남 온천에서 순항미사일 2발, 9월 11일과 12일에도 미상 지역에서 순항미사일을 2회 발사하였다. 9월 30일에는 미상 지역에서 번개-7형으로 불리는 신형 지대공미사일을 시험발사하였다.

2022년에는 연초부터 미사일 도발의 강도를 크게 높여나갔다. 이는 2022년이 김정일 탄생 80주년 및 김일성 탄생 110주년이 되는 해로서 일부 전문가들은 김정은이 미사일을 축포처럼 발사할 것이란 예상을 해왔는데 이것이 적중한 듯 보였다. 1월 5일에는 자강도 전천군에서, 1월 11일에는 자강도 동신군에서 극초음속중거리탄도미사일을 동해상으로 발사하였다. 특히, 11일 발사에는 김정일이 직접 참관하여 관계자를 격려하였다고 알려졌다. 1월 14일에는 평북 피현역 부근에서 열차에서 발사하는 단거리탄도미사일 2발을 발사하였다. 열차 시험발사는 이번이 두 번째였다. 1월 17일에는 평양 순안 비행장 부근에서 역시 단거리미사일 2발을 발사하였고, 1월 25일에는 함흥시 인근에서 순항미사일을 발사하였으며, 1월 27일에는 함흥 일대에서 단거리미사일을 발사했다.

1월 30일에는 자강도 무평에서 화성-12형 중거리미사일을 발사하였다. 2월 27일에는 순안 비행장 일대에서 미사일 1발을 발사하였다. 처음에는 사거리 300~320km, 정점고도 600~620km로 분석되어 중거리미사일을 고각 발사한 것으로 판단하였으나 추후 대륙간탄도미사일 시험발사로 분석하였다. 3월 5일에도 순안 비행장 일대에서 미사일 1발을 발사하였으며 관계 당국에서는 이번에도 최초에는 중거리미사일로 판단하였으나 북한은 정찰위성 발사 시험이었다고 발표했으며 관계 당국에서는 추후 대륙간탄도미사일인 화성-17형 미사일로 재판단하였다. 3월 16일에도 순안 비행장에서 미상의 탄도미사일을 발사하였으나 실패한 것으로 평가되었다.

3월 24일에는 역시 순안 비행장에서 대륙간탄도미사일 화성-17형을 발사하였다. 일본 방위성에 따르면 이 미사일은 고도 약 6,000km, 비행거리 1,100km, 비행시간 71분을 기록했다고 평가했다. 우리 군은 다음날 정점고도 6,200km, 비행고도는 1,080km라고 발표하였다. 다음날인 3월 25일, 조선중앙통신은 김정은의 지도하에 신형 대륙간탄도미사일(ICBM) '화성-17형' 시험발사를 단행했다고 주장했다. 김정은은 "새로운 조선민주주의인민공화국의 전략무기 출현은 전 세계에 우리 전략무력의 위력을 다시 한번 똑똑히 인식시키게 될 것."이라며, "이는 우리 전략무력의 현대성과 그로부터 국가의 안전에 대한 담보와 신뢰의 기초를 더 확고히 하는 계기로 될 것."이라고 말했다.

북한은 2022년에 들어와서 이처럼 대륙간탄도미사일을 시험발사하였다. 이로써 북한은 2017년 11월 29일 화성-15형 대륙간탄도미사일을 시험발사한 후 중단하였던 ICBM급 미사일 발사를 4년 만에 재개한 것이며, 김정은이 2018년 4월 핵실험과 ICBM 발사를 유예한다고 했던 발표를 4년 만에 스스로 파기한 것으로 볼 수 있어 그 심각성이 더하다. 이후에도 북한은 중거리미사일과 단거리미사일 및 SLBM 시험발사를 계속했다. 2022년 북한은 ICBM급 미사일 8회 발사를 포함하여 총 38회에 걸쳐 약 70발의 미사일 발사를 감행하였다. (그럼에도 불구하고 2021년 10월 21일 동해상에서의 SLBM 발사에 이어 2022년 1월 5일에도 미사일 발사를 했으나 국방부에서는 '도발'은 남쪽으로 미사일을 쏘았을 때가 '도발'이라면서 미사일 발사가 도발이 아니라고 말했다고 전해진다. 통합방위법에서 '도발'이란 적이 특정 임무를 수행하기 위하여 대한민국 국민 또는 영역에 위해를 가하는 모든 행위로 규정하고 있다. 따라서 여기서 대한민국의 영토, 영해, 영공에 미사일이 떨어지지 않으면 도발이 아니라고 말한 것은 법적으로는 맞는 말로도 보인다. 그러나 북한의 미사일 발사는 모든 미사일 개발과 교육훈련을 중지하라는 유엔 안보리 결의 위반이며 대한민국은 물론 주변국과 국제사회에 명백한 위협이다. 또한, 북한의 미사일은 언제든지 남쪽을 향할 수 있고 발사 때마다 우리 군과 미국 및 주변국이 안보 위협을 느껴 대응해야만 하며, 미사일 발사와 그로 인한 긴장 조성으로 인해 국가 신뢰도 저하 및 주가 하락, 외국인 투자 위축 등 국가경제에 큰 위협이 되고 현실적으로도 큰 피해를 보고 있기에 마땅히 도발 행위로 보아야 한다고 생각한다.)

4) 2023년 미사일 도발

북한은 비교적 최근인 2021년과 2022년에도 단거리탄도미사일(SRBM)과 SLBM, IRBM, ICBM 등 모든 탄도미사일의 고도화에 주력하고 있는 것으로 보인다. 또한, 2022년 2월 27일과 3월 5일에는 평양 순안 비행장 일대에서 ICBM을 발사하면서 정찰위성 시험 개발을 위한 위성 발사라고 주장하였다.

2023년 북한의 미사일 발사는 새해 초인 1월 1일부터 단거리탄도미사일을 발사하여 분위기를 띄우더니 연간 지속적으로 미사일 발사를 자행하였다. 특히, 대륙간탄도미사일(ICBM) 발사를 네 번이나 거듭하였다. 최근 12월 17일 밤에는 동해상으로 비행거리 570km의 단거리탄도미사일을 발사한 데 이어서 12월 18일 아침에는 화성-18형 ICBM을 발사하는 등 연이틀 도발하였다. 이 ICBM은 정점고도 약 6,500km의 고각 발사로 비행거리 약 1,000km를 비행하였으며 정상각도로 발사하였다면 사거리가 15,000km에 달할 것으로 알려졌다.

〈표 38〉 2023년 미사일 도발 일지

일자	미사일 도발 내용
2023.01.01.	○ 평양 용성, 단거리탄도미사일 발사
2023.02.18.	○ 순안, 화성-15형 ICBM 발사(최고 5,700km, 900km 비행)
2023.02.20.	○ 평남 숙천, 초대형 방사포 2발 발사
2023.03.09.	○ 남포시, 단거리탄도미사일 발사
2023.03.12.	○ 함남 경포만, 잠수함발사순항미사일(SLCM) 발사
2023.03.14.	○ 황남 장연, 단거리탄도미사일(KN-23) 2발 발사
2023.03.16.	○ 평양 순안, 화성-17형 ICBM 발사(1,000km 비행)
2023.03.19.	○ 평북 동창리, 단거리탄도미사일 발사
2023.03.21.~23.	○ 이원 앞바다, 수중드론 해일-1을 시험발사
2023.03.25.~27.	○ 원산 앞바다, 수중드론 해일-1 발사(41시간 27분 잠항)
2023.03.27.	○ 평양 역포, 단거리탄도미사일 발사(500m 상공 공중폭파)
2023.04.04.~07.	○ 단천 앞바다, 수중드론 해일-2 발사(71시간 6분 잠항)
2023.04.13.	○ 평양, 화성-18형 ICBM 발사(최고 3,000km/1,000km 비행)
2023.05.31.	○ 평북 동창리, 군사정찰위성 천리마-1형 1차 발사(실패)
2023.06.15.	○ 평양 순안, 단거리탄도미사일 2발 발사
2023.07.12.	○ 평양 순안, 화성-18형 ICBM 발사(동해상 74분 비행)
2023.07.19.	○ 평양 순안, 단거리탄도미사일 2발 발사
2023.07.25.	○ 평양 부근, 단거리탄도미사일 2발 발사
2023.08.24.	○ 동창리, 군사정찰위성 천리마-1형 2차 발사(실패)
2023.08.30.	○ 평양 순안, 단거리탄도미사일 2발 동해 알섬으로 발사
2023.09.02.	○ 청천강하구, 순항미사일 2발 발사(1,500km)
2023.09.13.	○ 평양 순안, 단거리탄도미사일 2발 발사(350km/650km)
2023.11.21.	○ 동창리, 군사정찰위성 3차 발사(만리경 1호 궤도안착)
2023.11.22.	○ 평양 순안, 중거리탄도미사일 발사(실패)
2023.12.17.	○ 평양 부근, 단거리탄도미사일 발사(570km 비행)
2023.12.18.	○ 평양, 화성-18형 ICBM 발사(최고 6,500km/1,000km 비행)

또한, 군사정찰위성을 탑재한 천리마-1형 발사체가 5월에 1차 발사와 8월 2차 발사에서는 실패했었으나 11월 21일에는 3차 발사에서 성공하여 정찰위성인 만리경 1호을 궤도에 안착시켰다. 이는 북한 김정은이 푸틴 대통령과 정상회담을 통해 북한 무기와 탄약을 러시아에 제공하고 미사일과 위성 발사에 대한 첨단 기술을 이전받았거나 기술 지도를 받은 것으로 추정해 볼 수 있다. 북한이 군사정찰위성 발사에 성공함으로써 핵무기와 미사일에 대한 운용능력이 보다 첨단화되고 극대화되었다고 평가할 수 있다. 지금까지 북한은 군사정찰위성을 확보하지 못하여 군사력에 있어서 최대 약점으로 지적되어 왔으나 이제 보다 강력한 수준의 군사력을 갖추게 된 것이다.

또 한 가지 특이한 것은 북한이 2023년에 '해일-1', '해일-2'로 불리는 '수중드론(핵추진 중어뢰)'을 개발하고 있다는 사실이다. 북한은 이 수중드론 개발을 위한 시험발사를 3~4월에 3회나 실시하여 많은 진전을 이룬 것으로 추정된다.

> **TIP ▶ 수중드론(핵추진 중어뢰)이란?**
>
> 일명 '포세이돈'으로 불리며 러시아가 2015년에 실험 사실을 공개하고 2017년부터 2018년 3월까지 실험한 후 2019년 2월부터 실전배치를 시작한다고 발표한, 핵 추진 '어뢰'이면서 '수중드론'인 차세대 신무기다. 쉽게 말하자면 '핵추진 장거리 발사 중어뢰'라고 할 수 있다.
>
> 이 무기가 무서운 이유는 핵 추진이기 때문에, 정비를 할 때를 제외하고 수중에서 거의 무제한적으로 기동할 수 있는데 이론상 사거리가 1만km에 달한다. 통상 얕은 해저에서 기동하나 최대 수심 1km 깊이까지 잠수할 수 있다고 하며 스텔스 모드로 기동하다 타격지점에서 2~3km 떨어진 곳에선 타격 모드로 전환한다. 타격 모드에서는 시속 180km로 급가속하여 목표를 타격하는 식으로 설계되어 있어 3km 밖에선 추적이 곤란하며, 추적 범위 안에서는 타격까지 1분이면 되고 공중도 아닌 수중이기에 요격 자체가 거의 불가능하다고 알려져 있다. 사실상 스텔스 기능의 미사일이라고 할 수 있는데, 수중드론이 일단 발사되면 탐지가 어려워 현실적으로 이를 요격하기란 쉽지 않다. 따라서 수중드론 본체보다는 이를 탑재한 잠수함을 대잠전을 통해 침몰시켜야 한다고 한다.

5) 핵실험

북한은 1985년 핵확산금지조약(NPT)에 가입하였다가 1993년 탈퇴를 선언하여 1차 북한 핵 위기가 찾아왔으나 미국과의 접촉을 통해 이를 유보했었다. 2002년 10월 고농축우라늄 개발 의혹 제기로 2차 북핵 위기가 오면서 2003년 1월 10일 북한은 NPT를 탈퇴하고 2005년 2월 10일에는 핵무기 보유를 선언, 국제사회의 만류에도 불구하고 2006년 10월 첫 핵실험을 강행하였다. 이후 북한은 모두 여섯 번의 핵실험을 감행하였다.

북한은 2006년 10월 9일 함경북도 길주군 풍계리에서 1차 핵실험을 감행하였고, 3년 후인 2009년 6월 12일에 2차 핵실험을 실시하였다. 이후 2013년 2월 12일 3차 핵실험을 강행하더니 2016년 1월 6일 4차 핵실험을 실시하였고, 이어서 8개월 만인 9월 9일 5차 핵실험을 감행하였다. 북한은 4차 핵실험 후에는 수소폭탄을 실험했다고 주장하였으나 5차 핵실험에서는 사용한 핵물질을 밝히지 않았다. 그 대신 5차 핵실험에서는 "탄도미사일에 장착할 수 있게 표준화·규격화된 핵탄두 성능과 위력을 최종적으로 검토했다."고 발표했다. 이어서 2017년 9월 3일에는 국제사회의 반대와 제재에도 불구하고 보다 강력한 위력을 가진 것으로 보이는 6차 핵실험을 감행하였다.

〈표 39〉 북한 핵실험 현황

구분	시기	규모	폭발 위력	비고 (핵실험 예고 발언)
1차 핵실험	2006.10.09.	3.9	0.8kt (플루토늄)	안전성 담보된 핵실험할 것 (2006.10.03.)
2차 핵실험	2009.05.25.	4.5	3~4kt (플루토늄)	자위적 조치의 핵실험을 강행할 것 (2006.04.20.)
3차 핵실험	2013.02.12.	4.9	6~7kt (고농축 우라늄)	자위적 군사력 강화 위한 물리적 대응 (2013.01.23.)
4차 핵실험	2016.01.06.	4.8	6kt (증폭 핵분열탄)	핵뢰성으로 대답할 만반의 준비 (2015.09.15.)
5차 핵실험	2016.09.09.	5.0	10kt (증폭 핵분열탄)	이른 시일 내 핵탄두 폭발 시험 (2016.03.15.)
6차 핵실험	2017.09.03.	5.7	50kt 이상 (수소탄 발표)	전략무력 전력화, 실전화, 현대화 (2017.08.03.)

북한 핵실험의 폭발 위력은 실험 횟수가 증가할수록 계속 강화되어 왔다. 특히, 2017년 9월 3일 실시한 6차 핵실험에서는 폭발 위력이 50kt 이상에 달했다. 북한이 핵탄두를 1,000kg까지 소형화할 수 있는 능력을 갖췄다면 사거리 300km인 스커드 B 탄도미사일로 남한을 타격할 수 있고, 650kg까지 소형화했다면 사거리 3,500kg의 무수단 미사일에 장착하여 괌 기지를 타격할 수 있다. 최근 북한의 핵실험은 3~4년 걸리던 실험주기가 5

차 핵실험에서는 8개월로, 6차 핵실험에서는 1년으로 단축되어 언제든지 추가 핵실험이 가능한 상태이다.

미 국방부가 1998년 15kt의 핵무기가 서울 용산 상공에서 폭발했을 때의 피해 범위를 시뮬레이션했을 때 반경 150m 이내 건물은 증발하고 1.5km 이내 사람은 전신 3도 이상의 화상을 입는다고 한다. 사망자는 총 62만여 명(히로시마 원폭 사망자 13만5천 명)으로 추정되었다. 전문가들은 만약 50kt급 핵무기가 폭발했을 때에는 서울에서 200만 명 이상 사망자가 나올 것으로 추정했다. 100km 상공에서 폭발한다면 전자기파(EMP)에 의해 남한 거의 전역에서 컴퓨터·휴대폰 등을 포함한 모든 전자기기가 무력화되는 피해를 입을 것으로 예상된다. 100kt급이 서울 상공에서 폭발 시에는 히로시마 원폭보다 피해반경이 2.5배 넓어져 2.5km 이내 생물체가 모두 사망하고, 서울 대부분이 파괴되며 수백만 명이 사망할 것으로 분석하였다.

핵실험과 병행하여 북한은 2012년 4월 13일 개정된 북한 헌법 전문에 이미 핵보유국임을 선언하였고, 2013년 3월 31일 노동당 중앙위 전원회의에서 '핵무력·경제발전 병진 노선'을 채택하였다. 2013년 4월 1일에는 최고인민회의에서 '자위적 핵보유국의 지위를 더욱 공고히 할 데 대한 법'을 채택함으로써 아예 핵무력을 법제화하였다. 그리고 2017년 11월 29일 화성-15형 미사일 시험발사에 성공한 것을 계기로 대륙간탄도미사일 개발이 완료되었다는 판단에 따라 '국가 핵무력 완성'을 대내외에 선포한 상태다.

북한은 국제사회의 만류와 저지에도 불구하고 핵과 장거리미사일 개발을 포기하지 않고 더욱 가속화하고 있다. 유엔은 북한의 핵과 미사일 개발을 저지하기 위해 아래 〈표 40〉에서와 같이 안전보장이사회에서 대북 제재 결의안을 채택하여 북한을 압박해 왔다.

사실 북한에 대한 대북 제재는 어제오늘의 일이 아니며 2006년 7월 5일 북한이 장거리미사일을 발사한 데 대해 7월 15일 미사일 개발 중지를 촉구하는 결의안을 채택하고 이후에도 북한의 중요 도발이 있을 때마다 계속 제재를 강화하고 있다. 지금까지 유엔은 대북결의안을 여러 번에 걸쳐 발표하였고 최근에는 관련된 개인과 기관에 대한 경제 제재를 가하고 있지만 중국과 러시아의 미온적 조치로 그 실효성이 떨어지고 있다.

<표 40> 유엔 안보리 대북 제재 결의 현황

구분	배경	주요 내용
1695호 (2006.07.05.)	북 장거리미사일 발사 (2006.07.05.)	○ 모든 미사일 프로그램 중지 요구 ○ 미사일 관련 물자·기술 수출 금지
1718호 (2006.10.14.)	북 1차 핵실험 (2006.10.09.)	○ 핵실험 규탄 및 핵 폐기 요구 ○ WMD 관련 품목 거래 금지 ○ 화물검색, 개인·단체 금융 제재
1874호 (2009.05.25.)	북 2차 핵실험 (2009.06.12.)	○ 핵 및 미사일 발사 행위 중단 요구 ○ 모든 무기 거래 및 수입 금지
2087호 (2013.01.22.)	북 장거리미사일 발사 (2012.12.12.)	○ 탄도미사일 기술 이용 강력 규탄 ○ 결의 위반품목 압류 및 폐기 허용 ○ 제재품목 확대, trigger 조항 포함
2094호 (2013.03.07.)	북 3차 핵실험 (2013.02.12.)	○ 모든 북한 화물 검색 가능 ○ 북한 은행 지점 설치 금지 ○ 공적 금융지원 금지 강화
2270호 (2016.03.02.)	북 4차 핵실험 (2016.01.06.) 미사일 발사 (2016.02.07.)	○ 불법적재 추정 시 입항·통행 금지 ○ 북한 수출입 화물 검색 의무화 ○ 무기 생산 가능 물품 거래 불허 ○ 북한 광물(석탄, 철, 금 등) 수입 금지
2321호 (2016.11.30.)	북 5차 핵실험 (2016.09.09.)	○ 북한산 석탄 수출상한제 적용 ○ 금수 광물 추가(은, 동, 니켈, 아연) ○ 북한 내 외국 금융기관 폐쇄
2356호 (2017.06.02.)	북 중거리미사일 발사 (2017.05.14. / 05.21.)	○ 제재 대상 지정 확대
2371호 (2017.08.05.)	북 장거리미사일 발사 (2017.07.04. / 07.28.)	○ 북한 해외노동자 고용 제한 ○ 북한 석탄, 철, 철광석 전면 금수 ○ 북한 납 및 철광석, 해산물 금수
2375호 (2017.09.12.)	6차 핵실험 (2017.09.03.)	○ 북 해외노동자 노동허가 금지 ○ 북한 섬유 수출 금지 ○ 대북 유류 공급 제한
2379호 (2017.12.22.)	북 장거리미사일 발사 (2017.11.29.)	○ 해외노동자 24개월 내 송환 ○ 유류 추가제한(원유400백, 정유50만) ○ 북한산 농산품, 식료품, 기계류, 목재류, 토석류, 선박 수출 금지

유엔 안보리는 2006년 7월 5일 북한이 장거리탄도미사일을 발사한 이후 모든 미사일 프로그램 중지를 요구하는 대북 제재 결의안 제1,695호를 발표하였다. 이후 수차에 걸친 결의안을 통해 북한산 광물에 대한 수입 금지(제2,270호)와 해외노동자 고용 제한(제2371호), 북한산 섬유와 의류 수입 금지 및 유류 공급 제한 조치(제2375호) 등을 추진하

였다. 특히, 제2,087호부터는 '트리거(trigger) 조항'[171]에 따라 석유 공급 제한 등에서 유엔 안보리 제재가 자동으로 강화되도록 조치하였다. 이에 추가해서 미국은 대북 제재의 실효성을 높이기 위해 '세컨더리 보이콧(Secondary Boycott)[172]'까지 추진하고 있는 실정이다.

이후 2017년 11월 ICBM 발사 이후 채택한 제2,379호는 석유 공급을 기존의 90%로 제한하는 조치와 북한이 외화벌이 수단으로 해외에 파견한 노동자의 2년 이내 송환 조치 등 보다 강력한 제재가 포함되었다. 석유 공급 제한조치는 제2,375호에서는 원유를 400만 배럴로 동결하고 정유제품 공급은 450만 배럴에서 200만 배럴로 제한했었다. 그런데 제2,379호에서는 정유제품 공급량을 '트리거(trigger) 조항'에 의해 기존의 90% 수준인 50만 배럴로 추가 제한하였다.

그럼에도 불구하고 북한의 핵무기와 미사일 개발은 계속되고 있다. 특히, 북한은 각종 미사일의 고도화를 위해 계속 시험발사를 감행하면서 한편으로는 핵무기의 생산과 개량에 박차를 가하고 있다. 수차례 핵실험 직후 북한은 핵보유국임을 강조하면서 "핵탄두의 표준화, 규격화, 소형화, 경량화, 다종화 달성"을 주장하였고 핵탄두와 미사일의 대량 생산 및 실전 배치 의사 등을 표명하였다.

2016년 9월 9일 북한 핵무기연구소 성명에 의하면 표준화는 대량 생산이 가능하도록 핵탄두를 표준화하는 것을 의미하며, 규격화는 대량 생산이 가능하도록 핵탄두와 그 부품을 규격화하는 것을 뜻한다. 소형화는 핵탄두의 폭발력이 15kt 이하인 무기를 만드는 것을 말하며, 경량화는 미사일 탑재를 위해 핵탄두의 총체적 질량을 가볍게 만드는 것을 의미한다. 다종화는 해당 군사적 목적 달성을 위해 여러 가지 종류의 핵무기를 만드는 것으로 핵반응 방식에 따라 원자탄·수소탄·중성자탄으로 구분하며, 파괴력과 사거리에 따라 전략핵무기·전술핵무기·전역핵무기 등으로 구분한다고 하였다. *(우리는 북한의 핵*

---

171 북한의 3차 핵실험으로 채택된 안전보장이사회 결의안 2094호(2013.03.07.)에 포함된 '트리거(trigger)조항'은 북한이 추가적인 핵실험이나 발사 등을 시행할 경우 자동으로 '추가적인 중대한 조치(Further Significant Measures)'를 취한다는 내용이다. 즉 안전보장이사회의 자동 개입으로 더 강경한 제재를 가할 것이란 뜻이다.

172 보이콧(Boycott)이란 항의의 의미로 하는 불매운동이다. 항의 대상에 대한 직접적인 불매운동은 1차 보이콧(Primary Boycott)이라 하며, 1차 보이콧 대상과 관계된 대상까지 거부하는 것을 2차 보이콧(Secondary Boycott)이라 한다. 여기서는 미국이 특정 국가를 포함해 그와 교류하는 제3국 정부나 기업, 금융 등에 대해서까지 취하는 강력한 경제적 제재를 뜻한다.

과 미사일 위협에 효과적으로 억제·대응하기 위해 한미동맹을 강화하면서 한국형 3축 체계를 구축하고 있다. 1축은 킬체인(Kill Chain) 체계로 북한의 미사일 위협을 실시간으로 탐지하여 표적위치를 식별하고 효과적으로 파괴할 수 있는 타격수단을 결심한 후 타격하는 일련의 공격체계이다. 2축은 날아오는 미사일이 지상에 도달하기 전에 요격하는 한국형 미사일방어 체계이고, 3축은 미사일과 특수작전부대를 운용하여 북한 전쟁지도본부를 포함한 지휘부를 목표로 하는 대량응징보복 체계이다. 그리고 국민의 안전을 보장하고 한미동맹의 군사력 보호를 위한 자위적 방어조치로 주한미군의 사드(THAAD)[173] 배치를 결정하였다. 그러나 북한이 핵과 미사일을 앞세워 위협 수위를 높여가는 데 비해 우리의 대응책에는 사드 배치 때와 같이 주변국과 국내 정당 및 사회단체의 이념이나 이해관계에 따라 많은 제약에 직면해 있는 실정이다.)

---

[173]   THAAD 체계(Terminal High Altitude Area Defense, 종말단계 고고도 지역방어체계): 탄도미사일이 목표 지역을 향해 하강할 때 40~150km 고도에서 요격하여 파괴하는 탄도미사일 방어수단이며 통상 1개 포대는 사격통제소와 사격통제레이더 1대, 발사기 6기, 요격미사일 48발로 구성된다.

6. 비군사적 도발

가. 개요

　북한은 2000년대 이후 기존의 재래식 침투와 군사 도발뿐만 아니라 시대와 환경의 변화에 따라 새롭게 진화된 비군사적 도발도 자행하고 있다. 진화된 방법의 새로운 도발에는 사이버 공격, GPS 교란, 강물 무단 방류 등이 있다. 사이버 테러는 북한이 정보화 시대로 진입하는 변화를 인식하고 전문요원을 양성하여 시도하는 새로운 도발이다. 이는 한국뿐만 아니라 미국 등의 주요 정부 및 금융기관, 언론기관, 단체 및 개인을 포함하여 광범위하게 전개하고 있다. GPS 교란은 GPS로 대표되는 '위성항법시스템'의 수신 신호를 전자적으로 교란시킴으로써 이를 이용하는 국가나 기관 및 개인의 장비를 무력화하려는 의도로 2010년 이후 북한이 시도하는 새로운 도발 수단이다. 강물 무단 방류도 북한 쪽 상류에서 댐을 무단 방류함으로써 하류에 위치한 남한 쪽에 피해를 주는 도발 수단으로 북한이 2009년부터 시도하고 있다.

나. 사이버 공격(Cyber Attack)

　사이버 공격이란 컴퓨터 네트워크상에서 악의적인 목적을 가진 공격자가 습득한 사이버 정보(Cyber Intelligence)를 기반으로 다양한 공격 수단과 공격 기법으로 시스템이나 데이터 자산을 수집하고 파괴하는 일체의 모든 행위이다. 사이버 공격의 형태는 컴퓨터 네트워크 및 공격 대상 시스템에 허가되지 않은 접근을 하거나 웹 게시판이나 메일을 통해 유포한 악성 파일로 공격 대상 시스템의 정상 동작을 방해하거나 데이터를 탈취, 변조, 파괴하는 것 등이다.

　북한이 사이버전을 군사 전략으로 수립한 계기는 1991년 미국의 걸프전 이후 현대전에서 전자전의 중요성을 인식하면서부터 시작되었다고 한다. 이후 북한은 조선인민군 총참모부 산하에 '지휘자동화국'을 설치하고, 각 군단에는 '전자전 연구소'를 설치하는 등 사이버전 능력을 국가 전략으로 채택하고 발전시켰다. 이를 위해 북한은 김일성대학, 김책공대, 평양컴퓨터기술대학 등에서 사이버전을 수행할 수 있는 전문인력을 양성하였으며 졸업 후에는 총참모부, 정찰총국, 통일전선부에서 활동할 수 있는 해킹 전문인력을 연간 300여 명씩 양성하여 배치하였다. 당시 김정일은 "지금까지의 전쟁이 총알전쟁, 기름전쟁이었다면 21세기 전쟁은 정보전"이라며 사이버전 수행능력을 강화할 것을 주문하였고, 2013년 김정은도 "사이버전이 핵, 미사일과 함께 인민군대의 무자비한 타격능력을 담보하는 만능의 보검"이라며 사이버전의 중요성을 강조하였다.

북한은 사이버 전력을 강화하고 2009년부터 사이버 공간에서의 공격을 교묘하게 시도하고 있다. 2016년부터는 정부기관과 청와대를 사칭하는 악성 코드와 이메일을 대량 발송하거나 고위 군 간부 휴대폰을 해킹하는 등 위협의 수위를 높여가고 있다. 그리고 북한이 핵실험과 미사일 발사로 유엔 안보리 대북 제재 결의에 따른 금융 제재가 시행되자 사이버 은행털이와 가상화폐 탈취, 랜섬웨어 유포를 통한 금전 갈취 등을 통해 핵과 미사일 고도화에 소요되는 비용을 조달하고 있는 것으로 알려졌다.

미국의 한 정보분석업체 분석에 의하면 2009년 7월부터 2023년 5월까지 북한 해킹조직의 소행으로 알려진 사이버 공격 273건을 분석한 결과 공격대상 지역은 아시아가 77%, 아메리카와 유럽이 각 10%로 나타났으며 국가별로는 65.7%가 한국이었고 8.5%가 미국이었다고 한다. 그리고 공격목적은 첩보 활동, 금전 탈취, 시스템 파괴 등으로 나타났다고 하였다.

현재까지 알려진 바로는 정찰총국 예하의 '121국'에 소속된 사이버 전문인력(해커) 및 지원인력은 6,000여 명이며, 소속 해커들은 대부분 중국, 러시아, 인도, 말레이시아 등 해외에서 활동하고 있다. 북한의 사이버 공격을 수행하는 대표적인 해킹조직으로는 라자루스, 블루노로프, 안다리엘, 김수키(Kimsuky), 탈륨(Thallium) 등을 꼽을 수 있다. 그러나 사이버 공격은 그 근원과 공격 주체를 확인하기 곤란하며 공격의 실체를 확인했을 때는 이미 대처할 수 있는 기회를 상실한 상태가 된다. 거기다 대부분 국민들은 북한의 사이버 공격이 상시화되었음에도 이를 잘 인지하지 못하고 있고 경각심도 부족하다는 것이 큰 문제다.

2016년 이전 북한이 수행한 '사이버 공격'의 종류와 유형을 살펴보면 〈표 41〉에서와 같다.

<표 41> 2015년 이전 북한의 주요 사이버 공격

일시	공격 내용
2009.07.07.	○ 7·7 디도스(DDoS) 공격 (정당, 언론사, 포털사이트, 백악관 등)
2011.03.04.	○ 3·3 디도스(DDoS) 공격
2011.04.12.	○ 농협 전산망 마비 및 파괴
2012.06.09.	○ 중앙일보 내부 전산망 파괴
2013.03.20.	○ 주요 언론사 및 주요 금융기관 전산망 마비 (1만6천여 대 기기 손상, 데이터 삭제)
2013.06.25.	○ 주요사이트 내부 교란 및 마비
2013.11.	○ 코레일 네트웍스 계정 도용 주차관리시스템 접속
2014.03.04.	○ 서울메트로 로그자료 보관 및 관리 운영서버 해킹
2014.08.07.	○ 코레일 내부 컴퓨터 해킹, 업무 파일 53건 탈취 유출
2014.11.24.	○ 소니 픽처스 전산망 파괴 공작
2014.12~03.	○ 한수원 자료 공개 및 원전가동 중지 협박 및 전산망 파괴 공작
2015.	○ 국회정보위 국정감사의원 해킹

* 각종 언론 보도내용 종합

　북한이 본격적으로 사이버 테러를 감행한 것은 2009년 '7·7 디도스(DDoS) 공격'[174]이다. 한국은 2009년 7월 7일 국내 주요 언론사와 정당 및 포털사이트가 공격을 받아 일시 마비되었으며, 미국은 7월 5~9일까지 4차례에 걸쳐 백악관 등 27개 사이트가 공격을 받았다. (실제로 북한이 디도스 공격을 시작한 것은 7월 4일부터로 '7·4 디도스 공격'이라고도 한다.) 북한은 미국의 독립기념일인 7월 8일에 맞춰 한국과 미국의 주요 사이트를 동시에 공격하였다. 이후 2011년 4월 12일 농협 내부 전산망을 역시 디도스 공격으로 마비시켜 4월 13일 오후까지 일부가 복구되었으나 일부는 18일 만인 4월 30일에서야 정상화됨으로써 큰 피해와 국민 불편을 안겨주었다.

　2013년 3월에도 언론사(MBC·KBS·YTN 등)와 금융기관(농협, 신한은행, 제주은행 등)을 공격하여 언론사는 방송 제작에 차질을 빚었고, 금융기관은 창구 거래와 ATM기

174　DDoS(Distributed Denial of Service) 공격: '분산서비스 거부' 공격으로 여러 대의 공격자를 분산적으로 배치해 동시에 해당 시스템의 정상적인 서비스를 방해하는 사이버 공격이다. 다수의 컴퓨터를 이용하여 특정 시스템으로 대량의 유해 트래픽을 전송함으로써 해당 시스템을 공격하며 공격에 사용되는 컴퓨터는 DDoS가 유포시킨 바이러스에 감염된 일반 컴퓨터(일명 좀비 컴퓨터)이다.

거래가 일시 중단되는 피해를 가져왔다. 이때 집계된 피해는 1만 6천여 대에 달하는 CD 및 ATM 기기가 손상을 입고 PC 내 데이터가 삭제되었으며, 금전적인 피해액은 8,672억 원에 달하는 것으로 추산되었다.

2014년 11월에는 북한 김정은 노동당 위원장을 희화화한 영화 〈인터뷰〉를 제작한 '소니 픽처스' 회사가 해킹을 당해 내부자료가 유출되는 사건이 있었다. 소니에서 제작한 미개봉 영화까지 유출되었고 임직원들의 연봉자료까지 공개되었다. 이를 수사한 제임스 코미 당시 FBI 국장은 북한이 소니 픽처스 해킹에 연관됐다는 결정적인 모종의 증거를 확인했다고 증언하였다. 말했다. 해커들이 가끔씩 접속한 지역의 IP 주소를 숨기지 못한 경우가 있었는데 이렇게 드러난 IP 주소는 북한만 쓰는 것이란 주장이다. 2014년 소니 픽처스 해킹 이후 미국을 비롯한 국제사회는 북한의 사이버 공격을 국가안보에 대한 중대한 위협으로 인식하기 시작하였다.

2014년 8월에는 코레일 내부 전산망을 해킹하여 업무 파일을 탈취하였고, 2014년 12월 5일부터 2015년 3월 12일까지 여섯 차례에 걸쳐 한국수력원자력을 해킹하여 자료를 공개하며 원전 가동을 중단하라고 협박하거나 전산망 파괴 공작을 기도하는 등 국가기반시설의 마비를 도모하였다. 또한, 2016년 1월부터 6월까지 '스피어 피싱(Spear Phishing)'[175]으로 청와대와 정부기관을 사칭하여 주요 직위자(공무원, 교수, 군인 등) 90여 명에게 접근하여 56명의 이메일 계정을 탈취한 것으로 드러났다.

2016년 이후 북한은 국제사회의 대북 제재로 인한 경제적 피해를 만회하고 핵과 미사일 개발을 위한 자금을 확보하는 수단으로 사이버 공격을 시도하고 있다. 대표적인 사건이 2016년 2월 발생한 스위프트 전산망 해킹사건이다. 북한 해커들은 방글라데시 중앙은행이 뉴욕 연방준비은행에 예치하고 있던 1억100만 달러(한화 약 1,167억 원)를 해킹으로 빼돌렸다. 해커들은 방글라데시 중앙은행의 서버에 악성 코드를 심어놓고 국제 은행 간 해외 송금에 사용되는 공동전산망인 스위프트(SWIFT) 시스템 접속정보를 훔쳐냈다. 이후 북한 해커는 방글라데시 중앙은행 명의로 여기에 접속하여 뉴욕 연방준비은행에 필리핀과 스리랑카 은행으로 자금 이체를 요청하는 메시지를 보내 1억100만 달러를

---

175 스피어 피싱: 조직 내에 신뢰할 만한 발신인으로 위장하여 ID 및 패스워드 정보를 요구하는 일종의 피싱 공격이다. 메일을 보내 가짜 사이트로 유도하여 악성코드를 설치하게 하거나 ID와 패스워드를 입력하게 하여 네트워크에 침입할 수도 있다.

이체하고 이 중 8,100만 달러를 빼돌렸다. 이후 보안업체와 FBI 조사 결과, 이들이 소니픽처스 해킹을 주도한 북한 해킹그룹 라자루스(Lazarus)인 것으로 결론을 내려 사실상 북한 정부의 소행임을 명확히 했다.

<표 42> 2016년 이후 북한의 주요 사이버 공격

일시	공격 내용
2016.01.~06.	○ 스피어 피싱으로 중요 직위자 이메일 계정 탈취 (공무원, 군인, 교수 등 90명)
2016.02.	○ 스위프트 국제 은행 전산망 해킹 (방글라데시 중앙은행에서 1억100만 달러 이체)
2017.05.12.	○ 워너크라이 랜섬웨어 공격으로 금전 갈취
2018.01.	○ 통일부 대상 해킹 시도(2018년 630건/2019년 767건)
2019.09.	○ 국회 외통위, 정보위, 국방위 소속 국회의원 해킹
2018.01.	○ 일본 가상화폐 코인체크 자산 탈취 공격
2018.06.	○ 빗썸 가상화폐거래소 공격 350억 원 규모 피탈
2019.11.	○ 가상화폐거래소 업비트 공격 이더리움 580억 피탈
2020.02.	○ 비글보이스 등 금융기관 공격
2020.07.	○ 한미 외교안보라인 해킹 시도
2020.11.	○ 가상화폐 거래소 공격
2020.12.	○ 신풍제약 등 코로나 예방약 신기술 탈취 공격
2021.03.	○ 한국항공우주산업 신기술 탈취 공격
2021.06.	○ 대우조선해양, 서울대병원 공격
2021.07.	○ 한국원자력연구원 공격
2022.01.	○ 국내 다수 화학기업 구인구직 메일 피싱 시도
2022.03.	○ 게임업체 엑시인피니티 공격 6억7천만 달러 탈취
2022.04.	○ 게임업체 로닌 공격 이더리움 2550만 코인 탈취
2023.04.	○ 코인거래소 지닥에서 182억 원 규모 피탈
2023.08.20.	○ 북한 '김수키(Kimsuky)' 한미연합연습요원 해킹 시도

* 각종 언론 보도내용 종합

2017년 5월 12일 북한은 랜섬웨어(Ransomware)[176] 파일을 보내 악성 프로그램을 심은 뒤 시스템을 복구해 주는 대가로 금전을 요구하는 사이버 공격을 시도했다. '워너 크

---

176 랜섬웨어: 인질의 몸값을 의미하는 랜섬(Ransom)과 소프트웨어(Software)를 합친 말로 악성 프로그램을 심은 뒤 이를 복구해 주는 대가로 금전을 요구하는 사이버 범죄이다.

라이(Wanna Cry)'라고 불리는 이 랜섬웨어 공격은 150여 개국에 걸쳐 30만대 이상의 컴퓨터에 피해를 일으켰고 이를 통해 상당수의 금액을 갈취한 것으로 추정된다. 컴퓨터가 워너 크라이에 감염되면 해커는 복구를 미끼로 300~600달러를 가상화폐로 지불하도록 요구하는데, 이로 인한 금전적 손실이 매우 컸다. 또한, 복구비용을 지불했음에도 해커가 복구시켜 주지 않고 잠적하여 세계 각지에서 병원이나 회사 등에서 많은 데이터가 사라져 엄청난 피해가 발생하였다고 알려져 있다.

미국의 한 블록체인 분석업체에 따르면 북한의 가상화폐 탈취 금액은 2016년 150만 달러에서 매년 급증하여 2022년에 16억5천만 달러에 달하였으며, 지난 7년간 해킹으로 탈취한 총액은 무려 32억290만 달러(약 3조9천억 원)에 달한다고 하였다. 가히 현대판 해적국가라고 부를 수 있으며 이 가상자산 탈취가 북한 경제의 한 축이 되고 있고 핵무기와 미사일을 고도화하는 비용으로 사용되고 있다는 점에서 문제의 심각성이 있다.

2023년 8월 20일에는 북한 해킹조직 '김수키(Kimsuky)'가 연말정산을 위장한 악성 이메일을 이용해 한미연합연습을 겨냥한 사이버 공격을 시도한 정황이 확인됐다. 경기남부경찰청 안보수사과는 한미연합연습 전투모의실에 파견된 국내 전쟁모의연습(War Game) 운용업체 직원들을 대상으로 올해 2월부터 발송된 악성 전자우편 사건을 수사한 결과, 북한 해커 '김수키(Kimsuky)'의 소행으로 파악됐다고 20일 밝혔다.

북한의 사이버 공격은 공격대상이 국내는 물론 범세계적이며 수법이 날로 교묘해지고 파괴력도 갈수록 커지고 있다. 미국조차도 북한의 사이버 공격 대상이 되고 있으며 국가안보에 위협이 되고 있다고 한다. 이에 2022년 7월 25일 네드 프라이스 미 국무부 대변인은 국무부가 "북한의 악의적 사이버 활동을 주시하고 있으며, 모든 가용한 수단을 동원해 북한 사이버 공격 세력을 추적하고 있다."고 밝혔다. 그는 북한이 랜섬웨어 공격을 통해 몸값을 요구하는 악의적인 금융사기를 자행하고 가상화폐를 탈취하여 사이버 공격을 대북 제재의 회피 수단으로 악용하고 있다고 강조했다.

다. GPS 교란

GPS로 대표되는 '위성항법시스템'은 인공위성에서 보내는 신호를 수신해 전 세계 어디서나 자신의 위치와 속도 시간을 파악할 수 있는 시스템이다. 그러나 위성항법시스템은 지상에서 약 2만km 이상 떨어진 인공위성 신호를 이용하기에 신호가 미약해서 다른 신호에 쉽게 간섭될 수도 있다는 약점을 갖고 있다. 미국의 경우에도 GPS 교란으로 인한 직접적인 경제손실이 2011년 기준 연 960억 달러에 이른다는 조사 결과도 있다. 따라서 GPS 교란이 국가안보 및 사회·경제적 측면에서도 큰 손실을 초래하는 불안요소이다. 북한은 이러한 약점을 간파하고 2010년부터 주기적으로 남한 지역에 대한 GPS 교란을 감행하고 있다. 북한은 GPS 교란을 위한 전파 출력을 더욱 높이고 있으며, 교란전파 송출장소도 여러 곳에서 실시하는 등 도발의 강도를 높여가고 있다.

북한은 2010년 8월 23일부터 25일까지 최초로 GPS 교란이란 새로운 도발을 시도하였다. 이때 북한이 시도한 GPS 신호 교란전파의 발사로 아군의 UFL 훈련 일부가 방해를 받았고 일부 4척의 함정에서 수신장애 현상이 발생하였다. 북한은 2011년 3월 4일부터 5일까지 서부전선 지역에서도 교란전파를 발사하여 경기도 북서부 일부에서 휴대전화가 불통되거나 장애가 발생하는 현상을 초래하였다. 이어서 2012년 4월부터 5월까지 GPS 신호 교란전파를 또다시 발사하여 민간항공기의 항로를 위협하였다. 이때 미 군용 항공기가 사용하는 군용 GPS까지 일부 교란현상이 발생하였다는 비공식 정보가 있다고 일부 언론에서 보도한 바 있다. 이에 대해 대한민국 정부는 2012년 6월 국제민간항공기구(ICAO)에 공식적으로 문제를 제기하였으며, ICAO에서는 2012년 7월 북한의 GPS 교란 재발방지를 촉구하는 결의문을 채택하였다.

〈그림 28〉 2016년 북한의 GPS 교란 위치

*《2010~2016 국방백서》참고

그러나 북한은 2016년 3월 31일부터 4월 5일까지 또다시 교란전파 발사를 재개하였다. 특히, 교란전파의 출력 강도를 10W에서 100W로 높이고, 발사 지역도 초기에는 개성과 해주 일대에서 나중에는 평강 및 금강 일대로 확대함으로써 우리 어선과 민간선박 등 약 700척이 일부 피해를 보았다. 지금까지 GPS 교란에 의한 피해는 그리 크지 않았다고 볼 수도 있다. 그렇지만 북한이 더 강력한 고출력의 교란전파를 발사한다면 어떠한 사태가 발생할지 알 수 없으며 이에 대한 뚜렷한 대안도 없는 것이 현실이다. *(북한의 새로운 도발인 GPS 교란에 대해 우리 국토교통부에서는 초정밀 GPS 보정시스템 개발에 대한 착수를 선언하고 2019년에 시험서비스를 목표로 추진 중에 있다. 또한, 항재밍(Anti Jamming) 기술을[177] 개발하여 대응하고자 하고 있다. 그러나 항재밍 기술은 설치비용에 대한 부담이 커서 어려움이 있으며, 핵심 국가기간시설 등의 일부 인프라에만 설치하고 있다. 따라서 우선 각종 수신기에 항재밍 기능을 높이고 위성송신 신호를 높이는 방향으로의 대처가 필요하다.)*

라. 강물 무단 방류

북한은 북에서 남으로 흐르는 임진강, 북한강 상류에 댐을 구축하였다. 이러한 댐은 자연적인 강물의 흐름을 인공적으로 거부하여 환경에 악영향을 초래하는 것이지만 안보 차원에서는 하류에 통보하지 않고 무단 방류하는 것이 큰 위협이 된다. 실제로 북한은 2009년과 2010년 2회에 걸쳐 임진강 북쪽의 황강댐을 무단 방류함으로써 우리에게 많은 피해를 입혔다.

북한은 2009년 9월 6일 새벽에 아무 예고 없이 임진강 상류의 황강댐을 무단 방류하여 임진강 하류 지역에서 야영하던 민간인 6명이 실종되고 차량이 물에 잠기는 피해가 발생하였다. 황강댐은 북한이 2002년에 착공하여 2007년에 완공하고 담수를 시작한 것으로 홍수 방지와 발전 및 용수 공급 등을 위한 다목적 댐으로 높이 34m에 길이가 880m에 달하며 총 저수량은 팔당댐의 1.5배에 이르는 3억5천만 톤 규모이다. 특히, 예성강 쪽으로 4km나 되는 인공수로를 건설하여 수량이 부족한 예성강에 물을 공급하는 유역변경식 수력발전을 하고 있다.

2010년 7월 31일에는 역시 예고 없이 무단 방류하여 북한 지역인 임진강 상류에서 목함지뢰가 떠내려와 이를 주워 집으로 향하던 민간인이 지뢰 폭발사고로 1명이 사망하고

---

[177] 항재밍 기술: 전파교란 신호를 상쇄하도록 그 신호와 반대되는 신호를 보내는 기술이다.

1명이 중상을 입었다. 이에 따라 군은 2010년 8월 1일부터 3일간에 걸쳐 민통선 북방 임진강 하류 지역 수색작업을 벌여 목함지뢰 66발을 수거하기도 하였다. 북한은 2016년 5월 16일 10:50과 17일 01:00경 두 차례에 걸쳐 황강댐에서 초당 400톤의 강물을 무단 방류함으로써 임진강 하류의 어민들이 어구가 쓸려가거나 조업 피해를 입었다.

북한은 북한강 상류에도 임남댐(일명 금강산댐)을 1986년 착공하여 2003년 완공하였다. 임남댐은 높이 121.5m이고 길이는 710m이며 저수량은 약 26억 톤의 초대형으로 알려져 있다. 따라서 북한이 이를 수공으로 사용한다면 한강 유역에 큰 피해가 예상된다고 하여 우리는 평화의 댐을 건설하여 이에 대비하였다. 실제 2005년 북한이 임남댐에서 무단 방류하였으나 임진강에서와 같은 큰 피해는 발생하지 않았다. 이보다는 임남댐 건설 이후 한강으로 유입되는 강물의 수량이 약 12% 감소하면서 한강 하류의 물 부족현상과 생태계 교란으로 인한 환경문제를 불러왔다.

북한의 황강댐이 건설되면서 우리는 임진강 하류 홍수 피해와 북한 무단 방류에 대비하기 위해 홍수조절용 댐을 건설하였다. 2006년에 착공하여 2010년 6월 준공한 군남댐은 높이 26m, 길이 658m로 총 저수량은 7,160만 톤 규모이다. 군남댐에서 57km 떨어진 황강댐에서 무단 방류한 강물은 군남댐에 도달하는 데 7~8시간 걸릴 것으로 예상되므로 사전에 피해를 예방할 수 있는 조치를 강구해야 한다.

이와 별개로 북한강 지역에서는 평화의 댐을 건설하여 북한의 수공이나 무단 방류 또는 임남댐 부실공사로 인한 댐 붕괴사고에 대비하고 있다. 평화의 댐은 1987년 2월 28일 북한의 임남댐 건설로 인한 수공에 대응하기 위해 공사를 시작하여 1989년 1월 1단계 공사를 완료하였다. 그러나 이후 수공위협이 과장되었다고 하여 2단계 공사를 중단하였으나 2002년 미국 정찰위성 관측 결과 임남댐이 부실하게 건설되어 큰비에 무너질 수도 있다는 분석이 제기되면서 2005년 10월 2단계 공사를 서둘러 완료하였다. 현재 평화의 댐은 높이 125m에 길이 601m로 최대 저수량은 26억3천만 톤에 이를 것으로 전망되나 평소에는 물을 가두지 않는 건류댐으로 운영하고 있다.

마. 개성 남북공동연락사무소 폭파

남북공동연락사무소 폭파 장면

2020년 6월 4일 북한은 노동당 제1부부장 김여정 명의로 담화문을 발표하여 5월 31일 탈북자단체의 대북전단 살포를 맹렬히 비난하고, 이들의 행위를 묵인하고 방조하는 남한 당국에 책임을 묻겠다고 하였다. 또한, 개성공단 완전 철거나 남북공동연락사무소 폐쇄, 남북 군사합의도 파기할 수 있다고 위협하였다. 6월 9일 12시에는 남북의 모든 연락채널과 통신선을 차단하였다. *(남북 당국 사이의 통신연락선, 남북 군부 사이의 동서해통신연락선, 남북통신시험연락선, 노동당 중앙위원회 본부청사와 청와대 사이의 직통선을 북한이 일방적으로 완전 차단·폐기했다.)*

그리고 6월 9일 조선중앙통신은 대남사업부서들의 회의에서 김여정 제1부부장과 김영철 부위원장이 "대남사업을 철저히 대적사업으로 전환할 것을 강조했다."고 발표하였다.

6월 13일 김여정은 담화를 통해 "멀지 않아 쓸모없는 남북공동연락사무소가 형체도 없이 무너지는 비참한 광경을 보게 될 것이다."라며 남북공동연락사무소 폭파 위협과 더불어 "추가적인 대적 행동으로 총참모부에 의한 후속 도발이 있을 것"이라고 발표하였다. 그러더니 북한은 6월 16일 14:50에 남북공동연락사무소를 전격 폭파하는 도발을 자행하였다. 남북공동연락사무소는 2018년 남북 정상 간 판문점 선언을 통해 설치한 일종의 외교 공관이다. 우리가 만든 외교 공관을 우리 허락도 없이 폭파한 것은 명백한 도발 행위이다.

이러한 북한의 도발에 대해 우리 정부는 "강력한 유감을 표명하며, 북측의 남북공동연락사무소 파괴는 남북관계의 발전과 한반도 평화 정착을 바라는 모든 이들의 기대를 저버린 행위로 이로 인해 발생하는 모든 사태의 책임이 전적으로 북측에 있음을 분명히

함과 동시에 북측이 상황을 계속 악화시키는 조치를 취할 경우에 강력히 대응할 것임을 엄중히 경고함"이라는 성명을 발표하였으나 이밖에 마땅한 실효성 있는 현실적인 대응책은 전무한 실정이다. *(문재인 정부는 2020년 12월 '남북관계 발전법'을 제정하면서 굴욕적인 '대북전단 살포 금지' 조항을 포함하였다. 여기에는 대북전단 살포행위에 대해 3년 이하 징역 또는 3천만 원 이하 벌금으로 처벌한다고 명시하였다. 당시 야당은 이에 대해 '김여정 하명법'이라고 비판하였다. 이후 2023년 9월 26일 헌법재판소는 이 법이 위헌이라고 결정했다.)*

> **TIP ▶▶ 남북공동연락사무소란?**
>
> 남북공동연락사무소는 판문점 선언에 의해 2018년 9월 14일에 개성공단 내에 개소하였다. 판문점 선언에는 "남과 북은 당국 간 협의를 긴밀히 하고 민간교류와 협력을 원만히 보장하기 위하여 쌍방 당국자가 상주하는 남북공동연락사무소를 개성 지역에 설치하기로 하였다."란 내용이 담겼고 이에 따라 사무소 설치가 추진되었다. 연락사무소는 개성공단 내 남북교류협력협의사무소가 있었던 건물을 개·보수했다. 신축(新築)이 아닌데도 100억 원 가까운 예산이 투입됐다.
>
> 남북공동연락사무소의 기능은 ① 남북 당국 사이의 연락과 실무적 협의 ② 여러 분야의 대화와 접촉, 교류협력, 공동행사 등에 대한 지원사업 ③ 민간단체들의 교류협력사업에 필요한 소개와 연락, 자문, 자료교환, 접촉지원 ④ 육로를 통해 상대측 지역을 왕래하는 쌍방 인원들에 대한 편의 보장 등이었다.
>
> 2020년 1월 30일 코로나 확산을 계기로 북한이 비상방역체제로 전환하면서 잠정 폐쇄됐다. 이에 따라 개성에 체류하던 우리 측 인원 58명(당국자 17명, 지원인력 41명)은 전원 귀환했다. 남북은 2020년 6월 9일까지 매일 오전과 오후 2차례 전화 통화를 통해 연락 업무를 유지해 왔다.

바. 고도의 심리전 '서울 불바다' 위협

개성 남북공동연락사무소 폭파 다음날인 2020년 6월 17일 북한 관영 조선중앙통신은 논평을 통해 "입 건사를 잘못하면 이제 잊혀가던 서울 불바다 설이 다시 떠오를 수도 있고, 그보다 더 끔찍한 위협이 가해질 수 있다."고 위협하며, "남측이 판문점선언과 평양공동선언을 해놓고 북침 전쟁연습을 포함해 온갖 적대 행위를 공공연히 감행해 지금껏 체계적으로 위반하고 파기해 왔다."고 맹비난했다.

북한은 과거부터 〈표 43〉과 같이 대남 심리전의 하나로 '서울 불바다' 위협을 계속해 왔다.

<표 43> 과거 주요 '서울 불바다' 위협

일시	출처: 위협 발언(배경)
1994.03.19.	○ 조국평화통일위원회 서기국 부국장 박영수의 발언: "여기서 서울이 멀지 않다. 전쟁이 일어나면 불바다가 된다." (03.15. IAEA 북한 핵사찰단 철수, 대북 제재 필요성 언급)
2010.06.12.	○ 북한 인민군 총참모부의 포고문: "우리의 군사적 타격은 서울의 불바다까지 내다본 무자비한 군사적 타격"(천안함 사태로 대북확성기 설치)
2011.02.27.	○ 북한군 판문점 대표부: "대결책동을 산산이 부숴버리는 서울 불바다전 같은 무자비한 대응을 보게 될 것"(키리졸브연습 및 대북 전단 살포)
2011.11.24.	○ 조선중앙통신 보도: "연평도의 그 불바다가 청와대의 불바다로, 청와대의 불바다가 역적패당의 본거지를 송두리째 불바다로"(11월 23일 북한 연평도 포격 도발 1주년 맞이 아군 서해5도 방어훈련 후)
2012.08.29.	○ 조선 중앙통신 보도: "제일 먼저 서울부터 잿더미로 만들며 나아가서 원수의 아성을 모조리 불바다에 처넣음"(김정은 동부전선 시찰 현장)
2013.03.06.	○ 북한 노동신문 보도: "정밀 핵타격 수단으로 서울만 아니라 워싱턴까지 불바다로 만들 것"(키리졸브 및 독수리 연습 전)
2013.11.22.	○ 북한 서남전선사령부 대변인 담화: "연평도 불바다가 청와대 불바다로, 통일 대전의 불바다로" (연평도 포격 도발 3주기 하루 전)
2016.02.25.~27.	○ 북한 노동신문 보도: "서울과 워싱턴을 불바다로", "청와대와 백악관을 잿가루로 만들겠다." (한미군사훈련 비난 성명)
2017.08.09.	○ 북한 전략군 대변인 성명: "서울을 포함한 1·3 야전군 지역의 모든 대상을 불바다로 만들고 전면적인 타격이 이어지게 될 것"(한반도에서 미군 폭격기 비공개훈련 비난)

북한의 '서울 불바다' 위협은 1994년 처음 등장하여 우리 국민에게 공포감을 안겨주었고 식료품 사재기 현상 같은 사회혼란을 조성하였다. 이처럼 '서울 불바다' 위협은 북한의 심리전[178] 전술이며 이것도 명백한 도발 행위의 하나로 봐야 한다. 북한은 1994년

---

178 군사적·경제적·정치적 수단을 이용하여 적군을 상대로 선전 활동을 벌이는 것으로 선전은 대체로 적군의 사기를 떨어뜨림으로써 싸울 마음이나 저항할 의지를 약화시키고 때로는 적으로 하여금 자신의 입장을 유리하게 생각하도록 만들려는 의도를 갖고 있다.

처음 불바다 위협을 가한 후 그동안 한미군사연습 전이나 연평도 포격 도발 일정 등에 맞춰서 다양한 경로로 불바다 위협을 반복했다.

2013년 이후에는 서울을 넘어 핵무기와 ICBM 개발추세에 맞춰 워싱턴까지 불바다 위협을 가해왔다. 문재인 정부 들어와서도 이번이 두 번째이다. 2017년 8월 미군이 한반도에서 폭격기 비공개훈련을 한 뒤 북한은 전략군 대변인 성명을 통해 "서울을 포함한 1·3 야전군 지역의 모든 대상을 불바다로 만들고 전면적인 타격이 이어지게 될 것"이라고 위협한 바 있었다.

북한 김정은 정권에서 핵 선제타격과 워싱던 불바다까지 언급하며 전례 없이 한국과 미국을 향해 도발하는 의도는 한반도 긴장에 대한 책임을 한미 양국에 떠넘기려는 의도로 보인다. 북한은 이러한 심리전을 통해 실제로 도발을 할 경우에도 도발의 명분을 축적하고 또 도발 시의 책임을 전가하려는 의도도 갖고 있다고 볼 수 있다.

맺음말

1. 최근 북한의 동향과 도발 추세

최근 북한 도발의 특징은 2019년 7월 북미회담 결렬 이후 우리와 미국 및 국제사회를 압박하기 위해 미사일 도발을 지속하고 있다는 것이다. 그리고 핵탄두 소형화와 장거리 탄도미사일의 고도화에 주력하는 한편 군사정찰위성을 발사하고 SLBM 개발에도 열을 올리고 있다. 또한, 접적 지역에서도 2019년 11월 25일에는 김정은이 서해 창린도 방어대를 시찰하면서 해상으로 해안포 사격을 지시하고 참관함으로써 남북이 서해 완충구역에서의 적대 행위와 사격을 금지토록 한 '9·19 군사합의'를 무시하였다. 그리고 2020년 5월 13일에는 아군 GP에 14.5밀리 고사총 사격도 자행함으로써 접적 지역에서도 낮은 단계의 긴장 조성도 지속하고 있다.

2020년 6월에는 민간단체의 대북전단 살포를 문제 삼아 남북 간의 모든 연락채널과 통신선을 차단하였고, 급기야 개성공단에 위치한 남북공동연락사무소를 일방적으로 폭파하였다. 9월 22일에는 연평도 해상에서 실종된 민간인이 북측 해역으로 표류하였으나 구조하지 않고 사살한 것으로 밝혀지는 등 '9·19 군사합의'를 위반하거나 비인도적인 만행을 계속 저지르고 있다. 2022년 10월부터 12월까지는 7회에 걸쳐 서해와 동해완충구역으로 수백 발의 방사포와 포병 사격을 했고, 2022년 11월 2일에도 탄도미사일을 속초 동방 NLL 이남으로 사격함으로써 군사합의를 심각하게 위반하였다.

그러나 최근 북한은 미사일 발사 외에는 무력 도발을 최대한 자제하고 있으며, 도발의 경향도 과거보다 약간 소극적이고 수세적으로 변화하였다. 접적 지역의 GP 고사총 총격 도발에 대해서는 아군의 대응사격에 대해서 추가 도발을 하지 않았고, 해상 민간인 사살에 대해서는 김정은이 즉각 유감을 표명하는 등의 유화책을 썼다. 그러나 핵무기와 미사일 능력 고도화를 위한 연구 개발과 시험발사에는 총력을 기울이고 있다. 무엇보다 최근에는 러시아에 필요한 재래식 무기와 탄약을 지원하고 러시아의 도움을 받은 것으로 보이는 군사정찰위성 발사에 성공하였으며 첨단무기 개발에 필요한 기술을 이전받으려는 움직임을 보이고 있다. 최근 시험발사한 '수중드론'과 같은 신무기 개발 노력도 그 연장선에서 진행되고 있는 것으로 보여 우리에게 더욱 큰 위협으로 다가오고 있다.

2. 북한은 왜 침투 및 도발을 계속하는가?

이 물음에 대한 근본적인 답을 얻으려면 북한의 대남 전략을 명확히 알아야 한다. 저들의 대남 전략 목표는 한반도의 '적화통일'이다. 이것은 북한의 '노동당 규약'에 정확하게 명시되어 있으며 과거부터 지금까지 용어만 일부 바뀌었을 뿐 한 번도 바뀐 적이 없다. 일당독재체제인 북한에도 헌법이 있지만 실질적으로 '노동당 규약'은 헌법보다도 상위에 있다고 볼 수 있다.

여기에 조선노동당의 존재 이유와 목표가 '당면목적'과 '최종목적'이란 표현으로 명확하게 기술되어 있다. "조선노동당의 당면목적은 공화국 북반부에서 부강하고 문명한 사회주의 사회를 실현하며 전국적 범위에서 사회의 자주적이며 민주주의적인 발전을 실현하는 데 있으며 최종목적은 인민의 리상이 완전히 실현된 공산주의사회를 건설하는 데 있다."라고 명확하게 기술하고 있다. 여기서 북한이 말하는 '전국적 범위에서 사회의 자주적이며 민주주의적인 발전을 실현'한다는 것은 남한이 미국의 식민지 치하에서 고통받고 있으므로 미 제국주의로부터 남한을 해방시켜 민족의 자주성을 회복해야 한다는 것이고, '인민의 리상이 완전히 실현된 공산주의사회를 건설'한다는 것은 노동당 일당독재체제인 '북한식 사회주의 국가로 통일'하겠다는 것이다. 실제로 광복 이후 북한 정권의 전략목표인 '적화통일'은 용어만 약간씩 수정되어왔을 뿐 단 한 번도 바뀐 적이 없다.[179]

지금까지 북한의 대남 전략 목표는 노동당 규약에도 명시되어 있는 것처럼 전혀 변하지 않았다. 다만 대내외의 상황과 여건에 따라 전략목표를 달성하기 위해 전술적인 변화

---

[179] 1970년대 초반의 노동당 규약에는 "조선노동당의 당면목표는 북한 지역에서 사회주의의 완전한 승리를 보장하며 전국적 범위에서 반제·봉건적 민주주의 혁명의 과업을 수행하는 데 있으며, 최종목적은 공산주의사회를 건설하는 데 있다."고 했었다.

와 용어만 수정되어 왔을 뿐이다.

북한은 한반도 적화통일이란 전략목표를 달성하기 위해서는 기본적으로 과거 공산주의자들이 사용했던 혁명 전략의 단계를 따를 것을 강조한다. 혁명 전략 단계는 정세의 유·불리에 따라 간조기, 침체기, 앙양기, 만조기의 4단계로 나누어 구사된다. 대내외 여건이 가장 불리할 때를 간조기라고 하며 이때는 퇴각 및 협상 전술을 쓴다. 대화 등을 제의하여 자신의 힘을 비축할 시간을 버는 것이다. 침체기는 간조기보다 상황이 조금 나아진 단계로 대열을 정비하고 자체 역량 비축에 주력하는 시기이다. 앙양기는 자신에게 유리한 상황이 조성되었다고 판단되는 시기이다. 이때에는 기습적인 도발이나 위협을 통해 상대방을 시험하면서 전면공격의 호기를 노린다. 만조기는 자신들의 비축된 역량과 대외적 여건이 성숙되었다고 판단되는 시기로, 이때를 이른바 혁명의 '결정적 시기'가 도래하였다고 한다. 이때 내부에서 봉기를 일으키고 6·25전쟁같이 전면공격에 나서는 것이다. 따라서 이러한 '결정적 시기'를 조성하기 위해서는 군사적으로는 침투 및 국지도발을 계속해야 하고 테러와 비군사적 도발 등 각종 가용한 수단과 방법을 가리지 않고 사용하는 것이 저들의 속성이다.

3. 침투 및 도발, 그 끝은 어디인가?

결론적으로 "북한의 침투 및 도발에 그 끝은 어디인가?"라고 묻는다면 단연코 북한에 공산당 일당독재체제가 무너지기 전에는 끝나지 않을 것이라고 하는 것이 역사적으로 증명된 결론이다. 북한의 조선노동당은 앞에서 기술한 것처럼 최종목표가 '한반도 적화통일'이다. 따라서 적화통일을 위해서는 어떠한 수단과 방법도 불사한다. 북한은 혁명의 '결정적 시기'가 도래하면 전면공격을 감행함으로써 적화통일을 완성할 수 있을 것으로 보고 있기에 이 결정적 시기를 조성하기 위해 계속 도발할 것이다.

북한은 김정은이 집권한 이후 핵무기 개발과 투발수단인 미사일 발사 기술을 고도화하기 위한 노력을 계속해 왔다. 그 결과 6차에 걸친 핵실험과 2017년 11월 29일 화성-15형 미사일 발사를 기점으로 '국가 핵무력 완성'을 대내외에 선포하는 단계까지 이르렀다.

이로 인해 유엔의 대북 제재가 더욱 강화되자[180] 북한 김정은 정권은 2018년부터 그동안 추진해 온 '핵경제 병진노선'에서 '경제 집중노선'으로 전환할 것을 표방하였다. 이후 남북정상회담과 북미회담 등 유화 제스처를 취하면서 안으로는 ICBM과 SLBM을 계속 개발하고 군사정찰위성 발사 준비도 계속하였다. 대북 제재가 강화되자 북한은 이 시기가 혁명 전략의 침체기에 해당한다고 판단하고 일단 몸을 낮춰 미사일 발사 외에는 과거에 비해 훨씬 수세적 도발을 이어가고 있다. 그러나 이는 나날이 유엔의 대북 제재가 강화되고 국제적 고립이 심화함으로써 북한이 어쩔 수 없이 선택한 고육지책에 불과할 뿐이다.

북한은 역사적으로 '적화통일'이란 전략목표를 달성하기 위해 겉으로는 위장평화공세를 펼치면서 속으로는 도발이나 전쟁을 준비하는 '화전양면전술'을 줄기차게 구사해 왔다. 따라서 이러한 시기에 우리는 적극적인 대화로 북한의 변화를 유도하는 한편, 어떠한 상황에서도 경각심을 가지고 저들의 행동을 주의 깊게 살펴야 한다. 그리고 북한이 제아무리 화해와 평화에 대한 제스처를 취한다 해도 과거 대남 침투 및 도발에 대한 진정성 있는 사과와 반성이 전제되지 않는 한 어떠한 합의나 협력도 사상누각에 불과하다는 점을 잊어서는 안 된다. 북한이 과거에 대한 진정한 반성 없이 취하는 모든 행동은 저들의 기본전술인 '화전양면전술'의 하나에 불과하기 때문이다.

4. 향후 어떻게 도발할 것인가?

그렇다면 앞으로 북한의 침투 및 도발은 어떻게 전개될 것인가? 이를 예측하는 것은 대단히 어려운 문제이다. 그렇지만 과거 역사적 경험에 비추어 볼 때 몇 가지로 유추해 볼 수 있다. 우선 우리가 예상하지 못했던 새로운 수단과 방법의 진화된 도발을 시도할 것이고, 저들이 과거 수행한 침투 및 도발 중에서 가장 성공적으로 수행했다고 평가되는 방법은 계속 사용할 것이며 실패한 방법은 우선순위가 낮을 것이란 점이다. 또한, 지뢰도발과 같이 과거에도 있었지만 우리가 까맣게 잊고 있었던 도발 방법도 다시 사용할 수 있다. 향후 북한의 도발은 다음과 같이 예상해 볼 수 있을 것이다.

---

[180] 2017년 12월 22일 유엔의 대북 제재 결의안 2379호가 발표되었다. 주요내용은 북한의 주요 외화벌이 수단인 해외노동자 2년 이내 송환조치, 정유제품 공급량을 50만 배럴로 추가 제한하였다.

첫째, 미사일과 핵무기에 의한 도발이다. 저들이 수행한 침투 및 도발에서 가장 성공적이었다고 평가할 수 있는 것은 미사일과 핵 개발이다. 따라서 앞으로도 대내외의 정세 변화에 따라 미사일과 핵을 가지고 어떻게든 도발하는 것을 최우선으로 할 것이다. 다만 김정은이 현재를 혁명 전략의 침체기로 보고 있으므로 당분간은 지금처럼 소극적이고 수세적인 도발을 이어가거나 도발을 남북 또는 북미협상의 지렛대로 사용하려 할 것이다. 그러나 북한이 현재의 자력갱생에 의존하는 경제체제로는 인민의 먹고 사는 문제를 언제까지나 해결하기는 어려울 것이다. 따라서 북한 경제와 식량 사정이 더 크게 악화하여 체제에 대한 불만이 고조되는 등 내부 여건이 어려워지면 장거리탄도미사일과 잠수함발사탄도미사일을 미국이나 일본 영해 상에 발사하여 국면 전환을 시도할 수도 있을 것이다. 핵무기도 이미 탄두 소형화를 이루었다고 선전하고 있긴 하나 아직 만족할 만한 수준은 아닐 것으로 본다. 따라서 위와 같은 상황이 되면 추가적인 핵실험도 할 것으로 본다.

둘째, NLL 무력화와 서해 해상 도발이다. 북한의 서해5도에 대한 도발은 어제오늘의 일이 아니었다. 6·25전쟁 직후인 1950년대 후반부터 계속되어 왔다. 아직도 시한폭탄처럼 언제 다시 해전으로 이어질지 알 수 없다. 어로 작업이나 항해권 보장, 해안포 사격훈련 등으로 인해 언제든지 재점화할 수 있다. 또한, 서해5도 지역에서의 포격, 기습적인 선박의 납북, 항해 중인 선박이나 항공기에 대한 직접 공격, 서해5도에 대한 기습공격이나 기습적인 점령 등도 비교적 가능성이 있는 도발 양상의 하나이다.

셋째, 군사분계선에서의 재래식 도발이다. 일상적이진 않으나 항상 무력 충돌의 불씨를 안고 있다. 비무장지대 내에서의 작업이나 기타 활동간 우발적 충돌이나 GP에서의 총격이나 포격, 아군의 대비태세나 대응능력 시험 등의 목적으로 침투나 국지전이 언제든지 발생할 수 있다. 우리는 비교적 최근인 2010년대에도 지뢰 도발이나 비무장지대에서의 총격이나 포격사건 등을 경험했었다. 북한이 마음만 먹으면 언제든지 재개할 가능성이 매우 크며, 특히 북한이 대북전단 살포에 매우 예민한 반응을 보이는 만큼 이를 핑계 삼아 무력 도발에 나설 가능성이 많다. 여기에 추가적으로 우리가 믿고 있는 과학화 감시장비를 무력화할 수 있는 수단을 개발하여 군사분계선과 비무장지대를 극복하고 침투하거나 아직 발견하지 못한 땅굴을 통한 침투와 도발도 예상해 볼 수 있다.

넷째, 잠수함(정) 침투이다. 1996년 강릉 잠수함 침투사건이 벌어져 전국을 긴장시켰고 동해를 통한 몇 번의 잠수함 침투가 있었지만 역시 무인기의 경우처럼 우리는 북한 잠수함(정)이 침투하는 것을 발견하지 못했었다. 우리가 발견한 것은 북한 잠수함이 기관 고장을 일으켰거나 좌초한 상태에서 발견했을 뿐이었다. 2010년 천안함 폭침사건도 결국 북한 잠수함이나 잠수정의 침투를 탐지하지 못해 발생한 사건이었다. 그렇다면 지금은 북한 잠수함(정) 침투를 100% 탐지할 수 있을 것인가? 현실은 그렇지 못한 것 같다. 따라서 북한으로서는 은밀한 침투와 공격을 병행할 수 있는 매우 유용하고 효과적인 수단으로 이용할 것이 분명하다. 더욱이 심해에서 장기간 운용이 가능하고 보다 은밀한 기동이 보장된 핵잠수함을 전력화한다면 SLBM과 함께 우리에게 더 큰 위협이 될 것이다. 북한은 최근 러시아의 '포세이돈'을 모방한 잠수함에서 발사하여 1만km를 수중 비행할 수 있는 수중드론(핵추진 중어뢰)을 개발 중인 것으로 알려져 심각성을 더하고 있다.

다섯째, 심리적으로 가장 큰 타격을 줄 수 있는 폭발물에 의한 테러이다. 테러는 교묘하게 수행한다면 효과는 정확하고 위력적이면서도 도발 주체를 불명확하게 만들 수 있는 도발 수단이다. 과거 아웅산 묘소 폭파사건이나 대한항공 858기 폭파사건과 같이 주체가 일찍 드러난 사건도 있었으나 김포공항 국제선청사 폭파사건과 같이 한동안 주체가 드러나지 않았던 경우도 있었다. 특히, 테러는 물적 증거가 없어 누구의 소행인지 테러 주체가 분명하게 드러나지 않음으로 현재도 국제무대에서 빈번하게 사용되고 있다.

사실 9·11테러와 같이 실제로 테러가 가해졌을 때의 심리적 효과나 공포는 상상을 초월한다. 거기다 지금 세계는 '자생적 테러'[181]가 유행처럼 번지고 사회에 불만을 지니고 자발적으로 테러에 나서는 속칭 '외로운 늑대'[182] 등도 활개를 치고 있다. 우리 사회에서도 과거 '이석기 내란 음모사건'과 같이 이러한 실체가 드러나 충격을 주었던 것처럼 북한이 대한민국 정부를 전복하거나 내란을 획책하려는 세력을 사주하거나 지원할 가능성이 매우 높다. 이럴 경우 역시 주체가 불분명하여 실행에 옮겨진다면 대처가 매우 곤란

---

[181] 미국의 사례를 보면 대표적인 것이 동물 실험에 반대하며 실험실들을 공격하고 학자들을 살해한 '동물해방전선'이나 낙태에 반대한다며 낙태 시술을 하는 산부인과 의사들을 폭탄과 총기로 살해한 '신의 군대'라는 조직 등이 있다. 제이 존슨 미 국토안보부 장관은 "테러 세력이 테러를 직접 하지 않고 아웃소싱(외주)하면서 테러에 대한 완전히 새로운 접근이 필요해졌다"고 말했다. 자생적으로 급진화해 사전 파악이 되지 않는 범인들이 민간인 상대로 테러를 벌이는 상황을 어떻게 막을 것이냐에 대한 고민과 곤혹함이 느껴진다.

[182] 특정 조직이나 이념이 아니라 정부에 대한 개인적 반감을 이유로 스스로 행동에 나선다는 게 특징이다. 이들에 의한 테러는 감행 시점이나 방식에 대한 정보수집이 어려워 예방이 어렵다는 점에서 테러조직에 의한 테러보다 더 큰 위협으로 여겨지기도 한다.

할 것이다.

여섯째, 과학기술의 발전에 따른 진화된 방법의 새로운 비군사적 도발방법을 계속 개발하여 사용할 것이다. 앞에서 언급한 것처럼 2000년대 이후 북한의 도발 중에서 도발 당시에는 우리가 예상하지 못한 진화된 방법의 새로운 비군사적 도발이 몇 가지 있었다. 대표적인 것이 2009년 디도스(DDoS) 공격으로 대표되는 사이버 공격이었다. 사이버 공격은 이후에도 다양한 형태로 진화되어 왔고 상시화되었으며, 지금은 북한 통치 자금과 미사일 발사의 자금줄 역할을 하고 있는 것이 현실이다. 2010년 8월 처음 시도했던 GPS 교란도 지금까지의 몇 차례 도발은 시험에 불과하였다고 본다. 과거 대비 월등한 수준으로 개량된 성능으로 재도발한다면 우리 통신체계와 항공기 및 선박 운항에 심각한 위협이 될 것으로 추정할 수 있다. 2014년 3월 처음 발견된 소형 무인기 침투도 당시로선 쇼킹한 도발이었다. 청와대 상공까지 공중 정찰을 마친 소형 무인기가 복귀하다 파주에서 발견된 것으로 심리적, 군사적으로 커다란 안보위협으로 새롭게 다가왔었다.

일곱째, 우리가 미처 예상치 못한 신소재나 신무기에 의한 기습 침투와 도발이다. 북한은 과학기술의 발전에 따라 도발 당시에는 우리가 전혀 예상치 못하는 도발을 통해 기습을 달성했다. 예를 들면 1990년대 반잠수정을 이용한 공작원 침투도 상당한 기습효과를 달성했다. 공해상에 도착한 간첩선에서 반잠수정을 하선하여 공작원들이 해안까지 침투하면 아군 레이더에 걸리지 않고 침투할 수 있고 아군에게 발각되면 쾌속으로 공해상까지 도주가 가능하였다.

2014년 이후 시도하고 있는 무인기 침투도 마찬가지다. 사실 몇 차례의 북한 무인기 침투 때 우리가 이를 발견한 적이 없었다. 저들의 기술이 부족하여 중간에 추락한 것을 우리가 발견했을 뿐이었다. 이 무인기를 북한이 그동안은 정찰용으로만 사용했지만 테러나 기습, 공격용으로 사용할 경우를 가정하면 생각만 해도 끔찍하다. 사실 최근에도 아제르바이잔이 아르메니아 군을 공격할 때 드론을 사용한 전쟁을 수행하여 큰 성과를 거뒀으며, 러시아와 우크라이나 전쟁에서도 큰 효과를 발휘하고 있다. 북한도 이제는 상당한 기술력을 갖췄다고 추정할 수 있다.

이 밖에도 북한은 감시 장비에 걸리지 않고 침투가 가능한 '투명망토', 특수 제작한 '제트 수트'를 입고 하늘을 나는 '인간 새'와 같이 새로운 방법의 침투나 도발수단을 지속적으로 개발하고 발전시켜 사용할 것으로 예상된다. 레이저 무기도 북한의 개발 수준이 어느 정도인지 전혀 알려진 바 없으나 세계적인 레이저 무기화 추세에 따라 배제할 수 없는 도발 수단이 될 것으로 예상된다.

여덟째, 레저 또는 스포츠 활동 장비의 발전과 레저 인구의 증가에 따라 이를 이용한 침투 및 도발도 가능하다. 북한은 과거 행글라이더를 이용하여 공중 침투를 시험하였으나 풍향 예측에 실패하여 일본 해상에 추락 후 사망한 것을 일본 해상경찰이 발견한 바 있다. 특히, 2023년 10월 초 팔레스타인 무장단체 하마스가 이스라엘을 기습공격할 때 동력장치가 설치된 패러글라이딩을 이용하여 가자지구 장벽지대를 통과한 후 이스라엘 지역을 기습했다. 이처럼 행글라이더나 패러글라이딩을 이용한 공중 침투나 기습도 예상할 수 있다. 또한, 해상에서도 잠수상태에서 신속한 이동이 가능한 수중추진기나 쾌속으로 강습 침투가 가능한 제트스키 등을 이용한 침투나 도발도 가능하리라 본다. *(필자는 이미 2015년 패러글라이딩을 비롯한 레저기구를 이용한 북한의 침투나 도발을 예견했었다. 따라서 이를 육군 사단급 이상 부대를 대상으로 한 간부교육 시 교육내용에 포함해서 2018년까지 순회강연을 했었다. 그로부터 8년 후 하마스가 북한보다 먼저 패러글라이딩을 이용하여 이스라엘 기습에 활용하였다.)*

아홉째, 탈북한 고위 인사나 북한 정권과 김씨 왕조 세습체제나 김씨 왕조의 치부를 드러내는 등의 인사에 대한 암살이다. 북한은 1997년 2월 특수공작원을 남파시켜 북한 정권과 김일성 일가를 비판하는 귀순자 이한영 씨를 암살하였다. 2010년에는 귀순자 황장엽 씨를 암살하기 위해 탈북자를 가장하여 특수공작원을 남파시켰다가 적발되었으며 이후에도 수차례 황장엽 씨를 암살하려다 미수에 그쳤다. 2017년 2월 김정은 이복형 김정남 암살사건은 세계를 떠들썩하게 했었다. 이처럼 북한은 김씨 왕조 세습체제에 대한 과도한 비난이나 정권에 위협이 된다고 판단되면 암살을 기도하고 있으며 이는 언제든지 발생 가능한 도발이다.

열째, 고도의 심리전 도발을 계속할 것이다. 북한은 과거부터 중요한 협상이나 남북관계에서 우위를 점하고자 할 때 '서울 불바다' 위협을 가함으로써 우리를 압박하는 고도의 심리전 도발을 이어왔다. 최근에는 핵과 장거리미사일을 개발함으로써 북미관계에서도 '워싱턴 불바다' 발언까지 서슴지 않고 있다. 그리고 2020년 6월 4일에는 개성 남북공동연락사무소를 폭파하겠다고 예고하고 폭파하는 장면을 공개하였다. 이러한 위협이나 폭파장면 공개, 최근 김정은의 미사일 발사장이나 포 사격장 현지지도 장면의 공개 등도 역시 우리 정부와 국민을 향한 고도의 심리전 도발에 해당한다.

이상에서 향후 북한의 침투 및 도발이 어떻게 전개될 것인가를 예측해 보았다. 북한의 침투 및 도발은 지뢰 도발과 같이 과거 한 번 사용했던 재래식 방법을 다시 사용할 수도 있고, 재래식 방법과 최신식 방법을 혼용하여 도발할 수도 있다. 여기에 여러 가지 도발 수단과 방법을 병용하여 하나의 목표를 달성할 수도 있으며, 우리가 전혀 예상치 못하는 기습적인 방법으로 도발을 자행할 수도 있다. 분명한 것은 북한에 노동당 일당독재가 계속되는 한 저들이 노동당 규약에 명시한 것처럼 '한반도 적화통일'을 달성하기 위해 어떤 방법으로든 우리를 흔들어서 결정적 시기를 조성하고자 할 것이며 이를 위해 침투 및 도발도 계속할 것이란 사실이다.

현재 이 순간도 북한의 침투 및 도발은 계속되고 있다. 단지 우리 눈에 보이지 않을 뿐이다. 상시화한 북한의 사이버 공격이 계속되고 있고 해외 및 탈북자를 가장한 우회 침투, 통신 감청이나 각종 첩보수집 활동 등도 계속되고 있다. 과거 북한의 무인기 침투나 잠수함 침투를 한 번도 우리가 발견하지 못했던 것같이 지금도 북한의 침투 및 도발은 우리가 눈치 채지 못하는 수단과 방법을 이용하여 이 시간도 계속되고 있을 것이라는 점을 간과해서는 아니 된다.

5. 결론

2000년대 이후 오늘날 안보환경의 특징은 국가안보에 대한 위협의 성격이 다양해지고 복잡해지고 있으며, 세계 각국은 자국의 이익을 극대화하면서 국제사회에서 전략적 연대와 견제를 병행하고 있다. 가장 큰 변화는 전통적인 군사적 위협이 상존하는 가운데 테러, 대량살상무기, 자연재해, 질병 등 초국가적·비군사적 위협이 증대되고 있다는 것이다. 이 중에서도 미국에서 2001년 발생한 '9·11테러'의 영향으로 테러에 대한 관심과 대비가 가장 큰 이슈로 떠올랐으며, 실제로 지구촌에서는 주체가 불분명한 테러가 빈번하게 자행되고 있다. 또한, 영토·종교·인종 문제 등 다양한 갈등 요인으로 인한 국지적 분쟁이 지금도 끊임없이 발생하고 있어 국가안보에 불확실성이 더욱 심화되고 있다.

이렇듯 지구촌의 안보 불확실성이 심화하고 있는 이 시대에 더욱이 우리는 남북이 분단된 채 호시탐탐 적화통일만을 추구하는 북한 김정은 정권과 대치하고 있다. 이 책에는 북한에 공산정권이 수립된 이후 적화통일을 위해 저들이 벌인 대남 침투와 도발의 역사를 기록하였다. 수많은 침투와 도발사건을 빠짐없이 기록하여 저들의 만행을 널리 알리고 역사의 교훈으로 삼고자 하였으나 집필자 개인 능력에 한계가 있어 누락된 부분도 있을 것이라고 생각한다. 그리고 저들이 저지른 씻을 수 없는 죄악이자 가장 큰 도발인 6·25전쟁에 관하여는 지면관계로 상세한 기록을 생략하였다.

아무튼 국가안보에 있어서 "망각(忘却)은 가장 큰 적(敵)이다." 우리 국가안보의 가장 큰 위협은 북한 김정은 정권이란 사실은 수많은 침투 및 도발의 역사가 분명하게 증명해 주고 있다. 우리는 북한이 저지른 수많은 침투 및 도발의 역사를 절대 잊지 말아야 한다. 북한은 이 시간에도 가장 치명적이고 효과적인 도발수단과 방법을 연구하고 훈련하며 준비하고 있다. 그리고 북한은 이 순간에도 우리 눈에는 보이지 않지만 잠수함과 무인기 침투, 해킹, 사이버 공격 등과 같은 군사적·비군사적 도발을 계속하고 있다는 사실을 잊어선 아니 된다.

부록

1. 게릴라전 시기 기타 육상 침투사건
2. 주요 침투사건 일지(1971년 이후)
3. 주요 국지도발사건 일지
4. 핵실험 및 미사일 발사 일지

1. 게릴라전 시기 기타 육상 침투사건

▲ 본문 미수록 육상 침투사건(1965년 10월~1970년)

날짜	내용
1965.10.07.	연천군 왕징면 강서리 DMZ 침투(3명 전사, 1명 부상)
1965.10.08.	철원군 철원읍 갈마동 야월산 침투(2명 전사, 2명 부상)
1966.04.16.	연천군 신서면 갈현리 DMZ 침투(1명 사살, 2명 도주)
1966.05.27.	양양군 서면 공수전리 침투(1명 사살)
1966.05.27.	인제군 서화면 장승리 DMZ 침투(1명 사살, 1명 도주)
1966.05.30.	인제군 인제읍 귀둔리 용수골 침투(4명 사살)
1966.07.04.	철원군 인목면 상토리 DMZ 침투(3명 사살)
1966.08.08.	철원군 인목면 DMZ 침투(2명 사살 / 2명 전사, 3명 부상)
1966.10.13.	양구군 대우산 침투 및 숙영지 습격(2명 전사, 5명 부상)
1966.10.15.	인제군 서화면 DMZ 침투(1명 사살, 3명 도주 / 2명 전사)
1966.10.15.	고성군 수동면 DMZ 침투(1명 전사, 1명 피랍)
1966.10.16.	고성군 수동면 DMZ 침투(2명 전사, 4명 부상)
1966.10.21.	연천군 장남면 DMZ 침투(6명 전사, 2명 부상)
1966.11.02.	연천군 장남면 웃고왕산 침투(1명 사살, 3명 도주)
1967.03.09.	연천군 군남면 옥녀봉 침투(2명 사살 / 2명 부상)
1967.03.19.	철원군 김화읍 DMZ 침투(1명 사살, 2명 도주)
1967.04.10.	연천군 신서면 DMZ 침투(3명 사살)
1967.04.10.	철원군 원남면 DMZ 침투(1명 사살, 2명 도주)
1967.04.12.	철원군 원동면 DMZ 침투(4명 사살)
1967.05.31.	양구군 방산면 안궁골 침투(1명 사살)
1967.06.02.	연천군 신서면 DMZ 침투(2명 사살, 1명 생포)
1967.06.06.	연천군 신서면 DMZ 침투(1명 사살)
1967.06.10.	철원군 원남면 추동 침투(3명 사살 / 1명 전사)
1967.06.10.	철원군 근남면 양지리 침투(5명 사살)
1967.06.11.	철원군 갈말읍 토성리 침투(1명 사살 / 4명 전사, 6명 부상)
1967.06.25.	고성군 수동면 DMZ 침투(1개 분대 규모 침투 및 도주)
1967.06.25.	양구 대우산 침투 및 OP 습격(1명 사살 / 1명 전사, 3명 부상)
1967.06.28.	파주군 교하면 영사산 침투(3명 사살 / 1명 전사, 4명 부상)
1967.06.29.	연천군 백학면 DMZ 내 고왕산 침투(3명 사살 / 2명 전사)

1967.07.01.	양구군 방산면 DMZ 침투 및 차량 습격(7명 전사)
1967.07.02.	철원군 원남면 주파리 침투(2명 사살, 3명 도주)
1967.07.03.	연천군 장남면 판부리 침투(6명 사살)
1967.07.05.	양구군 동면 사태리 침투 및 막사 습격(7명 전사, 1명 부상)
1967.07.05.	철원군 원남면 DMZ 침투(1명 사살)
1967.07.08.	고성군 수동면 건봉산 침투(2명 전사, 1명 부상)
1967.07.08.	고성군 간성읍 오음산 침투(3명 도주)
1967.07.14.	연천군 장남면 자작리 침투(2명 전사)
1967.07.14.	철원군 북면 DMZ 침투(3명 사살 / 2명 전사, 2명 부상)
1967.07.16.	철원군 근동면 DMZ 침투(3명 사살)
1967.07.17.	연천군 신서면 신탄리 침투(1명 사살, 1명 전사)
1967.07.19.	양구군 방산면 DMZ 침투(1명 사살, 2명 도주)
1967.07.19.	철원 근남면 DMZ 4개소 침투(3명 사살 / 3명 전사, 8명 부상)
1967.07.21.	연천군 청산면 궁평리 침투(2명 사살)
1967.07.27.	화천군 감우리 침투 및 작업 병력 습격(2명 전사, 1명 부상)
1967.07.30.	철원군 원동면 DMZ 침투(1명 사살)
1967.08.01.	고성군 현내면 명호리 침투 및 막사 습격(1명 전사, 4명 부상)
1967.08.02.	철원군 원남면 주파리 침투(5명 도주 / 1명 부상)
1967.08.05.	철원군 원동면 내성동리 침투(3명 도주 / 3명 부상)
1967.08.08.	양구군 방산면 건솔리 침투 및 초소 습격(1명 전사, 8명 부상)
1967.08.09.	철원군 철원읍 대마리 침투(5명 도주 중 1명 익사)
1967.08.13.	철원군 갈말읍 토성리 침투(1명 사살)
1967.08.13.	철원군 근동면 삼천봉 침투(3명 사살)
1967.08.15.	철원군 김화읍 남대천 침투(1명 사살, 2명 도주 중 익사)
1967.08.15.	포천군 신북면 하심곡 침투(2명 전사)
1967.08.20.	연천군 중면 마거리 침투(3명 사살)
1967.08.22.	철원군 김화읍 운장리 침투(3명 도주 / 3명 부상)
1967.08.23.	포천군 영북면 자일리 침투(3명 도주 중 한탄강에서 익사)
1967.08.27.	고성군 수동면 DMZ 침투 및 막사 습격(3명 전사, 10명 부상)
1967.08.28.	인제군 북면 용대리 침투(2명 사살)
1967.09.03.	양구군 동면 DMZ 침투 및 목함지뢰 매설(3~4명 도주)
1967.09.06.	인제군 서화면 DMZ 침투(1명 사살, 수 미상 도주)
1967.09.15.	철원군 철원읍 대마리 DMZ 침투(1명 사살, 1명 도주)

1967.09.24.	화천군 하남면 백적산 침투(1명 사살, 1명 도주)
1967.10.02.	파주군 파평면 자장리 침투(3~4명 도주 / 1명 전사, 1명 부상)
1967.10.09.	철원군 원남면 DMZ 침투(1명 사살, 4명 도주 / 2명 전사)
1967.10.12.	양구군 방산면 DMZ 침투(3명 사살)
1967.11.06.	철원군 동송면 DMZ 침투(수 미상 도주 / 1명 전사)
1967.11.20.	철원군 동송면 DMZ 침투(2개 분대 규모 도주 / 1명 전사)
1968.04.17.	연천군 왕징면 DMZ 침투(4명 전사, 3명 부상)
1968.04.29.	고성군 수동면 DMZ 침투(5명 도주 / 1명 전사, 3명 부상)
1968.05.03.	고성군 현내면 DMZ 침투(4명 도주)
1968.05.13.	고성군 현내면 DMZ 침투 및 매설지뢰 제거(1명 부상)
1968.06.08.	철원군 동송읍 DMZ 침투(1명 사살, 1개 분대 규모 도주)
1968.06.12.	철원군 근동면 DMZ 침투(5~6명 도주)
1968.06.13.	철원군 김화읍 DMZ 침투(4명 도주)
1968.06.15.	철원군 중세리 역곡천 DMZ 침투(1명 사살, 3명 도주)
1968.06.17.	철원군 백마고지 DMZ 침투(1명 사살, 2명 도주)
1968.06.19.	철원군 근북면 백덕리 DMZ 침투(5명 사살)
1968.06.19.	철원군 용양리 침투(1명 사살 / 지뢰사고 2명 사망 및 2명 부상)
1968.06.22.	연천군 장남면 판부동 DMZ 침투(1명 사살, 1명 도주)
1968.06.22.	연천군 작동리 DMZ 침투(5명 사살 / 2명 전사, 3명 부상)
1968.06.24.	고성군 현내면 산학리 침투(4명 사살)
1968.06.29.	인제군 서화면 대암산 침투(3명 도주)
1968.07.10.	철원군 원남면 DMZ 침투(2명 부상)
1968.07.11.	고성군 수동면 삼재령 DMZ 침투(5명 사살 / 1명 부상)
1968.07.28.	인제군 서화면 장승리 DMZ 침투(5명 도주, 1명 피랍)
1968.07.28.	철원군 원동면 내성동리 DMZ 침투(2명 도주)
1968.07.30.	연천군 중면 흑석동 DMZ 침투(2명 사살, 2명 도주)
1968.07.31.	연천군 왕징면 고잔하리 DMZ 침투(1명 사살, 3명 도주)
1968.07.31.	철원군 백학면 갈현리 DMZ 침투(2명 전사, 1명 부상)
1968.07.31.	철원군 동송읍 강산리 DMZ 침투(1명 전사)
1968.08.01.	철원군 동송읍 하진리 DMZ 침투(1명 전사, 2명 중상)
1968.08.02.	양구군 해안면 이현리 DMZ 침투(1명 사살 / 1명 전사)
1968.08.04.	양구군 방산면 석사리 DMZ 침투(1명 사살)
1968.08.04.	철원군 근동면 북정령 DMZ 침투(1명 전사, 2명 부상)

1968.08.04.	연천군 장남면 129고지 DMZ 침투(5명 사살 / 1명 전사)
1968.08.05.	철원군 동송읍 강산리 DMZ 침투(3명 도주)
1968.08.07.	철원군 근남면 바조봉 전방 DMZ 침투(5명 도주 / 1명 전사)
1968.08.08.	철원군 동송읍 강산리 DMZ 침투(2명 사살, 1명 도주)
1968.08.10.	철원군 원동면 내성동리 DMZ 침투(3명 사살)
1968.08.10.	철원군 원남면 봉당덕리 DMZ 침투(3명 사살, 2명 도주)
1968.08.13.	철원군 근남면 바조봉 전방 DMZ 침투(5명 도주)
1968.08.13.	철원군 김화읍 성재산 DMZ 침투(3명 사살)
1968.08.14.	철원군 철원읍 산명호 DMZ 침투(1명 사살)
1968.08.24.	철원군 원남면 승암리 DMZ 침투(3명 사살)
1968.08.26.	고성군 수동면 사비리 DMZ 침투(3명 사살)
1968.08.27.	철원군 원동면 새말 DMZ 침투(2명 사살)
1968.08.27.	철원군 원남면 승암리 DMZ 침투(4명 사살)
1968.08.27.	철원군 원동면 후동계곡 DMZ 침투(3명 사살)
1968.08.27.	연천군 미산면 백석리 침투(5명 사살 / 3명 전사, 3명 부상)
1968.08.29.	철원군 원남면 승암리 DMZ 침투(2명 사살, 1명 도주)
1968.08.31.	고성군 현내면 고황봉 북쪽 DMZ 침투(1명 사살, 2명 도주)
1968.09.01.	고성군 수동면 외면리 DMZ 침투(2명 사살)
1968.09.01.	연천군 중면 방동 DMZ 침투(1명 사살 / 2명 전사, 2명 부상)
1968.09.03.	연천군 신서면 갈현리 DMZ 침투(3명 사살)
1968.09.04.	연천군 중면 음달말 DMZ 침투(2명 전사, 1명 피랍)
1968.09.04.	고성군 수동면 사비리 DMZ 침투(4명 사살, 1명 부상)
1968.09.04.	철원군 원동면 내성동리 DMZ 침투(2명 전사)
1968.09.05.	고성군 수동면 사천리 DMZ 침투(1명 부상, 2명 피랍)
1968.09.06.	연천군 중면 횡산리 침투(2명 사살)
1968.09.18.	인제군 서화면 장승리 DMZ 침투(2명 전사, 1명 피랍)
1968.09.20.	연천군 중면 중사리 DMZ 침투(2명 사살 / 1명 전사, 2명 부상)
1968.09.22.	철원군 임남면 1,064고지 DMZ 침투(1명 사살)
1968.09.22.	철원군 근남면 바조봉 지역 침투(1명 사살, 2명 도주)
1968.09.24.	철원군 근동면 북정령 DMZ 침투(1명 전사, 2명 부상)
1968.09.24.	연천 중면 중사리 DMZ 침투(7명 사살 / 2명 전사, 2명 부상)
1968.09.26.	철원군 갈말읍 한탄천 물골 지역 침투(2명 사살)
1968.09.27.	철원군 철원읍 홍계동 DMZ 침투(2명 사살)

1968.09.28.	철원군 원남면 늑대능선 침투(4명 사살 / 1명 전사, 3명 부상)
1968.09.29.	인제군 서화면 854고지 서측 DMZ 침투(3명 도주)
1968.09.30.	철원군 근남면 천불산 북쪽 DMZ 침투(3명 사살)
1968.09.30.	철원군 갈말읍 정연리 DMZ 침투(1명 사살, 2명 도주)
1968.10.04.	연천군 신서면 덕산리 DMZ 침투(1명 사살)
1968.10.08.	철원군 김화읍 계웅산 침투(2명 사살, 1명 도주 / 4명 부상)
1968.10.09.	고성 현내면 대강리 DMZ 침투(3명 도주 / 1명 전사, 3명 부상)
1968.10.09.	철원군 원남면 633고지 DMZ 보급로 지뢰매설(4명 부상)
1968.10.11.	철원군 임남면 919고지 남쪽 DMZ 침투(2명 사살)
1968.10.14.	철원군 원동면 여골계곡 DMZ 침투(1명 사살)
1968.10.14.	연천군 중면 어적산리 DMZ 침투(5명 사살, 3명 도주)
1968.10.16.	철원군 임남면 919고지 남쪽 DMZ 침투(2명 사살)
1968.10.16.	철원군 김화읍 용양리 DMZ 침투(2명 전사)
1968.10.17.	철원군 근북면 유곡리 DMZ 침투(1명 사살, 2명 도주)
1968.10.18.	철원군 근북면 배재 DMZ 침투(3명 사살)
1968.10.21.	고성군 수동면 사천리 DMZ 침투(1명 전사, 2명 부상)
1968.10.23.	철원군 근남면 바조봉 전방 DMZ 보급로 지뢰매설(1명 전사)
1968.10.23.	연천군 신서면 부흥리 DMZ 침투(1명 사살 / 3명 전사)
1968.10.24.	연천군 중면 지로동 DMZ 침투(1명 사살 / 2명 전사)
1968.10.24.	인제군 서화면 장승리 DMZ 침투(1명 도주)
1968.10.26.	연천군 신서면 287고지 DMZ 침투(2명 전사, 1명 부상)
1968.10.27.	철원군 원동면 등대리 DMZ 침투(2명 전사)
1968.10.28.	철원군 동송읍 강산리 DMZ 침투(2명 사살, 1명 도주)
1968.11.03.	철원군 동송읍 토교저수지 DMZ 침투(2명 사살 / 3명 전사)
1968.11.03.	철원군 근북면 먹실리 DMZ 침투(1명 사살 / 2명 전사)
1968.11.03.	연천군 중면 사동 DMZ 침투 및 GP 교전(1명 전사)
1968.11.03.	고성군 수동면 신대리 DMZ 침투(1명 사살, 2명 도주)
1968.11.05.	고성군 현내면 대강리 DMZ 침투(1명 부상)
1968.11.08.	철원군 원남면 밤성골 DMZ 침투(4명 사살)
1968.11.08.	철원군 원남면 북정령 DMZ 지뢰매설(3명 전사, 6명 부상)
1968.11.09.	철원군 김화읍 용양리 암정교 침투(3명 사살)
1968.12.22.	고성군 간성읍 장신리 침투(1명 사살)
1969.03.15.	파주군 장단면 DMZ 침투 및 작업 병력 습격(1명 전사, 3명 부상)

1969.04.21.	연천군 장남면 자작리 철책 절단흔적 발견(3명 침투 및 도주)
1969.04.29.	연천군 중면 도연리 DMZ 침투(1명 사살)
1969.05.14.	철원군 근북면 새말 DMZ 침투(1명 사살)
1969.05.20.	연천군 백학면 내오춘리 DMZ 침투(1명 사살)
1969.05.20.	파주군 군내면 서곡리 침투(1명 사살, 2명 도주)
1969.05.24.	연천군 장남면 DMZ 침투(3명 사살)
1969.09.14.	인제군 서화면 성내동 침투(피랍공비 정차랑 3명 살해 후 자수)
1969.10.06.	철원군 원남면 658고지 DMZ 침투(5명 도주)
1969.10.14.	철원군 원남면 658고지 전방 DMZ 침투(4명 도주)
1970.03.13.	연천군 왕징면 필승교 전방 DMZ 침투(2명 사살, 1명 도주)
1970.04.29.	연천군 중면 도연리 DMZ 침투 및 GP 교전(3명 사살)
1970.04.29.	철원군 김화읍 암정리 DMZ 침투(2명 부상)
1970.06.11.	고성군 현내면 고황봉 DMZ 침투(3명 도주)
1970.06.13.	연천군 중면 중사리 DMZ 침투(1명 사살, 1명 도주)
1970.09.09.	고성군 수동면 975고지 DMZ 침투(수 미상 공비 도주)
1970.09.26.	연천군 중면 중사리 DMZ 침투(3명 도주)
1970.10.13.	철원군 갈말읍 용화동 침투(2명 사살)
1970.10.22.	철원군 원남면 주파리 추동 DMZ 침투(2~3명 도주)
1970.10.24.	고성군 수동면 사천리 DMZ 침투(1명 사살 / 2명 전사)

2. 주요 침투사건 일지(1971년 이후)

▲ 지상 침투

〈육상 침투〉

1971.04.04.	서부전선 적 2명 침투흔적 발견
1971.04.28.	서부전선 적 3명 침투 후 도주
1971.05.31.	강원도 철원 지역 적 4명 침투, 교전 후 도주
1971.06.16.	강원도 철원 지역 적 3명 침투, 교전
1971.07.05.	연천 지역 사미천변에서 소형 땅굴 발견
1971.07.13.	철원 지역 적 3명 침투흔적 발견
1971.07.15.	강원도 고성 지역 소형 땅굴 침투

1971.07.19.	강원도 철원 지역 적 1명 복귀흔적 발견
1971.07.21.	강원도 인제 지역에서 소형 땅굴 발견
1971.08.14.	강원도 인제 지역 적 5명 침투, 전원 사살
1971.08.19.	춘천 군단 하사관교육대 2명 침투 도주
1971.08.20.	화천 지역 침투한 적 3명 발견 사살
1971.09.27.	고성 지역 남방한계선 부근 3명 침투흔적 발견
1971.10. ?.	간첩 송창섭 불상 지역으로 5차 침투 후 복귀
1971.11.15.	대성동 미군 경비구역에 2명 침투
1971.10.25.	파주 장단면 거곡리 DMZ 침투 중인 적 사살
1972.01.12.	미2사단 경비구역 DMZ에서 적 6명 침투 후 복귀
1972.01.15.	미2사단 경비구역 DMZ내 2명 침투 후 복귀
1972.02.10.	철원 지역 침투공비 복귀흔적 발견
1972.02.13.	화천 지역 3명 침투하여 아군 GP 정찰 후 복귀
1972.04.16.	미2사단 경비구역인 566GP 부근 3명 침투
1972.04.18.	중부전선 DMZ 내 적 6명 침투
1972.04.25.	미2사단 566GP 정찰 후 복귀흔적 발견
1973.04.17.	연천군 사동 지역 DMZ 침투 중인 적 사살
1974.04.02.	경기 파주 지역 3명 침투 후 복귀
1974.04. ?.	북한 간첩 송창섭 7차 침투 후 복귀
1974.05.03.	한강하구 사미섬 2명 침투
1974.07.18.	강원 원통 비행장 일대 적 2명 침투 후 복귀
1974.08.03.	중부전선 적 9명 침투흔적 발견
1977.02. ?.	북한 간첩 송창섭 8차 침투 후 복귀
1977.05.03.	중부전선 침투공비 복귀
1977.07.10.	판문점 미2사단 경비구역에 2명 침투
1978.06.20.	철원 지역에서 복귀하는 공비 4명 발견
1978.10.05.	화천 북방 공비 3명 침투, 철책강습 복귀
1979.08.31.	경기도 연천 지역 적 5명 침투 후 도주
1979.10.05.	양구 지역 적 3명 침투
1979.10.26.	동부전선 DMZ에서 공비 3명 MDL 침범
1980.02.10.	중부전선 침투흔적 발견(사후인지)
1980.03.17.	판문점 공동경비구역(JSA)에 3명 침투 후 복귀
1980.03.26.	판문점 공동경비구역(JSA)에 3명 침투 후 복귀

1980.03.27.	중부전선 DMZ 내 3명 침투
1980.04.13.	판문점 공동경비구역(JSA)에 3명 침투 후 복귀
1980.04.21.	판문점 공동경비구역(JSA)에 3명 침투흔적 발견
1980.05.12.	판문점 공동경비구역(JSA)에 5명 침투 후 복귀
1980.05.15.	판문점 공동경비구역(JSA)에 5명 침투 후 복귀
1988.09.	9월 초 판문점 우측 대덕산 DMZ, 귀순자 서영철 침투
1992.02.10.	서부전선 DMZ 지역, 추진철책 절단 후 복귀
1992.05.22.	철원 지역 은하계곡 DMZ 지역, 침투공비 3명 사살
1993.02.?.	사리원 연구소 전투원 3명, 남한 침투
1994.09.10.	중부전선 DMZ 지역, 간첩 침투흔적 발견
2015.07.26.~08.02.	파주 MDL 이남 추진철책 침투 후 지뢰매설(수 미상)
2015.08.04.	아군 수색 병력 2명 다리 절단 부상

〈수중 침투〉

1971.06.16.	경기도 문산 사목리 임진강변 적 유기물 습득
1971.06.28.	문산 장단반도 거곡리 적 3명 수중 침투
1971.07.01.	강원 철원 공비 3명 산명호 수중 침투
1971.07.09.	임진강 필승교 월북간첩 최달구 수중 침투
1971.08.20.	서부전선 수중 복귀 중인 공비 3명 발견
1971.08.27.	임진강 수중 침투간첩 4명 사살
1975.02.15.	한강하구 2명 침투
1975.04.15.	한강하구 2명 침투
1975.06.15.	한강하구 김포 지역 간첩 홍종수 3차 침투
1976.06.19.	북한강으로 복귀 중인 공비 3명 사살
1978.12.04.	광천 침투공비 대동복귀 위해 한강하구 수중 침투
1980.03.23.	고양군 송포면 법곶리 한강하구 3명 수중 침투, 사살
1981.04.	4월 초 경기도 김포 월곶 염하수로 침투
1981.06.10.	파주 임진강상 간첩 배낭 습득, 구파발 침투
1981.06.29.	경기도 연천 필승교(현수교) 간첩 침투
1983.06.19.	경기도 파주 문산 임월교, 침투간첩 3명 사살
1984.08.	한강하구 유도에 담력훈련 위해 침투
1988.08.~09.	8~9월 한강하구 유도에 담력훈련 위해 수차 침투(50일간)
1992.11.03.	임진강변 간첩 3명 침투 후 복귀 관측

1993.	1993년 추정 임진강 갯벌 간첩장비 습득
1995.10.17.	임진강 벼락바위 부근 간첩 3명 1개 조 침투

▲ 해상 및 해안 침투

1971.03.01.	경북 월성 해안 2명 침투
1971.03.30.	전남 완도군 평일도 간첩 김석태 6차 침투
1971.04.02.	충남 당진 간첩 김연길 6차 침투
1971.05.04.	인천항 내로 간첩선 침투, 도주
1971.05.13.	동해시 묵호근해 간첩선 침투, 격침
1971.05.18.	강화 석모도 간첩선 발견, 도주
1971.05.26.	강화도 인하리항 간첩 오영자 침투
1971.06.01.	추자도 근해 간첩선 침투 및 격침
1971.06.16.	강화 석모도 간첩 한창능 등 3명 침투
1971.07.16.	인천 가좌동 간첩 백귀남 침투
1971.08. ? .	임자도 간첩 강대년 입북
1971.08.17.	강화도 초지리 해안 2명 침투
1971.08.27.	경남 양산 서생면 신암리 해안 2명 침투
1971.08.29.	경북 영덕 해안 간첩선 침투 중 도주
1971.08.29.	서산 독곶리 간첩선 침투 중 도주
1971.09.13.	경북 월성 양남면 하서리 3명 침투
1971.09.13.	염하수로 이용 김포반도 포내리 침투
1971.09.14.	충남 아산만 간첩 2명 침투
1971.09.30.	부산 영도 간첩 김종근 침투
1971.09.30.	경남 남해 간첩 이원봉, 양화금 침투
1971.10.03.	경남 통영 외부지도 간첩 천종근 1차 침투
1971.10.21.	충남 서천 간첩 채수정 1차 침투
1971.10.24.	신안군 임자면 소허사도 간첩선 침투
1971.10.26.	경남 충무 간첩 임창술 5차 침투
1971.10.30.	충남 당진 간첩 김연길 7차 침투
1971.12.25.	서해 소청도 근해 간첩선 침투 중 도주
1971.12.27.	북제주군 구좌면 우도 간첩 김승환 1차 침투
1972.02.18.	충남 당진 간첩 김연길 8차 침투
1972.03.15.	제주도 우도 간첩 김승환 2차 침투

1972.03.15.	강화 건평리 해안 간첩 이한수 침투
1972.03.21.	경기 덕적군도 문갑도로 2명 침투
1972.05.15.	전남 무안군 흑산도 간첩 김광현 14차 침투
1972.05.20.	경남 남해도 상주리 여간첩 이차훈 침투
1972.06.20.	강원 속초 동명동 간첩 박기순 침투
1972.10.06.	경남 충무 여간첩 채수정 1차 복귀
1972.10.08.	전남 삼산면 거문도 간첩 김재석 1차 침투
1972.10.28.	거문도 간첩 김종호 침투
1972.11.04.	경기 모도리 간첩 홍종수 2차 침투
1972.11.10.	제주 우도 간첩 김승환 3차 침투
1972.12.01.	경남 통영 외부지도 2명 침투
1973.01.02.	경남 통영 외부지도 간첩 서복식 침투
1973.03.03.	제주 우도 간첩 김승환 4차 침투
1973.03.14.	충남 당진 간첩 김연길 9차 침투
1973.03.31.	전남 거문도 간첩 김재석 3차 침투
1973.04.08.	경남 남해도 간첩 양화금 3차 침투
1973.04.17.	경남 남해도 간첩 양화금 4차 침투
1973.04.30.	경남 삼천포 신수도 간첩 강화수 1차 침투
1973.05.04.	전남 금당도 해안 간첩 이주한 외 1명 침투
1973.05.22.	경남 삼천포 간첩 강화수 2차 침투
1973.06.15.	충남 보령 간첩 정복희 침투
1973.07.20.	전북 고창군 왕등도 간첩 김광현 15차 침투
1973.08.01.	경기 용유도 간첩 이도자 2차 침투
1973.08.15.	경기 용유도 간첩 이창국 침투
1973.08.27.	전남 거문도 간첩 김재석 4차 침투
1973.09.?.	경남 통영 외부지도 2명 침투
1973.11.01.	경기 강화 교동도 서쪽 해안 2명 침투
1973.11.18.	충남 서천 비인 선도리 간첩 채수정 2차 침투
1973.12.18.	경남 통영 간첩 채수정 2차 복귀
1973.12.20.	경남 삼천포 향촌동 간첩 침투
1974.02.16.	경남 통영 간첩 채수정 3차 침투
1974.03.24.	경남 거문도 간첩 김재석 5차 침투
1974.03.24.	경북 영덕 간첩 권오길 침투

1974.03.30.	전남 무안 간첩 배향태 침투
1974.04.14.	경기 용유도 간첩 유종업 1차 침투
1974.04.20.	강화 교동도 간첩 박창일 외 1명 1차 침투
1974.04.30.	경남 통영 외부지도 2명 침투
1974.05.15.	경기 용유도 간첩 유종업, 홍종수 3차 침투
1974.05.18.	전남 무안 부남군도 간첩 김광현 16차 침투
1974.05.20.	제주 상추자도 간첩 원완희 침투
1974.06.25.	전남 신안 중동리 간첩 박현수 침투
1974.06.26.	경남 거제 간첩 조창환 침투
1974.07.02.	부산 송도 간첩선 출현 도주
1974.07.16.	강원 삼척 오분리 해안 2명 침투
1974.07.18.	전남 거문도 간첩 김재석 6차 침투
1974.07.19.	서해 어청도 해상 간첩선 격침
1974.11.02.	경기 덕적 문갑도 2명 침투
1975.	1975년 초 충남 아산만 1명 침투
1975.02.15.	강원 저진 근해 간첩선 격침
1975.02.15.	전남 완도 평일도 간첩 김석태 7차 침투
1975.02.16.	경남 남해 간첩 정해권 1차 침투
1975.03.02.	경남 남해 간첩 정해권 1차 복귀
1975.04.10.	강원 삼척, 간첩 2명 침투
1975.04.11.	전남 거문도 간첩 김재석 7차 침투
1975.04.11.	경남 양산군 기장면 서암리 2명 침투
1975.06.07.	경기 강화군 길상면 해안 간첩 배창환 복귀
1975.06.13.	울진 흑포동 해안 간첩선 침투 및 도주
1975.06.15.	전남 보성 율포 해안 간첩 2명 침투
1975.06.18.	제주 모슬포 해안 간첩선 출현 및 도주
1975.06.21.	충남 안면도 간첩 김광현 17차 침투
1975.06.27.	전남 벌교 호동리 해안 3명 침투
1975.07.08.	전남 거문도 3명 침투
1975.08.02.	경남 통영 외부지도 2명 침투
1975.08.30.	경북 영일 간첩 침투
1975.08.31.	경남 통영 외부지도 2명 침투
1975.09.03.	전북 부안 변산해수욕장 2명 침투

1975.09.13.	경북 영일 해안 간첩선 침투 도주
1975.09.30.	강화도 남단 해안으로 간첩 김정임 복귀
1975.10.05.	전남 흑산도 근해 간첩선 격침
1975.10.15.	경북 울진 2명 침투
1976.06.23.	제주도 해상 간첩 김광현 18차 침투
1976.07.02.	전남 완도 구도 3명 침투
1976.07.10.	경기 옹진군 덕적도 1명 침투
1976.08.24.	전남 거문도 간첩 김용규 6차 침투
1976.09.19.	전남 거문도 간첩 김용규 7차 침투
1977.04.20.	경기 강화도 1명 침투
1977.05.10.	경남 삼천포 해상 간첩선 침투 중 도주
1977.06.26.	경남 기장 간첩 배낭 습득
1977.07.11.	경남 진해만 간첩선 출현 도주
1977.07.18.	전북 고군산군도 김광현 19차 침투
1977.08.29.	충남 보령 해안 간첩 김환동 침투, 복귀
1978.04.02.	전남 완도 소장구도 3명 침투
1978.04.28.	전남 고흥 간첩 5명 침투
1978.06.16.	전북 계화도 김광현 20차 침투
1978.08.06.	군산 앞바다 선유도 해수욕장 3명 침투
1978.08.10.	전남 홍도 해수욕장 2명 침투
1978.08.13.	제주 성천포구 간첩선 출현 도주
1978.10.25.	전남 함평 현화리 김광현 21차 침투
1978.11.04.	경북 영덕-감포 해안 3명 침투, 대구 출현
1978.11.07.	충남 홍성군 천북면 사호리 3명 침투
1978.11.10.	전남 함평 현화리 김광현 22차 침투
1979.07.21.	경남 삼천포 근해 간첩선 격침
1979.10.24.	전남 보성 간첩 들국화 침투
1980.03.22.	경남 남해 간첩 6명 침투
1980.03.25.	경북 구룡포 간첩선 격침
1980.05.16.	전남 보성 간첩 홍종수(가명 이창용) 4차 침투
1980.06.20.	충남 보령 간첩 김광현 23차 침투
1980.11.03.	전남 완도군 횡간도 3명 침투
1980.12.01.	경남 남해 상주리 금포 해안 9명 침투

1982.05.15.	강원 저진 해안, 간첩 2명 침투
1982.05.	5월 초 강원 속초 반잠수정 개발 시험차 침투
1982.06.29.	부산 해운대(송정), 간첩 2명 침투
1982.08.	8월경 부산 다대포 침투 중 기상악화로 침투 중지
1982.10.13.	부산 다대포, 간첩 전충남 1차 침투
1982.10.19.	경남 통영, 간첩 정해권 2차 침투
1983.05.~06.	5~6월 부산 해운대, 간첩 1명 침투
1983.06.17.	강원 고성 송도, 간첩 침투
1983.08.05.	경북 월성 해안, 간첩 5명 침투
1983.08.13.	독도 근해, 간첩선 격침
1983.10.	10월경 부산 해운대, 간첩 1명 침투
1983.12.03.	부산 다대포, 간첩 전충남 2차 침투
1984.09.21.	남해 상남리 해안 간첩 침투
1985.10.20.	부산 청사포, 간첩선 침투 및 격침
1988.	1988년 초 경남 거제도, 간첩 2명 침투 및 복귀
1988.03.27.	대전 보문산, 간첩 장비 발굴(1985.10월 남해안 침투 추정)
1989.02.	2월경 거제도 갈곶리, 간첩 윤택림 침투 및 복귀
1990.02.	2월경 강화도 하일리, 고정간첩 김낙중 등 6명 1차 침투
1990.05.30	제주 서귀포 보목동, 간첩 김동식 1차 침투
1990.08.	8월경 강화도 하일리, 고정간첩 김낙중 관련 2차 침투
1990.10.	10월경 강화도 하일리, 고정간첩 김낙중 관련 3차 침투
1990.10.17.	강화도 건평리, 간첩 이선실 및 고첩 황인오 입북
1990.10.23.	강화도 건평리, 간첩 황인오 침투
1990.12.	12월경 강화도 하일리, 고첩 김낙중 관련 4차 침투
1991.	미상 강원 거진 해상, 잠수정 침투(강릉 침투 이광수 진술)
1991.05.15.	강화도 건평리, 김영환 및 조유식 입북 관련 침투
1991.06.08.	제주도 서귀포, 김영환 및 조유식 복귀 관련 침투
1991.10.	10월경 하순 강화도 하일리, 고첩 김낙중 관련 5차 침투
1992.03.	3월경 제주도 서귀포시 보목동, 간첩 김동식 침투
1992.04.04.	강화도 하일리, 고첩 김낙중 관련 6차 침투
1992.	여름 동해안 불상 지역 잠수정 침투(강릉 침투 이광수 진술)
1993.02.	2월경 서해안 불상 지역, 간첩 5명 침투(귀순 간첩 안명진 진술)
1993.10.04.	강원도 주문진 해상, 간첩 사체 인양

1993.11.29.	강화 교동도 빈장포 간첩장비 습득(약 1년 전 침투 추정)
1994.02.	2월경 거진 해안 유실 간첩장비 습득(1998년 6월 발견)
1994.09.10.	동해안 불상 지역, 잠수정 침투
1994.11.	11월경 동해안 불상 지역 잠수함 침투
1995.06.	6월경 313 원산연락소 소형 잠수정 1척 대남 침투 중 행방불명
1995.09.02.	제주도 온평리 해안 간첩 김동식과 박광남 침투
1996.09.18.	강원도 강릉 대포동 해안, 잠수함 침투
1997.01.	1월 초 불상 해안, 특수공작조 최순호 외 1명 침투
1997.08.02.	거제도 갈곶리 해안, 부부간첩 최정남 외 1명 침투
1998.06.22.	속초 해안, 유고급 잠수정 침투
1998.07.12.	묵호 어달동 해안 공비 사체 발견(유고급 잠수정 침투 추정)
1998.11.20.	강화도 화도면 선수포구 간첩선 침투(반잠수정)
1998.12.17.	전남 여수시 돌산도 임포소초, 반잠수정 침투

▲ 공중 침투

1975.09.27.	일본 해상에서 대형 기구 이용 공중 침투 중 추락
2014.03.24.	경기 파주에서 청와대 정찰 무인기 추락
2014.03.31.	백령도 사곶 해안 서해 군사정찰 무인기 추락
2014.04.06.	강원 청옥산 군사정찰 무인기 추락
2014.09.15.	백령도 서쪽 해저에서 추락한 무인기 동체 발견
2017.06.09.	강원 인제군에서 성주 사드기지 정찰 무인기 추락

▲ 우회 침투

2006.	직파간첩 정경학 검거(미국계 태국인 위장 10년간 활동)
2008.	탈북자 위장 여성 간첩 원정화 검거
2010.	탈북자 위장 여성 간첩 김미화 검거
2010.04.20.	탈북자 위장 황장엽 암살조(김명호, 동명관) 검거
2011.09.06.	탈북자 위장 간첩 안○○ 구속
2012.02.14.	탈북자 위장 보위사령부 지령으로 침투한 간첩 ○○○ 구속
2012.06.01.	탈북자 위장 귀순 여성 공작원(이경애, 46세) 검거
2012.	탈북자 위장 간첩 ○○○ 검거(비공개)
2013.03.04.	탈북자로 위장 입국한 북한 정찰총국 여간첩 ○○○ 구속
2013.06.25.	탈북자 위장 북한 보위사령부 소속 여간첩 ○○○ 등 7명 구속

2013.07.15.	탈북자 위장 북한 보위부 소속 간첩 ○○○ 구속
2019.07.24.	스님 가장 해외 우회 침투 직파 간첩 ○○○ 검거

3. 주요 국지도발사건 일지

▲ 접적 지역 국지도발

1973.03.07.	철원 북방 DMZ 표지판 교체 병력 피습(1명 사망, 1명 중상)
1974.11.15.	고랑포 지역 제1땅굴 발견
1975.03.24.	철원 지역 제2땅굴 발견
1976.08.18.	판문점 도끼만행사건 발생(미군 2명 살해, 유엔군 8명 부상)
1977.07.14.	미군 CH-47 항로착오 월경, 북한군 격추(미군 3명 사망)
1978.10.17.	판문점 부근 제3땅굴 발견
1981.02.~12.	2·4·8·9·10·12월 비무장지대 총격 도발 6회
1982.04.21.	비무장지대 총격 도발(쌍방 초소 270분간 8,400여 발 교전)
1982.04.~10.	(4·5·6·7·10월)비무장지대 총격 도발 5회
1983.10.22.	서부 지역 비무장지대 총격 도발
1984.06.~07.	6·7월 서·중부 지역 비무장지대 총격 도발 2회
1984.11.23.	소련인 1명 판문점 망명, 적 경비병 MDL 침범 총격
1986.08.05.	중부 지역 비무장지대 총격 도발(쌍방 초소 800여 발 교전)
1986.08.19.	서부 지역 비무장지대 총격 도발
1986.09.03.	동부 지역 비무장지대 총격 도발
1987.01.07.	서부 지역 비무장지대 총격 도발
1987.11.21.	중부 지역 비무장지대 총격 도발(1명 부상)
1988.02.17.	중부 지역 비무장지대 총격 도발(북측 오발 시인)
1989.08.15.	밀입북 임수경·문규현 판문점 불법입국(정전체제 무실화기도)
1990.02.13.	서부 지역 비무장지대 기관총 도발
1990.03.03.	양구 지역 제4땅굴 발견
1990.06.07.	적 3명 대성동 지역 MDL 80m 침범 후 도주
1991.04.30.	적 1명 판문점 지역 MDL 10m 침범 후 도주
1991.08.21.	동부 지역 비무장지대 북측 초소에서 아군 OP로 기관총 도발
1991.11.28.	중부 지역 비무장지대 총격 도발(40여 발 사격)

1992.03.20.	중부 지역 비무장지대 총격 도발(40여 발 사격)
1992.05.19.	적 5명 대성동 지역 비무장지대 5m 침범 후 도주
1992.07.02.	동부 지역 비무장지대 총격 도발(1발)
1993.05.02.	중부 지역 비무장지대 총격 도발(기관총 2발)
1993.06.16.	중부 지역 비무장지대 총격 도발(기관총 2발)
1994.04.29.	판문점 공동경비구역에서 적 40여 명 무력시위
1995.02.20.	판문점 공동경비구역에서 적 40여 명 무력시위
1995.04.16.	밀입북 안호상 외 1명 판문점 불법귀환(정전체제 무실화기도)
1995.04.19.	적 1명 중부 지역 MDL 200m 침범
1995.04.23.	적 5명 중부 지역 MDL 150m 침범
1995.05.09.	적 1명 중부 지역 MDL 40m 침범
1995.07.31.	밀입북 박용길 판문점 경유 불법 귀환
1995.10.03.	밀입북 이혜정·정민주 판문점 경유 불법 귀환
1996.04.05.~07.	판문점 공동경비구역에서 적 1~2개 중대 규모 무력시위
1996.04.11.	적 3명 중동부 지역 MDL 300m 침범
1996.05.17.	적 7명 중부 지역 MDL 20m 침범
1996.10.12.	적 MDL 300m 북쪽에서 대구경화기 1발 사격
1997.03.10.	적 5명 MDL 100m 침범
1997.03.24.	적 15명 MDL 50m 침범
1997.04.10.	적 4명 MDL 2m 침범
1997.05.08.	판문점 공동경비구역 적 1명 MDL 2회 침범
1997.05.09.	적 10여 명 MDL 100m 침범
1997.06.08.	적 1명 MDL 100m 침범
1997.06.11.	적 1명 MDL 100m 침범
1997.07.16.	적 14명 MDL 70m 침범, 적 GP 총격 도발(쌍방 GP 교전)
1997.09.09.	적 1명 MDL 300m 침범, 남방한계선 20m 접근 및 사살
1997.10.17.	대성동 주민 2명, 영농장 부근에서 도토리를 줍다 피랍
1998.02.02.	판문점 공동경비구역 적 1명 MDL 2회 침범
1998.03.12.	적 12명 MDL 40~50m 침범
1998.06.11.	적 GP에서 아군 GP로 자동소총 4발 발사
2014.06.12.	강원 화천 금성천 일대 적 무장 병력 MDL 침범
2014.06.19.	경기 파주 DMZ 내 적 병력이 귀순자 유도간판 절취 복귀
2014.10.10.	경기 연천 일대 민간인 고무풍선 부양에 대공포 조준사격

2014.10.18.	철원 DMZ 내 정찰 활동 중 MDL 침범
2014.10.19.	파주 DMZ 내 MDL 침범 및 아군 경고사격에 대응사격
2014.11.10.	파주 DMZ 내 정찰 활동 중 MDL 침범
2015.07.02.	강원 철원 지역 MDL 침범
2015.07.11.	강원 철원 지역 MDL 침범
2015.08.04.	경기 파주 지역 추진철책 남방 목함지뢰 도발(수색 병력 부상)
2015.08.20.	경기 연천 지역 MDL 이남 곡사포 및 직사화기 사격 도발
2017.11.13.	판문점 공동경비구역 귀순병사(오청성) 총격 부상
2020.05.13.	중부전선 아군 GP 14.5밀리 고사총 도발

▲ 폭탄 테러 및 민간인 살해

1967.09.05.	경원선 초성역 인근 철로 폭파
1967.09.13.	경의선 운정역 인근 철로 폭파
1970.06.22.	국립묘지 현충문 폭파 미수사건(공작원 1명 즉사)
1974.08.15.	8·15경축식장 박정희 대통령 저격사건(육영수 여사 사망)
1983.10.09.	북한 공작원 미얀마 아웅산 묘소 폭파(한국인 17명 사망)
1984.09.24.	대구 무장간첩 주민 살해(민간인 2명 사망)
1986.09.14.	김포공항 국제선 청사 폭탄 테러(5명 사망, 33명 부상)
1987.11.29.	대한항공 858기 폭파(탑승객 115명 전원 사망)
1997.02.15.	남파 공작원 분당 거주 민간인(탈북자 이한영) 권총 살해
2008.07.11.	금강산 관광객 박왕자씨 총격 살해
2010.04.21.	황장엽 암살 기도 우회 침투간첩 2명 검거
2017.02.13.	김정은 이복형 김정남 말레이시아 공항 살해사건(화학 테러)
2020.06.16.	남북 공동연락사무소 폭파
2020.09.22.	연평도 해상 표류 민간인 사살(국제법 위반 비인도적 만행)

▲ 해상 국지도발

1980.01.26.	해왕 6·7호 조업중 피랍
1980.12.02.	태창 2호 조업중 피랍
1981.06.11.	제1공영호 조업중 피랍
1987.01.15.	제27동진호 백령도 인근 공해상 조업 중 피랍(선원 11명)
1987.10.07.	백령도 인근 조업 중 제31진영호 피격(11명 사망, 1명 구조)
1989.01.28.	백령도 서북방 공해상 제37·38태양호(선원 21명) 피랍

1989.05.04.	연평도 서남방 조업 삼진호 납북 기도(실패)
1989.05.07.	대청도 동방 조업 명성2호(선원 4명) 피랍
1989.10.14.	연평도 서남방 적 경비정 1척 NLL 침범
1991.02.05.	백령도 서북방 공해상 남해 006호(선원 17명) 피랍
1991.04.13.	백령도 근해 적 경비정 1척 NLL 침범
1993.06.21.	백령도 동북방 적 경비정 1척 NLL 2.5마일 침범
1996.05.23.	백령도 서북방 적 경비정 5척 NLL 1.1마일 침범
1996.06.14.	연평도 서남방 적 경비정 3척 NLL 4마일 침범
1997.06.05.	적 경비정 1척이 아군 함정에 중화기 3회 사격
1999.06.15.	북한 경비정 NLL 침범, 선제공격으로 제1연평해전 발발
2002.06.29.	북한 경비정 NLL 침범, 선제공격으로 제2연평해전 발발
2009.11.10.	북한 경비정 NLL 침범, 선제공격으로 대청해전 발발
2010.03.26.	백령도 2.5km 해상 적 어뢰 공격에 천안함 침몰(46명 전사)
2010.11.23.	적 해안포 및 방사포 연평도 포격(4명 사망, 16명 중경상)
2011.02.05.	북한 어선 1척 연평도 동북방에서 NLL 1.6마일 침범(나포)
2011.03.20.	북한 어선 1척 연평도 서북방에서 NLL 0.6마일 침범
2011.03.27.	적 연안경비정 1척 연평도 서북방에서 NLL 0.1마일 침범
2011.03.31.	북한 상선 1척 연평도 서북방에서 NLL 0.3마일 침범
2011.04.06.	적 연안경비정 1척 백령도 동방에서 NLL 1.5마일 침범
2011.04.15.	북한 어선 1척 대청도 동북방에서 NLL 2.5마일 침범
2011.04.26.	적 연안경비정 1척 연평도 동방에서 NLL 0.4마일 침범
2011.05.12.	북한 어선 1척 연평도 동북방에서 NLL 1.3마일 침범(나포)
2011.08.09.	적 서해 NLL 해상 포사격(아 대응사격)
2011.08.11.	북한 전마선 1척 백령도 서북방에서 NLL 3.5마일 침범
2011.08.11.	북한 전마선 1척 백령도 서북방에서 NLL 3.7마일 침범
2011.08.11.	북한 어선 1척 백령도 북방에서 NLL 2.5마일 침범(표류)
2011.08.16.	북한 전마선 1척 대청도 남방에서 NLL 7.5마일 침범(표류)
2011.09.13.	북한 어선 4척 연평도 서방에서 NLL 300야드 침범
2011.09.22.	북한 상선 1척 백령도 동방에서 NLL 400야드 침범
2011.10.04.	북한 단속정 1척 연평도 서방에서 NLL 0.7마일 침범
2011.10.09.	적 경비정 1척 백령도 북방에서 NLL 0.2마일 침범
2011.11.25.	북한 전마선 1척 연평도 동북방에서 NLL 0.9마일 침범
2012.04.11.	북한 어선 1척 백령도 동방에서 NLL 0.3마일 침범

2012.05.22.	적 고속단속정 1척 연평도 서북방에서 NLL 0.7마일 침범
2012.05.23.	적 고속단속정 1척 연평도 서북방에서 NLL 0.7마일 침범
2012.06.11.	북한 상선 1척 백령도 서방에서 NLL 3.0마일 침범
2012.06.14.	적 연안경비정 1척 연평도 동방에서 NLL 1.7마일 침범
2012.07.01.	북한 상선 1척 백령도 서방에서 NLL 0.4마일 침범
2012.09.12.	북한 어선 14척 연평도 북방에서 NLL 1.2마일 침범
2012.09.14.	북한 어선 13척 연평도 북방에서 NLL 0.7마일 침범
2012.09.15.	북한 어선 8척 연평도 북방에서 NLL 0.7마일 침범
2012.09.20.	북한 어선 2척 연평도 서방에서 NLL 0.4마일 침범
2012.09.21.	북한 어선 6척 연평도 서방에서 NLL 0.7마일 침범
2012.09.22.	북한 어선 1척 연평도 서방에서 NLL 0.4마일 침범
2012.09.25.	북한 어선 1척 연평도 서방에서 NLL 0.4마일 침범
2012.10.15.	북한 어선 1척 백령도 동방에서 NLL 0.5마일 침범
2012.10.19.	북한 어선 1척 연평도 서방에서 NLL 0.4마일 침범
2012.10.25.	적 연안경비정 1척 백령도 동방에서 NLL 0.2마일 침범
2012.12.11.	울릉 북방 38마일 지점 어선 1척 NLL 침범(기관고장)
2012.12.13.	울릉 동북방 48마일 지점 어선 1척 NLL 침범(기관고장)
2012.12.26.	거진 동방 60마일 지점 어선 1척 NLL 침범(유류 소진)
2012.12.30.	울릉 북방 49마일 지점 어선 1척 NLL 침범(기관고장)
2013.01.02.	북한 상선 1척, 연평도 서방에서 NLL 침범
2013.01.13.	북한 상선 1척, 연평도 서북방에서 NLL 침범
2013.02.25.	북한 상선 1척, 연평도 서방에서 NLL 침범
2013.04.05.	북한 어선 1척, 소청도 동북방에서 NLL 침범
2013.05.25.	북한 상선 1척, 연평도 서방에서 NLL 침범
2013.05.26.	적 고속단속정 1척, 연평도 동북방에서 NLL 1.1마일 침범
2013.05.31.	북한 상선 1척, 연평도 서방에서 NLL 침범
2013.06.01.	적 고속단속정 1척, 연평도 서방에서 NLL 0.3마일 침범
2013.06.02.	북한 어선 2척, 연평도 서방에서 NLL 침범
2013.06.09.	적 고속단속정 1척, 연평도 서방에서 NLL 1마일 침범
2013.06.09.	적 경비정 1척, 연평도 서방에서 NLL 0.1마일 침범
2013.06.25.	적 고속단속정 1척, 연평도 동북방에서 NLL 1마일 침범
2013.06.29.	북한 어선 1척, 백령도 동북방에서 NLL 침범
2013.07.09.	북한 상선 1척, 백령도 서방에서 NLL 침범

2013.07.26.	북한 어선 1척, 연평도 서남방에서 NLL 5.9마일 침범
2013.07.26.	적 경비정 2척, 연평도 서방에서 NLL 0.5마일 침범
2013.08.01.	북한 어선 1척, 동해 제진 동북방 NLL 침범
2013.08.03.	적 고속단속정 1척, 연평도 서방에서 NLL 0.2마일 침범
2013.08.16.	적 경비정 1척, 소청도 북방에서 NLL 1마일 침범
2013.09.08.	적 고속단속정 1척, 연평도 서방에서 NLL 0.3마일 침범
2013.09.27.	북한 어선 1척, 백령도 동방에서 NLL 0.2마일 침범
2013.10.18.	북한 어선 1척, 연평도 서방에서 NLL 0.2마일 침범
2013.10.22.	북한 상선 1척, 백령도 서방에서 NLL 11.2마일 침범
2013.10.31.	북한 상선 1척, 백령도 서방에서 NLL 3.9마일 침범
2013.12.07.	북한 상선 1척, 백령도 서방에서 NLL 2.4마일 침범
2013.12.19.	북한 상선 1척, 백령도 서방에서 NLL 0.1마일 침범
2013.12.30.	북한 상선 1척, 백령도 서북방에서 NLL 2.5마일 침범
2014.02.24.	적 경비정 1척, 연평도 서북방에서 NLL 2.2마일 침범
2014.03.06.	북한 상선 1척, 백령도 서북방에서 NLL 1.7마일 침범
2014.03.25.	적 고속단속정 1척, 연평도 서남방에서 NLL 0.3마일 침범
2014.03.27.	북한 어선 1척, 백령도 동방에서 NLL 1마일 침범
2014.03.27.~28.	적 경비정 3척·연안경비정 1척, 백령도 동북방 NLL침범
2014.03.31.	적 서해 7개 구역 해상 사격, 100여 발 NLL 이남에 탄착
2014.04.16.	북한 연안경비정 1척, 연평도 동방에서 NLL 1.4마일 침범
2014.04.20.	북한 경비정 1척, 백령도 서북방에서 NLL 0.1마일 침범
2014.04.20.	북한 상선 1척, 백령도 서북방에서 NLL 0.7마일 침범
2014.04.25.	적 고속단속정 2척, 소청도 동방에서 NLL 1마일 침범
2014.05.20.	북한 단속정 1척, 연평도 서남방에서 NLL 0.6마일 침범
2014.05.20.	적 경비정 2척, 연평도 서남방에서 최대 NLL 0.7마일 침범
2014.05.22.	적 해상 사격 포탄 2발, 연평도 서남방(NLL 이남 10㎞) 낙탄
2014.06.21.	북한 어선 1척, 백령도 동방에서 NLL 0.1마일 침범
2014.07.01.	북한 어선 1척, 울릉도 북방에서 NLL 2.4마일 침범
2014.07.02.	북한 어선 1척, 울릉도 서북방에서 NLL 0.4마일 침범
2014.08.12.	북한 어선 1척, 연평도 서방에서 NLL 0.5마일 침범
2014.08.25.	북한 어선 2척, 연평도 서방에서 NLL 0.1마일 침범
2014.08.26.	북한 단속정 1척, 연평도 서북방에서 NLL 0.3마일 침범
2014.08.30.	북한 상선 1척, 연평도 서방에서 NLL 1.5마일 침범

2014.08.31.	북한 어선 2척, 연평도 서방에서 NLL 0.1마일 침범
2014.09.01.	북한 어선 2척, 연평도 서방에서 NLL 0.05마일 침범
2014.09.18.	북한 상선 1척, 연평도 서북방에서 NLL 0.1마일 침범
2014.09.19.	북한 단속정 1척, 백령도 북방에서 NLL 0.5마일 침범
2014.09.20.	북한 어선 3척, 연평도 서북방에서 NLL 300야드 침범
2014.09.25.	북한 어선 2척, 연평도 서방에서 NLL 0.2마일 침범
2014.10.07.	북한 경비정 1척, 연평도 서방에서 NLL 0.7마일 침범
2014.12.05.	적 단속정, 서해 연평도 서방 NLL 침범
2014.12.19.	북한 철선, 동해 독도 동방 NLL 침범
2015.04.21.	적 경비정, 서해 백령도 북방 NLL 침범
2015.05.16.	적 경비정, 서해 연평도 서방 NLL 침범
2015.06.11.	적 경비정, 서해 백령도 북방 NLL 침범
2015.06.11.	적 경비정, 서해 소청도 동북방 NLL 침범
2015.06.12.	적 경비정, 서해 소청도 동남방 NLL 침범
2015.06.16.	적 경비정, 서해 백령도 서북방 NLL 침범
2015.06.23.	적 단속정, 서해 백령도 서북방 NLL 침범
2015.06.30.	적 경비정, 서해 연평도 서방 NLL 침범
2015.08.31.	적 경비정, 서해 백령도 동북방 NLL 침범
2015.09.08.	적 단속정, 서해 소청도 동남방 NLL 침범
2015.09.25.	적 단속정, 서해 연평도 서방 NLL 침범
2015.10.24.	적 단속정, 서해 연평도 동북방 NLL 침범
2015.11.30.	적 경비정, 서해 소청도 동북방 NLL 침범
2015.12.14.	북한 어선, 서해 백령도 북방 NLL 침범
2015.12.14.	적 경비정, 서해 백령도 북방 NLL 침범
2016.02.08.	북한 예인선, 서해 연평도 서방 NLL 침범
2016.02.08.	적 경비정, 서해 소청도 동남방 NLL 침범
2016.04.10.	북한 어선, 서해 연평도 서방 NLL 침범
2016.05.27.	적 단속정 및 어선, 서해 연평도 서방 NLL 침범
2016.06.08.	북한 어선, 동해 거진 동방 NLL 침범
2019.07.27.	북한 소형 목선 NLL 침범(승선원 3명 송환)
2019.09.26.	북한 어업단속선 연평도 서방 NLL 침범(북측 인계)
2019.11.25.	북한군 서해 백령도 부근 창린도 해안포 사격(김일성 지도)
2019.11.27.	북한 상선, 소청도 부근 NLL 침범(원해로 퇴거 조치)

2022.11.02.	NLL 이남 미사일 1발 낙탄(속초 동쪽 57km, NLL 이남 26km)

▲ 공중 국지도발(1981년 이후)

1981.08.01.	서해 상공 비행 미 고속정찰기(SR-71)에 SA-2 미사일 발사
1981.08.12.	MiG-21 전투기 2대 백령도 영공 침범
1983.01.31.	IL-28 폭격기 1대 백령도 영공 침범
1990.02.05.	농약살포기 강화도 북단서 피격(기체일부 파손)
2014.03.24.	경기도 파주에 소형 무인기 1대 추락(청와대 정찰)
2014.03.31.	백령도 사곶 해안에 소형 무인기 1대 추락(해병진지 정찰)
2014.04.06.	삼척 청옥산에서 추락한 소형 무인기 1대 사후 발견
2014.09.15.	백령도 서방 해저에서 어민에 의해 소형 무인기 동체 발견
2015.08.22.	화천 북방 소형 무인기 MDL 침범 정찰활동(2회)
2015.08.23.	화천 북방 소형 무인기 MDL 침범 정찰활동
2015.08.24.	화천 북방 소형 무인기 MDL 침범 정찰활동
2016.01.13.	문산 북방 소형 무인기 MDL 침범 정찰활동
2017.06.09.	강원도 인제에 적 소형 무인기 1대 추락(성주 사드기지 정찰)
2022.12.26.	소형 무인기 5대 서울 북방 침투(1대 서울상공 침투, 4대 교란)

4. 핵실험 및 미사일 발사 일지

▲ 핵실험

2006.10.09.	1차 핵실험(폭발위력 : 1kt)
2009.05.25.	2차 핵실험(폭발위력 : 3~4kt)
2013.02.12.	3차 핵실험(폭발위력 : 6~7kt)
2016.01.06.	4차 핵실험(폭발위력 : 6kt)
2016.09.09.	5차 핵실험(폭발위력 : 10kt)
2017.09.03.	6차 핵실험(폭발위력 : 50kt 이상 추정)

▲ 미사일 발사

1984.04.	스커드-B 미사일 최초 시험발사
1986.05.	스커드-C 미사일 시험발사

1988. ? .	스커드-B/C 작전 배치
1990.05.	노동 미사일 최초 시험발사
1991.06.	스커드-C 미사일 발사
1993.05.29.	노동 미사일 시험발사
1998. ? .	노동 미사일 작전 배치
1998.08.31.	대포동 1호 미사일 시험발사(북한 광명성 1호, 위성발사 주장)
2006.07.05.	대포동 2호 미사일 시험발사 및 노동 미사일·스커드 미사일 발사
2007. ? .	무수단 미사일 작전 배치
2009.02.24.	광명성 2호 발사
2009.04.05.	장거리미사일(개량형 대포동 2호) 발사(북 광명싱 2호 발사 주장)
2009.07.	노동 미사일·스커드 미사일 발사
2012.04.13.	장거리미사일(개량형 대포동 2호) 발사(북 광명성 3호 주장)
2012.12.12.	대포동 미사일 발사(북 광명성 3호 2호기 주장)
2014.02.27.	스커드 미사일 2발 동해로 시험발사
2014.03.03.	스커드 미사일 2발 동해로 발사
2014.03.26.	노동 미사일 2발 동해로 발사
2014.06.29.	스커드 미사일 2발 동해로 발사
2014.07.09.	스커드 미사일 2발 동해로 발사
2014.07.13.	스커드 미사일 2발 동해로 발사
2014.07.26.	스커드 미사일 1발 동해로 발사
2015.03.02.	스커드 미사일 2발 동해로 발사
2015.05.08.	동해서 SLBM 1발 시험발사 공개
2016.01.08.	동해서 SLBM 1발 시험발사 공개
2016.02.07.	장거리미사일 발사(대포동 2호, 북한 광명성 4호 위성 주장)
2016.03.10.	스커드 미사일 2발 동해로 발사
2016.03.18.	노동 미사일 2발 동해로 발사
2016.04.09.	동창리에서 신형 ICBM 엔진 지상분출시험 공개
2016.04.15.	무수단 미사일 1발 동해로 발사(실패)
2016.04.24.	동해에서 SLBM 1발 시험발사 공개(북극성 1호)
2016.04.28.	무수단 미사일 2발 동해로 발사(실패)
2016.05.31.	무수단 미사일 1발 동해로 발사(실패)
2016.06.22.	무수단 미사일 2발 동해로 발사(1발 실패, 1발 부분 성공)
2016.07.19.	노동 미사일 2발, 스커드 미사일 1발 동해로 발사

2016.08.03.	노동 미사일 2발 동해로 발사
2016.08.25.	동해서 SLBM 1발 시험발사 공개(부분 성공)
2016.09.05.	스커드 계열 미사일 3발 동해로 발사
2016.10.15.	무수단 미사일 1발 동해로 발사(실패)
2016.10.20.	무수단 미사일 1발 동해로 발사(실패)
2017.02.12.	평북 구성(방현 비행장)에서 북극성-2형 1발 발사
2017.03.06.	평북 동창리에서 개량형 스커드 미사일 4발 발사
2017.03.22.	원산 비행장에서 무수단 추정 탄도미사일 1발 발사(실패)
2017.04.05.	함남 신포에서 미확인 미사일(KN-17) 1발 발사(실패)
2017.04.16.	함남 신포에서 미확인 미사일(KN-17) 1발 발사(실패)
2017.04.29.	평남 북창에서 미확인 미사일(KN-17) 1발 발사(실패)
2017.05.14.	평북 구성에서 중거리탄도미사일 화성-12형 1발 발사 (최고고도 2,111km, 비행거리 787km)
2017.05.21.	평남 북창에서 중거리미사일 북극성 2형 1발 발사
2017.05.27.	함남 선덕에서 지대공미사일 1발 발사
2017.05.29.	강원 원산서 개량형 스커드 지대함미사일 1발 발사
2017.06.08.	강원 원산에서 신형 지대함순항미사일 수발 발사
2017.07.04.	평북 방현에서 대륙간탄도미사일 화성-14형 1발 고각발사
2017.07.28.	자강도 무평리에서 화성-14형 1발 고각발사
2017.08.26.	강원도 깃대령에서 단거리미사일 3발 발사
2017.08.29.	평양 순안에서 화성-12형 태평양으로 1발 발사 (최고고도 550km, 비행거리 2,700km)
2017.09.15.	평양 순안에서 화성-12형 태평양으로 1발 발사 (최고고도 770km, 비행거리 3,700km)
2017.11.29.	평남 평성에서 화성-15형 태평양으로 1발 고각 발사 (최고고도 4,475km, 비행거리 950km) * 김정은이 '국가 핵무력 완성'을 대내·외에 공식 선포함
2019.05.04.	원산 호도반도에서 동해로 단거리미사일 2발 발사(240km)
2019.05.09.	평북 구성에서 동해로 단거리미사일 2발 발사(420km) * 240 및 300mm 방사포 추정 발사체 다수 발사 병행
2019.07.25.	원산 호도반도서 동해로 신형 단거리미사일 2발 발사(600km) (북한판 이스칸데르 미사일로 풀업기동 미사일)
2019.07.31.	원산 갈마 일대에서 동해로 단거리발사체 2발 발사(250km)

	(북한은 '신형 대구경 조종방사포'라고 보도)
2019.08.02.	함경남도 영흥에서 동해로 단거리발사체 2발 발사(220km)
	(북한은 '신형 대구경 조종방사포'라고 보도)
2019.08.06.	황해남도 과일에서 동해로 단거리미사일 2발 발사(450km)
2019.08.10.	함경남도 함흥에서 동해로 단거리미사일 2발 발사(400km)
2019.08.16.	강원도 통천에서 동해로 단거리발사체 2발 발사(230km)
2019.08.24.	함경남도 선덕에서 동해로 단거리발사체 2발 발사(380km)
	(북한은 '새로 개발한 초대형 방사포'라고 보도)
2019.09.10.	평안남도 개천에서 동해로 단거리발사체 2발 발사(330km)
	(북한은 '새로 개발한 초대형 방사포' 시험사격 보도)
2019.10.02.	강원도 원산 북방서 동해로 SLBM 1발 발사(450km)
	(고도 910km, 북한도 전략무기인 SLBM 시험발사로 발표)
2019.10.31.	평안남도 순천에서 동해로 발사체 2발 발사(370km)
	(북한은 '초대형 방사포 시험 완료'라고 보도)
2019.11.28.	함경남도 연포에서 동해로 발사체 2발 발사(380km)
	(북한은 '초대형 방사포 연속사격체제 검증' 보도)
2019.12.07.	평안북도 동창리에서 ICBM 엔진개발 관련 시험 추정
	(북한은 서해위성발사장서 '중대한 시험' 보도)
2019.12.13.	평안북도 동창리에서 ICBM 엔진성능 관련 시험 추정
	(북한은 서해위성발사장서 '중대한 시험' 성공 보도)
2020.03.02.	원산 인근에서 초대형 방사포 2발 발사(고도 35/비행 240km)
2020.03.09.	함남 선덕 미상발사체 3발 발사(비행거리 200km)
2020.03.21.	평북 선천 단거리미사일 2발 발사(고도 50/비행 410km)
2020.03.29.	원산 인근 단거리미사일 2발 발사(고도 30/비행 230km)
2020.04.15.	강원 문천 순항미사일 수발 발사(비행거리 150km)
2021.03.25.	함남 함주에서 단거리탄도미사일 발사
2021.09.15.	평남 양덕에서 단거리탄도미사일 발사
2021.09.28.	자강 무평에서 준중거리탄도미사일 발사
2021.10.19.	함남 신포에서 잠수함발사탄도미사일 발사
	(북한은 극초음속미사일이라고 주장)
2022.01.14.	평북 의주
2022.01.11.	자강도 일대 준중거리탄도미사일 및 단거리탄도미사일 발사
	(북한은 극초음속미사일이라고 주장)

2022.01.17.	평양 순안에서 단거리탄도미사일 발사
2022.01.27.	함남 함흥에서 단거리탄도미사일 발사
2022.01.30.	자강 무평에서 중거리탄도미사일 발사
2022.02.27.	평양 순안에서 대륙간탄도미사일 발사
	(북한은 정찰위성개발시험이라고 주장)
2022.03.05.	평양 순안에서 대륙간탄도미사일 발사
	(북한은 정찰위성개발시험이라고 주장)
2022.03.16.	평양 순안에서 미상 탄도미사일 발사
2022.03.24.	평양 순안에서 대륙간탄도미사일 발사
2022.04.16.	함남 함흥에서 근거리탄도미사일 발사
2022.05.04.	평양 순안에서 미상 탄도미사일 발사
2022.05.07.	함남 신포에서 잠수함발사탄도미사일 발사
2022.05.12.	평양 순안에서 단거리탄도미사일 발사
2022.05.25.	평양 순안에서 대륙간탄도미사일, 단거리탄도미사일 발사
2022.06.05.	순안·개천·동창리·함흥에서 단거리탄도미사일 발사
2022.09.25.	평북 태천에서 단거리탄도미사일 발사
2022.09.28.	평양 순안에서 단거리탄도미사일 발사
2022.09.29.	평남 순천에서 단거리탄도미사일 발사
2022.10.01.	평양 순안에서 단거리탄도미사일 발사
2022.10.04.	자강 무평에서 중거리탄도미사일 발사
2022.10.06.	평양 삼석에서 단거리탄도미사일 발사
2022.10.09.	강원 문천에서 단거리탄도미사일 발사
2022.10.14.	평양 순안에서 단거리탄도미사일 발사
2022.10.28.	강원 통천에서 단거리탄도미사일 발사
2022.11.02.	평북 정주·평북 피현·강원 원산에서 단거리탄도미사일 발사
	* 1발 NLL 이남 해상 완충구역 내 탄착
2022.11.03.	평양 순안에서 대륙간탄도미사일 발사
	평남 개천, 황북 곡산에서 단거리탄도미사일 발사
2022.11.05.	평북 동림 일대에서 단거리탄도미사일 발사
2022.11.09.	평남 숙천 일대에서 단거리탄도미사일 발사
2022.11.17.	강원 원산 일대에서 단거리탄도미사일 발사
2022.11.18.	평양 순안에서 대륙간탄도미사일 발사
2022.12.18.	평북 동창리에서 준중거리탄도미사일 발사

	(북한은 정찰위성개발시험이라고 주장)
2022.12.23.	평양 순안에서 단거리탄도미사일 발사
2022.12.31.	황북 중화에서 단거리탄도미사일 발사
2023.01.01.	평양 용성, 단거리탄도미사일 발사
2023.02.18.	평양 순안, 화성-15형 ICBM 발사
	(정점고도 5,700km, 900km 비행)
2023.02.23.	함북 김책시, 순항미사일 4발 발사
2023.03.09.	남포시, 단거리탄도미사일 발사
2023.03.12.	함남 경포만, 잠수함발사순항미사일(SLCM) 발사
2023.03.14.	황남 장연, 단거리탄도미사일 KN-23 2발 발사
2023.03.16.	평양 순안, 화성-17형 ICBM 발사(1,000km 비행)
2023.03.19.	평북 동창리, 단거리탄도미사일 발사
2023.03.21.~23.	이원 앞바다, 수중드론 해일-1 시험발사
2023.03.22.	함남 흥남, 순항미사일 4발 발사
2023.03.25.~27.	원산 앞바다, 수중드론 해일-1 시험발사(41시간 27분 잠항)
2023.03.27.	평양 역포, 단거리탄도미사일 발사(500m 상공 공중폭파)
2023.04.04.~07.	단천 앞바다, 수중드론 해일-2 시험발사(71시간 6분 잠항)
2023.05.31.	평북 동창리, 정찰위성 천리마-1형 1차 발사(실패)
2023.06.15.	평양 순안, 단거리탄도미사일 2발 발사
2023.07.12.	평양 순안, 화성-18형 ICBM 발사(동해상 74분 비행)
2023.07.19.	평양 순안, 단거리탄도미사일 2발 발사
2023.07.22.	위치 미상, 황해를 향해 순항미사일 2발 발사
2023.08. ? .	위치 미상, 화살 미사일을 개량한 함대함순항미사일 발사
2023.08.24.	평북 동창리, 정찰위성 천리마-1형 2차 발사(실패)
2023.08.30.	평양 순안, 단거리탄도미사일 2발 발사
2023.09.02.	청천강하구, 순항미사일 2발 발사
2023.09.13.	평양 순안, 단거리탄도미사일 2발 발사
2023.11.21.	평북 동창리, 정찰위성 3차 발사(만리경 1호 궤도 안착 평가)
2023.12.17.	평양 부근, 단거리탄도미사일 발사
2023.12.18.	평양, 화성-18형 ICBM 발사(정점 6,500km/1,000km 비행)

집필 후기

　우리는 흔히 "역사는 거울이다", "역사를 잊은 민족에게 미래는 없다."라고 한다. 따라서 역사를 기록하고 연구하는 것은 대단히 중요하다. 필자가 군복을 입고 처음으로 대침투작전에 참가한 것이 1978년 '광천 지역 대침투작전'이었다. 소대장이라는 책임감 하나로 온갖 어려움을 극복하고 작전을 마치고 복귀할 때 많은 것을 느꼈으나 현행 업무에 묻혀 소중한 경험을 기록으로 남기지 못했다. 그 후 소령으로 전방 사단에서 참모장교로 근무하던 시절에는 '은하계곡 대침투작전'을, 대대장으로 복무하던 시절에는 '부여 대간첩작전'과 '강릉 무장공비 소탕작전'을 경험했으나 이때도 기록의 중요성을 절감하지 못했다.

　그러다 1990년대 말에 각급 부대의 작전 준비와 훈련 상태를 점검하는 육군본부의 검열관 임무를 수행할 때 비로소 역사 기록의 중요성을 절감했다. 대다수 간부들이 과거 자신의 부대가 바로 그곳에서 수행했던 작전 사례와 교훈을 정확하게 알지 못하고 있었고 당시 선배들의 작전과 전투의 교훈을 제대로 활용하지 못한다는 것을 발견했다. 더구나 간부들 대부분은 작전이나 전투 경험이 전혀 없어 갑자기 실제상황이 발생하면 얼마나 효과적으로 대처할 수 있을지 많은 의문이 들었다. 따라서 필자는 '내가 대침투작전 및 국지도발작전 사례를 종합 정리하여 작전 경험이 전혀 없는 간부들에게 간접 경험을 부여하고, 야전과 학교에 대침투 및 국지도발 대비작전에 관한 교육훈련 참고자료를 제공해야겠다.'라고 생각했다. 그러나 당시 현실이 연구와 집필을 할 정도로 여의치 못했고, 검열관 생활을 끝내고는 다시 야전과 정책부서 실무자로 바삐 생활하다 보니 이를 실행에 옮기지 못했었다.

　그러다가 2008년 10월 전역을 하게 되었고 2009년부터 계약직 군무원 신분으로 군사연구소에서 근무할 기회가 생겼다. 좋은 기회로 여긴 필자는 우선 '대침투작전사'를 하나의 통사로 발간하기 위한 연구 및 발간계획을 수립하여 상부에 보고하여 승인을 받았고 이를 추진하기 시작하였다. 중간에 다른 많은 변수와 사정이 생겼으나 끈기로 극복하고 2017년까지 《대침투작전사》 시리즈 1~6집까지를 집필하고 발간하여 전군에 배부할 수 있었다. 그리고 드디어 2018년에는 그동안 시리즈로 발간했던 것을 증보하여 《대침투작전사》 전집(전 6권)을 발간 배부한 후 필자도 42년 동안의 군 생활을 모두 마무리하고 퇴직하였다.

퇴직 이후에 필자는 나름의 연구 경험을 살려 북한에 의한 '침투 및 도발사'를 체계적으로 정리하여 국민들에게 사실을 제대로 정확하게 알려주는 것이 의미가 있을 것이라고 생각하게 되었다. 따라서 이번에 틈틈이 정리한 한 권으로 보는 침투 및 도발사《북한의 침투 및 도발 그 끝은 어디인가》란 제목으로 책을 발간하게 되었다. 사실 이미 군 내부에서 활용하기 위해 발간한 《대침투작전사》 전집이나 이번에 일반 독자를 대상으로 발간하는 이 책도 아직 완벽하지 못하다는 점에서 아쉬운 마음이 들기도 한다. 그리고 그동안 대침투작전 및 국지도발 대비작전에 참가해서 전사했거나 부상한 수많은 선배 전우들에게 죄송한 마음이 들기도 한다.

연구 및 답사를 하다 보니 과거 적과 교전하였던 작전현장에 해당 작전을 기념할 만한 기념비나 희생되신 분들에 대한 추모비조차 없는 곳이 많았다. 자료 수집을 위해 만났던 한 선배 전우의 말씀이 아직도 귓가에 맴돈다. 이 분은 1971년 중대장 시절에 서부전선에 침투한 공비들과 교전하여 중상을 당했던 분으로 "지금 나에게 무엇을 해달라는 게 아니다. 그저 그때 그곳에서 우리 전우들이 나라를 위해 어떻게 싸웠는지? 나라를 위해 어떻게 전사를 했고 부상을 당했는지? 조그만 기념비라도 세워서 우리를 잊지 말아달라!"는 부탁의 말씀이었다. 그럼에도 우리는 아직도 그분들의 소박한 청을 외면하고 있는 것이 현실이다. 이제 우리는 6·25전쟁뿐만 아니라 대침투작전 및 국지도발 대비작전에서 국가를 위해 희생하고 헌신하신 분들을 적극적으로 발굴하고 그분들의 명예도 적극적으로 선양해야 할 때라고 생각한다.

최근 북한의 침투 및 도발은 접적 지역에서의 재래식 도발과 함께 무인기 침투, 사이버 공격, GPS 교란 등 새로운 환경에서 날로 진화하고 있다. 더구나 장거리미사일과 핵무기를 개발하여 동북아는 물론 세계 평화를 위협하고 있다. 필자는 이 책을 통해 독자들께서 북한이 분단된 이후 최근까지 역사적으로 어떻게 침투와 도발을 일삼아 왔는지 사실 그대로를 모두 알려주고 싶었다. "망각(忘却)이 가장 큰 적(敵)"이란 말이 있듯이 우리는 북한의 대남 침투와 도발의 역사를 절대 잊지 말아야 한다. 또한, 이를 통해 자라나는 세대가 북한의 실체를 올바로 볼 수 있게 해야만 한다.

그리고 남북관계는 북한이 과거 자신들이 저지른 행동에 대한 진정성 있는 사과와 반성이 전제되어야만 진정한 발전의 길로 나아갈 수 있다고 생각한다. 사과와 반성 없이 정치적 목적이나 주변 강대국들의 정치 환경 변화에 의존한 남북관계 발전과 형식적인 상호 합의에 의한 평화는 그저 하나의 모래성에 불과할 뿐이다.